6급
지역농협

경기·강원·충북·충남·세종·전북·전남·경북·
경남·제주·인천·광주·대구·서울·대전·울산

인·적성 및 직무능력평가

6급 지역농협

인·적성 및 직무능력평가

초판 발행	2022년 4월 11일
개정2판 발행	2023년 3월 13일

편 저 자	|	취업적성연구소
발 행 처	|	㈜서원각
등록번호	|	1999-1A-107호
주 소	|	경기도 고양시 일산서구 덕산로 88-45(가좌동)
교재주문	|	031-923-2051
팩 스	|	031-923-3815
교재문의	|	카카오톡 플러스 친구[서원각]
홈페이지	|	www.goseowon.com

농협은 은행업, 보험업, 무역업, 농산물 유통업, 가공업, 교육지도사업, 영농자재업 등 다양한 사업을 전개하고 있습니다. 본인의 적성에 맞는 분야를 선택하여 능력을 발휘할 수 있다는 점이 매력적이며 연고지 및 희망지에서 지역사회발전을 위해 일할 수 있고, 공익지향적 사업을 추구하므로 일에 대한 가치와 보람을 느낄 수 있다는 장점이 있습니다. 또한 비교적 안정적인 직장이라는 인식에 취업준비생들에게 큰 매력을 느끼게 해줍니다.

농협은 지원자의 유연한 대처능력을 평가하고 유능한 자질을 갖춘 인재를 선발하고자 인·적성 검사 및 직무능력평가를 실시하고 있습니다. 서류 전형 이후 인·적성검사 및 직무능력평가를 실시하고 있는데, 이는 당락에 결정적인 영향을 줄 만큼 중요도가 높은 시험입니다. 문제의 출제 유형이 지속적으로 변화하고 있고, 지역별로도 차이가 있으므로 유형을 파악하고 기출문제와 기출유형문제를 익혀 출제되는 유형의 문제를 능숙하게 풀 수 있도록 준비하는 것이 좋습니다.

첫째, 직무능력평가에 필요한 각 영역별 핵심이론과 영역에 맞는 예제를 수록하여 수험생들이 기본적인 지식을 학습하고 문항 연습을 할 수 있도록 하였습니다.

둘째, 영역별 최근 농협의 기출 문제 분석 및 복원·재구성하여 수록하였습니다. 출제 경향까지 한눈에 파악할 수 있습니다.

셋째, 지역별로 상이한 문항수에 맞게 70문항/70분, 60문항/100분 총 2회분의 실전 모의고사를 수록하였습니다. 앞서 수험생들이 다진 실력을 스스로 평가하도록 하였으며, 문제의 핵심을 꿰뚫는 상세한 해설을 통하여 학습의 능률을 높여 합격의 길로 다가가도록 하였습니다.

자신이 노력했던 땀과 열정을 결과로 보상받기 위해서는 끝까지 노력하여야만 합니다. 마지막까지 자신을 믿고, 노력하는 수험생 여러분을 위해 힘이 되는 교재가 되길 바랍니다.

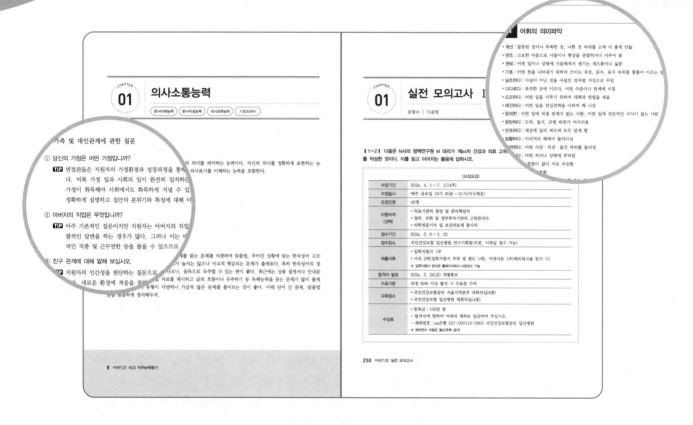

특징 및 구성

직무능력평가 유형별 문항

직무능력평가를 유형별로 분류하였습니다. 문제를 풀어보면서 자주 틀리는 유형을 중점적으로 학습하면서 보완할 유형을 확인 할 수 있습니다.

2회분 실전 모의고사

70문항/70분 Ⅰ유형과 100문항/70분 Ⅱ유형 2회분 모의고사를 수록하여 실전에 대비할 수 있도록 하였습니다.

인성검사 및 면접기출

인·적성 개요 및 유형과 면접기출을 수록하여 스터디에 도움을 줄 수 있도록 하였습니다.

알아두면 좋은 이론

지역농협 필기시험에서 자주 나오는 이론을 따로 분류하여 수록하였습니다.

PART

01

직무
능력평가

CHAPTER

01 의사소통능력

문서이해능력 문서작성능력 의사표현능력 기초외국어

(1) 의사소통능력 개념

직장생활에서 문서나 상대방이 하는 말의 의미를 파악하는 능력이다. 자신의 의사를 정확하게 표현하는 능력, 간단한 외국어 자료를 읽거나 외국인 의사표시를 이해하는 능력을 포함한다.

(2) 출제 경향

유의관계나 반의관계 등 단어 간 관계를 묻는 문제를 비롯하여 맞춤법, 주어진 상황에 맞는 한자성어 고르기가 출제된다. 전반적으로 난이도가 높지는 않으나 비교적 헷갈리는 문제가 출제된다. 특히 한자성어의 경우 1 ~ 2개는 생소한 성어가 나오니, 음독으로 유추할 수 있는 편이 좋다. 최근에는 상품 설명서나 안내문 등 난이도가 있는 지문 및 자료를 제시하고 글의 흐름이나 유추하기 등 독해능력을 묻는 문제가 많이 출제되고 있다. 문제의 유형이 다양하니 가급적 많은 문제를 풀어보는 것이 좋다. 이때 단어 간 관계, 맞춤법 등을 꼼꼼하게 정리해두자.

(3) 출제 유형 및 세부 유형

유형	중요도	세부유형
문서이해능력	＊＊	단어 간 관계(유의어 · 반의어), 어휘의 의미 파악, 한자어 및 속담이 출제된다.
문서작성능력	＊＊＊	어법, 글의 흐름 파악하기, 문서 내용 파악하기 문제로 구성된다.
의사표현능력	＊＊＊	지문과 일치하는 내용 및 유추하기, 문서의 목적 및 주제 파악하기, 문장 배열하기 등의 유형으로 구성된다.
기초외국어	＊	생활 영어 유형으로 출제된다.

(4) 세부 유형 출제빈도

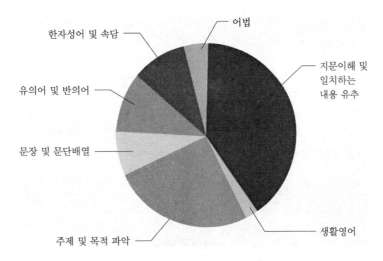

다양한 어휘의 의미를 충분히 익힌 후 실전문제를 접해보는 것이 좋다. 정답을 고르기 힘들 때는 그 의미를 분명히 알고 있는 것부터 보기에서 지우고, 나머지 단어들이 포함되는 단문을 만들어 의미를 비교해 보는 것도 요령이라고 할 수 있다. 기본적으로 제시된 단어와 비슷한 의미를 가지는 유의어나 반대되는 의미를 가지는 반의어를 찾는 유형의 문제는 빈출 유형이다. 기본적인 어휘 실력을 갖추고 있다면 쉽게 해결할 수 있는 수준으로 어렵지 않게 출제된다.

[1~5] 다음 제시된 단어와 의미가 유사한 단어를 고르시오.

1 유의어 ·· ●○○

의중

① 의도
② 경중
③ 가도
④ 도중
⑤ 지중

TIP 의중 : 의를 주장하는 무리
① 의를 주장하는 무리
② 가벼움과 무거움. 또는 가볍고 무거운 정도
③ 도시와 도시 사이를 잇는 큰길
④ 일이 계속되고 있는 과정이나 일의 중간
⑤ 몸가짐을 점잖고 무게 있게 함

2 유의어 ·· ●○○

올곧다

① 목강하다
② 에두르다
③ 정직하다
④ 교활하다
⑤ 갈퀴지다

TIP 올곧다 : 마음이나 정신 상태 따위가 바르고 곧다.
　③ 마음에 거짓이나 꾸밈이 없이 바르고 곧다.
　① 억지가 세고 만만하지 않다.
　② 바로 말하지 않고 짐작하여 알아듣도록 둘러대다.
　④ 간사하고 꾀가 많다.
　⑤ 생김새가 갈퀴처럼 구부정하다.

3 유의어 ･･･ ●●○

> 거르다

① 거루다　　　　　　② 걸우다
③ 대항하다　　　　　④ 밭다
⑤ 가리다

TIP 거르다 : 찌꺼기나 건더기가 있는 액체를 체나 거름종이 따위에 밭쳐서 액체만 받아 내다.
　④ 건더기와 액체가 섞인 것을 체나 거르기 장치에 따라서 액체만을 따로 받아 내다.
　① 배 따위를 강가나 냇가에 대다.
　② 기름지고 양분이 많게 하다.
　③ 굽히거나 지지 않으려고 맞서서 버티거나 항거하다.
　⑤ 여럿 가운데서 하나를 구별하여 고르다.

4 유의어 ･･･ ●○○

> 수거(水渠)

① 궤적　　　　　　　② 기거
③ 은거　　　　　　　④ 은닉
⑤ 도랑

답 1.① 2.③ 3.④ 4.⑤

TIP 수거 : 매우 좁고 작은 개울
⑤ 매우 좁고 작은 개울
① 어떠한 일을 이루어 온 과정이나 흔적
② 일정한 곳에서 먹고 자고 하는 따위의 일상적인 생활을 함. 또는 그 생활
③ 세상을 피하여 숨어서 삶
④ 남의 물건이나 범죄인을 감춤

5 유의어 ●○○

이골

① 여운　　　　　　　　　② 버릇

③ 십상　　　　　　　　　④ 시름

⑤ 아퀴

TIP 이골 : 아주 길이 들어서 몸에 푹 밴 버릇
② 오랫동안 자꾸 반복하여 몸에 익어 버린 행동
① 아직 가시지 않고 남아 있는 운치
③ 일이나 물건 따위가 어디에 꼭 맞는 것
④ 마음에 걸려 풀리지 않고 항상 남아 있는 근심과 걱정
⑤ 일이나 정황 따위가 빈틈없이 들어맞음을 이르는 말

[6~10] 제시된 단어와 같은 관계가 되도록 할 때 (　) 안에 알맞은 단어를 고르시오.

6 단어관계 ●○○

음력 1월 : 설 = 음력 5월 : (　)

① 단오　　　　　　　　　② 한식

③ 추석　　　　　　　　　④ 동지

⑤ 초복

TIP 위에 제시된 관계는 우리나라 각 명절에 해당하는 달과 그 달에 들어있는 명절을 짝지은 것이다. 음력 5월에는 단오가 있다.

7 단어관계 .... ●○○

> 유물 : 전시회 = 클래식 : (　　)

① 작곡가　　　　　　　　　　② 연주회
③ 협주곡　　　　　　　　　　④ 음악
⑤ 미술

TIP 유물은 전시회를 통해 볼 수 있고, 클래식은 연주회를 통해 들을 수 있다.

8 단어관계 .... ●○○

> ILO : 노동 = WTO : (　　)

① 보건　　　　　　　　　　　② 문화
③ 금융　　　　　　　　　　　④ 무역
⑤ 통신

TIP ILO(International Labour Organization) : 국제노동기구
　　　WTO(World Trade Organization) : 세계무역기구

9 단어관계 .... ●○○

> 마루 : 널빤지 = (　　) : 돌

① 물　　　　　　　　　　　　② 유리
③ 흙　　　　　　　　　　　　④ 제방
⑤ 판자

TIP 바닥에 깐 널빤지를 마루라고 하고, 돌을 쌓은 둑을 제방이라 한다.

답 5.② 6.① 7.② 8.④ 9.④

메주 : 콩 = 한지 : (   )

① 자작나무

② 닥나무

③ 옻나무

④ 참나무

⑤ 소나무

TIP 원재료와 완제품의 관계를 찾으면 쉽게 정답을 찾을 수 있다. 메주는 콩으로 만들며 한지는 닥나무로 만든다.

다음 빈 칸에 들어갈 적절한 말을 고르면?

전염병 : (   ) = 소문 : 파다하다

① 전염되다

② 만연하다

③ 제거되다

④ 예방하다

⑤ 방지하다

TIP '파다하다'는 소문 따위가 널리 퍼져 있다는 의미이며, '만연하다'는 전염병이나 나쁜 현상이 널리 퍼지다의 의미이다.

다음 제시된 어구 풀이의 의미와 가장 잘 부합하는 어휘를 고르면?

> 말이나 행동, 솜씨 따위가 거칠고 잡스러워 품위가 없다.

① 장황하다   ② 조잡하다

③ 치밀하다   ④ 거창하다

⑤ 장대하다

TIP '조잡하다'는 '거칠 粗 + 섞일 雜'이 결합된 것으로 '말이나 행동, 솜씨 따위가 거칠고 잡스러워 품위가 없다'는 뜻이다. 유의어로는
'잡스럽다', '유치하다' 등이 있으며 반의어로는 '정밀하다', '세밀하다' 등이 있다.
① 매우 길고 번거롭다.
③ 자세하고 꼼꼼하다.
④ 일의 규모나 형태가 매우 크고 넓다.
⑤ 기상이 씩씩하고 크다.

다음 제시된 단어의 의미로 옳은 것을 고르시오.

> 추렴하다

① 미루어 생각하여 헤아리다.

② 의견이나 사상 따위가 여럿으로 나뉘어 있는 것을 하나로 모아 정리하다.

③ 모임이나 놀이 또는 잔치 따위의 비용으로 여럿이 각각 얼마씩의 돈을 내어 거두다.

④ 겉모양이 깨끗하지 못하고 생기가 없다.

⑤ 돈을 지나치게 아껴서 넉넉하지 않다.

TIP '추렴하다'는 모임이나 놀이 또는 잔치 따위의 비용으로 여럿이 각각 얼마씩의 돈을 내어 거두다의 의미이다.
① 추측하다
② 수렴하다
④ 추레하다
⑤ 각박하다

답 10.②   11.②   12.②   13.③

14 어휘의 의미 ·· ●●○

다음 에 제시된 어구 풀이의 의미와 가장 잘 부합하는 단어는?

여러 사람이 부산하게 법석임

① 도랑방자하다

② 도드라지다

③ 북새를 놓다

④ 딴전을 부리다

⑤ 가락을 내다

TIP ① 말·행동 등이 거리낌이 없고 제멋대로 임
　　② 겉으로 또렷하게 드러남
　　④ 그 일과는 아주 딴 짓을 하는 것
　　⑤ 윷놀이에서 윷가락을 잘던져서 원하는 대로 나오는 것

15 빈칸 알맞은 어휘 넣기 ··· ●●○

다음 빈칸에 들어갈 어휘로 가장 적절한 것은?

팀장님은 프로젝트가 끝나면 _____ 팀원들과 함께 술을 한잔 했다.

① 진즉

② 파투

③ 한갓

④ 으레

⑤ 겨우

TIP ① 좀 더 일찍이
　　② 일이 잘못되어 흐지부지됨
　　③ 다른 것 없이 겨우
　　④ 두말할 것 없이 당연히, 틀림없이 언제나
　　⑤ 어렵게 힘들여

16 빈칸 알맞은 어휘 넣기 ··· ●●○

다음 빈칸에 들어갈 어휘로 가장 적절한 것은?

우리가 별 탈 없이 _____ 자라 벌써 스무 살이 되었다.

---

① 깜냥깜냥   ② 어리마리

③ 콩팔칠팔   ④ 도담도담

⑤ 갈짝갈짝

TIP ④ 어린아이라 탈 없이 잘 놀며 자라는 모양
   ① 자신의 힘을 다하여
   ② 잠이 든 둥 만 둥 하여 정신이 흐릿한 모양
   ③ 갈피를 잡을 수 없도록 마구 지껄이는 모양
   ⑤ 일을 만지작거리기만 하고 진전을 이루지 못하는 모양

17 동의어 ·· ●○○

다음 중 제시된 문장의 밑줄 친 어휘와 같은 의미로 사용된 것을 고르면?

심사 위원들은 이번에 응시한 수험생들에 대해 대체로 높은 평가를 <u>내렸다</u>.

---

① 이 지역은 강우가 산발적으로 <u>내리는</u> 경향이 있다.

② 그녀는 얼굴의 부기가 <u>내리지</u> 않아 외출을 하지 않기로 했다.

③ 먹은 것을 <u>내리려면</u> 적당한 운동을 하는 것이 좋다.

④ 중대장은 적진으로 돌격하겠다는 결단을 <u>내리고</u> 소대장들을 불렀다.

⑤ 이삿짐을 <u>내리고</u> 방을 청소하였다.

TIP ④ 판단, 결정을 하거나 결말을 짓다.
   ① 눈, 비, 서리, 이슬 따위가 오다.
   ② 쪘거나 부었던 살이 빠지다.
   ③ 먹은 음식물 따위가 소화되다. 또는 그렇게 하다.
   ⑤ 위에 있는 것을 알로 내리다.

정답 14.③ 15.④ 16.④ 17.④

밑줄 친 '방법'의 의미와 가장 가까운 것은?

데카르트의 〈방법서설〉은 이성의 올바른 사용설명서라 할 수 있다. '<u>방법</u>'이라는 단어의 기원인 희랍어 '메토도스(methodos)'는 '나중에'라는 뜻의 'meta'와 '길'을 뜻하는 'hodos'의 합성어다. 어원상으로 '나중에 다시 따라갈 수 있는 길'이라는 뜻이다. 누군가가 처음 어렵게 길을 개척하여, 나중에 다른 사람들이 쉽게 따라갈 수 있도록 한 것, 이것이 '방법'의 본래 의미다.

① 처음 이사를 왔을 때 옆집 아이가 학교 가는 <u>길</u>을 알려 주었다.

② 그는 조국과 민족을 위해 가시밭<u>길</u>을 걸었다.

③ 내 어머니의 삶은 전형적인 한국 어머니의 <u>길</u>이었다.

④ 매번 장학금을 받는 친구에게 공부를 잘 하는 <u>길</u>을 물었다.

⑤ 경찰에서 풀려나는 <u>길</u>로 나는 그 애를 따라 서울로 갔다.

TIP ④ 방법이나 수단
① 사람이나 동물 또는 자동차 따위가 지나갈 수 있게 땅 위에 낸 일정한 너비의 공간
② 사람이 삶을 살아가거나 사회가 발전해 가는 데에 지향하는 방향, 지침, 목적이나 전문 분야
③ 어떤 자격이나 신분으로서 주어진 도리나 임무
⑤ 어떤 행동이 끝나자마자 즉시

[19~20] 다음 글을 읽고 물음에 답하시오.

올해 프로축구 결승전은 타이거스 팀과 베어스 팀의 경기로 열렸다. 전반전은 타이거스 팀이 한 골을 먼저 넣어 경기를 ㉠이끌어 나갔으나 후반전은 상황이 달았다. 베어스 팀이 몇몇 선수를 교체하면서 후반 시작 후 5분 만에 동점골을 터뜨렸다. (㉡) 타이거스 팀도 곧이어 10분 만에 한 골을 추가하여 2 : 1로 다시 앞서 나갔으나 게임 종료 10분을 남겨 놓고 두 골을 몰아넣은 베어스 팀에 역전패하고 말았다.

19 동의어 ●○○

㉠과 바꿔 쓰기에 가장 적당한 말은?

① 주력해   ② 영도해

③ 운영해   ④ 주도해

⑤ 유도해

TIP '이끌다'는 사람, 단체, 사물, 현상 따위를 인도하여 어떤 방향으로 나가게 함을 이르는 말이다.
　④ 주동적인 처지가 되어 이끌다.
　① 어떤 일에 온 힘을 기울이다.
　② 앞장서서 이끌고 지도하다.
　③ 조직이나 기구, 사업체 따위를 운용하고 경영하다.
　⑤ 사람이나 물건을 목적한 장소나 방향으로 이끌다.

20 접속어 ●○○

㉡에 알맞은 말은?

① 이에 질세라   ② 이에 지려고

③ 이에 지길래   ④ 이에 질망정

⑤ 이에 지면서

TIP '질세라'는 '지다'의 어간 '지-' 뒤에, 뒤 절 일의 이유나 근거로 혹시 그러할까 염려하는 뜻을 나타내는 연결 어미 '-ㄹ세라'가 붙은 것이다.

정답 18.④ 19.④ 20.①

주어진 지문을 독해하여 이해하는 것으로 지문에 대한 설명으로 옳고 그른 것을 물어보는 문제가 자주 출제된다. 반드시 출제되는 영역 중에 한 부분으로 다양한 지문을 읽어보는 것이 필요하다. 문단별로 핵심 요점이 되는 내용은 밑줄을 치면서 읽는 습관을 들이는 것이 필요하다. 최근에는 긴 지문의 문제가 자주 출제되고 있어서 짧은 글을 속독하면서 빠르게 이해하는 연습을 많이 해보는 것도 필요하다.

1 지문 분석하고 이해하기 ·· ●○○

다음은 은행의 보수적인 금융행태의 원인에 대하여 설명하는 글이다. 다음 글에서 지적한 가장 핵심적인 은행의 보수적인 모습으로 적절한 것은 어느 것인가?

외환위기 이후 구조조정 과정에서 은행은 생존을 위해서는 양호한 경영실적을 올리는 것이 중요하다는 것을 절감하였다. 특히 단기수익을 중시하는 성향이 높은 외국인의 지분 확대는 은행의 단기수익성 제고에 대한 부담을 가중시켰다. 이에 따라 은행은 상대적으로 위험부담이 적고 수익창출이 용이한 가계대출을 중심으로 대출을 증가시키게 되었다. 2000년대 초반 가계대출의 예대마진이 중소기업대출보다 높았던 데다 부동산시장이 활황세를 나타냄에 따라 은행은 가계대출을 증가시킴으로써 수익을 향상시킬 수 있었다. 중소기업대출의 예대마진이 가계대출을 상회한 2000년대 중반 이후에도 부동산시장의 호조와 상대적으로 낮은 연체율 등에 힘입어 은행은 가계대출 중심의 대출행태를 지속하였다.

단기수익 중시의 단견주의(short-termism)는 은행 임직원의 행태에도 큰 영향을 미쳤다. 대체로 3년 정도의 임기인 은행장은 장기 비전을 가지고 은행을 경영하기보다는 단기수익을 극대화할 수 있는 영업 전략을 선택할 수밖에 없게 되었다. 또한 직원에 대한 핵심성과지표(Key Performance Index:KPI)가 수익성 및 여수신 유치실적 등 단기성과 중심으로 구성되어 있어 위험성이 높지만 성장 가능성이 높은 유망한 중소·벤처 기업에 대한 대출보다는 주택담보대출과 같이 상대적으로 안전하고 손쉬운 대출을 취급하려는 유인이 높아졌다.

---

① 내부 임직원에 대한 구태의연한 평가방식
② 은행장의 무모한 경영 전략 수립
③ 대기업에 집중된 기업대출 패턴
④ 수익성 추구의 단기성과주의
⑤ 지급준비율 인상을 통한 현금 보유 확대

TIP 외환위기 이후 생존을 위해 경영실적을 올려야 했던 것이 결과적으로 은행으로 하여금 마진율이 높고 리스크가 적은 가계대출 위주의 영업을 지향하게 했던 것이므로 이러한 단기성과주의가 가장 핵심적인 은행의 보수적 금융행태라고 할 수 있다.

다음 글을 통해 해결할 수 없는 질문은?

세계경제포럼의 일자리 미래 보고서는 기술이 발전함에 따라 향후 5년간 500만 개 이상의 일자리가 사라질 것으로 경고했다. 실업률이 증가하면 사회적으로 경제적 취약 계층인 저소득층도 늘어나게 되는데, 지금까지는 '최저소득보장제'가 저소득층을 보호하는 역할을 담당해 왔다.

최저소득보장제는 경제적 취약 계층에게 일정 생계비를 보장해 주는 제도로 이를 실시할 경우 국가는 가구별 총소득*에 따라 지원 가구를 선정하고 동일한 최저생계비를 보장해 준다. 가령 최저생계비를 80만 원까지 보장해 주는 국가라면, 총소득이 50만 원인 가구는 국가로부터 30만 원을 지원 받아 80만 원을 보장 받는 것이다. 국가에서는 이러한 최저생계비의 재원을 마련하기 위해 일정 소득을 넘어선 어느 지점부터 총소득에 대한 세금을 부과하게 된다. 이때 세금이 부과되는 기준 소득을 '면세점'이라 하는데, 총소득이 면세점을 넘는 경우 총소득 전체에 대해 세금이 부과되어 순소득*이 총소득보다 줄어들게 된다. 그런데 국가에서 최저생계비를 보장할 경우 면세점 이하나 그 부근의 소득에 속하는 일부 실업자, 저소득층은 일을 하여 소득을 올리는 것보다 일을 하지 않고 최저생계비를 보장 받는 것이 더 유리하다고 판단할 수 있다. 또한 지원 대상을 선정하기 위한 소득 및 자산 심사를 하게 되므로 관리 비용이 추가로 지출되며, 실제로는 최저생계비를 보장 받을 자격이 있지만 서류를 갖추지 못해 지원 대상에서 제외되는 가구가 생기기도 한다.

이러한 문제로 인해 기존의 복지 재원을 하나로 모아 국가 또는 지방자치단체에서 모든 구성원 개개인에게 아무 조건 없이 정기적으로 현금을 지급하는 '기본소득제'가 대안으로 제시되고 있다. 모든 국민에게 일정액을 현금으로 지급할 경우 저소득층 또한 일을 한 만큼 소득이 늘어나게 되므로 최저생계비를 보장 받기 위해 사람들이 일부러 일자리를 구하지 않을 가능성이 낮다는 것이다. 동시에 기본소득제는 자격 심사 과정이 없어 관리 비용이 절약될 뿐만 아니라 제도에서 소외된 빈곤 인구도 줄일 수 있다. 하지만 기본소득제는 모든 국민에게 일정액이 지급되는 만큼, 이에 만족하는 사람들이 늘어나면 최저소득보장제를 실시할 때보다 오히려 일자리를 찾는 사람이 전체적으로 줄어들 것이란 우려도 동시에 제기되고 있다. 또한 복지 예산이 상대적으로 부족한 국가에서는 시행하기 어렵고 기본 소득 이상의 혜택을 받아야 하는 취약 계층에 더 많은 경제적 지원을 할 수 없는 문제 등이 있어 기본소득제를 현실 사회에 적용하기까지는 많은 난관이 있을 것으로 예상된다.

그럼에도 불구하고 기본소득제의 도입을 모색하고 있는 국가나 지방자치단체는 모든 국민들이 소득을 일정 부분 보장 받는 만큼 생산과 소비가 촉진되고, 이로 인해 전체 경제가 활성화될 것이라 예상한다. 그래서 기본소득제는 최근 인공 지능과 같은 기술의 발달이 몰고 올 실업 문제와 경제 불황을 효율적으로 극복하기 위한 현명한 대안으로 검토되고 있는 것이다.

*총소득 : 세금 부과 이전, 또는 정부 지원 이전의 전체 소득   *순소득 : 세금 부과 이후, 또는 정부 지원 이후의 실제 소득

① 최저소득보장제와 기본소득제의 개념은 무엇인가?

② 최저소득보장제는 사회에서 어떤 역할을 담당하였는가?

③ 기본소득제를 도입하여 얻을 수 있는 경제적 효과는 무엇인가?

④ 기본소득제를 국가나 지방자치단체 차원에서 도입한 사례에는 어떤 것이 있는가?

⑤ 성취라는 결과를 도출하기 위해 자연물은 외적 요인에 집중한다.

답 1.④ 2.④

④ 국가나 지방자치단체 차원에서 기본소득제 도입을 검토하고 있다는 내용만 나와 있을 뿐, 기본소득제를 도입한 사례는 확인할 수 없다.

⑤ '외적 원인이 아니라 내재적 본성에 따른 운동을 한다는 목적론을 제시한다.'의 부분을 통해 외적 요인에 집중한다고 볼 수 없다.

3 지문 분석하고 이해하기 ●●○

다음 글을 통해 확인 할 수 있는 사실이 아닌 것은?

출산 초기 모유에 많이 들어 있는 모유올리고당은 아기의 장 안에 박테리아(유익균)가 제대로 자리 잡게 도와주기 위한 것이다. 신생아의 장에는 박테리아가 없으므로 먼저 깃발을 꽂는 놈이 임자인데, 만일 유해균이 선점하면 평생 장건강이 안 좋을 수 있기 때문이다. 2000년대 초중반 행해진 연구에 따르면 보통 모유에는 모유올리고당이 100여 가지나 존재하고, 유익균의 대명사인 비피도박테리아(Bifidobacterum infantis)가 모유올리고당을 잘 먹는다는 사실이 밝혀졌다. 비피도박테리아는 설사를 일으키는 유해균이 장에 자리잡는 걸 방해하는 우군이다. 모유올리고당은 반대로 박테리아성 설사의 주범인 캄파일로박터(Campylobacter jejuni)가 장점막에 달라붙는 걸 막는다는 사실도 밝혀졌다.

캐나다 맥길대 마이클 크래머 교수팀을 비롯한 공동연구팀이 벨라루스의 아이 13,889명을 대상으로 모유와 분유의 차이를 조사한 프로젝트인 'PROBIT'을 진행했는데, 모유 예찬론자들에게는 다소 실망스런 결과를 냈다. 생후 1년까지는 모유를 먹는 게 여러 면에서 더 좋은 걸로 나왔지만, 6살 때 조사하자 모유를 먹었던 아이나 분유를 먹었던 아이나 별 차이가 없었던 것이다. 그런데 유일한 예외가 바로 지능이었다. 즉 아이가 똑똑해진다는 게 모유의 가장 확실한 효과인 셈이다.

모유의 장점이 과장됐다는 '이단적인' 연구결과가 2014년 3월 학술지 『사회과학과 의학』에 실렸다. 신시아 콜렌 교수는 모유가 아이의 건강과 지능에 장기적으로 긍정적인 영향을 미친다는 기존의 연구결과들은 '선택편향(selection bias)'의 결과라고 주장했다. 즉 모유를 먹은 아이들이 분유를 먹은 아이들보다 더 건강하고 똑똑한 건 사실이지만, 모유가 원인은 아니라는 말이다. 대체적으로 모유를 먹일 수 있는 여성은 경제적으로 시간적으로 여유가 있는 경우가 많아 육아와 교육, 식품, 주거환경 등 여러 측면에서 더 나은 조건을 제공할 수 있다는 말이다. 연구자들은 이 가설을 입증하기 위해 기존 대규모 조사결과를 다시 분석했다. 즉 모유 수유 여부의 효과를 중장기적으로 조사한, 4세에서 14세 사이의 아동 8,237명을 대상으로 한 데이터로, 이 자체는 모유를 먹은 아이들이 분유를 먹은 아이들보다 더 건강하고 똑똑한 것으로 나온다. 그런데 이 가운데 665가구에서 조사한 1,773명은 형제자매 가운데 모유 수유와 분유 수유가 혼재한 경우였다. 즉, 어떤 사정으로 인해 엄마가 자녀 일부는 모유로 키웠고, 일부는 분유로 키운 것이다. 따라서 수유를 제외한 성장환경이 비슷한 조건이다. 이들 1,773명을 대상으로 비만도, 과잉행동 여부, 어휘력, 수리능력 등 11가지 조사 항목을 다시 분석하자 모유 수유와 분유 수유 사이에 보였던 차이가 사라지거나 크게 줄어들었다. 결국 모유 수유 여부는 중장기적으로 아이의 건강이나 지능에 별 영향이 없다는 것이다.

① 장 건강과 모유 수유의 상관관계

② PROBIT 프로젝트의 연구 대상

③ 모유 수유의 중장기적 영향력

④ 모유가 긍정적인 영향을 미친다는 기존 연구의 맹점

⑤ 비피도박테리아와 캄파일로박터의 상생가능성

TIP ⑤ 비피도박테리아는 모유에 함유되어있는 모유올리고당을 잘 먹는 유익균으로 모유 수유 시 신생아의 장에 자리 잡기 유리하다. 반대로 캄파일로박터는 설사를 일으키는 유해균으로 모유올리고당은 캄파일로박터가 장점막에 달라붙는 것을 방해한다는 내용이 첫 문단에 등장한다. 따라서 두 박테리아의 상생가능성에 대한 이야기는 등장하지 않는다.

답 3.⑤

다음은 폐기물관리법의 일부이다. 제시된 내용을 참고할 때 옳은 것은?

제OO조 이 법에서 말하는 폐기물이란 쓰레기, 연소재, 폐유, 폐알칼리 및 동물의 사체 등으로 사람의 생활이나 사업활동에 필요하지 않게 된 물질을 말한다.

제OO조

제1항 도지사는 관할 구역의 폐기물을 적정하게 처리하기 위하여 환경부장관이 정하는 지침에 따라 10년마다 '폐기물 처리에 관한 기본계획'(이하 '기본계획'이라 한다)을 세워 환경부장관의 승인을 받아야 한다. 승인 사항을 변경하려 할 때에도 또한 같다. 이 경우 환경부장관은 기본계획을 승인하거나 변경승인하려면 관계 중앙행정기관의 장과 협의하여야 한다.

제2항 시장·군수·구청장은 10년마다 관할 구역의 기본계획을 세워 도지사에게 제출하여야 한다.

제3항 제1항과 제2항에 따른 기본계획에는 다음 각 호의 사항이 포함되어야 한다.

　　1. 관할 구역의 지리적 환경 등에 관한 개황
　　2. 폐기물의 종류별 발생량과 장래의 발생 예상량
　　3. 폐기물의 처리 현황과 향후 처리 계획
　　4. 폐기물의 감량화와 재활용 등 자원화에 관한 사항
　　5. 폐기물처리시설의 설치 현황과 향후 설치 계획
　　6. 폐기물 처리의 개선에 관한 사항
　　7. 재원의 확보계획

제OO조

제1항 환경부장관은 국가 폐기물을 적정하게 관리하기 위하여 전조 제1항에 따른 기본계획을 기초로 '국가 폐기물관리 종합계획'(이하 '종합계획'이라 한다)을 10년마다 세워야 한다.

제2항 환경부장관은 종합계획을 세운 날부터 5년이 지나면 그 타당성을 재검토하여 변경할 수 있다.

---

① 재원의 확보계획은 기본계획에 포함되지 않아도 된다.

② A도 도지사가 제출한 기본계획을 승인하려면, 환경부장관은 관계 중앙행정기관의 장과 협의를 거쳐야 한다.

③ 환경부장관은 국가 폐기물을 적정하게 관리하기 위하여 10년마다 기본계획을 수립하여야 한다.

④ B군 군수는 5년마다 종합계획을 세워 환경부장관에게 제출하여야 한다.

⑤ 기본계획 수립 이후 5년이 경과하였다면, 환경부장관은 계획의 타당성을 재검토하여 계획을 변경하여야 한다.

TIP ① 재원의 확보계획은 기본계획에 포함되어야 한다.
　　　③ 환경부 장관은 국가 폐기물을 적정하게 관리하기 위하여 10년마다 종합계획을 수립하여야 한다.
　　　④ 시장·군수·구청장은 10년마다 관할 구역의 기본계획을 세워 도지사에게 제출하여야 한다.
　　　⑤ 환경부 장관은 종합계획을 세운 날부터 5년이 지나면 그 타당성을 재검토하여 변경할 수 있다.

다음은 사전의 개정 내용을 정리한 자료이다. 자료를 확인하고 개정 내용에 대한 이해로 옳은 것은?

개정 전	개정 후
얼큰하다 동 「1」 매워서 입 안이 조금 얼얼하다. '얼근하다'보다 거센 느낌을 준다. ⋮	얼큰하다 동 「1」 입 안이 조금 얼얼할 정도로 맵다. '얼근하다'보다 거센 느낌을 준다. ⋮
내-후년 명 후년의 바로 다음 해. ≒명후년, 후후년.	내-후년 명 「1」 내년의 다음다음 해. ≒명후년, 후후년. 「2」 올해의 다음다음 해. =후년.
사그라지다 동 삭아서 없어지다.	사그라지다 동 기운이나 현상 따위가 가라앉거나 없어지다.
빌빌거리다 동 「1」 느릿느릿하게 자꾸 움직이다. 「2」 기운 없이 자꾸 행동하다. ≒ 빌빌대다	빌빌거리다 동 「1」 느릿느릿하게 자꾸 움직이다. 「2」 기운 없이 자꾸 행동하다. 「3」 일정한 직업이 없거나 하는 일 없이 계속 지내다.
양산 명 주로, 여자들이 볕을 가리기 위하여 쓰는 우산 모양의 큰 물건.	양산 명 볕을 가리기 위하여 쓰는 우산모양의 물건.
스카프 명 주로 여성이 방한용 · 장식용 따위로 사용하는 얇은 천. 목에 감거나 머리에 쓰기도 하고, 옷깃 언저리에 약간 내놓거나 허리에 매기도 한다.	스카프 명 방한용 · 장식용 따위로 사용하는 얇은 천. 목에 감거나 머리에 쓰기도 하고, 옷깃 언저리에 약간 내놓거나 허리에 매기도 한다.

※ 사전의 개정내용은 2021년 1 ～ 4분기 개정사항을 반영한 것임

① 표준 발음이 추가로 인정되어 기존의 발음 방식이 새롭게 변형되었다.

② 의미에 대한 변화가 없이 성별을 지칭하는 단어를 수정하였다.

③ 방언으로 인정되었던 단어가 나름의 의미를 지니고 표준어가 되기도 한다.

④ 과학적 정보의 변화가 사전적 의미에 반영되어 뜻이 변화하는 경우도 있다.

⑤ 기존에 존재하지 않던 새로운 문물의 등장으로 새 단어가 형성되었다.

TIP 양산이나 스카프의 뜻풀이에서 성별을 지칭하여 사용하던 것을 수정하였다.

답 4.② 5.②

다음의 A사이트의 이용약관 일부이다. 다음에 대해 바르게 이해하지 못한 것은?

제6조(이용 계약의 성립)

① 이용계약은 신청자가 온라인으로 당 사이트에서 제공하는 소정의 가입신청 양식에서 요구하는 사항을 기록하고, 이 약관에 대한 동의를 완료한 경우에 성립됩니다.

② 당 사이트는 다음 각 호에 해당하는 이용계약에 대하여는 가입을 취소할 수 있습니다.

1. 다른 사람의 명의를 사용하여 신청하였을 때
2. 이용 계약 신청서의 내용을 허위로 기재하였거나 신청하였을 때
3. 사회의 안녕 질서 혹은 미풍양속을 저해할 목적으로 신청하였을 때
4. 다른 사람의 당 사이트 서비스 이용을 방해하거나 그 정보를 도용하는 등의 행위를 하였을 때
5. 당 사이트를 이용하여 법령과 본 약관이 금지하는 행위를 하는 경우
6. 기타 당 사이트가 정한 이용신청요건이 미비 되었을 때

③ 당 사이트는 다음 각 호에 해당하는 경우 그 사유가 해소될 때까지 이용계약 성립을 유보할 수 있습니다.

1. 기술상의 장애사유로 인한 서비스 중단의 경우(시스템관리자의 고의 · 과실 없는 디스크장애, 시스템 다운 등)
2. 전기통신사업법에 의한 기간통신사업자가 전기통신 서비스를 중지하는 경우
3. 전시. 사변, 천재지변 또는 이에 준하는 국가 비상사태가 발생하거나 발생할 우려가 있는 경우
4. 긴급한 시스템 점검, 증설 및 교체설비의 보수 등을 위하여 부득이한 경우
5. 서비스 설비의 장애 또는 서비스 이용의 폭주 등 기타 서비스를 제공할 수 없는 사유가 발생한 경우

④ 당 사이트가 제공하는 서비스는 아래와 같으며, 그 변경될 서비스의 내용을 이용자에게 공지하고 아래에서 정한 서비스를 변경하여 제공할 수 있습니다. 다만, 비회원에게는 서비스 중 일부만을 제공할 수 있습니다.

1. 당 사이트가 자체 개발하거나 다른 기관과의 협의 등을 통해 제공하는 일체의 서비스

제8조(사용자의 정보 보안)

① 가입 신청자가 당 사이트 서비스 가입 절차를 완료하는 순간부터 귀하는 입력한 정보의 비밀을 유지할 책임이 있으며, 회원의 ID와 비밀번호를 사용하여 발생하는 모든 결과에 대한 책임은 회원본인에게 있습니다.

② ID와 비밀번호에 관한 모든 관리의 책임은 회원에게 있으며, 회원의 ID나 비밀번호가 부정하게 사용되었다는 사실을 발견한 경우에는 즉시 당 사이트에 신고하여야 합니다. 신고를 하지 않음으로 인한 모든 책임은 회원 본인에게 있습니다.

③ 이용자는 당 사이트 서비스의 사용 종료 시마다 정확히 접속을 종료하도록 해야 하며, 정확히 종료하지 아니함으로써 제3자가 귀하에 관한 정보를 이용하게 되는 등의 결과로 인해 발생하는 손해 및 손실에 대하여 당 사이트는 책임을 부담하지 아니합니다.

---

④ 비밀번호 분실 시 통보는 이메일 또는 단문 메시지 서비스(SMS)로 안내하며, 전 항의 규정에도 불구하고 회원의 이메일 주소 또는 휴대전화번호 기입 잘못 등 본인 과실 및 본인 정보 관리 소홀로 발생하는 문제의 책임은 회원에게 있습니다.

⑤ 이용자는 개인정보 보호 및 관리를 위하여 서비스의 개인정보관리에서 수시로 개인정보를 수정/삭제할 수 있습니다.

① 이용 계약 신청서의 내용을 허위로 기재하였을 시 사이트에서 가입을 취소할 수 있다.

② 긴급한 시스템 점검 및 교체설비의 보수 등을 위하여 부득이한 경우 가입이 제한 될 수 있다.

③ 이용자는 개인정보 보호 및 관리를 위하여 서비스의 개인정보관리에서 수시로 개인정보를 삭제할 수 있다.

④ 제시된 이용약관에는 사이트 회원의 책임에 관한 조항은 규정되어 있지 않다.

⑤ 회원의 ID나 비밀번호가 부정하게 사용되었다는 사실을 발견한 즉시 당 사이트에 신고해야 한다.

TIP ④ 제8조 사용자의 정보 보안에 관한 규정에는 회원의 ID와 비밀번호를 사용하여 발생하는 모든 결과에 대해서는 회원 본인이 책임져야 한다고 나온다.

답 6.④

다음 어느 항공사의 서비스 이용할 때 주의사항이다. 다음 중 주의사항에 어긋난 행동은?

항공사 서비스 이용 시 주의사항

1. 운항지연 및 취소로 인해 출장·여행 등에 차질이 있을 수 있으므로 일정을 여유 있게 조정하시기 바랍니다.
   → 항공권은 다양한 이유로 취소되거나 지연될 수 있음을 고려하여, 예약확인 및 탑승 전까지 수시로 출발 여부를 확인하여야 합니다.
2. 항공권 발권 즉시 탑승자의 영문철자, 출발 및 도착 일시, 도착지명 등 표시사항을 꼼꼼하게 확인하시기 바랍니다.
   → 항공권과 여권의 탑승자 영문철자가 다른 경우 탑승이 거절되거나, 시차를 고려하지 않아 출발·도착시간을 잘못 파악할 수 있으며, 도시 및 공항명 착오가 발생할 수 있으므로, 구입한 항공권 내용을 정확히 확인하여야 피해를 방지할 수 있습니다.
3. 고가이거나 손상되기 쉬운 물건은 반드시 휴대하시기 바랍니다.
   → 노트북컴퓨터나 카메라 등 고가의 전자제품이나 보석류·귀금속류·현금 등은 손상되거나 분실된 경우 항공사에 따라 보상 불가능한 경우가 많고, 소지가 금지되는 물품도 도착 국가별로 다양하므로 수하물 운송조건에 대한 내용은 사전에 항공사로 문의하거나 홈페이지를 통해 확인하시기 바랍니다.
4. 항공권 취소 시 판매자인 여행사나 항공사에 환급을 요청하여야 하며, 환급시 공제된 수수료에 대한 내역을 꼭 확인하시기 바랍니다.
   → 환급 시의 공제수수료는 항공권에 따라 다양하므로, 계약 시 약정한 취소수수료로 공제되었는지 환급 즉시 확인하도록 합니다.

① 甲은 항공권을 발권하여 영문철자, 출발 및 도착 일시 등 표시사항을 꼼꼼히 확인하였다.
② 乙은 카메라가 파손되지 않도록 캐리어에 넣어 수하물 위탁 처리하였다.
③ 丙은 운항이 지연될 수 있기 때문에 일정을 여유있게 잡았다.
④ 丁은 항공권을 취소하여 항공사에 환급을 요청하였고 수수료 내역을 꼼꼼히 확인하였다.
⑤ 戊는 항공권을 예매하기 전 도착지와의 시차를 고려하여 출발시간을 결정하였다.

TIP ② 고가이거나 손상되기 쉬운 물건(카메라, 노트북 등)은 직접 휴대하여야 한다.

8 안내문 분석하고 이해하기 ·· ●●○

01
직
무
능
력
평
가

다음은 회의실 예약에 대한 안내문이다. 이에 대한 내용으로 적절하지 않은 것은?

■ 이용안내

임대시간	기본 2시간, 1시간 단위로 연장
요금결제	이용일 7일전 까지 결제(7일 이내 예약 시에는 예약 당일 결제)
취소 수수료	• 결제완료 후 계약을 취소 시 취소수수료 발생 • 이용일 기준 7일 이전 : 전액 환불 • 이용일 기준 6일 ~ 3일 이전 : 납부금액의 10% • 이용일 기준 2일 ~ 1일 이전 : 납부금액의 50% • 이용일 당일 : 환불 없음
회의실/일자 변경	• 사용가능한 회의실이 있는 경우, 사용일 1일 전까지 가능(해당 역 담당자 전화 신청 필수) • 단, 회의실 임대일 변경, 사용시간 단축은 취소수수료 기준 동일 적용
세금계산서	• 세금계산서 발행을 원하실 경우 반드시 법인 명의로 예약하여 사업자등록번호 입력 • 현금영수증 발행 후에는 세금계산서 변경발행 불가

■ 회의실 이용 시 준수사항

※ 회의실 사용자는 공사의 승인 없이 다음 행위를 할 수 없습니다.

1. 공중에 대하여 불쾌감을 주거나 또는 통로, 기타 공용시설에 간판, 광고물의 설치, 게시, 부착 또는 각종기기의 설치 행위
2. 폭발물, 위험성 있는 물체 또는 인체에 유해하고 불쾌감을 줄 우려가 있는 물품 반입 및 보관행위
4. 동의 없이 시설물의 이동, 변경 배치행위
5. 동의 없이 장비, 중량물을 반입하는 등 제반 금지행위
6. 공공질서 및 미풍양식을 위해하는 행위
7. 알콜성 음료의 판매 및 식음행위
8. 흡연행위 및 음식물 등 반입행위
9. 임대의 위임 또는 재임대

① 3일 후에 회의 일정이 잡혔다면 당일 결제로 회의실을 예약해야 한다.

② 다다음주 상사의 귀국일로 예정된 회의가 상사의 출장 일정이 연기되었을 시 별도의 수수료 없이 연기 가능하다.

③ 불가피하게 회의가 지연될 시에는 30분 연장하여 사용이 가능하다.

④ 법인 명의로 예약하고 사업자등록번호를 입력하여 세금계산서를 발행할 수 있다.

⑤ 회의실 내에서 알콜성 음료를 마시거나 흡연은 불가능하다.

TIP 회의실 사용 연장은 1시간 단위로 가능하다.

답 7.② 8.③

[9 ~ 10] 다음은 어느 공항의 〈교통약자 공항이용안내〉의 일부이다. 이를 읽고 물음에 답하시오.

패스트트랙
- Fast Track을 이용하려면 교통약자(보행장애인, 7세 미만 유소아, 80세 이상 고령자, 임산부, 동반여객 2인 포함)는 본인이 이용하는 항공사의 체크인카운터에서 이용대상자임을 확인 받고 'Fast Track Pass'를 받아 Fast Track 전용출국장인 출국장 1번, 6번 출국장입구에서 여권과 함께 제시하면 됩니다.
- 인천공항 동편 전용출국통로(Fast Track, 1번 출국장), 오전7시 ~ 오후7시까지 운영 중이며, 운영상의 미비점을 보완하여 정식운영(동 · 서편, 전 시간 개장)을 개시할 예정에 있습니다.

휠체어 및 유모차 대여
공항 내 모든 안내데스크에서 휠체어 및 유모차를 필요로 하는 분께 무료로 대여해 드리고 있습니다.

장애인 전용 화장실
- 여객터미널 내 화장실마다 최소 1실의 장애인 전용화장실이 있습니다.
- 장애인분들의 이용 편의를 위하여 넓은 출입구와 내부공간, 버튼식 자동문, 비상벨, 센서작동 물내림 시설을 설치하였으며 항상 깨끗하게 관리하여 편안한 공간이 될 수 있도록 하고 있습니다.

주차대행 서비스
- 공항에서 허가된 주차대행 서비스(유료)를 이용하시면 보다 편리하고 안전하게 차량을 주차하실 수 있습니다.
- 경차, 장애인, 국가유공자의 경우 할인된 금액으로 서비스를 이용하실 수 있습니다.

장애인 주차 요금 할인
주차장 출구의 유인부스를 이용하는 장애인 차량은 장애인증을 확인 후 일반주차요금의 50%를 할인하여 드리고 있습니다.

휠체어 리프트 서비스
- 장기주차장에서 여객터미널까지의 이동이 불편한 장애인, 노약자 등 교통약자의 이용 편의 증진을 위해 무료 이동 서비스를 제공하여 드리고 있습니다.
- 여객터미널 ↔ 장기주차장, 여객터미널 ↔ 화물터미널행의 모든 셔틀버스에 휠체어 탑승리프트를 설치, 편안하고 안전하게 모시고 있습니다.

다음 교통약자를 위한 서비스 중 무료로 이용할 수 있는 서비스만으로 묶인 것은?

① 주차대행 서비스, 장애인 전용 화장실 이용

② 장애인 차량 주차, 휠체어 및 유모차 대여

③ 휠체어 및 유모차 대여, 휠체어 리프트 서비스

④ 휠체어 및 유모차 대여, 주차대행 서비스

⑤ 주차대행 서비스, 장애인 차량 주차

TIP ①④ 주차대행 서비스가 유료이다.
　　 ② 장애인 차량은 장애인증 확인 후 일반주차요금의 50%가 할인된다.
　　 ⑤ 둘 다 무료로 이용할 수 있는 서비스가 아니다.

Fast Track 이용 가능한 교통약자가 아닌 사람은?

① 80세 이상 고령자

② 임산부

③ 보행장애인

④ 8세 아동

⑤ 3세 유아 동반여객 2인

TIP Fast Track 이용 가능한 교통약자는 보행장애인, 7세 미만 유소아, 80세 이상 고령자, 임산부, 동반여객 2인이다.

답 9.③　10.④

한자어, 한자성어, 속담은 매년 출제되는 유형이다. 한자능력검정시험 2 ~ 3급 수준의 한자가 나오는 편으로 한자에 대한 깊은 이해가 필요하다. 한자나 한자성어의 난이도는 점차 올라가고 있고 자주 사용되는 용어는 출제되지는 않는 편이다. 기본적인 한자에 대한 이해가 필요하며 다양한 속담을 눈에 익히는 것이 필요하다.

1 한자어 ·· ●●○

다음 한자 중 잘못 읽은 것은?

① 司掃 – 사소
② 書式 – 서식
③ 脆弱 – 위약
④ 破綻 – 파탄
⑤ 家累 – 가루

TIP ③ 脆弱(취약)으로 읽는다. 무르고 약함과 가냘픔을 의미한다.

2 한자어 ·· ●●○

다음 한자 중 '백'의 쓰임이 잘못된 것은?

① 白眉
② 白中
③ 白痴
④ 白手
⑤ 白鷺

TIP 음력(陰曆) 칠월(七月) 보름날로 백종일(百種日) · 망혼일(亡魂日) · 중원(中元)이라고도 하는 '백중'을 나타내려면 '百中'으로 써야 한다.
　① 白眉(백미) : 여럿 중에서 가장 뛰어난 사람이나 물건을 이르는 말
　③ 白痴(백치) : 뇌에 장애나 질환이 있어 지능이 아주 낮은 상태. 또는 그런 사람을 낮잡아 이르는 말
　④ 白手(백수) : 돈 한 푼 없이 빈둥거리며 놀고먹는 건달
　⑤ 白鷺(백로) : 왜가릿과의 새로 몸의 털이 흰색인 새를 통틀어 이르는 말

3 한자어 ●●○

한자어를 우리말로 순화시킨 것 중 바르지 않은 것은?

① 조미료(調味料) — 양념

② 식재(植栽) — 숲

③ 하자(瑕疵) — 흠

④ 기일(忌日) — 제삿날

⑤ 농연(濃煙) — 짙은 연기

TIP ② 식재 → 나무 심기

4 한자성어 ●●○

밑줄 친 부분의 한자표기가 다른 하나는?

① 일취월장

② 일석이조

③ 일자무식

④ 일거양득

⑤ 일벌백계

TIP ① 일취월장(日就月將) : 나날이 자라거나 발전함
② 일석이조(一石二鳥) : 돌 한 개를 던져 새 두 마리를 잡는다는 뜻으로, 동시에 두 가지 이득을 봄
③ 일자무식(一字無識) : 글자를 한 자도 모를 정도로 무식함. 또는 그런 사람
④ 일거양득(一擧兩得) : 한 가지 일을 하여 두 가지 이익을 얻음
⑤ 일벌백계(一罰百戒) : 한 가지 죄와 또는 한 사람을 벌줌으로써 여러 사람의 경각심을 불러일으킴

답 1.③ 2.② 3.② 4.①

( ) 안에 들어가기에 부적절한 한자성어는?

- 사고(四苦) : (㉠)   • 사궁(四窮) : (㉡)
- 사주(四柱) : (㉢)   • 사단(四端) : (㉣)
- 사말(四末) : (㉤)

---

① ㉠ : 생로병사   ② ㉡ : 환과고독

③ ㉢ : 일월성신   ④ ㉣ : 인의예지

⑤ ㉤ : 생자필멸

TIP ③ 일월성신 : 해, 달, 별을 일컫는 말이다.

문맥으로 보아 다음 글의 ( ) 안에 알맞은 한자성어는?

( )라고 덕산댁은 복남이를 낳고 산후 조리가 잘못되었던지 얼마 후 중풍에 걸려 몸져눕고 말았다.

---

① 호사다마(好事多魔)

② 흥진비래(興盡悲來)

③ 전화위복(轉禍爲福)

④ 파죽지세(破竹之勢)

⑤ 철중쟁쟁(鐵中錚錚)

TIP ① 호사다마(好事多魔) : 좋은 일에는 흔히 방해되는 일이 많음. 또는 그런 일이 많이 생김
② 흥진비래(興盡悲來) : 즐거운 일이 다하면 슬픈 일이 닥쳐온다는 뜻으로, 세상일은 순환되는 것임을 이르는 말
③ 전화위복(轉禍爲福) : 재앙과 근심, 걱정이 바뀌어 오히려 복이 됨
④ 파죽지세(破竹之勢) : 대를 쪼개는 기세라는 뜻으로, 적을 거침없이 물리치고 쳐들어가는 기세를 이르는 말
⑤ 철중쟁쟁(鐵中錚錚) : 평범한 사람들 중 특별히 뛰어난 사람

7 한자어 ·· ●●○

01
직
무
능
력
평
가

밑줄 친 부분이 바르게 표기된 한자어를 고르면?

<u>부 고</u>

  (주) 건웅의 민수현 사장님의 부친이신 민○○께서 병환으로 2022년 3월 13일 오전 7시 30분에 별세하였기에 이를 고합니다. 생전의 후의에 깊이 감사드리며, 다음과 같이 영결식을 거행하게 되었음을 알려 드립니다. 대단히 송구하오나 조화와 부의는 간곡히 사양하오니 협조 있으시기 바랍니다.

다 음

1. <u>발인</u>일시 : 2022년 3월 15일(화) 오전 8시
2. 장   소 : ○○ 세브란스 병원 영안실 특2호
3. 장   지 : 경상북도 합천군
4. 연 락 처 : <u>빈소</u> (02) 2457−5352
             회사 (02) 6541−2300

첨부 영결식 장소 (○○ 세브란스 병원) 약도 1부.
    장 남   민 수 현
    차 남   민 지 현
    장례위원장 홍 승 민

* <u>조화</u> 및 부의 <u>사절</u>

---

① 부고 − 附高   ② 발인 − 發靷

③ 빈소 − 貧所   ④ 조화 − 彫花

⑤ 사절 − 使節

TIP ① 訃告(부고) : 사람의 죽음을 알림
    ③ 殯所(빈소) : 죽은 사람을 매장할 때까지 안치시켜 놓는 장소
    ④ 弔花(조화) : 조의를 표하는 데 쓰는 꽃
    ⑤ 辭絕(사절) : 사양하여 받지 아니함

다음의 내용과 의미가 다른 것은?

임시변통으로 이리저리 꾸며 맞추는 것

---

① 미봉책

② 임기응변

③ 언 발에 오줌 누기

④ 우물가에서 숭늉 찾기

⑤ 임시방편

TIP ④ 우물가에서 숭늉 찾기 : 어떤 일에는 절차와 결과가 있는데 급히 서두른다는 뜻

속담의 뜻풀이로 잘못된 것은?

① 마른나무를 태우면 생나무도 탄다 : 되지 않는 일도 대세를 타면 잘될 수 있음을 비유적으로 이르는 말

② 기름 버리고 깨줍는다 : 큰 이익을 버리고 보잘 것 없는 작은 이익을 구함을 비유적으로 이르는 말

③ 옆집 처녀 믿고 장가 안간다 : 상대편의 의사는 알지도 못하면서 제 나름대로 생각하여 행동함을 이르는 말

④ 일각이 삼추 같다 : 마음이 조급하여 잠깐의 순간이 오랜 시간으로 느껴짐을 비유적으로 이르는 말

⑤ 바늘구멍으로 황소바람 들어온다 : 작은 것이라도 때에 따라서는 소홀히 하여서는 안됨을 비유적으로 이르는 말

TIP ④ 일각이 삼추 같다 : 기다리는 마음이 간절함을 비유적으로 이르는 말

10 속담

다음 상황에 적합한 속담은?

> 대한민국 공보처의 발표라 하고 아침에 수원으로 천도(遷都) 운운한 것은 오보이고, 정부는 대통령 이하 전원이 평상시와 같이 중앙청에서 집무하고 있고 국회도 수도 서울을 사수하기로 결정하였으며, 일선에서도 충용무쌍(忠勇無雙)한 우리 국군이 한결같이 싸워서 오늘 아침 의정부를 탈환하고 물러가는 적을 추격 중이니 국민은 군과 정부를 신뢰하고 조금도 동요함이 없이 직장을 사수하라고 거듭 외치었다. 그러나 자꾸만 가까워지는 총포성은 무엇을 의미함일까?

① 꿩 구워 먹은 소식

② 아닌 밤중에 홍두깨 내민다.

③ 소 닭 보듯 한다.

④ 머리카락 뒤에서 숨바꼭질한다.

⑤ 우물 들고 마시겠다.

TIP ④ 얕은 수로 남을 속이려 한다는 말 또는 실제로 보람도 없는 일을 공연히 형식적으로 하는 체하며 부질없는 짓을 함을 비유적으로 이르는 말
    ① 소식이 전혀 없음을 비유적으로 나타내는 말
    ② 예기치 못한 말을 불쑥 꺼내거나 뜻밖의 일을 당함을 나타내는 말
    ③ 서로 무심하게 보는 모양을 이르는 말
    ⑤ 성미가 몹시 급함을 비꼬는 말

답 8.④ 9.④ 10.④

맞춤법, 발음, 띄어쓰기, 기본 문법을 포함하는 유형이다. 특히 자주 사용하지만 틀리기 쉬운 간간이/간간히, 닭달/닥달, 등 맞춤법과 찾아보다/찾아 보다 등 문맥에 따라 달라지는 띄어쓰기는 주의 깊게 익혀두는 것이 좋다. 붙여 써야 하는 복합 명사도 학습하면서 반드시 정리하도록 한다.

1 품사 ··· ●●○

다음 중 밑줄 친 부분의 품사가 다른 하나는?

① <u>과연</u> 이 일은 앞으로 어떻게 될 것인가?

② 전에는 그를 <u>더러</u> 보았지만 요새는 전혀 보이지 않는다.

③ 세월이 물과 <u>같이</u> 흐른다.

④ 원하는 <u>대로</u> 이루어졌다.

⑤ 아닌 척 했지만, <u>매우</u> 긴장했다.

TIP '대로'는 '어떤 모양이나 상태와 같이'의 의미를 가지는 의존명사이다.
  ① 부사 : 결과에 있어서도 참으로
  ② 부사 : 전체 가운데 얼마쯤
  ③ 부사 : 둘 이상의 사람이나 사물이 함께, 어떤 상황이나 행동 따위와 다름이 없이
  ⑤ 부사 : 보통 정도보다 훨씬 더

2 품사 ··· ●●○

다음 글에서 밑줄 친 부분의 예로 옳은 것은?

> 파생어는 실질적 의미를 지닌 어근에 접사가 붙어서 형성된 단어를 일컫는다. 이때 접사는 그 위치에 따라 접두사와 접미사로 나뉘는데, 어근에 접두사와 접미사가 모두 붙어 단어가 만들어지기도 한다. 또한 접사는 기능에 따라 어근의 뜻만 한정하는 한정적 접사와 품사를 바꾸는 <u>지배적 접사</u>로 나누기도 한다.

① 지붕   ② 덮개

③ 군소리   ④ 선무당

⑤ 풋사과

TIP '덮다'라는 동사에 '개'라는 접사를 붙여 명사가 되었다.
①③④⑤ 한정적 접사

3 문장의 구조 ·· ●●○

다음 중 기본 구조가 다른 문장은?

① 소나기가 쏟아진다.

② 올림픽은 화합의 장이다.

③ 개미가 기어간다.

④ 추석이 다가온다.

⑤ 속도가 빠르다.

TIP '무엇이 무엇이다'는 명사문이다.
①③④⑤ 동사문

4 어구의 기능 ·· ●●○

다음 중 밑줄 친 어구에 포함된 어미의 문법적 혹은 의미적 기능이 다른 것은?

① 산이 <u>높고</u> 물이 맑다.

② 철수는 <u>큰데</u> 영희는 작다.

③ 산은 <u>높지만</u> 물은 흐리다.

④ 라디오를 <u>틀고</u> 뉴스를 들었다.

⑤ 밖은 <u>소란스럽지만</u> 집 안은 조용하다.

TIP ④ 종속적으로 이어진 문장
①②③⑤ 대등하게 이어진 문장

답 1.④ 2.② 3.② 4.④

다음 중 높임의 방법이 다른 하나는?

① 도시락을 선생님께 드려라.

② 선생님께서 축구를 하십니다.

③ 아버지께서 점심을 드십니다.

④ 그 분은 환경 운동을 하십니까?

⑤ 귀하의 의사를 존중합니다.

TIP ① 객체 높임

②③④⑤ 주체 높임

※ 높임법

㉠ 주체 높임법 : 서술어가 나타내는 행위의 주체를 높여 표현하는 문법 기능을 말한다.

㉡ 객체 높임법 : 말하는 이가 서술의 객체를 높여 표현하는 문법 기능을 말한다.

다음 중 표준 발음이 아닌 것은?

① 밟지[밥찌]

② 늙지[늘찌]

③ 읊다[읍따]

④ 읽고[일꼬]

⑤ 젊다[점따]

TIP ② [늘찌] → [늑찌]

※ 겹받침 'ㄺ, ㄻ, ㄿ'은 어말 또는 자음 앞에서 각각 [ㄱ, ㅁ, ㅂ]으로 발음한다〈표준 발음법 제11항〉.

예 흙과[흑꽈], 맑다[막따], 늙지[늑찌], 삶[삼ː], 젊다[점ː따], 읊고[읍꼬], 읊다[읍따]

단, 'ㄺ'이 'ㄱ'으로 시작하는 어미 앞에서는 대표음 [ㄹ]로 발음한다.

예 읽고[일꼬], 맑고[말꼬]

7 발음 ·· ●●○

밑줄 친 부분의 표준 발음으로 옳지 않은 것은?

① 두 사람 사이에 정치적 <u>연계</u>가 있는 것이 분명했다.→[연계]

② 반복되는 벽지 <u>무늬</u>가 마치 나의 하루와 같아 보였다.→[무니]

③ 그는 하늘을 <u>뚫는</u> 거대한 창을 가지고 나타났다.→[뚤는]

④ 그는 모든 물건을 정해진 자리에 <u>놓는</u> 습관이 있었다.→[논는]

⑤ 부모님께 <u>꽃다발</u>을 드리니 좋아하셨다. → [꼳따발]

TIP ③ 'ㄶ, ㅀ' 뒤에 'ㄴ'이 결합되는 경우에는, 'ㅎ'을 발음하지 않는다. 또한 'ㄴ'은 'ㄹ'의 앞이나 뒤에서 [ㄹ]로 발음한다. 따라서
'뚫는'은 [뚤른]으로 발음한다.
① '예, 례' 이외의 'ㅖ'는 [ㅔ]로도 발음한다. 따라서 연계[연계/연게]로 발음한다.
② 자음을 첫소리로 가지고 있는 음절의 'ㅢ'는 [ㅣ]로 발음한다.
④ 'ㅎ' 뒤에 'ㄴ'이 결합되는 경우에는, [ㄴ]으로 발음한다.
⑤ 된소리 규칙 [받침 'ㄷ(ㅊ)' 뒤에 오는 'ㄷ']에 따라 [꼳따발]로 발음한다.

8 맞춤법 ·· ●●○

밑줄 친 부분의 표기가 바르지 않은 것은?

① 그는 우표 수집에 있어서는 <u>마니아</u> 수준이다.

② 어머니께서 <u>마늘쫑</u>으로 담그신 장아찌를 먹고 싶다.

③ 그녀는 <u>새침데기</u>처럼 나에게 한 마디 말도 하지 않았다.

④ 그 제품에 대한 <u>라이선스</u>를 획득한 일은 우리에겐 행운이었다.

⑤ <u>애먼</u> 사람만 붙들고 뭐하는 짓이냐!

TIP ② 마늘쫑 → 마늘종

답 5.① 6.② 7.③ 8.②

다음 중 외래어 표기가 바르게 된 것으로만 짝지어진 것은?

① cyber - 싸이버, contents - 콘텐츠

② family - 훼밀리, original - 오리지널

③ aircon - 에어컨, chocolate - 초콜렛

④ shop - 숍, remocon - 리모컨

⑤ message - 메세지, switch - 스위치

TIP ① 싸이버→사이버, 외래어는 된소리 표기를 하지 않는다.
② 훼밀리→패밀리, 'f'는 모음 앞에서 'ㅍ'으로 표기한다.
③ 초콜렛→초콜릿, 두 번째 음절 이하에서 '이'로 쓸 것을 '에'로 잘못 표기했다.
⑤ 메세지→메시지, 외래어 표기법에 따라 [ɪ] 발음은 'ㅣ'로 적어야 한다.

다음 중 띄어쓰기가 옳지 않은 것은?

① 착하기는커녕 잘난 척만 한다.

② 볼펜 한 자루를 샀다.

③ 이사장및 이사들의 회의가 시작됐다.

④ 한시 삼십분까지 식사를 하세요.

⑤ 매년 기대되는 것은 어쩔 수 없다.

TIP 두 말을 이어 주거나 열거할 때 쓰이는 말들은 띄어 쓴다〈한글맞춤법 제45항〉.
③ 이사장및 이사들의→이사장 및 이사들의

유형 5 　추론하기

지문에서 제공되는 정보를 바탕으로 지문 사이의 비약을 채우는 유형이다. 보기를 확인하고 지문을 읽으면서 답에 대한 정보를 찾는 것이 좋다. 문장과 문장사이, 앞뒤 문맥을 주의 깊게 확인하고 글에서 알 수 있는 내용을 근거로 추론하도록 한다.

1 　빈칸 채우기 ·· ●●○

다음 빈칸에 들어갈 내용으로 옳은 것은?

> 1960년대 중반 생물학계에는 조지 윌리엄스와 윌리엄 해밀턴이 주도한 일대 혁명이 일어났다. 리처드 도킨스의 '이기적 유전자'라는 개념으로 널리 알려지게 된 이 혁명의 골자는, 어떤 개체의 행동을 결정하는 일관된 기준은 그 소속 집단이나 가족의 이익도 아니고 그 개체 자신의 이익도 아니고, 오로지 유전자의 이익이라는 것이다. 이 주장은 많은 사람들에게 충격으로 다가왔다. 인간은 또 하나의 동물일 뿐 아니라, 자신의 이익을 추구하는 유전자들로 구성된 협의체의 도구이자 일회용 노리개에 불과하다는 주장으로 이해되었기 때문이다. 그러나 '이기적 유전자' 혁명이 전하는 메시지는 인간이 철저하게 냉혹한 이기주의자라는 것이 아니다. 사실은 정반대이다. 그것은 오히려 인간이 왜 때로 이타적이고 다른 사람들과 잘 협력하는가를 잘 설명해 준다. (　　　　　　　　　　　　　)

① 인간의 성향은 본질적으로 선하기 때문이다.

② 유전자의 이익이라는 것은 결국 소속 집단의 이익이 되는 것을 말한다.

③ 인간은 오직 자신의 유전자만을 위한 행동을 하기 때문이다.

④ 인간의 이타성과 협력이 유전자의 이익에도 도움이 되기 때문이다.

⑤ 유전자의 이익은 개체의 행동을 기준할 수 없기 때문이다.

TIP 　주어진 글을 보면 '이기적 유전자' 혁명의 주된 내용은 어떤 개체의 행동을 결정하는 일관된 기준이 바로 유전자의 이익이다. 빈칸에 앞선 내용을 보면 '이기적 유전자' 혁명이 인간의 이타적이고 협력적인 성향을 설명해 준다고 했으므로 빈칸에는 ④의 내용이 적절하다.

답 　9.④　10.③ / 1.④

다음 글의 내용을 참고할 때, 빈칸에 들어갈 가장 적절한 말은 어느 것인가?

사람을 비롯한 포유류에서 모든 피를 만드는 줄기세포는 뼈에 존재한다. 그러나 물고기의 조혈 줄기세포(조혈모세포)는 신장에 있다. 신체의 특정 위치 즉 '조혈 줄기세포 자리(blood stem cell niche)'에서 피가 만들어진다는 사실을 처음 알게 된 1970년대 이래, 생물학자들은 생물들이 왜 서로 다른 부위에서 이 기능을 수행하도록 진화돼 왔는지 궁금하게 여겨왔다. 그 40년 뒤, 중요한 단서가 발견됐다. 조혈 줄기세포가 위치한 장소는 (   ) 진화돼 왔다는 사실이다.

이번에 발견된 '조혈 줄기세포 자리' 퍼즐 조각은 조혈모세포 이식의 안전성을 증진시키는데 도움이 될 것으로 기대된다. 연구팀은 실험에 널리 쓰이는 동물모델인 제브라 피쉬를 관찰하다 영감을 얻게 됐다.

프리드리히 카프(Friedrich Kapp) 박사는 "현미경으로 제브라 피쉬의 조혈 줄기세포를 관찰하려고 했으나 신장 위에 있는 멜라닌세포 층이 시야를 가로막았다"고 말했다. 멜라닌세포는 인체 피부 색깔을 나타내는 멜라닌 색소를 생성하는 세포다.

카프 박사는 "신장 위에 있는 멜라닌세포의 모양이 마치 파라솔을 연상시켜 이 세포들이 조혈줄기세포를 자외선으로부터 보호해 주는 것이 아닐까 하는 생각을 하게 됐다"고 전했다. 이런 생각이 들자 카프 박사는 정상적인 제브라 피쉬와 멜라닌세포가 결여된 변이 제브라 피쉬를 각각 자외선에 노출시켰다. 그랬더니 변이 제브라 피쉬의 조혈 줄기세포가 줄어드는 현상이 나타났다. 이와 함께 정상적인 제브라 피쉬를 거꾸로 뒤집어 자외선을 쬐자 마찬가지로 줄기세포가 손실됐다.

이 실험들은 멜라닌세포 우산이 물리적으로 위에서 내리쬐는 자외선으로부터 신장을 보호하고 있다는 사실을 확인시켜 주었다.

① 줄기세포가 햇빛과 원활하게 접촉할 수 있도록

② 줄기세포에 일정한 양의 햇빛이 지속적으로 공급될 수 있도록

③ 멜라닌 색소가 생성되기에 최적의 공간이 형성될 수 있도록

④ 멜라닌세포 층과 햇빛의 반응이 최소화될 수 있도록

⑤ 햇빛의 유해한 자외선(UV)으로부터 이 줄기세포를 보호하도록

TIP 제브라 피쉬의 실험은 햇빛의 자외선으로부터 줄기세포를 보호하는 멜라닌 세포를 제거한 후 제브라 피쉬를 햇빛에 노출시켜 본 사실이 핵심적인 내용이라고 할 수 있다. 따라서 이를 통하여 알 수 있는 결론은, 줄기세포가 존재하는 장소는 햇빛의 자외선으로부터 보호받을 수 있는 방식으로 진화하게 되었다는 것이 타당하다고 볼 수 있다.

3 빈칸 채우기 ·· ●●○

01
직
무
능
력
평
가

다음 빈칸에 들어갈 내용으로 옳은 것은?

1894년 콜먼이 「정신이 말짱한 사람이 보이는, 감각기관의 국부적 기질성 질환과 관련된 환각」이라는 논문에서 강조한 바 있지만, 지금도 '환각'이라고 하면 일반인과 의사 모두 정신병이나 뇌의 기질성 질환을 먼저 떠올린다. 1970년대 이전까지 정신이 말짱한 사람에게도 환각이 흔히 일어난다는 사실을 알아차리지 못했던 것은 어쩌면 그러한 환각이 어떻게 일어나는지에 관한 이론이 없었기 때문일 것이다. 그러다 1967년 폴란드의 신경생리학자 예르지 코노르스키가 『뇌의 통합적 활동』에서 '환각의 생리적 기초'를 여러 쪽에 걸쳐 논의했다. 코노르스키는 '환각이 왜 일어나는가?'라는 질문을 뒤집어 '환각은 왜 항상 일어나지 않는가? 환각을 구속하는 것은 무엇인가?'라는 질문을 제기했다. 그는 '지각과 이미지와 환각을 일으킬 수 있는' 역동적 체계, '환각을 일으키는 기제가 우리 뇌 속에 장착되어 있지만 몇몇 예외적인 경우에만 작동하는' 체계를 상정했다. 그리고 감각기관에서 뇌로 이어지는 구심성(afferent) 연결뿐만 아니라 반대 방향으로 진행되는 역방향(retro) 연결도 존재한다는 것을 보여주는 증거를 수집했다. 그런 역방향 연결은 구심성 연결에 비하면 빈약하고 정상적인 상황에서는 활성화되지 않는다. 하지만 코노르스키는 바로 그 역방향 연결이 환각 유도에 필수적인 해부학적, 생리적 수단이 된다고 보았다. 정상적인 상황에서 이것이 활성화되지 못하도록 방해하는 결정적인 요인은 눈과 귀 같은 감각기관에서 입력되는 감각 자료라고 코노르스키는 주장했다. 평소에 피질의 중추 부위에서 말초 부위로 활동이 역류하지 못하게 막는다는 것이다. 그러나 _____. 평상시에는 침묵이나 어둠 속에 있다고 해서 입력되는 자료가 그렇게 줄어들지 않는다. 멸 단위(off units)가 계속적인 활동을 발화하고 생성하기 때문이다.

코노르스키의 이론은 훗날 '구심성 차단(de-afferentation)'과 관련된 '방출(release)' 환각이라 불리게 될 현상을 간단하고도 훌륭하게 설명해준다. 그런 설명은 이제는 당연하게 보이고 거의 동어반복으로 여겨지지만 1960년대만 하더라도 이를 독창적이고 대담하게 입증해야 했다. 뇌 영상 연구를 통해 코노르스키의 주장을 뒷받침해줄 훌륭한 증거들이 나오고 있다. 2000년에 티머시 그리피스는 음악 환청의 신경적 기초를 상세하게 밝혀낸 선구적인 논문을 발표했다. 그는 양전자단층촬영을 통해 음악 환청이 일어나는 순간 평소 실제 음악을 들을 때 활성화되는 것과 똑같은 신경 네트워크가 폭넓게 가동된다는 사실을 보여주었다.

① 지속적인 자료의 부재는 또 다른 형태의 감각 적응기에 접어들게 만들고 이러한 상태의 지속은 역방향 연결을 방해한다.

② 역방향 연결이 반드시 환각을 일으키는 것은 아니며 환각을 발생시킬 수 있는 상황에 노출되게 한다.

③ 감각기관으로 들어오는 자료가 풍부하다고 해도 우리 그것의 진실성을 판단하는 데에 오랜 시간을 사용하게 되면 역방향 연결의 가능성이 높아진다.

④ 만약 감각기관에 들어오는 자료가 눈에 띄게 부족해지면 역류가 쉽게 일어나 환각과 지각을 생리적, 주관적으로 구별할 수 없게 된다.

⑤ 우리가 받아들이게 되는 감각 자료의 형태에 따라 반대로 환각을 일으키는 자극제가 될 수도 있다.

📋 2.⑤ 3.④

4 빈칸 채우기 ⋯⋯ ●●●○

다음 글의 문맥상 빈칸 ㈎에 들어갈 가장 적절한 말은 어느 것인가?

여름이 빨리 오고 오래 가다보니 의류업계에서 '쿨링'을 컨셉으로 하는 옷들을 앞다퉈 내놓고 있다. 그물망 형태의 옷감에서 냉감(冷感)을 주는 멘톨(박하의 주성분)을 포함한 섬유까지 접근방식도 제각각이다. 그런데 가까운 미래에는 미생물을 포함한 옷이 이 대열에 합류할지도 모르겠다. 박테리아 같은 미생물은 여름철 땀냄새의 원인이라는데 어떻게 옷에 쓰일 수 있을까.

생물계에서 흡습형태변형은 널리 관찰되는 현상이다. 솔방울이 대표적인 예로 습도가 높을 때는 비늘이 닫혀 있어 표면이 매끈한 덩어리로 보이지만 습도가 떨어지면 비늘이 삐죽삐죽 튀어나온 형태로 바뀐다. 밀이나 보리의 열매(낟알) 끝에 달려 있는 까끄라기도 습도가 높을 때는 한 쌍이 거의 나란히 있지만 습도가 낮아지면 서로 벌어진다. 이런 현상은 한쪽 면에 있는 세포의 길이(크기)가 반대 쪽 면에 있는 세포에 비해 습도에 더 민감하게 변하기 때문이다. 즉 습도가 낮아져 세포 길이가 짧아지면 그쪽 면을 향해 휘어지는 것이다.

MIT의 연구자들은 미생물을 이용해서도 이런 흡습형태변형을 구현할 수 있는지 알아보기로 했다. 즉 습도에 영향을 받지 않는 재질인 천연라텍스 천에 농축된 대장균 배양액을 도포해 막을 형성했다. 대장균은 별도의 접착제 없이도 소수성 상호작용으로 라텍스에 잘 달라붙는다. 라텍스 천의 두께는 $150 \sim 500 \mu m$(마이크로미터. 1 μm는 100만분의 1m)이고 대장균 막의 두께는 $1 \sim 5 \mu m$다. 이 천을 상대습도 15%인 건조한 곳에 두자 대장균 세포에서 수분이 빠져나가며 대장균 막이 도포된 쪽으로 휘어졌다. 이 상태에서 상대습도 95%인 곳으로 옮기자 천이 서서히 펴지며 다시 평평해졌다. 이 과정을 여러 차례 반복해도 같은 현상이 재현됐다.

연구자들은 원자힘현미경(AFM)으로 대장균 막을 들여다봤고 상대습도에 따라 크기(부피)가 변한다는 사실을 확인했다. 즉 건조한 곳에서는 대장균 세포부피가 30% 정도 줄어드는데 이 효과가 천에서 세포들이 나란히 배열된 쪽을 수축시키는 현상으로 나타나 그 방향으로 휘어지는 것이다. 연구자들은 이런 흡습형태변형이 대장균만의 특성인지 미생물의 일반 특성인지 알아보기 위해 몇 가지 박테리아와 단세포 진핵생물인 효모에 대해서도 같은 실험을 해봤다. 그 결과 정도의 차이는 있었지만 패턴은 동일했다.

다음으로 연구자들은 양쪽 면에 미생물이 코팅된 천이 쿨링 소재로 얼마나 효과적인지 알아보기로 했다. 연구팀은 흡습형태변형이 효과를 낼 수 있도록 독특한 형태로 옷을 디자인했다. 즉, (㈎   )

그 결과 공간이 생기면서 땀의 배출을 돕는다. 측정 결과 미생물이 코팅된 천으로 만든 옷을 입을 경우 같은 형태의 일반 천으로 만든 옷에 비해 피부 표면 공기의 온도가 2도 정도 낮아 쿨링 효과가 있는 것으로 나타났다.

① 체온이 높은 등 쪽으로 천이 휘어지게 되는 성질을 이용해 평상시에는 옷이 바깥쪽으로 더 튀어나오도록 디자인했다.

② 미생물이 코팅된 천이 땀으로 인한 습도의 영향을 잘 받을 수 있도록 옷의 안쪽 면에 부착하여 옷의 바깥쪽과는 완전히 다른 환경을 유지할 수 있도록 디자인했다.

③ 땀이 많이 나는 등 쪽에 칼집을 낸 형태로 만들어 땀이 안 날 때는 평평하다가 땀이 나면 피부 쪽 면의 습도가 높아져 미생물이 팽창해 천이 바깥쪽으로 휘어지도록 디자인했다.

④ 땀이 나서 습도가 올라가면 등 쪽의 세포 길이가 짧아질 것을 고려해 천이 안쪽으로 휘어져 공간이 생길 수 있도록 디자인했다.

⑤ 땀이 흐르는 등과 천 사이에 일정한 공간이 유지될 수 있도록 천에 미생물 코팅 면을 부착해 공간 사이로 땀이 흘러내리며 쿨링 효과를 일으킬 수 있도록 디자인했다.

TIP 흡습형태변형은 한쪽 면에 있는 세포의 길이(크기)가 반대 쪽 면에 있는 세포에 비해 습도에 더 민감하게 변하여, 습도가 낮아져 세포 길이가 짧아지면 그쪽 면을 향해 휘어지는 것을 의미한다고 언급되어 있다. 따라서 등에 땀이 나면 세포 길이가 더 짧은 바깥쪽으로 옷이 휘어지게 되므로 등 쪽 면에 공간이 생기게 되는 원리를 이용한 것임을 알 수 있다.

답 4.③

다음은 사원들이 아래 신문 기사를 읽고 나눈 대화이다. 〈보기〉 대화의 흐름상 빈칸에 들어갈 말로 가장 적절한 것은?

"김치는 살아 있다"

젖산균이 지배하는 신비한 미생물의 세계

처음에 생기는 일반 세균 새콤한 맛 젖산균이 물리쳐 "우와~ 김치 잘 익었네."

효모에 무너지는 '젖산균 왕국' "어유~ 군내, 팍 시었네."

점차 밝혀지는 김치의 과학 토종 젖산균 '김치 아이'

유전자 해독 계기로 맛 좌우하는 씨앗균 연구 개발

　　1990년대 중반 이후부터 실험실의 김치 연구가 거듭되면서, 배추김치, 무김치, 오이김치들의 작은 시공간에서 펼쳐지는 미생물들의 '작지만 큰 생태계'도 점차 밝혀지고 있다. 20여 년째 김치를 연구해 오며 지난해 토종 젖산균(유산균) '류코노스톡 김치 아이'를 발견해 세계 학계에서 새로운 종으로 인정받은 인하대 한홍의(61) 미생물학과 교수는 "일반 세균과 젖산균, 효모로 이어지는 김치 생태계의 순환은 우리 생태계의 축소판"이라고 말했다.

　　흔히 "김치 참 잘 익었다."라고 말한다. 그러나 김치 과학자라면 매콤새콤하고 시원한 김치 맛을 보면 이렇게 말할 법하다. "젖산균들이 한창 물이 올랐군." 하지만, 젖산균이 물이 오르기 전까지 갓 담근 김치에선 배추, 무, 고춧가루 등에 살던 일반 세균들이 한때나마 왕성하게 번식한다. 소금에 절인 배추, 무는 포도당 등 영양분을 주는 좋은 먹이 터전인 것이다.

　　"김치 초기에 일반 세균은 최대 10배까지 급속히 늘어나다가 다시 급속히 사멸해 버립니다. 제 입에 맞는 먹잇감이 줄어드는데다 자신이 만들어 내는 이산화탄소가 포화 상태에 이르러 더는 살아갈 수 없는 환경이 되는 거죠." 한 교수는 이즈음 산소를 싫어하는 '혐기성' 미생물인 젖산균이 활동을 개시한다고 설명했다. 젖산균은 시큼한 젖산을 만들며 배추, 무를 서서히 김치로 무르익게 만든다. 젖산균만이 살 수 있는 환경이 되는데, "다른 미생물이 출현하면 수십 종의 젖산균이 함께 '박테리오신'이라는 항생 물질을 뿜어내어 이를 물리친다."라고 한다.

　　그러나 '젖산 왕조'도 크게 두 번의 부흥과 몰락을 겪는다. 김치 중기엔 주로 둥근 모양의 젖산균(구균)이, 김치 말기엔 막대 모양의 젖산균(간균)이 세력을 떨친다. 한국 식품 개발연구원 박완수(46) 김치 연구단장은 "처음엔 젖산과 에탄올 등 여러 유기물을 생산하는 젖산균이 지배하지만, 나중엔 젖산만을 내는 젖산균이 우세종이 된다."며 "김치가 숙성할수록 시큼털털해지는 것은 이 때문"이라고 설명했다.

－○○일보－

01 직
무
능
력
평
가

보 기

사원 甲 : 김치가 신 맛을 내는 이유는 젖산균 때문이었군? 난 세균 때문인 줄 알았어.

사원 乙 : 나도 그래. 처음에 번식하던 일반 세균이 스스로 사멸하다니, 김치는 참 신기해.

사원 丙 : 맞아. 게다가 젖산균이 출현한 이후에는 젖산균이 뿜어내는 항생 물질 때문에 다른 미생물들이 살 수 없는 환경이 된다는데.

사원 丁 : 하지만 _____

① 일반세균이 모두 죽고 나면 단 한가지의 젖산균만이 활동하게 돼.

② 모든 젖산균이 김치를 맛있게 만드는 것은 아니더군.

③ 김치는 오래되면 오래될수록 맛이 깊어지지.

④ 김치가 오래될수록 시큼해지는 이유는 젖산균에서 나오는 유기물들 때문이야.

⑤ 시큼털털해진 김치에는 둥근 모양의 젖산균이 많겠네.

TIP ① 김치 중기엔 주로 둥근 모양의 젖산균(구균)이, 김치 말기엔 막대 모양의 젖산균(간균)이 세력을 떨친다.
　　③ 나중엔 젖산만을 내는 젖산균이 우세종이 되어 김치가 숙성될수록 시큼털털해진다.
　　④ 김치가 오래될수록 시큼해지는 이유는 젖산균에서 나오는 젖산 때문이다.
　　⑤ 시큼털털해진 김치 말기엔 막대 모양의 젖산균이 세력을 떨친다.

답 5.②

글이 전개될 수 있도록 문장 혹은 문단을 순서에 맞게 배열하는 유형이다. 전체 문맥과 앞 문장과의 연관을 파악하여 적절한 논리를 찾아야 한다. 서론-본론-결론의 순서로 보통은 주장과 뒷받침, 즉 주장-근거-사례의 순서를 갖는다. 접속사를 중심으로 내용의 흐름을 파악하는 것이 좋다.

1   문단배열 .... ●●○

다음 문장배열 순서로 옳은 것은?

㉠ 규정되지 않은 규범은 강제성이 따르지 않으므로 도덕적으로는 당연히 지켜야하나 법적 의무는 없다. 그렇기에 법으로 규정함에 따라 도덕적인 차원에서 인간이 해야 할 일, 그리고 국가나 사회 공공질서를 유지함을 목적으로 일부 국가에서는 이를 형법으로 규정하고 있는 것이다.

㉡ 다른 사람의 생명이나 신체에 위험이 가해지는 것을 보면서도 구조하지 않는 경우, 처벌하는 착한 사마리아인 법은 강도를 만난 유태인을 같은 유태인 제사장과 레위인은 그냥 지나쳤으나 당시 사회적으로 멸시받던 사마리아인이 자신에게 피해가 오거나 특별한 의무가 없음에도 최소한의 도덕심으로 돌봐주었다는 이야기에서 비롯된 것이다.

㉢ 그러나 이를 법을 규정함으로써 강제성이 더해진다면 도덕 문제는 법적인 문제가 되고 개인의 자유까지 침해될 가능성이 크다는 주장도 적지 않다. 즉, 찬성 측이 공동체 의식을 높이고 사회적으로 연대할 수 있는 규정이라는 입장이라면 반대 측은 개인의 자유를 침해하며 법이 아닌 교육을 통한 행위여야 한다는 입장이다.

㉣ 프랑스 형법에 보면 "위험에 처해 있는 사람을 구조해주어도 자기가 위험에 빠지지 않음에도 불구하고, 자의(自意)로 구조해 주지 않은 자는 5년 이하의 징역, 혹은 7만 5천유로 이하의 벌금에 처한다."고 규정하고 있다.

---

① ㉠→㉣→㉢→㉡

② ㉠→㉡→㉣→㉢

③ ㉡→㉣→㉠→㉢

④ ㉡→㉢→㉠→㉣

⑤ ㉡→㉠→㉣→㉢

TIP ㉡은 착한 사마리아인 법에 대한 정의를 이야기하고 있다. ㉣은 정의에 이어 법의 예시를 말하고 있으며, ㉠은 착한 사마리아인 법 규정에 대한 목적을 말하고 있다. ㉢ 착한 사마리아인 법 규정에 대한 문제 제기와 의견을 말하고 있다. 그러므로 ㉡→㉣→㉠→㉢이 가장 자연스럽다.

다음 문장배열 순서로 옳은 것은?

○ 그러나 예술가의 독창적인 감정 표현을 중시하는 한편 외부 세계에 대한 왜곡된 표현을 허용하는 낭만주의 사조가 18세기 말에 등장하면서, 모방론은 많이 쇠퇴했다.

○ 미학은 예술과 미적 경험에 관한 개념과 이론에 대해 논의하는 철학의 한 분야로서, 미학의 문제들 가운데 하나가 바로 예술의 정의에 대한 문제이다.

○ 예술이 자연에 대한 모방이라는 아리스토텔레스의 말에서 비롯된 모방론은, 대상과 그 대상의 재현이 닮은 꼴이어야 한다는 재현의 투명성 이론을 전제한다.

○ 이제 모방을 필수 조건으로 삼지 않는 낭만주의 예술가의 작품을 예술로 인정해 줄 수 있는 새로운 이론이 필요했다.

---

① ㉠→㉡→㉣→㉢

② ㉡→㉢→㉠→㉣

③ ㉡→㉣→㉢→㉠

④ ㉢→㉡→㉠→㉣

⑤ ㉢→㉣→㉠→㉡

TIP ㉡ 미학에 대한 설명, 예술의 정의에 대한 문제 제기 → ㉢ 아리스토텔레스의 모방론 → ㉠ 낭만주의 사조의 등장으로 모방론 쇠퇴 → ㉣ 낭만주의 사조에 적합한 예술의 새로운 이론의 필요성 대두

답 1.③ 2.②

다음 문장배열 순서로 옳은 것은?

> ㉠ 언어의 의미는 끊임없이 변화한다.
>
> ㉡ 즉, '주책'은 '일정한 줏대가 없이 되는 대로 하는 짓'이란 의미도 갖게 되어 '주책없다'와 '주책이다'가 같은 의미로 쓰이게 되었다.
>
> ㉢ 원래 '주책'은 '일정하게 자리 잡힌 주장이나 판단력'이라는 의미였다.
>
> ㉣ 그런데 '주책없다'처럼 '주책'이 주로 '없다'와 함께 쓰이다 보니 부정적인 의미도 갖게 되었다.

① ㉠ → ㉢ → ㉣ → ㉡　　　　　　　　　② ㉠ → ㉡ → ㉣ → ㉢

③ ㉢ → ㉠ → ㉡ → ㉣　　　　　　　　　④ ㉢ → ㉡ → ㉣ → ㉠

⑤ ㉢ → ㉣ → ㉡ → ㉠

TIP ㉠ 언어의 의미는 변화함 → ㉢ → ㉣ → ㉡ 언어의 의미 변화의 예 '주책'

다음 문장배열 순서로 옳은 것은?

> ㉠ 이때 '신발'은 '발'을 보호하여 원하는 곳으로 자유롭게 이동할 수 있도록 돕는 의미로 사용되는 동시에 발을 구속하는 의미로 나타나기도 한다.
>
> ㉡ 이는 보통 삶의 무게를 견뎌 내야 하는 고단한 존재나 '발자취'와 같이 인간의 삶의 과정을 드러내는 존재로 표현된다.
>
> ㉢ '발'은 인간의 신체 중 가장 낮은 곳에 위치하고 있다.
>
> ㉣ 또한 '발'은 '신발'과 함께 연결되어 표현되고는 한다.

① ㉠ → ㉢ → ㉣ → ㉡　　　　　　　　　② ㉠ → ㉢ → ㉡ → ㉣

③ ㉢ → ㉡ → ㉣ → ㉠　　　　　　　　　④ ㉢ → ㉣ → ㉠ → ㉡

⑤ ㉢ → ㉠ → ㉡ → ㉣

TIP ㉢ 신체기관에서 발의 위치적 특성 → ㉡ 발의 위치적 특성으로 인간의 삶을 은유 → ㉣ 발과 신발을 연결지어 표현됨 → ㉠ 신발의 의미

다음은 〈보기〉에 들어가는 문장 다음에 들어가는 순서로 적절한 것은?

─── 보 기 ───

우리에게 친숙한 동물들의 사소한 행동을 살펴보면 그들이 자신의 환경을 개조한다는 것을 알 수 있다.

ⓐ 이처럼 동물들은 자신의 목적을 위해 행동함으로써 환경을 변형시킨다.

ⓑ 가장 단순한 생명체는 먹이가 그들에게 헤엄쳐 오게 만들고, 고등동물은 먹이를 구하기 위해 땅을 파거나 포획 대상을 추적하기도 한다.

ⓒ 그러나 이러한 설명은 생명체들이 그들의 환경 개변(改變)에 능동적으로 행동한다는 중요한 사실을 놓치고 있다.

ⓓ 이러한 생존 방식을 흔히 환경에 적응하는 것으로 설명한다.

① ㉠ → ㉡ → ㉢ → ㉣
② ㉡ → ㉣ → ㉠ → ㉢
③ ㉡ → ㉠ → ㉣ → ㉢
④ ㉢ → ㉠ → ㉡ → ㉣
⑤ ㉢ → ㉡ → ㉠ → ㉣

TIP ㉡ 동물들의 사소한 행동의 예 → ㉠ 동물들은 앞선 예의 행동으로 환경을 변형시킴 → ㉣ 이러한 동물들의 방식에 대한 통념 → ㉢ 기존 통념의 맹점

답 3.① 4.③ 5.③

직장생활에서의 의사소통은 조직과 팀의 효율성 및 효과성을 성취할 목적으로 이루어진다. 의사소통은 크게 언어적, 문서적, 비언어적 의사소통으로 구분할 수 있다. 과다한 정보 속에서 핵심 정보와 내포된 의미 파악하기, 경청 및 상황과 대상에 따른 의견 제시 등을 주의 깊게 익히도록 한다.

1 의사소통 저해 요인 ·· ●●○

다음 중 의사소통을 저해하는 요인이 아닌 것은?

① 자신의 관점에서만 말하고 듣는 행위

② 정확히 이해했는지를 확인하지 않고 넘겨버리는 행위

③ 말하지 않아도 알고 있을 것이라고 생각하는 경향

④ 선입견과 고정관념을 버리는 자세

⑤ 상대방의 말에 숨은 의도가 있을 것이라 의심하는 태도

TIP 의사소통을 저해하는 요인
  ㉠ 의사소통을 위한 표현력 및 이해력 부족
  ㉡ 평가적이며 판단적인 태도
  ㉢ 잠재적인 의도
  ㉣ 과거의 경험 또는 선입견 및 고정관념

2 경청능력 ·· ●●○

경청에 대한 설명으로 바르지 않은 것은?

① 상대방의 말을 가로채지 않고, 혼자서 대화를 독점하지 않도록 주의한다.

② 의견이 다르더라도 바로 반박하기 보다는 일단 수용한다.

③ 논쟁에서는 자신의 주장을 먼저 말한다.

④ 시선을 맞추고, 오감을 동원해 적극적으로 경청한다.

⑤ 상대방이 전달하고자 하는 메시지를 나의 경험과 관련지어 생각해 본다.

TIP ③ 논쟁에서는 상대방의 주장을 먼저 듣고, 말하는 순서를 지킨다.

3 모듈형 ·· ●●○

당신은 팀장님께 업무 지시내용을 수행하고 결과물을 보고 드렸다. 하지만 팀장님께서는 "최 대리, 업무를 이렇게 처리하면 어떡하나? 누락된 부분이 있지 않은가."라고 말하였다. 이에 대해 당신이 행할 수 있는 가장 부적절한 대처 자세는?

① "죄송합니다. 제가 잘 모르는 부분이라 이수혁 과장님께 부탁을 했는데 과장님께서 실수를 하신 것 같습니다."

② "주의를 기울이지 못해 죄송합니다. 어느 부분을 수정보완하면 될까요?"

③ "지시하신 내용을 제가 충분히 이해하지 못하였습니다. 내용을 다시 한 번 여쭤보아도 되겠습니까?"

④ "부족한 내용을 보완하는 자료를 취합하기 위해서 하루정도가 더 소요될 것 같습니다. 언제까지 재작성하여 드리면 될까요?"

⑤ "죄송합니다. 누락된 부분을 다시 수정 보완하겠습니다."

TIP 상사가 잘못을 지적하는 상황에서 어떻게 대처해야 하는지를 묻는 문항이다. 상사가 부탁한 지시사항을 다른 사람에게 부탁하는 것은 옳지 못하며 설사 그렇다고 해도 그 일의 과오에 대해 책임을 전가하는 것은 지양해야 할 자세이다.

답 1.④ 2.③ 3.①

[4 ~ 6] 다음은 회의 내용의 일부이다. 물음에 답하시오.

김 팀장 : 네, 그렇군요. 수돗물 정책에 대한 이 과장님의 의견은 잘 들었습니다. 그런데 이 과장님 의견에 대해 박 부장님께서 반대 의견이 있다고 하셨는데, 박 부장님 어떤 내용이신가요?

박 부장 : 네, 사실 꽤 답답합니다. 공단 폐수 방류 사건 이후에 17년간 네 번에 걸친 종합 대책이 마련됐고, 상당히 많은 예산이 투입된 것으로 알고 있습니다. 그런데도 상수도 사업을 민영화하겠다는 것은 결국 수돗물 정책이 실패했다는 걸 스스로 인정하는 게 아닌가 싶습니다. 그리고 민영화만 되면 모든 문제가 해결되는 것처럼 말씀하시는데요, 현실을 너무 안이하게 보고 계신다는 생각이 듭니다.

김 팀장 : 말씀 중에 죄송합니다만, 제 생각에도 수돗물 사업이 민영화되면 좀 더 효율적이고 전문적으로 운영될 것 같은데요.

박 부장 : 그렇지 않습니다. 전 우리 정부가 수돗물 사업과 관련하여 충분히 전문성을 갖추고 있다고 봅니다. 현장에서 근무하시는 분들의 기술 수준도 세계적이고요. 그리고 효율성 문제는요, 저희가 알아본 바에 의하면 시설 가동률이 50% 정도에 그치고 있고, 누수율도 15%나 된다는데, 이런 것들은 시설 보수나 철저한 관리를 통해 충분히 해결할 수 있다고 봅니다. 게다가 현재 상태로 민영화가 된다면 또 다른 문제가 생길 수 있습니다. 무엇보다 수돗물 가격의 인상을 피할 수 없다고 보는데요. 물 산업 강국이라는 프랑스도 민영화 이후에 물 값이 150%나 인상되었습니다. 우리에게도 같은 일이 일어나지 않으리라는 보장이 있습니까?

김 팀장 : 이 과장님, 박 부장님의 의견에 대해 어떻게 생각하십니까?

이 과장 : 민영화할 경우 아무래도 어느 정도 가격 인상 요인이 있겠습니다만 정부와 잘 협조하면 인상 폭을 최소화할 수 있으리라고 봅니다. 무엇보다도 수돗물 사업을 민간 기업이 운영하게 된다면 수질도 개선될 것이고, 여러 가지 면에서 더욱 질 좋은 서비스를 받을 수 있을 겁니다.

4 의사소통능력 분석 ⋯⋯⋯ ●●●○

김 팀장과 박 부장의 발언으로 볼 때, 이 과장이 이전에 말했을 내용으로 가장 적절한 것은?

① 민영화를 통해 수돗물의 가격을 안정시킬 수 있다.

② 효율성을 높이기 위해 수돗물 사업을 민영화해야 한다.

③ 수돗물 사업의 전문성을 위해 기술 교육을 강화할 필요가 있다.

④ 종합적인 대책 마련을 통해 효율적인 수돗물 공급을 달성해야 한다.

⑤ 민영화를 하면 더 많은 예산투자와 기술개발이 가능하다.

TIP 박 부장이 두 번째 발언에 '그리고 효율성 문제는요, 저희가 알아본 바에 의하면 시설 가동률이 50% 정도에 그치고 있고, 누수율도 15%나 된다는데, 이런 것들은 시설 보수나 철저한 관리를 통해 충분히 해결할 수 있다고 봅니다.'를 통해 앞에서 이 과장이 효율성 문제를 들어 수돗물 사업 민영화를 주장했다는 것을 유추할 수 있다.

박 부장의 의사소통능력에 대한 평가로 적절한 것은?

① 전문가의 말을 인용하여 자신의 견해를 뒷받침한다.

② 사회적 통념을 근거로 자기 의견의 타당성을 주장한다.

③ 구체적인 정보를 활용하여 상대방의 주장을 비판하고 있다.

④ 이해가 되지 않는 부분에 대해 근거 자료를 요구하고 있다.

⑤ 상대방의 주장을 인정하면서 자신의 의견을 덧붙이고 있다.

TIP ③ 박 부장은 구체적인 사례와 수치 등을 들어 이 과장의 의견을 비판하고 있다.

주어진 회의에 대한 분석으로 적절하지 않은 것은?

① 김 팀장은 박 부장과 이 과장 사이에서 중립적인 자세를 취하고 있다.

② 박 부장은 이 과장의 의견에 반대하고 있다.

③ 이 과장은 수돗물 사업을 민영화하면 가격 인상이 될 수도 있다고 보고 있다.

④ 이 과장은 수돗물 사업 민영화로 받을 수 있는 질 좋은 서비스에 대해 구체적으로 제시하고 있지 않다.

⑤ 박 부장은 정부의 수돗물 사업에 대한 전문성을 긍정적으로 평가하고 있다.

TIP ① "제 생각에도 수돗물 사업이 민영화되면 좀 더 효율적이고 전문적으로 운영될 것 같은데요."라고 한 김 팀장의 두 번째 발언으로 볼 때 김 팀장은 이 과장의 의견에 동의하고 있다.

답 4.② 5.③ 6.①

T사에서는 새롭게 출신한 제품의 판매율 제고를 위한 프로모션 아이디어 회의를 진행 중이다. 브레인스토밍을 통하여 다양한 아이디어를 수집하려는 회의 운영 방식에 적절하지 않은 의견은 어느 것인가?

① "팀장인 나는 그냥 참관인 자격으로 지켜볼 테니 거침없는 의견들을 마음껏 제시해 보세요."

② "많은 의견이 나올수록 좋으며, 중요하다 싶은 의견은 그때그때 집중 논의하여 적용여부를 결정하고 넘어가야 해요."

③ "엊그제 입사한 신입사원들도 적극적으로 의견을 개진해 주세요. 아직 회사 사정을 잘 몰라도 상관없어요."

④ "우선 책상 배열을 좀 바꿔보면 어떨까요? 서로를 쳐다볼 수 있도록 원형 배치가 좋을 것 같습니다."

⑤ "저는 직원들의 의견을 모두 기록해 둘게요. 사소한 의견이라도 모두 적어보겠습니다."

TIP 우수한 의견을 즉석에서 판단하려는 것은 다듬어지지 않은 많은 양의 아이디어를 도출해내고자 하는 브레인스토밍에 해로운 방식이다.

① 직원들에게 부담 없이 자유롭게 의견을 개진할 수 있는 분위기를 만들어주는 바람직한 방법으로 볼 수 있다.

③ 신선하고 참신한 아이디어를 얻을 수 있고 모든 구성원을 참여시킬 수 있는 방법으로 브레인스토밍에 적절하다.

④ 브레인스토밍은 서로를 쳐다보며 동등한 위치에서 회의를 진행할 수 있는 원형 좌석배치가 적절한 방법이다.

⑤ 지나칠 수 있는 사소한 의견들이 결합되어 우수한 아이디어가 생산될 수 있으므로 모든 의견을 빠짐없이 기록하는 것은 브레인스토밍에 필요한 방법이다.

8 의사소통능력 분석 ··· ●●○

01
직
무
능
력
평
가

다음 대화를 바탕으로 A의 주장에 대해 분석한 것으로 옳지 않은 것은?

A : '단단하고 하얀 돌(堅白石)'은 '견(堅)', '백(白)', '석(石)' 세 글자의 결합이 아니라, 두 가지의 결합이지요.

B : 왜 그러한가요?

A : 눈으로 볼 때, '단단한(堅)'은 안 보이고, 곧, 보이는 것은 '하얀(白)'과 '돌(石)' 두 가지뿐입니다. 손으로 만져 보았을 때, '하얀(白)'은 느낄 수 없고, 따라서 만져서 느낄 수 있는 것은 '단단한(堅)'과 '돌(石)' 두 가지뿐인 것이지요.

B : 그러나 '하얀(白)'이 보이므로 '白'이 없다고 할 수 없고, '단단한(堅)'을 느끼므로 '堅'이 없다고 할 수 없습니다. 그러므로 '단단한(堅)', '하얀(白)', '돌(石)' 세 가지라고 해야 하는 것 아닌가요?

A : 아닙니다. 보이지 않고, 느낄 수 없다는 것은 '하얀(白)' 과 '단단한(堅)'이 없다는 것이랍니다.

B : '하얀[白]'이 원래부터 존재하지 않는다면, '돌(石)'이 보일 리가 없고, '단단한(堅)'이 존재하지 않는다면, 그 물체를 '돌(石)'이라 할 수 없겠지요. 세 가지는 불가분의 관계인데도 불구하고 선생은 한 가지를 숨기려 하고 있습니다.

A : 아닙니다. 누군가가 숨기는 게 아니라, 저 스스로 숨는 것입니다. 눈으로 볼 때는 '딱딱한(堅)'이 숨고, 손으로 만질 때는 '하얀(白)'이 숨습니다. '단단한(堅)'과 '하얀[白]'은 분리되어 있습니다.

B : 손으로 만져서 '단단한(堅)'이 아니라면, '하얀 돌(白石)'을 구할 수 없습니다. '단단한(堅)', '하얀(白)', '돌(石)' 세 가지는 절대로 분리할 수 없는 것 아닌가요?

A : 돌(石)은 '돌(石)'이고, 돌(石)의 '단단한(堅)'과 '하얀(白)'은 각기 다른 것이므로 분리되어 모습을 숨기는 것입니다.

B : '단단한(堅)'이 보이지 않고, '하얀(白('이 만져지지 않는다고 해서 '단단한(堅)'이나 '하얀(白)'이 존재하지 않는다고 할 수 없습니다. 둘 다 돌 가운데 존재하고 있는데 왜 분리하는가요?

A : '단단한(堅)'이나 '하얀[白]'은 돌에만 붙는 것이 아니라, 다른 물체에도 붙어 그 성질을 드러냅니다. 그러나 돌이나 물체에서 독립된 '단단한(堅)', '하얀(白)'은 파악할 수 없습니다. 곧, 이들은 숨어 있는 것이지요. 만일 그런 독립된 '단단한(堅)'이나 '하얀(白)'이 존재하지 않는다면, 돌(石) 외의 물체가 공통적으로 '단단한(堅)', '하얀(白)'될 리가 없습니다. 따라서 '단단한(堅)', '하얀(白)', '돌(石)'은 분리되어 있는 것입니다.

① '堅白石'은 '견석(堅石)'이나 '백석(白石)'이 아니다. 백석(白石)의 집합이 '견백석(堅白石)'의 집합과 다르기 때문이다.

② '단단한(堅)'은 촉각과 관련된 개념어이고 '하얀(白)'은 시각과 관련된 개념어이므로 둘은 명백하게 구분된다.

③ '하얀(白)'과 '단단한(堅)'은 돌의 성질로서 공존하며 이에 대한 개별적인 개념은 존재하나 이를 분리해서 판단할 수는 없다.

④ 인간의 인식은 사물 그 자체가 아니라 그것을 지시하는 개념을 통해서 구상되며 기준에 따라 개념을 엄격히 구분해야 한다.

⑤ 견석, 백석, 견백석 등은 일반적 개념인 돌과 동일시해서는 안 된다.

TIP ③ '견(堅)', '백(白)'이 각각의 성질을 가지고 있지만 이는 불가분의 관계에 있다는 주장은 B의 주장이다.

답 7.② 8.③

다음 불만 고객 응대 서비스 매뉴얼을 참고하여 고객과 나눈 대화 중 매뉴얼에 입각한 상담 직원의 적절한 답변 이라고 볼 수 없는 것은 어느 것인가?

〈불만 고객 응대 서비스 매뉴얼〉

▲ 경청 – 고객이 불만족한 사유를 듣는다.
　→ 끝까지 전부 듣고 반드시 메모한다.
　　절대로 피하지 않는다.
　　변명하거나 논쟁하지 않는다.

▲ 원인파악 – 불평불만의 원인을 알아야 한다.
　→ 원인의 파악이 충분치 못하면 불평하는 고객을 납득시킬 수 없으며 그 대책을 세울 수가 없다.

▲ 해결책 강구 – 고객의 불만에 관심을 나타내 고객을 이해하려고 노력한다.
　→ 담당자가 처리하기 어려운 경우
　　담당 직원 직접 처리 → 책임자가 즉각 처리 → 책임자가 별도 공간에서 처리
　→ 불만이 심한 경우
　　1. 응대자를 바꾼다. 윗사람을 내세워 다시금 처음부터 들어보고 정중하게 사과한다.
　　2. 장소를 바꾼다. 고객이 큰소리로 불만을 늘어놓게 되면 다른 고객에게도 영향을 미치므로 별도 공간으로 안내하여 편안하게 이야기를 주고받는다.
　　3. 따끈한 차를 대접하고 시간적 여유를 갖는다. 감정을 이성적으로 바꿀 수 있는 시간도 벌고 불평불만 해소 대응책 강구의 여유도 갖는다.

▲ 불만 해소 – 반드시 성의 있는 태도로 불만을 해소시킨다.
　→ 감정을 표시하지 않고 조용히 성의 있는 태도로 응대한다.

▲ 종결 – 처리 결과를 알려주고 효과를 검토한다.
　→ 감정적으로 적당히 처리하여 넘어가는 임시방편이 되어서는 안 되며 반드시 피드백하여 업무에 반영하도록 한다.

고 객 : "그렇게는 안 된다고 몇 번을 말해야 알아듣겠소? 어떻게 이런 일처리 방식으로 고객의 요청에 응할 수 있지요?"

직 원 : ① "죄송합니다, 고객님. 그런 방법에 따라주실 수 없는 이유를 설명해 주신다면 제가 다른 방법을 찾아서 권해드려 보겠습니다."

고 객 : "그럼 내가 이렇게 직접 찾아오기까지 했는데 오늘 안 되면 나한테 어떻게 하라는 겁니까?"

직 원 : ② "고객님께서 내일 점심시간에 필요하신 서류라고 하셨으니 늦어도 내일 오전 10시까지는 반드시 처리해 드리겠습니다. 고객님께서도 서류를 받으신 후에 이상 없으셨는지 저에게 편하신 방법으로 알려주신다면 업무에 큰 도움 되겠습니다."

고 객 : "아니, 이봐요, 내가 보니까 은행 마감 시간 전에 일처리를 끝내줄 수 있을 것 같지가 않군요. 처리 시간을 앞당길 수 있도록 책임자를 좀 불러줘야겠어요."

직 원 : ③ "죄송합니다만 고객님, 이 건은 고객님의 상황을 제가 가장 잘 알고 있으니 담당자인 제가 어떻게든 마무리를 지어드리도록 하겠습니다. 잠시만 더 기다려 주세요."

고 객 : "아니 도대체 왜 나만 불이익을 당하라는 거지요? 내 얘기는 그렇게 무시해도 됩니까?"

직 원 : ④ "고객님, 우선 왜 그러시는지 저에게 차근차근 말씀을 좀 해 주실 수 있으신지요? 고객님의 말씀을 들어보고 제가 처리해 드리도록 하겠습니다."

고 객 : "불량품을 버렸다고 환불이 안 되다니요? 불량품은 회수한다는 말을 대체 누구한테 들었어야 하는 거죠? 안내도 안 해줬잖아요? 지금 여기 있는 고객들도 이런 상황을 좀 알아야 할 텐데! 책임자는 어디 있죠?"

직 원 : ⑤ "죄송합니다, 고객님. 먼저, 불량품 회수 안내가 제대로 되지 않았던 점에 대해 사과드립니다. 고객님이 느끼셨던 불편함에 대해 별도의 공간에서 책임자가 직접 상담을 도와드리겠습니다."

TIP 고객에게 불친절하거나 불손한 응대법을 사용하고 있지는 않으나, 책임자의 권한으로 보다 신속히 처리될 수 있는 다급한 업무인 경우, 굳이 담당자가 원칙에만 입각하여 경직된 업무 태도를 보이는 것은 매뉴얼의 내용과도 부합되지 않는다고 볼 수 있으므로, 책임자에게 즉각적인 처리를 요청하는 것이 더욱 바람직한 상황이라고 판단할 수 있다.
① 고객의 불평에 직접적으로 대응하기보다 불평의 원인을 찾으려는 바람직한 자세로 볼 수 있다.
② 적절한 업무 처리를 고객에게 통보하고 있으며, 처리결과에 대한 사후 관리까지 신경 쓰는 자세를 보이고 있으므로 바람직하다고 볼 수 있다.
④ 고객의 불만족 사유를 다 들어보려는 태도를 보이고 있으므로 바람직한 경청의 자세라고 할 수 있다.
⑤ 다른 고객에게도 영향을 미칠 정도로 불만을 내비치는 고객을 별도의 공간으로, 또 책임자에게 즉각적인 처리 요청을 하고 있으므로 바람직하다고 볼 수 있다.

답 9.③

다음은 甲이 수업시간에 한 발표이다. 甲의 발표 방식에 대한 설명으로 옳지 않은 것은?

오늘은 조선의 궁중 음식 중 수라상에 대해 말씀드리겠습니다. 발표는 수라상의 상차림, 왕의 식사 횟수와 식사 장면, 그리고 수라상의 음식을 포함한 조선의 궁중 음식이 지닌 의의 순으로 진행하겠습니다.

우선 '수라'는요, 고려 때 몽골의 영향으로 생긴 화로를 한눈에 볼 수 있습니다. (사진을 가리키며) 왼쪽에 보이는 큰 상인 대원반에는 흰밥과 탕, 반찬들이, 오른쪽에 보이는 소원반옆에 놓인 화로는 전골 요리에 썼다고 해요. 「조선 왕조 궁중 음식」이라는 책에 따르면 왕은 이러한 수라상을 아침과 저녁에 받았다고 합니다.

왕이 하루에 식사를 두 번만 한 것은 아니었어요. 두 번째 화면을 볼게요. 이것은 수라상 외에 왕이 받은 초조반상, 낮것상, 야참의 사진입니다. 초조반상과 낮것상은 주로 죽으로, 야참은 면, 식혜 등으로 간단히 차린 걸 볼 수 있죠. 야참을 식사로 본다면 왕은 하루에 몇 번이나 식사를 했을까요? (동영상을 보여준 후) 어떤 상궁은 왕보다 먼저 음식을 먹어 보아 독의 유무를 확인하고, 다른 상궁은 왕에게 생선을 발라 드리는 모습을 보셨습니다. 이렇게 왕은 상궁들의 시중을 받으며 식사를 했어요.

수라상의 음식을 포함한 조선의 궁중 음식은 우리 전통 음식을 대표한다고 할 수 있는데요, 이는 궁중과 민간의 교류를 통해 조선의 궁중 음식이 민간의 음식뿐만 아니라 민간의 뛰어난 조리 기술까지 받아들여 우리 음식 전반을 아울렀기 때문이지요. 이러한 의의가 인정되어 조선의 궁중 음식은 무형 문화재로 지정되었어요. 수라상에 대해 제가 참고한 기록은 대한 제국 시기 상궁들의 구술을 토대로 한 것입니다. 수라상에 대해 이해가 되셨기를 바라며 발표를 마치겠습니다.

① 발표를 시작하면서 발표의 주제와 대략적인 순서를 먼저 제시하고 있다.
② 다양한 사진과 영상 자료를 활용하여 청중의 이해를 돕고 있다.
③ 전문가의 의견을 인용하여 주장을 뒷받침하고 있다.
④ 발표 중 청중에게 질문을 던져 집중도를 높이고 있다.
⑤ 특정 문헌 자료를 언급하여 내용의 신뢰도를 높이고 있다.

TIP 전문가의 의견에 대해서는 언급된 내용이 없다.

유형 8 글의 목적 및 주제 파악하기

제시된 문서에서 내용을 이해하고 요점을 파악할 수 있어야 한다. 주어지는 제시문을 읽고 목적 및 주제 찾기, 내용 파악하기 등의 문제가 출제된다. 최근에는 공고문을 비롯하여 보고서 등을 활용한 지문이 출제되고 있다.

1 글 내용 파악 ·· ●●○

다음 글을 읽고 이 글의 내용과 부합되는 것을 고르시오.

> 말갈은 고구려의 북쪽에 있으며 읍락마다 추장이 있으나 서로 하나로 통일되지는 못했다. 무릇 7종이 있으니 첫째는 속말부라 부르며 고구려에 접해 있고, 둘째는 백돌부로 속말의 북쪽에 있다. 셋째, 안차골부는 백돌의 동북쪽에 있고, 넷째, 불열부는 백돌의 동쪽에 있다. 다섯째는 호실부로 불열의 동쪽에 있고, 여섯째는 흑수부로 안차골의 서북쪽에 있으며, 일곱째는 백산부로 속말의 동쪽에 있다. 정병은 3천이 넘지 않고 흑수부가 가장 강하다.

① 백돌부는 호실부의 서쪽에 있다.

② 흑수부는 백산부의 동쪽에 있다.

③ 백산부는 불열부의 북쪽에 있다.

④ 안차골부는 속말부의 서북쪽에 있다.

⑤ 안차골부는 고구려에 인접해 있다.

TIP　② 흑수부는 백산부의 북서쪽에 있다.
　③ 백산부는 불열부의 남쪽에 있다.
　④ 안차골부는 속말부의 동북쪽에 있다.
　⑤ 안차골부는 고구려에 인접해 있지 않다.

답　10.③ / 1.①

다음 글의 내용과 부합하지 않는 것은?

위와 십이지장에서 발생한 궤양은 소화와 관련이 있어 소화성 궤양이라고 한다. 이런 소화성 궤양은 오랫동안 인류의 가장 흔한 질병들 중 하나였고, 스트레스와 잘못된 식습관 때문에 생긴다고 알려져 있다.

임상 병리학자인 로빈 워런 박사는 위내시경 검사를 마친 많은 환자의 위 조직 표본에서 나선형 박테리아를 발견했다. 이 박테리아는 위의 상피 세포와 결합하여 두꺼운 점액층의 도움을 받고 있었기 때문에 위산의 공격에도 위 조직에 존재하고 있었다. 워런 박사는 이 박테리아가 위염의 원인이라고 주장하였다.

마셜 박사는 워런 박사가 발견한 박테리아들을 배양했지만 모두 실패하고 말았다. 그러다가 실수로 배양기에 넣어 두었던 것에서 워런 박사의 것과 동일한 박테리아가 콜로니를 형성한 것을 관찰하였고, 이를 '헬리코박터 파일로리'라고 명명하였다. 이 두 박사는 임상실험을 실시한 결과 궤양을 앓고 있는 환자들 대부분의 위에서 헬리코박터 파일로리균이 발견되었으며, 이 균이 점막에 염증을 일으킨다는 것도 알게 되었다.

헬리코박터균과 궤양의 관계가 분명해지기 전까지 이 질병은 만성적인 것이었지만, 이제는 항생제를 사용해 위에서 이 박테리아를 제거하면 이 질병을 완치할 수 있게 된 것이다.

---

① 헬리코박터균이 배양된 것은 우연의 결과이다.

② 궤양과 헬리코박터균의 상관관계는 밀접하다.

③ 소화성 궤양은 근대 사회에 들어서면서 발견된 질병이다.

④ 박테리아가 위 조직에 존재하는 것은 상피 세포와의 결합 때문이다.

⑤ 현재에는 항생제로 박테리아를 제거한다면, 과거에 만성 질병이었음에도 완치할 수 있다.

TIP 첫 번째 문단에서 소화성 궤양은 오랫동안 인류의 가장 흔한 질병들 중 하나였다고 했으므로 ③은 적절하지 않다.

다음 글에서 언급된 '섬유 예술'에 대한 설명으로 적절하지 않은 것은?

섬유 예술은 실, 직물, 가죽, 짐승의 털 등의 섬유를 오브제로 사용하여 미적 효과를 구현하는 예술을 일컫는다. 오브제란 일상 용품이나 자연물 또는 예술과 무관한 물건을 본래의 용도에서 분리하여 작품에 사용함으로써 새로운 상징적 의미를 불러일으키는 대상을 의미한다. 섬유 예술은 실용성에 초점을 둔 공예와 달리 섬유가 예술성을 지닌 오브제로서 기능할 수 있다는 자각에서 비롯되었다.

섬유 예술이 새로운 조형 예술의 한 장르로 자리매김한 결정적 계기는 1969년 제5회 '로잔느 섬유 예술 비엔날레전'에서 올덴버그가 가죽을 사용하여 만든 「부드러운 타자기」라는 작품을 전시하여 주목을 받은 것이었다. 올덴버그는 이 작품을 통해 공예의 한 재료에 불과했던 가죽을 예술성을 구현하는 오브제로 활용하여 섬유를 심미적 대상으로 인식할 수 있게 하였다.

이후 섬유 예술은 평면성에서 벗어나 조형성을 강조하는 여러 기법들을 활용하여 작가의 개성과 미의식을 구현하는 흐름을 보였는데, 이에는 바스켓트리, 콜라주, 아상블라주 등이 있다. 바스켓트리는 바구니 공예를 일컫는 말로 섬유의 특성을 활용하여 꼬기, 엮기, 짜기 등의 방식으로 예술적 조형성을 구현하는 기법이다. 콜라주는 이질적인 여러 소재들을 혼합하여 일상성에서 탈피한 미감을 주는 기법이고, 아상블라주는 콜라주의 평면적인 조형성을 넘어 우리 주변에서 흔히 볼 수 있는 물건들과 폐품 등을 혼합하여 3차원적으로 표현하는 기법이다. 콜라주와 아상블라주는 현대의 여러 예술 사조에서 활용되는 기법을 차용한 것으로, 섬유 예술에서는 순수 조형미를 드러내거나 현대 사회의 복합성과 인류 문명의 한 단면을 상징화하는 수단으로 활용되기도 하였다.

섬유를 오브제로 활용한 대표적인 작품으로는 라우센버그의 「침대」가 있다. 이 작품에서 라우센버그는 섬유 자체뿐 아니라 여러 오브제들을 혼합하여 예술적 미감을 표현하기도 했다. 「침대」는 캔버스에 평소 사용하던 커다란 침대보를 부착하고 베개와 퀼트 천으로 된 이불, 신문 조각, 잡지 등을 붙인 다음 그 위에 물감을 흩뿌려 작업한 것으로, 콜라주, 아상블라주 기법을 주로 활용하여 섬유의 조형적 미감을 잘 구현한 작품으로 평가받고 있다.

① 섬유를 예술성을 지닌 심미적 대상으로 인식하였다.

② 올덴버그를 통해 조형 예술로서 자리를 잡게 되었다.

③ 섬유의 오브제로서의 기능을 자각하면서 시작되었다.

④ 순수한 미의식을 배제하고 고정 관념에서 벗어난 예술을 지향한다.

⑤ 실, 직물, 가죽, 짐승의 털 등이 오브제로 활용된다.

TIP ④ 섬유 예술이 실용성을 넘어 예술적 미감을 표현하는 순수 조형 예술로 자리 매김한 이유를 밝히고 있으므로, 섬유 예술이 조형 예술의 궁극적 특징인 순수한 미의식을 탈피하였다는 설명은 적절하지 않다.

답 2.③ 3.④

다음 글을 읽고 알 수 있는 내용이 아닌 것은?

노자의 『도덕경』을 관통하고 있는 사고방식은 "차원 높은 덕은 덕스럽지 않으므로 덕이 있고, 차원 낮은 덕은 덕을 잃지 않으므로 덕이 없다."에 잘 나타나 있다. 이 말에서 노자는 '덕스럽지 않음'과 '덕이 있음', '덕을 잃지 않음'과 '덕이 없음'을 함께 서술해 상반된 것이 공존한다는 생각을 보여 주고 있다. 이러한 사고방식은 '명(名)'에 대한 노자의 견해와 맞닿아 있다.

노자는 하나의 '명(A)'이 있으면 반드시 '그와 반대되는 것(~A)'이 있으며, 이러한 공존이 세계의 본질적인 모습이라고 생각했다. 이 관점에서 보면, '명'은 대상에 부여된 것으로 존재나 사태의 한 측면만을 규정할 수 있을 뿐이다. "있음과 없음이 서로 생겨나고, 길고 짧음이 서로 형체를 갖추고, 높고 낮음이 서로 기울어지고, 앞과 뒤가 서로 따른다."라는 노자의 말은 A와 ~A가 같이 존재하는 세계의 모습에 대해 비유적으로 말한 것이다.

노자에 따르면, A와 ~A가 공존하는 실상을 알지 못하는 사람들은 'A는 A이다.'와 같은 사유에 매몰되어 세계를 온전하게 이해하지 못한다. 이 관점에서 보면 인(仁), 의(義), 예(禮), 충(忠), 효(孝) 등을 지향함으로써 사회의 무질서를 바로잡을 수 있다고 본 유가(儒家)의 입장에 대한 비판이 가능하다. 유가에서의 인, 의, 예, 충, 효 등과 같은 '명'의 강화는 그 반대적 측면을 동반하게 되어 결국 사회의 혼란이 가중되는 방향으로 나아가게 된다고 비판할 수 있는 것이다.

노자는 "법령이 더욱 엄하게 되면 도적도 더 많이 나타난다."라고 하였다. 도적을 제거하기 위해 법령을 강화하면 도적이 없어져야 한다. 그러나 아무리 법이 엄격하게 시행되어도 범죄자는 없어지지 않고, 오히려 교활한 꾀와 탐욕으로 그 법을 피해 가는 방법을 생각해 내는 도적들이 점차 생기고, 급기야는 그 법을 피해 가는 도적들이 더욱더 많아지게 된다는 것이 노자의 주장이다. 이러한 노자의 입장에서 볼 때, 지향해야만 하는 이상적 기준으로 '명'을 정해 놓고 그것이 현실에서 실현되어야 사회 질서가 안정된다는 주장은 설득력이 없다.

'명'에 관한 노자의 견해는 이기심과 탐욕으로 인한 갈등과 투쟁이 극심했던 사회에 대한 비판적 분석이면서 동시에 그 사회의 혼란을 해소하기 위한 것이라고 할 수 있다. 노자는 당대 사회가 '명'으로 제시된 이념의 지향성과 배타성을 이용해 자신의 사익을 추구하는 개인들로 가득 차 있다고 여겼다. 노자는 문명사회를 탐욕과 이기심 및 이를 정당화시켜 주는 이념의 산물로 보고, 적은 사람들이 모여 욕심 없이 살아가는 소규모의 원시 공동체 사회로 돌아가야 한다고 주장하였다. 노자는 '명'으로 규정해 놓은 특정 체계나 기준 안으로 인간을 끌어들이는 것보다, 인위적인 규정이 없는 열린 세계에서 인간을 살게 하는 것이 훨씬 더 평화로운 안정된 삶을 보장해 준다고 생각했다.

① 노자의 입장에서 '명'은 대상에 부여되어 그 대상이 지닌 상반된 속성을 사라지게 만드는 것이다.

② 노자는 법의 엄격한 시행이 오히려 범법자를 양산할 수 있다고 생각했다.

③ 노자는 탐욕과 이기심을 정당화하는 이념을 문명사회의 문제점으로 보았다.

④ 노자에 따르면, 'A는 A이다.'와 같은 사유에 매몰된 사람은 세계를 온전하게 이해하기 어렵다.

⑤ 즉, 노자 입장으로 생각한다면 작위적으로 규정지은 세계는 안정된 삶을 보장한다고 볼 수 없다.

TIP ① 노자에 따르면 '명'의 강화는 그 반대적 측면을 동반하게 되어 사회의 혼란을 심화시킬 수 있다.

다음 글에서 A의 추리가 전제하고 있는 것을 〈보기〉에서 모두 고른 것은?

낭포성 섬유증은 치명적 유전 질병으로 현대 의학이 발달하기 전에는 이 질병을 가진 사람은 어린 나이에 죽었다. 지금도 낭포성 섬유증을 가진 사람은 대개 청년기에 이르기 전에 사망한다. 낭포성 섬유증은 백인에게서 3,000명에 1명 정도의 비율로 나타나며 인구의 약 5% 정도가 이 유전자를 가지고 있다. 진화생물학 이론에 의하면 유전자는 자신이 속하는 종에 어떤 이점을 줄 때에만 남아 있다. 만일 어떤 유전자가 치명적 질병과 같이 생물에 약점으로 작용한다면 이 유전자를 가지고 있는 생물은 그렇지 않은 생물보다 생식할 수 있는 기회가 줄어들기 때문에, 이 유전자는 궁극적으로 유전자 풀(pool)에서 사라질 것이다. 낭포성 섬유증 유전자는 이 이론으로 설명할 수 없는 것으로 보인다.

1994년 미국의 과학자 A는 흥미로운 실험 결과를 발표하였다. 정상 유전자를 가진 쥐에게 콜레라 독소를 주입하자 쥐는 심한 설사로 죽었다. 그러나 낭포성 섬유증 유전자를 1개 가지고 있는 쥐는 독소를 주입한 다음 설사 증상을 보였지만 그 정도는 낭포성 섬유증 유전자가 없는 쥐에 비해 반 정도였다. 낭포성 섬유증 유전자를 2개 가진 쥐는 독소를 주입한 후에도 전혀 증상을 보이지 않았다. 낭포성 섬유증 증세를 보이는 사람은 장과 폐로부터 염소이온을 밖으로 퍼내는 작용을 정상적으로 하지 못한다. 반면 콜레라 독소는 장으로부터 염소이온을 비롯한 염분을 과다하게 분비하게 하고 이로 인해 물을 과다하게 배출시켜 설사를 일으킨다. 이 결과로부터 A는 낭포성 섬유증 유전자의 작용이 콜레라 독소가 과도한 설사를 일으키는 메커니즘을 막기 때문에, 낭포성 섬유증 유전자를 가진 사람이 콜레라로부터 보호될 수 있을 것이라고 추측하였다. 그러므로 1800년대에 유럽을 강타했던 콜레라 대유행에서 낭포성 섬유증 유전자를 가진 사람이 살아남기에 유리했다고 주장하였다.

──────── 보 기 ────────

㉠ 쥐에서 나타나는 질병 양상은 사람에게도 유사하게 적용된다.
㉡ 낭포성 섬유증은 백인 외의 인종에서는 드문 유전 질병이다.
㉢ 콜레라 독소는 콜레라균에 감염되었을 때와 같은 증상을 유발한다.
㉣ 낭포성 섬유증 유전자를 가진 모든 사람이 낭포성 섬유증으로 인하여 청년기 전에 사망하는 것은 아니다.

① ㉠㉡   ② ㉠㉢
③ ㉡㉣   ④ ㉠㉢㉣
⑤ ㉡㉢㉣

> **TIP** ㉠ A는 낭포성 유전자를 지니고 있는 '쥐'를 이용한 실험을 통해 낭포성 유전자를 가진 '사람' 역시 콜레라로부터 보호받을 것이라는 결론을 내렸다. 이는 쥐에서 나타나는 질병 양상은 사람에게도 유사하게 적용된다는 것을 전제로 한다.
> ㉢ A는 실험에서 '콜레라 균'에 감염을 시키는 대신에 '콜레라 독소'를 주입하였다. 이는 콜레라 독소의 주입이 콜레라균에 의한 감염과 같은 증상을 유발함을 전제로 한다.
> ㉣ 만약 낭포성 섬유증 유전자를 가진 모든 사람이 낭포섬 섬유증으로 인하여 청년기 전에 사망한다면 '살아남았다'고 할 수 없을 것이다. 따라서 '낭포성 섬유증 유전자를 가진 모든 사람이 이로 인하여 청년기 전에 사망하는 것은 아니다'라는 전제가 필요하다.

답 4.① 5.④

다음 글의 제목으로 가장 적절한 것은?

> 어느 대학의 심리학 교수가 그 학교에서 강의를 재미없게 하기로 정평이 나 있는, 한 인류학 교수의 수업을 대상으로 실험을 계획했다. 그 심리학 교수는 인류학 교수에게 이 사실을 철저히 비밀로 하고, 그 강의를 수강하는 학생들에게만 사전에 몇 가지 주의 사항을 전달했다. 첫째, 그 교수의 말 한 마디 한 마디에 주의를 집중하면서 열심히 들을 것. 둘째, 얼굴에는 약간 미소를 띠면서 눈을 반짝이며 고개를 끄덕이기도 하고 간혹 질문도 하면서 강의가 매우 재미있다는 반응을 겉으로 나타내며 들을 것.
>
> 한 학기 동안 계속된 이 실험의 결과는 흥미로웠다. 우선 재미없게 강의하던 그 인류학 교수는 줄줄 읽어 나가던 강의 노트에서 드디어 눈을 떼고 학생들과 시선을 마주치기 시작했고 가끔씩은 한두 마디 유머 섞인 농담을 던지기도 하더니, 그 학기가 끝날 즈음엔 가장 열의 있게 강의하는 교수로 면모를 일신하게 되었다. 더욱 더 놀라운 것은 학생들의 변화였다. 처음에는 실험 차원에서 열심히 듣는 척하던 학생들이 이 과정을 통해 정말로 강의에 흥미롭게 참여하게 되었고, 나중에는 소수이긴 하지만 아예 전공을 인류학으로 바꾸기로 결심한 학생들도 나오게 되었다.

① 학생 간 의사소통의 중요성
② 교수 간 의사소통의 중요성
③ 언어적 메시지의 중요성
④ 공감하는 듣기의 중요성
⑤ 핵심 전달의 중요성

TIP 제시된 글은 실험을 통해 학생들의 열심히 듣기와 강의에 대한 반응이 교수의 말하기에 미친 영향을 보여 주고 있다. 즉, 경청, 공감하며 듣기의 중요성에 대해 보여 주는 것이다.

〈보기 1〉을 보고 '전력 수급 위기 극복'을 주제로 보고서를 쓰기 위해 〈보기 2〉와 같이 개요를 작성하였다. 개요를 수정한 내용으로 적절하지 않은 것은?

──── 보 기 1 ────

대한민국은 전기 부족 국가로 블랙아웃(Black Out)이 상존한다. 2000년대 들어 두 차례 에너지 세제 개편을 실시한 후 난방유 가격이 오르면서 저렴한 전기로 난방을 하는 가구가 늘어 2010년대 들어서는 겨울철 전기 수요가 여름철을 넘어섰으며 실제 2011년 9월 한국전력은 전기 부족으로 서울 일부 지역을 포함한 지방 중소도시에 순환 정전을 실시했다.

──── 보 기 2 ────

Ⅰ. 블랙아웃 사태 ·· ㉠
Ⅱ. 전력 수급 위기의 원인
  1. 공급측면
    가. 전력의 비효율적 관리
    나. 한국전력의 혁신도시 이전 ··· ㉡
  2. 수요측면
    가. 블랙아웃의 위험성 인식부족
    나. 전력의 효율적 관리구축 ·· ㉢
Ⅲ. 전력 수급 위기의 극복방안
  1. 공급측면
    가. 전력 과소비문화 확대 ··· ㉣
    나. 발전 시설의 정비 및 확충
  2. 수요측면
    가. 에너지 사용량 강제 감축 할당량 부과
    나. 송전선로 지중화 사업에 대해 홍보 활동 강화 ······························ ㉤
Ⅳ. 전력 수급 안정화를 위한 각계각층의 노력 촉구

① ㉠은 〈보기 1〉을 근거로 '블랙아웃의 급증'으로 구체화한다.
② ㉡은 주제와 관련 없는 내용이므로 삭제한다.
③ ㉢은 상위 항목과의 관계를 고려하여 'Ⅲ-1-가'와 위치를 바꾼다.
④ ㉣은 '전력 과소비문화 개선'으로 수정하여 'Ⅲ-2'로 이동한다.
⑤ ㉤은 글의 일관성을 고려하여 '혁신도시 이전에 따른 홍보 강화'로 내용을 수정한다.

TIP ㉤은 블랙아웃의 해결책이 제시되어야 하므로 '절전에 대한 국민 홍보 강화'로 내용을 수정한다.
답 6.④ 7.⑤

다음은 A전자의 스마트폰 사용에 관한 조사 설계의 일부분이다. 본 설문조사의 목적으로 가장 적합하지 않은 것은?

---

1. 조사 목적

(   )

2. 과업 범위

① 조사 대상 : 서울과 수도권에 거주하고 있으며 최근 5년 이내에 스마트폰 변경 이력이 있고, 향후 1년 이내
   에 스마트폰 변경 의향이 있는 만 20 ~ 30세의 성인 남녀

② 조사 방법 : 구조화된 질문지를 이용한 온라인 조사

③ 표본 규모 : 총 1,000명

3. 조사 내용

① 시장 환경 파악 : 스마트폰 시장 동향(사용기기 브랜드 및 가격, 기기사용 기간 등)

② 과거 스마트폰 변경 현황 파악 : 변경 횟수, 변경 사유 등

③ 향후 스마트폰 변경 잠재 수요 파악 : 변경 사유, 선호 브랜드, 변경 예산 등

④ 스마트폰 구매자를 위한 개선 사항 파악 : 스마트폰 구매자를 위한 요금할인, 사은품 제공 등 개선 사항 적용
   시 스마트폰 변경 의향

⑤ 배경정보 파악 : 인구사회학적 특성(연령, 성별, 거주 지역 등)

4. 결론 및 기대효과

---

① 스마트폰 구매자를 위한 요금할인 프로모션 시행의 근거 마련

② 평균 스마트폰 기기사용 기간 및 주요 변경 사유 파악

③ 광고 매체 선정에 참고할 자료 구축

④ 스마트폰 구매 시 사은품 제공 유무가 구입 결정에 미치는 영향 파악

⑤ 향후 출시할 스마트폰 가격 책정에 활용할 자료 구축

TIP 제시된 설문조사에는 광고 매체 선정에 참고할 만한 조사 내용이 포함되어 있지 않다. 따라서 ③은 이 설문조사의 목적으로 적
합하지 않다.

9 글 목적 파악 ·· ●●○

01
직무능력평가

다음은 문서 작성 방법에 대해 나누는 대화이다. ㉠에 들어갈 김 과장의 말로 적절한 것은?

김 과장 : 부장님께서 말씀하시는 건 자네가 기획서를 쓸 때마다 하는 실수를 말씀하시는 거야.

유 사원 : 저도 잘 하고 싶은데, 노력만큼 되지 않아요.

김 과장 : 부장님 말씀은 핵심을 전달해야 한다는 것이었어. 자료도 풍부하고, 말도 유창한데, 정작 무엇을 말
하고자 하는지 핵심을 파악하기가 어려워.

유 사원 : 아…. 각 문단의 핵심이 드러나도록 하라는 말씀이시죠?

김 과장 : 맞아. 그리고 (㉠).
자네 기획서에는 어려운 용어가 너무 많아. 그래서 부장님께서 메타버스에 대한 배경지식이 전혀 없
는 사람들은 이 글을 읽고 이해하기가 어렵다고 하신 거야.

유 사원 : 그렇군요. 지금 생각해 보니, 상대방의 배경지식의 수준을 고려하지 않았던 것 같아요.

김 과장 : 그래, 글을 쓸 때는 항상 그 점을 생각해야 해. 우리 회사 양식에 맞추는 것도 잊지 말고.

① "회사 양식에 맞게 작성해야 돼."

② "자료 정리도 아주 큰 역할을 해"

③ "상대방의 배경지식을 고려하는 게 중요해."

④ "사람들의 이목을 집중시킬만한 기획을 생각해 봐."

⑤ "아무래도 전문적으로 보여야 하니까 전문 용어를 더 많이 사용해야 해.

TIP 유 사원의 기획서에서 보이는 문제점과 주의사항을 김 과장이 조언하고 있다. ㉠의 뒤에 이어지는 조언의 내용이 '어려운 용어
가 많아서 배경지식이 없는 사람들은 이 글을 읽고 이해하기가 어렵다'는 것이므로 '상대방의 배경지식을 고려하는 게 중요하다'
는 것이 적절하다.
②④ 언급되지 않은 내용이다.
① 상관없는 내용이다.
⑤ 어려운 용어를 많이 사용한 것을 지적하고 있으므로 적절하지 않다.

답 8.③ 9.③

다음은 워킹홀리데이 공고 중 일부이다. 잘못 이해한 것은?

뉴질랜드 워킹홀리데이 공고

● 신청 기간 : 2022.05.27.(금) 한국 시간 오전 7시까지
● 신청 방법
– 뉴질랜드 이민성 홈페이지를 통해 온라인 접수만 가능
– 소요 기간 : 약 1 ~ 2개월
● 자격 요건
– 만 18세 ~ 30세(비자 신청 시점 기준)이며, 부양 자녀가 없고, 출국 예정일을 기준으로 최소 3개월 이상 유효기간이 남아있는 대한민국 여권 소지자
– 워킹 홀리데이 비자를 받은 적 없는 자
– 체류 주요 목적이 관광(holiday)인 자
　　※ 근로(work) 또는 학습(study)은 부차적
● 제한 인원 : 1,800명 선착순 선발
● 구비서류
– 출입국 사실 증명서
– 신분증
– 기준에 상당하는 은행 잔고 증명서
● 주요 특징
– 어학연수 : 최대 6개월
– 취업 조건 : 최대 12개월
● 기타 사항
– 신청 시 구비 서류는 최근 6개월 이내 서류로 함
– 평생 1회에 한해 발급
– 입국 유효 기간은 비자 발급 후 1년 이내이며, 체류 기간은 입국일로부터 12개월로 함
– 신체검사는 필수이며 정해진 병원에서 검사 후 뉴질랜드 이민성으로 송부함
　(온라인 신청 후 40일 이내로 신체검사 결과가 도착해야 하므로 비자 신청 직후 신체검사 요망)

---

① 우편 및 방문 접수는 불가하며 인터넷 접수만 가능하다.
② 신청은 한국 시간으로 오전 7시까지 가능하다.
③ 체류 주요 목적 근로 또는 학습이어야 한다.
④ 구비서류는 최소 6개월 이내 서류로 한다.
⑤ 신체검사는 비자 신청 직후를 권고한다.

TIP 주어진 정보를 파악하고 이해하는 능력을 측정하는 문항이다.
　③ 워킹홀리데이의 체류 주요 목적은 관광이어야 하며, 근로 또는 학습은 부차적 목적이어야 한다.

유형 9 | 생활영어

영어로 된 간단한 자료를 이해하고, 전화 응대나 대화 등 의사표현을 할 수 있어야 한다. 제시문을 읽고 옳고 그름, 응대 예절, 문화 등의 문제가 출제된다. 외국인과의 의사소통에서 주의해야 하는 사항을 기본적으로 숙지하도록 한다.

[1 ~ 3] 다음 대화에서 빈칸에 들어가기에 가장 적절한 것을 고르시오.

1 의사표현 ·· ●●○

A : Even though going out for two years, she and I are still not talking the same language.
B : _____

① You never fail to please me.

② So, do you intend to be through with her?

③ She must have gotten stuck in lots of work.

④ You're right. She doesn't have a liking for English.

⑤ I have a million and one ideas.

TIP talk the same language 말이 통하다, 생각이 일치하다 be through with ~와 끝내다 never fail to do 반드시 ~하다
   ① 너는 반드시 나를 기쁘게 해야 한다.
   ③ 그녀는 많은 일로 꼼짝 못하는 것이었음에 틀림이 없다.
   ④ 네 말이 맞다. 그녀는 영어를 좋아하지 않는다.
   ⑤ 나한테 아주 많은 아이디어가 있거든.

「A : 비록 2년 동안 교제하고 있지만, 그녀와 나는 여전히 생각하는 게 달라.
 B : (그래서, 그녀와 끝내려고 하니?)」

답 10.③ / 1.②

A : I haven't seen you in ages! How have you been?

B : I've been fine — just fine. And you?

A : _____ So what's going on? I have so much to tell you!

B : Me, too! But when can we get together?

A : Soon — very soon.

① Yes, I do.

② With pleasure!

③ Thank you!

④ Great!

⑤ It's not that

TIP ① 응, 그래. ② 기꺼이, 좋아! ③ 고마워! ④ 훌륭히, 썩 잘(= very well) ⑤ 그래서 그런 건 아니고

「A : 오랫동안 널 보지 못했구나(정말 오랜만이다)! 어떻게 지냈어?
B : 잘 지냈어. 그저, 잘. 넌?
A : (나야) 최고지! 그래, 지금은 뭐해? 너에게 말할 것이 너무 많아!
B : 나도 그래! 근데, 우리 언제 만날 수 있을까?
A : 곧, 곧 다시 만나자.」

A : I'm very proud of my daughter. She has quite a good memory. She does her best to remember all she reads. And she's only nine years old.

B : That's very good. _____ You or your wife?

A : My wife. As a child my wife learned lots of poems by heart. She still knows quite a few of them.

B : I never could memorize poetry. On the other hand, I remember numbers. I never forget an address or a date.

① How can she memorize them?

② Whom does she prefer?

③ Whom does she look after?

④ Whom does she take after?

⑤ She has a lot on plate.

TIP ④ 그녀는 누구를 닮았죠?
　　① 그녀는 그것들을 어떻게 기억할 수 있죠?
　　② 그녀는 누구를 더 좋아하나요?
　　③ 그녀는 누구를 돌보나요?
　　⑤ 그녀는 할 일이 많아요.

「A : 난 정말 내 딸이 자랑스러워. 기억력이 정말 좋거든. 그 애는 자기가 읽은 것들을 모두 기억하려고 최선을 다해. 게다가 그 애는 아직 아홉 살밖에 안 됐어.
B : 정말 훌륭하네요. 그 애는 누구를 닮았나요? 당신 아니면 당신 아내?
A : 내 아내를 닮았지. 어렸을 때 아내는 많은 시들을 외웠는데, 아직도 그 중에 꽤 많은 시들을 알고 있지.
B : 나는 도무지 시를 암기할 수가 없어요. 대신 숫자를 기억하죠. 주소나 날짜는 절대 잊어버리지 않아요.」

답 2.① 3.④

다음 두 사람의 대화가 이루어지는 장소로 알맞은 것은?

Mrs. Brown : Honey, where is that noise coming from? It's pretty loud!

Mr. Brown : What noise?

Mrs. Brown : That noise, that squeaking noise. Can you hear it?

Mr. Brown : Wait. Yes, I can. Oh, no. I think it's the suspension!

Mrs. Brown : The suspension? I thought you got it inspected a couple of weeks ago and everything was all right.

Mr. Brown : That's right. I did. But something may have happened when I drove over a tree branch a minute ago while you were sleeping.

Mrs. Brown : Honey, let's pull over to the shoulder and take a look.

---

① in a car

② on a sidewalk

③ in a house

④ in a garage

⑤ in the building

TIP 갓길에 차를 댄다고 하는 것을 보면 현재 운전 중이라는 것을 알 수 있다.

pretty 아주, 꽤 loud 시끄러운, 소란한, 소리가 큰 squeaking 삐걱삐걱하는 소리 suspension 정직, 정학, 자동차의 차체를 받쳐주는 장치 inspect 점검하다, 사찰하다 branch 나뭇가지 pull over 정차하다, 길옆으로 빠져 차를 대다 take a look 점검하다, 사찰하다 sidewalk 보도, 인도 garage 차고, 주차장

① 차 안 ② 보도 위 ③ 집 안 ④ 차고 안 ⑤ 빌딩 안

「Mrs. Brown : 여보, 어디서 나는 소리지? 매우 시끄러워요!

Mr. Brown : 무슨 소리?

Mrs. Brown : 저 소리요, 끽하는 소리. 들려요?

Mr. Brown : 기다려봐. 응, 들려. 오, 안 돼. 내 생각엔 그 소리는 서스펜션(자동차의 차체를 받쳐주는 장치)에서 나는 거야!

Mrs. Brown : 서스펜션이요? 당신이 몇 주 전에 그걸 검사하고 모든 게 괜찮다고 한 걸로 알고 있는데요.

Mr. Brown : 맞아. 내가 했어. 하지만 몇 분 전, 당신이 자고 있을 동안 내가 나뭇가지를 넘어 운전할 때 무슨 일이 일어난 것 같아.

Mrs. Brown : 여보, 저 쪽에 차를 세우고 점검 해봐요.」

5 추론하기 ●●○

다음 대화에서 A가 연주회장에 도착한 시각은?

> A : Excuse me. How much longer should I wait for the concert? I've been waiting in the line for half an hour.
>
> B : I'm very sorry. There's been a sudden change in the concert schedule, so we'll be opening the doors in about twenty minutes.
>
> A : What time will the concert start, then? At about 9:00 tonight?
>
> B : At about 8:40. I apologize again for the delay.

① at 7:50

② at 8:20

③ at 8:40

④ at 9:20

⑤ at 9:40

TIP A가 묻는 시간에서 20분 후인 8시 40분에 콘서트를 시작하므로 현재 시각은 8시 20분이고, A가 반시간 동안 기다렸으므로 도착한 시각은 7시 50분이다.

「A : 실례합니다. 콘서트 시작하려면 얼마나 더 기다려야 되나요? 반시간 동안 기다렸어요.
B : 죄송합니다. 콘서트 일정이 갑자기 변경되었습니다. 그래서 약 20분 후에 문을 열겁니다.
A : 그럼 몇 시에 콘서트 시작합니까? 밤 9시?
B : 대략 8시 40분에 시작합니다. 지연 때문에 죄송합니다.」

답 4.① 5.①

문제해결능력

사고력   문제처리능력

(1) 문제해결능력 개념

업무를 수행함에 있어서 답을 요구하는 지문이나 의논하여 해결해야 하는 상황에서 과제를 도출하여 최적의 해결책을 찾아 실행·평가해 가는 활동이다. 사고력과 문제처리능력을 요한다.

(2) 출제 경향

기업과 관련한 공문서가 제시되는 등 실질적 능력을 파악할 수 있는 명제, 진위관계, 유추, 자료해석 등 다양한 유형으로 출제된다. 상황을 제시하고 해결 절차를 적용하는 문제를 비롯하여 창의적인 사고를 묻는 사고력 문제가 다량 출제된다. 특히 사고력의 경우 비슷한 유형의 문제가 출제되는데 이때 해결 방안을 잘 익혀둔다면 빠르게 풀이할 수 있다. 문제처리능력의 경우 자료 해석이 대부분을 차지하는데, 그래프나 표, 수치에서 당황할 수 있다. 따라서 많은 연습을 해두는 것이 좋다.

(3) 출제 유형 및 세부 유형

유형	중요도	세부유형
사고력	＊＊	수 · 문자 추리, 논리적 추론 유형으로 구성된다.
문제처리능력	＊＊＊	업무와 관련된 문제 처리, 자료 해석 등의 문제로 구성된다.

(4) 세부 유형 출제빈도

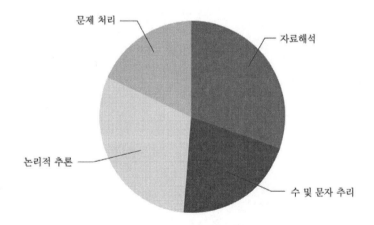

수·문자추리는 추리능력의 전반부에 다수 출제되는 유형으로 난이도가 어렵지는 않지만 짧은 시간에 빠르게 해결하고 넘어가야 하므로 반복적인 연습이 요구된다. 수·문자추리에서 시간을 많이 소요하면 과학추리와 도형추리에서 낭패를 볼 수 있으므로, 바로 해결되지 않는 문제의 경우 과감하게 포기하고 다음 문제로 넘어가는 결단력도 필요하다.

1 수열 ●●○

다음은 일정한 규칙에 따라 배열한 수열이다. 빈칸에 들어갈 숫자는?

2 4 9 20 43 90 (   )

① 170

② 175

③ 180

④ 185

⑤ 190

TIP ×2, ×2+1, ×2+2, ×2+3, … 으로 변화한다.
∴ 90×2+5 = 185

다음은 일정한 규칙에 따라 배열한 수열이다. 빈칸에 들어가는 문자는?

A − T − F − O − (   ) − J − P

① I　　　　　　　　　　　　　② K

③ M　　　　　　　　　　　　　④ O

⑤ T

TIP

A	B	C	D	E	F	G	H	I	J	K	L	M	N	O	P	Q	R	S	T
1	2	3	4	5	6	7	8	9	10	11	12	13	14	15	16	17	18	19	20

A(1) − T(20) − F(6) − O(15) − (?) − J(10) − P(16)

홀수 항은 5씩 증가, 짝수 항은 5씩 감소하므로 빈칸에 들어갈 문자는 K(11)이다.

다음 빈칸에 들어갈 알맞은 문자로 옳은 것은?

G − I − L − P − (   )

① S　　　　　　　　　　　　　② T

③ U　　　　　　　　　　　　　④ V

⑤ X

TIP 문자에 숫자를 대입하면 G(7) − I(9) − L(12) − P(16)이다.

처음의 문자에서 2, 3, 4의 순서로 변하므로 빈칸에는 앞의 문자에 5를 더한 문자가 와야 한다.

답 1.④ 2.② 3.③

4 수 추리 ●●○

다음 밑줄 친 수들의 규칙을 찾아 빈칸에 들어갈 숫자는?

$$\underline{4\ \ 3\ \ 7\ \ 10}\quad\underline{5\ \ 4\ \ 9\ \ 13}\quad\underline{-2\ \ (\ \ \ )\ \ -7\ \ -12}$$

① 0   ② -1

③ -3 ④ -5

⑤ -6

TIP 첫 번째 수와 두 번째 수를 더하면 세 번째 수가 나온다.
두 번째 수와 세 번째 수를 더하면 네 번째 수가 나온다.
∴ ( ) 안에 들어갈 수는 $-2 + (\quad) = -7$이므로 -5가 된다.

5 수 추리 ●●○

다음 기호의 규칙을 보고 빈칸에 알맞은 것을 고르시오.

$$2 * 3 = 3\quad 3 * 4 = 8\quad 4 * 7 = 21\quad 5 * 8 = 32\quad 6 * (5 * 4) = (\quad)$$

① 74   ② 76

③ 78   ④ 80

⑤ 82

TIP 두 수를 곱한 후 뒤의 수를 다시 빼주고 있으므로
$(5 * 4) = 5 \times 4 - 4 = 16$, $6 * 16 = 6 \times 16 - 16 = 80$

유형2　논리적 추론

참·거짓 고르기, 창의적 사고로 결론 도출하기 등 논리적 이해 유형의 문제가 주로 출제된다. 전제가 다소 헷갈리기 때문에 집중력이 요구되며 기존과 다른 사고로 접근하는 것이 좋다. 지문을 읽기 전 보기를 파악하는 것도 하나의 요령이다.

1 참·거짓 -- ●●○

다음의 말이 참일 때 항상 참인 것은?

> • 비가 오는 날은 복도가 더럽다.
> • 복도가 더러우면 운동장이 조용하다.
> • 운동장이 조용한 날은 축구부의 훈련이 없다.
> • 오늘은 운동장이 조용하지 않다.

① 어제는 비가 오지 않았다.

② 오늘은 복도가 더럽지 않다.

③ 오늘은 오후에 비가 올 예정이다.

④ 오늘은 축구부의 훈련이 없다.

⑤ 비가 오는 날에는 운동장이 시끄럽다.

TIP 오늘은 운동장이 조용하지 않다고 했으므로 오늘은 복도가 더럽지 않으며, 비가 오는 날이 아니다. 또한 운동장이 조용한 날이 아니므로 축구부의 훈련이 없는 날도 아니다.

답 4.④　5.④ / 1.②

2 참·거짓 .... ●●○

다음의 말이 전부 진실일 때 항상 거짓인 것은?

- 1등에게는 초코 우유를 준다.
- 2등과 3등에게는 바나나 우유를 준다.
- 4 ~ 6등에게는 딸기 우유를 준다.
- 7 ~ 10등에게는 커피 우유를 준다.
- 민지는 바나나 우유를 받았다.

---

① 민지는 2등을 했다.

② 초코 우유는 총 2개가 필요하다.

③ 커피 우유가 가장 많이 필요하다.

④ 총 10개의 우유를 준비해야 한다.

⑤ 딸기 우유는 총 3개가 필요하다.

TIP ② 초코 우유는 1등에게만 준다고 했으므로 총 1개가 필요하다.

3 창의적 사고 .... ●●○

다음 다섯 사람 중 오직 한 사람만이 거짓말을 하고 있다. 거짓말을 하고 있는 사람은 누구인가?

- A : B는 거짓말을 하고 있지 않다.
- B : C의 말이 참이면 D의 말도 참이다.
- C : E는 거짓말을 하고 있다.
- D : B의 말이 거짓이면 C의 말은 참이다.
- E : A의 말이 참이면 D의 말은 거짓이다.

---

① A   ② B

③ C   ④ D

⑤ E

TIP • A가 거짓말을 하는 경우 : C의 말에 의해 E도 거짓말을 하기 때문에 조건에 맞지 않는다.

- B가 거짓말을 하는 경우 : A도 거짓말을 하기 때문에 조건에 맞지 않는다.
- C가 거짓말을 하는 경우 : A, E가 참이기 때문에 E의 진술에 의해 D도 거짓말이기 때문에 조건에 맞지 않는다.
- D가 거짓말을 하는 경우 : C의 말에 의해 E도 거짓말을 하기 때문에 조건에 맞지 않는다.

4 결론 추론 .... ●●○

다음에 제시된 전제에 따라 결론을 바르게 추론한 것은?

- A는 나의 어머니이다.
- B는 C의 딸이다.
- C의 남편은 D이다.
- A와 C는 자매이다.
- 그러므로 _____

---

① 나와 B는 사촌 관계이다.

② D는 나의 이모이다.

③ B는 A를 고모라고 부른다.

④ A와 D는 가족관계가 아니다.

⑤ B와 D는 가족관계가 아니다.

TIP ② '나'의 어머니와 자매인 C는 '나'의 이모이고 D는 '나'의 이모부이다.
③ B의 어머니인 C는 A와 자매이므로 B는 A를 이모라고 불러야 한다.
④ D는 A의 동생과 결혼 한 사이이므로 가족이라고 할 수 있다.
⑤ B는 D와 부부관계인 C의 딸이므로 가족관계이다.

答 2.② 3.⑤ 4.①

지원이는 손님 응대에 능하고 영어를 조금 할 수 있다. 성훈이는 일본어를 능숙하게 구사할 수 있고 도윤이는 영어와 중국어를 할 수 있다. 판매 사원 모집 공고에서 화장품 매장에서는 일본어 능숙자를, 구두 매장과 악기 매장에서는 영어 능숙자를 우대하며 악기 매장의 경우 손님에게 제품을 설명하는 일이 주된 업무이기 때문에 손님 응대를 잘 할 수 있는 사람을 원한다. 세 사람은 지원할 매장에 따라 옳게 짝지어진 것은?

① 지원 – 화장품 매장

② 성훈 – 악기 매장

③ 도윤 – 악기 매장

④ 성훈 – 화장품 매장

⑤ 지원 – 구두 매장

TIP 성훈이는 일본어 능숙자를 우대하는 화장품 매장에, 지원이는 영어 능력과 손님 응대 능력을 모두 필요로 하는 악기 매장에, 도윤이는 구두 매장에 지원할 것이다.

김대리는 모스크바 현지 영업소로 출장을 갈 계획이다. 4일 오후 2시 모스크바에서 회의가 예정되어 있어 모스크바 공항에 적어도 오전 11시 이전에는 도착하고자 한다. 인천에서 모스크바까지 8시간이 걸리며, 시차는 인천이 모스크바보다 6시간이 더 빠르다. 김대리는 인천에서 늦어도 몇 시에 출발하는 비행기를 예약하여야 하는가?

① 3일 09 : 00

② 3일 19 : 00

③ 4일 09 : 00

④ 4일 11 : 00

⑤ 5일 02 : 00

TIP 인천에서 모스크바까지 8시간이 걸리고, 6시간이 인천이 더 빠르므로
09 : 00시 출발 비행기를 타면 $9+(8-6)=11$시 도착
19 : 00시 출발 비행기를 타면 $19+(8-6)=21$시 도착
02 : 00시 출발 비행기를 타면 $2+(8-6)=4$시 도착

에너지 신산업에 대한 다음과 같은 정의를 참고할 때, 다음 중 에너지 신산업 분야의 사업으로 보기에 가장 적절하지 않은 것은 어느 것인가?

2015년 12월, 세계 195개국은 프랑스 파리에서 UN 기후변화협약을 체결, 파리기후변화협약에 따른 신기후체제의 출범으로 온실가스 감축은 선택이 아닌 의무가 되었으며, 이에 맞춰 친환경 에너지시스템인 에너지 신산업이 대두되었다. 에너지 신산업은 기후변화 대응, 미래 에너지 개발, 에너지 안보, 수요 관리 등 에너지 분야의 주요 현안을 효과적으로 해결하기 위한 '문제 해결형 산업'이다. 에너지 신산업 정책으로는 전력 수요관리, 에너지관리 통합서비스, 독립형 마이크로그리드, 태양광 렌탈, 전기 차 서비스 및 유료충전, 화력발전 온배수열 활용, 친환경에너지타운, 스마트그리드 확산사업 등이 있다.

---

① 에너지 프로슈머 시장의 적극 확대를 위한 기반 산업 보강
② 전기 차 확대보급을 실시하기 위하여 전기 차 충전소 미비 지역에 충전소 보급 사업
③ 신개념 건축물에 대한 관심도 제고를 위한 고효율 제로에너지 빌딩 확대 사업
④ 폐열과 폐냉기의 재활용을 통한 에너지 사용량 감축과 친환경 에너지 창출 유도 산업
⑤ 분산형 전원으로 에너지 자립 도시 건립을 위한 디젤 발전기 추가 보급 사업

TIP 디젤 발전은 내연력을 통한 발전이므로 친환경과 지속가능한 에너지 정책을 위한 발전 형태로 볼 수 없다. 오히려 디젤 발전을 줄여 신재생에너지원을 활용한 전력 생산 및 공급 방식이 에너지 신산업 정책에 부합한다고 볼 수 있다.

답 5.④ 6.③ 7.⑤

다음 글의 내용이 참일 때 최종 선정되는 단체는 어디인가?

문화체육관광부는 우수 문화예술 단체 A, B, C, D, E 중 한 곳을 선정하여 지원하려 한다. 문화체육관광부의 금번 선정 방침은 다음 두 가지이다. 첫째, 어떤 형태로든 지원을 받고 있는 단체는 최종 후보가 될 수 없다. 둘째, 최종 선정 시 올림픽 관련 단체를 엔터테인먼트 사업(드라마, 영화, 게임) 단체보다 우선한다.

A 단체는 자유무역협정을 체결한 필리핀에 드라마 콘텐츠를 수출하고 있지만 올림픽과 관련한 사업은 하지 않는다. B 단체는 올림픽의 개막식 행사를, C 단체는 올림픽의 폐막식 행사를 각각 주관하는 단체이다. E 단체는 오랫동안 한국 음식문화를 세계에 보급해 온 단체이다. A와 C 중 적어도 한 단체가 최종 후보가 되지 못한다면, 대신 B와 E 중 적어도 한 단체는 최종 후보가 된다. 반면 게임 개발로 각광을 받는 단체인 D가 최종 후보가 된다면, 한국과 자유무역협정을 체결한 국가와 교역을 하는 단체는 모두 최종 후보가 될 수 없다.

후보 단체들 중 가장 적은 부가가치를 창출한 단체는 최종 후보가 될 수 없고, 최종 선정은 최종 후보가 된 단체 중에서만 이루어진다.

문화체육관광부의 조사 결과, 올림픽의 개막식 행사를 주관하는 모든 단체는 이미 보건복지부로부터 지원을 받고 있다. 그리고 위 문화예술 단체 가운데 한국 음식문화 보급과 관련된 단체의 부가가치 창출이 가장 저조하였다.

① A

② B

③ C

④ D

⑤ E

TIP ③ A와 C 단체 중 적어도 한 단체가 최종 후보가 되지 못한다면, 대신 B와 E 중 적어도 한 단체는 최종 후보가 된다. ②⑤를 통해 B, E 단체를 후보가 될 수 없다. 후보는 A와 C가 된다.

① A 단체는 자유무역협정을 체결한 필리핀에 드라마 콘텐츠를 수출하고 있지만 올림픽과 관련된 사업은 하지 않는다. 최종 선정 시 올림픽 관련 단체를 엔터테인먼트 사업 단체보다 우선하므로 B, C와 같이 최종 후보가 된다면 A는 선정될 수 없다.

② 올림픽의 개막식 행사를 주관하는 모든 단체는 이미 보건복지부로부터 지원을 받고 있다. B 단체는 올림픽의 개막식 행사를 주관하는 단체이다. → B 단체는 선정될 수 없다.

④ D가 최종 후보가 된다면, 한국과 자유무역협정을 체결한 국가와 교역을 하는 단체는 모두 최종 후보가 될 수 없다. D가 최종 후보가 되면 A가 될 수 없고 A가 된다면 D는 될 수 없다.

⑤ 후보 단체들 중 가장 적은 부가가치를 창출한 단체는 최종 후보가 될 수 없고, 한국 음식문화 보급과 관련된 단체의 부가가치 창출이 가장 저조하였다. E 단체는 오랫동안 한국 음식문화를 세계에 보급해 온 단체이다. → E 단체는 선정될 수 없다.

다음에 제시된 정보를 종합할 때, 서류장 10개와 의자 10개의 가격은 테이블 몇 개의 가격과 같은가?

- 홍보팀에서는 테이블, 의자, 서류장을 다음과 같은 수량으로 구입하였다.
- 테이블 5개와 의자 10개의 가격은 의자 5개와 서류장 10개의 가격과 같다.
- 의자 5개와 서류장 15개의 가격은 의자 5개와 테이블 10개의 가격과 같다.

---

① 8개

② 9개

③ 10개

④ 11개

⑤ 12개

TIP 두 번째 정보에서 테이블 1개＋의자 1개＝서류장 2개임을 알 수 있다.
　　세 번째 정보에서 두 번째 정보를 대입하면 서류장 1개＝의자 2개가 되며 테이블 1개＝의자 3개가 된다. 따라서 서류장 10개＋의자 10개
　　＝의자 30개이며, 의자 30개＝테이블 10이다.

답 8.③ 9.③

다음 두 사건은 별개의 사건으로 다음이 조건을 따를 때 옳은 것은?

〈사건 1〉

가인 : 저는 빵을 훔치지 않았어요.
나은 : 다영이는 절대 빵을 훔치지 않았어요.
다영 : 제가 빵을 훔쳤습니다.

그런데 나중에 세 명 중 두 명은 거짓말을 했다고 자백하였고, 빵을 훔친 사람은 한 명이라는 것이 밝혀졌다.

〈사건 2〉

라희 : 저는 결코 창문을 깨지 않았습니다.
마준 : 라희의 말이 맞습니다.
바은 : 제가 창문을 깼습니다.

그런데 나중에 창문을 깬 사람은 한 명이고 그 범인은 거짓말을 했다는 것이 밝혀졌다.

① 가인이의 진술은 참이었다.
② 사건 2에서 참을 말한 사람이 1명 이상이다.
③ 마준이의 진술은 거짓이다.
④ 다영이는 빵을 훔친 범인일 수 있다.
⑤ 나은이는 거짓을 말하지 않았다.

TIP 주어진 조건에 따라 범인을 가정하여 진술을 판단하면 다음과 같다.

사건 1				사건 2			
진술＼범인	가인	나은	다영	진술＼범인	라희	마준	바은
가인	거짓	참	참	라희	거짓	참	참
나은	참	참	거짓	마준	거짓	참	참
다영	거짓	거짓	참	바은	거짓	거짓	참

따라서 〈사건 1〉의 범인은 가인, 〈사건 2〉의 범인은 라희이다.

11 결론 추론 ●●○

甲은 자신의 전시회 오픈 파티에 동창인 A, B, C, D, E, F 6명을 초대하였다. 6인의 친구들은 서로가 甲의 전시회에 초대 받은 사실을 알고 있으며 다음과 같은 원칙을 정하여 참석하기로 했다. 참석하게 될 최대 인원은 몇 명인가?

- A가 파티에 참석하면 C와 F도 참석한다.
- E는 D가 참석하는 경우에만 파티에 참석하고, C는 B가 참석하는 경우에만 파티에 참석할 예정이다.
- A와 B는 서로 사이가 좋지 않아 B가 참석하면 A는 파티에 참석하지 않을 예정이다.
- D나 F가 참석하면 A는 파티에 참석한다.

---

① 1명   ② 2명
③ 3명   ④ 4명
⑤ 5명

TIP A가 파티에 참석할 시 C와 F도 참석하며, C가 참석하는 경우는 B도 참석해야 한다. A는 B가 참석하면 파티에 참석하지 않는다고 했으므로 원칙에 성립되지 않는다. 따라서 A가 참석하지 않을 수 있는 경우는 B와 C만 참석하는 경우이므로 최대인원은 2명이 된다.

12 결론 추론 ●●○

'가, 나, 다, 라, 마'가 일렬로 서 있다. 아래와 같은 조건을 만족할 때, '가'가 맨 왼쪽에 서 있을 경우, '나'는 몇 번째에 서 있는가?

- '가'는 '다' 바로 옆에 서있다.
- '나'는 '라'와 '마' 사이에 서있다.

---

① 첫 번째   ② 두 번째
③ 세 번째   ④ 네 번째
⑤ 다섯 번째

📋 10.⑤   11.②   12.④

가	다			

나는 라와 마 사이에 있으므로 다음과 같이 두 가지 경우가 있을 수 있다.

라	나	마	마	나	라

따라서 가가 맨 왼쪽에 서 있을 때, 나는 네 번째에 서 있게 된다.

---

13 논리적 사고 ·· ●●○

영업부 직원 8명의 자리는 그림과 같다. 제시된 조건에 따라 자리를 이동하였을 경우에 대한 설명으로 올바른 것은 어느 것인가?

- 자리는 8명이 모두 이동하였다.
- 같은 라인에서 이동한 직원은 각 라인 당 2명이다.('라인'은 그림 상의 좌우 한 줄을 의미한다. 예를 들어 위의 그림에서 김 사원~박 사원은 한 라인에 위치한다.)
- 이동 후 양 사원의 자리와 나 대리의 자리, 오 대리의 자리와 김 사원의 자리는 각각 가장 멀리 떨어진 곳에 위치하게 되었다.

김 사원	오 대리	임 대리	박 사원
최 대리	민 사원	나 대리	양 사원

- 박 사원의 좌우측에는 각각 최 대리와 나 대리가 앉게 되었다.

---

① 양 사원의 옆 자리에는 민 사원이 앉게 된다.

② 김 사원의 옆 자리에는 어떤 경우에도 최 대리가 앉게 된다.

③ 임 대리는 최 대리의 맞은편에 앉게 된다.

④ 민 사원은 오 대리와 마주보고 앉게 된다.

⑤ 민 사원 옆 자리에는 양 사원이 앉게 된다.

TIP 주어진 조건에 의해 가장 먼 거리에 있는 네 군데 끝자리에는 양 사원, 나 대리, 오 대리, 김 사원이 앉게 되며, 최 대리 – 박 사원 – 나 대리 세 명의 자리가 확정된 조건임을 알 수 있다. 따라서 다음의 두 가지 경우의 수가 생길 수 있다.

김 사원/ 오 대리	최 대리	박 사원	나 대리
양 사원	A	B	오 대리/ 김 사원

양 사원	A	B	오 대리/ 김 사원
김 사원/ 오 대리	최 대리	박 사원	나 대리

두 가지 경우 모두 A, B에 임 대리와 민 사원이 앉게 되므로 각 라인 당 2명이 같은 라인으로 이동한 것이 된다. 또한 8명 모두 자리를 이동하였다고 했으므로 두 가지 경우 모두 A, B 자리는 각각 임 대리와 민 사원의 자리가 되어야 한다.

따라서 '임 대리는 최 대리와 마주보고 앉게 된다.'가 올바른 설명이 된다.

① 양 사원의 옆 자리에는 임 대리가 앉게 된다.
② 김 사원의 옆 자리에는 민 사원 또는 최 대리가 앉게 된다.
④ 민 사원은 어떤 경우에도 박 사원과 마주보고 앉게 된다.
⑤ 민 사원의 옆 자리 한쪽에는 임 대리, 다른 한쪽에는 오 대리 또는 김 사원이 앉게 된다.

14 논리적 사고 ●●○

다음 주어진 관계에 따라 가돌이가 좋아할 가능성이 있는 사람으로만 묶인 것은?

'랄라'라는 마을에는 한 사람이 다른 사람을 일방적으로 좋아하는 경우는 없다. 즉 A가 B를 좋아한다는 것은 B도 A를 좋아한다는 것을 뜻한다. 그리고 랄라마을에 사는 사람들은 애매한 관계를 싫어하기 때문에 이들의 관계는 좋아하거나 좋아하지 않는 것 두 가지 뿐이다. 이 마을에는 가돌, 나돌, 다돌, 라돌, 마돌, 바돌만이 살고 있으며 이들의 관계는 다음과 같다.

㉠ 가돌이가 마돌이를 좋아하면 라돌이는 가돌이를 좋아하지 않는다.
㉡ 나돌이는 가돌이를 좋아하거나 가돌이는 다돌이를 좋아한다.
㉢ 바돌이가 가돌이를 좋아하면 라돌이는 다돌이를 좋아하거나 가돌이는 라돌이를 좋아한다.
㉣ 마돌이가 가돌이를 좋아하지 않으면 가돌이를 좋아하는 사람은 아무도 없다.
㉤ 다돌이는 가돌이를 좋아하지 않는 사람들은 좋아하지 않는다.
㉥ 가돌이와 나돌이가 서로 좋아하지 않고 가돌이가 다돌이를 좋아하지 않으면 가돌이는 아무도 좋아하지 않는다.

① 나돌, 라돌
② 나돌, 다돌, 라돌
③ 나돌, 다돌, 마돌
④ 다돌, 마돌, 바돌
⑤ 바돌, 마돌

TIP ㉣의 대우 명제 '가돌이를 좋아하는 사람이 있으면 마돌이가 가돌이를 좋아한다'가 되므로 마돌이는 가돌이가 좋아할 가능성이 있는 사람이다. 따라서 가돌이가 마돌이를 좋아하므로 라돌이는 가돌이를 좋아하지 않는다(㉠). ㉤에 의해 다돌이는 라돌이를 좋아하지 않는다. ㉢의 대우 명제 '라돌이가 다돌이를 싫어하고 가돌이가 라돌이를 싫어하면 바돌이가 가돌이를 싫어한다'가 되며 전제(라돌이가 다돌이를 싫어함, 가돌이가 라돌이를 싫어함)가 모두 참이므로 바돌이는 가돌이를 싫어한다. ㉥의 대우 명제 '가돌이가 누군가를 좋아하면 가돌이와 나돌이가 서로 좋아하거나 가돌이가 다돌이를 좋아한다'와 ㉡의 명제를 통해 나돌이와 다돌이도 가돌이가 좋아할 가능성이 있는 사람이다. 따라서 가돌이가 좋아할 가능성이 있는 사람은 나돌, 다돌, 마돌이다.

답 13.③ 14.③

A기업 기획팀에서는 새로운 프로젝트를 추진하면서 업무추진력이 높은 직원은 프로젝트의 팀장으로 발탁하려고 한다. 성취행동 경향성이 높은 사람을 업무추진력이 높은 사람으로 규정할 때, 아래의 정의를 활용해서 〈보기〉의 직원들을 업무추진력이 높은 사람부터 순서대로 바르게 나열한 것은?

성취행동 경향성(TACH)의 강도는 성공추구 경향성(Ts)에서 실패회피 경향성(Tf)을 뺀 점수로 계산할 수 있다(TACH = Ts − Tf). 성공추구 경향성에는 성취동기(Ms)라는 잠재적 에너지의 수준이 영향을 준다. 왜냐하면 성취동기는 성과가 우수하다고 평가받고 싶어 하는 것으로 어떤 사람의 포부수준, 노력 및 끈기를 결정하기 때문이다. 어떤 업무에 대해서 사람들이 제각기 다양한 방식으로 행동하는 것은 성취동기가 다른 데도 원인이 있지만, 개인이 처한 환경요인이 서로 다르기 때문이기도 하다. 이 환경요인은 성공기대확률(Ps)과 성공결과의 가치(Ins)로 이루어진다. 즉 성공추구 경향성은 이 세 요소의 곱으로 결정된다(Ts = Ms × Ps × Ins).

한편 실패회피 경향성은 실패회피동기, 실패기대확률 그리고 실패결과의 가치의 곱으로 결정된다. 이때 성공기대확률과 실패기대확률의 합은 1이며, 성공결과의 가치와 실패결과의 가치의 합도 1이다.

보 기

- A는 성취동기가 3이고, 실패회피동기가 1이다. 그는 국제환경협약에 대비한 공장건설환경규제안을 만들었는데, 이 규제안의 실현가능성을 0.7로 보며, 규제안이 실행될 때의 가치를 0.2로 보았다.
- B는 성취동기가 2이고, 실패회피동기가 1이다. 그는 도시고속화도로 건설안을 기획하였는데, 이 기획안의 실패가능성을 0.7로 보며, 도로건설사업이 실패하면 0.3의 가치를 갖는다고 보았다.
- C는 성취동기가 3이고, 실패회피동기가 2이다. 그는 △△지역의 도심재개발계획을 주도하였는데, 이 계획의 실현가능성을 0.4로 보며, 재개발사업이 실패하는 경우의 가치를 0.3으로 보았다.

---

① A, B, C
② B, A, C
③ B, C, A
④ C, A, B
⑤ C, B, A

TIP

직원	성공추구 경향성과 실패회피 경향성	성취행동 경향성
A	성공추구 경향성 = 3 × 0.7 × 0.2 = 0.42	= 0.42 − 0.24 = 0.18
	실패회피 경향성 = 1 × 0.3 × 0.8 = 0.24	
B	성공추구 경향성 = 2 × 0.3 × 0.7 = 0.42	= 0.42 − 0.21 = 0.21
	실패회피 경향성 = 1 × 0.7 × 0.3 = 0.21	
C	성공추구 경향성 = 3 × 0.4 × 0.7 = 0.84	= 0.84 − 0.36 = 0.48
	실패회피 경향성 = 2 × 0.6 × 0.3 = 0.36	

[16 ~ 17] 다음 5개의 팀에 인터넷을 연결하기 위해 작업을 하려고 한다. 5개의 팀 사이에 인터넷을 연결하기 위한 시간이 다음과 같을 때 제시된 표를 바탕으로 물음에 답하시오. (단, 가팀과 나팀이 연결되고 나팀과 다팀이 연결되면 가팀과 다팀이 연결된 것으로 간주한다.)

구분	가	나	다	라	마
가	–	3	6	1	2
나	3	–	1	2	1
다	6	1	–	3	2
라	1	2	3	–	1
마	2	1	2	1	–

16 논리적 사고 .... ●●○

가팀과 다팀을 인터넷으로 연결하기 위해 필요한 최소의 시간은?

① 7시간   ② 6시간

③ 5시간   ④ 4시간

⑤ 3시간

TIP 가팀, 다팀을 연결하는 방법은 2가지가 있는데.
ⓞ 가팀과 나팀, 나팀과 다팀 연결 : 3 + 1 = 4시간
ⓛ 가팀과 다팀 연결 : 6시간
즉, 1안이 더 적게 걸리므로 4시간이 답이 된다.

17 논리적 사고 .... ●●○

다팀과 마팀을 인터넷으로 연결하기 위해 필요한 최소의 시간은?

① 1시간   ② 2시간

③ 3시간   ④ 4시간

⑤ 5시간

달 15.⑤ 16.④ 17.②

18 논리적 사고 ·· ●●○

○○기업 감사실 윤리위원회 소속인 甲은 내부고발을 통해 다섯 건의 부정행위를 알게 되었다. 회사내규가 다음
과 같을 때 A ~ E의 행위가 '뇌물에 관한 죄'에 해당하지 않는 것은?

제○○조
① 뇌물에 관한 죄는 임직원 또는 중재인이 그 직무에 관하여 뇌물을 수수(收受)·요구 또는 약속하는 수뢰죄
　와 임직원 또는 중재인에게 뇌물을 약속·공여(자진하여 제공하는 것) 하거나 공여의 의사표시를 하는 증뢰
　죄를 포함한다. 뇌물에 관한 죄가 성립하기 위해서는 직무에 관하여 뇌물을 수수·요구 또는 약속한다는
　사실에 대한 고의(故意)가 있어야 한다. 즉 직무의 대가에 대한 인식이 있어야 한다. 또한 뇌물로 인정되기
　위해서는 그것이 직무에 관한 것이어야 하며, 뇌물은 불법한 보수이어야 한다. 여기서 '직무'란 임직원 또는
　중재인의 권한에 속하는 직무행위 그 자체뿐만 아니라 직무와 밀접한 관계가 있는 행위도 포함하는 개념이
　다. 그리고 '불법한 보수'란 정당하지 않은 보수이므로, 법령이나 사회윤리적 관점에서 인정될 수 있는 정당
　한 대가는 뇌물이 될 수 없다. 그 밖에 '수수'란 뇌물을 취득하는 것을 의미하며, 수수라고 하기 위해서는
　자기나 제3자의 소유로 할 목적으로 남의 재물을 취득할 의사가 있어야 한다. 한편 보수는 직무행위와 대
　가관계에 있는 것임을 요하고, 그 종류, 성질, 액수나 유형, 무형을 불문한다.
② 중재인이란 법령에 의하여 중재의 직무를 담당하는 자를 말한다. 예컨대 노동조합 및 노동관계조정법에 의
　한 중재위원, 중재법에 의한 중재인 등이 이에 해당한다.

---

① A는 사장님 비서실에 재직하면서 ○○은행장인 Z로부터 ○○은행으로 주거래 은행을 바꾸도록 사장님께 건
　의해 달라는 취지의 부탁을 받고 금전을 받았다.

② B는 각종 인·허가로 잘 알게 된 담당 공무원 Y에게 건축허가를 부탁하면서 취업 준비 중인 Y의 자녀를 자
　신의 회사에 채용했다.

③ 홍보부 가짜뉴스 대응팀 직원인 C는 ○○회사가 외국인 산업연수생에 대한 관리업체로 선정되도록 중소기업
　협동조합중앙회 회장 J에게 잘 이야기해 달라는 부탁을 받고 K로부터 향응을 제공받았다.

④ D는 자신이 담당하는 공사도급 관련 입찰 정보를 넘겨주는 조건으로 공사도급을 받으려는 건설업자 X로부터
　금품을 받아 이를 개인적인 용도로 사용하였다.

⑤ 해외파견팀장으로서 해외파견자 선발 업무를 취급하던 E가 V로부터 자신을 선발해 달라는 부탁과 함께 사례
　조로 받은 자기앞수표를 자신의 은행계좌에 예치시켰다가 그 뒤 후환을 염려하여 V에게 반환하였다.

TIP 내규에 따르면 뇌물로 인정되기 위해서는 그것이 직무에 관한 것이어야 하는데, '직무'란 임직원 또는 중재인의 권한에 속하는 직무행위 그 자체뿐만 아니라 직무와 밀접한 관계가 있는 행위를 말한다. C의 경우 홍보부 가짜뉴스 대응팀 직원이므로 외국인 산업연수생에 대한 관리업체 선정은 C의 권한에 속하는 직무행위이거나 직무와 밀접한 관계에 있는 행위라고 볼 수 없으므로 뇌물에 관한 죄에 해당하지 않는다.

19 논리적 사고 .... ●●●○

A교육연구소 아동청소년연구팀에 근무하는 甲은 다음과 같은 연구를 시행하여 결과를 얻었다. 연구결과를 상사에게 구두로 보고하자 결과를 뒷받침할 만한 직접적인 근거를 추가하여 보고서를 작성해 오라는 지시를 받았다. 다음 〈보기〉 중 근거로 추가할 수 있는 자료를 모두 고른 것은?

[연구개요] 한 아동이 다른 사람을 위하여 행동하는 매우 극적인 장면이 담긴 'Lassie'라는 프로그램을 매일 5시간 이상 시청한 초등학교 1 ~ 2학년 아동들은 이와는 전혀 다른 내용이 담긴 프로그램을 시청한 아동들보다 훨씬 더 협조적이고 타인을 배려하는 행동을 보여주었다. 반면에 텔레비전을 통해 매일 3시간 이상 폭력물을 시청한 아동과 청소년들은 텔레비전 속에서 보이는 성인들의 폭력행위를 빠른 속도로 모방하였다.
[연구결과] 텔레비전 속에서 보이는 폭력이 아동과 청소년의 범죄행위를 유발시킬 가능성이 크다.

─────── 보 기 ───────

㉠ 전국의 소년교도소에 폭행죄로 수감되어 있는 재소자들은 6세 이후 폭력물을 매일 적어도 4시간 이상씩 시청했었다.
㉡ 전국의 성인교도소에 폭행죄로 수감되어 있는 재소자들은 6세 이후 폭력물을 매일 적어도 6시간 이상씩 시청했었다.
㉢ 전국의 소년교도소에 폭행죄로 수감되어 있는 청소년들은 매일 저녁 교도소 내에서 최소한 3시간씩 폭력물을 시청한다.
㉣ 6세에서 12세 사이에 선행을 많이 하는 아동들이 성인이 되어서도 선행을 많이 한다.
㉤ 텔레비전 발명 이후, 아동과 청소년을 대상으로 한 폭력범죄가 증가하였다.

① ㉠

② ㉠㉡

③ ㉠㉡㉤

④ ㉡㉢㉤

⑤ ㉢㉣㉤

TIP ㉠ [연구개요] 중 '3시간 이상 폭력물을 시청한 아동과 청소년들은 텔레비전 속에서 보이는 성인들의 폭력행위를 빠른 속도로 모방하였다.'와 같은 맥락으로 볼 수 있는 자료로, [연구결과]를 뒷받침하는 직접적인 근거가 된다.
㉡ 성인의 범죄행위 유발과 관련 자료이다.
㉢ 이미 범죄행위를 저지르고 난 후 폭력물을 시청하는 조건이다.
㉣ 텔레비전 프로그램 시청이 선행에 영향을 미침을 증명하는 자료가 아니다.
㉤ 아동과 청소년을 대상으로 한 폭력범죄가 아닌, 아동과 청소년이 일으키는 범죄행위가 초점이 되어야 한다.

답 18.③ 19.①

다음은 우리나라의 연도별 유형별 정치 참여도를 나타낸 자료이다. 〈보기〉에 주어진 조건을 참고할 때, ㉠ ~ ㉣에 들어갈 알맞은 정치 참여방법을 순서대로 올바르게 나열한 것은 어느 것인가?

	㉠	온라인상 의견 피력하기	정부나 언론에 의견제시	㉡	탄원서 · 진정서 · 청원서 제출하기	㉢	공무원 · 정치인에 민원전달	㉣
2016	53.9	15.0	9.5	21.2	8.8	9.2	10.3	12.8
2017	58.8	14.7	8.8	17.5	7.9	7.6	9.1	9.2
2018	69.3	13.3	6.7	14.9	5.6	6.9	6.1	10.3
2019	74.1	12.2	6.4	14.5	5.8	14.4	5.6	8.5

─────────── 보 기 ───────────

1. 주변인과 대화를 하거나 시위 등에 참여하는 방법은 2016년보다 2019년에 그 비중이 더 증가하였다.
2. 2019년에 서명운동에 참여하거나 주변인과 대화를 하는 방법으로 정치에 참여하는 사람의 비중은 모두 온라인상 의견을 피력하는 방법으로 정치에 참여하는 사람의 비중보다 더 많다.
3. 2016 ~ 2018년 기간 동안은 시위에 참여하거나 불매운동을 하는 방법으로 정치에 참여한 사람의 비중이 온라인상 의견을 피력하는 방법으로 정치에 참여한 사람의 비중보다 항상 적었다.

① 서명운동 참여하기 – 주변인과 대화하기 – 시위 · 집회 참여하기 – 불매운동 참여하기
② 주변인과 대화하기 – 서명운동 참여하기 – 시위 · 집회 참여하기 – 불매운동 참여하기
③ 주변인과 대화하기 – 서명운동 참여하기 – 불매운동 참여하기 – 시위 · 집회 참여하기
④ 주변인과 대화하기 – 시위 · 집회 참여하기 – 서명운동 참여하기 – 불매운동 참여하기
⑤ 불매운동 참여하기 – 주변인과 대화하기 – 서명운동 참여하기 – 시위 · 집회 참여하기

TIP 보기1에 의하면 ㉠과 ㉢이 주변인과 대화하기 또는 시위 · 집회 참여하기 중 하나임을 알 수 있다. 또한 보기2에 의하면 ㉠, ㉡㉢ 중 서명운동 참여하기와 주변인과 대화하기가 해당됨을 알 수 있다. 따라서 ㉡이 서명운동 참여하기임을 확인할 수 있다. 보기3에서는 ㉢과 ㉣이 시위 · 집회 참여하기 또는 불매운동 참여하기 중 하나임을 의미하고 있으므로 보기1과 함께 판단했을 때, ㉢이 시위 · 집회 참여하기, ㉣이 불매운동 참여하기가 되며 이에 따라 ㉠은 주변인과 대화하기가 된다.

21 결론 추론 ·· ●●○

01
직
무
능
력
평
가

다음 그림은 우리나라의 분야별 국가예산 지출 비중에 대한 전망이다. 이를 통해 추론한 것으로 올바른 것을 〈보기〉에서 모두 고른 것은 어느 것인가?

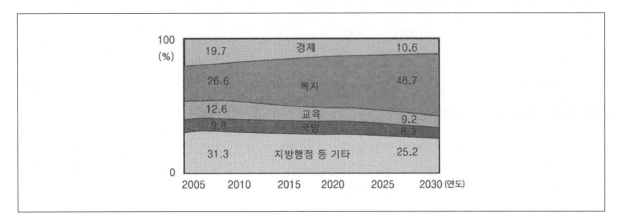

─────────────── 보 기 ───────────────

㉠ 국방 관련 예산 지출이 줄어든다.

㉡ 전체 예산 규모는 변하지 않는다.

㉢ 교육과 지방행정 등 기타 예산의 비중이 줄어든다.

㉣ 복지 분야가 정부 지출에서 차지하는 비중이 높아진다.

① ㉠㉡

② ㉠㉢

③ ㉡㉢

④ ㉡㉣

⑤ ㉢㉣

TIP 그림은 지출 비중에 관련된 것이므로 국방 관련 예산이나 전체 예산의 절대적인 지출 규모가 어떻게 변화할지는 알 수 없다.

업무와 관련된 문제의 특성을 파악하고, 대안을 제시하거나 적용하여 결과를 평가하는 문제가 주로 나온다. 발생할 수 있는 복잡하고 다양한 문제를 우선순위를 통하여 빠르게 해결할 수 있어야 한다.

1 　문제의 특성 파악 ·· ●●○

다음 제시된 글에 나타난 문제인식은?

우리나라 국민 10명 가운데 9명은 저출산 현상을 심각하게 보고 있고, 이 중 3명은 저출산이 사회에 끼치는 영향력이 매우 클 것으로 예상하는 것으로 나타났다.

저출산 · 고령화에 대한 설문조사에 따르면, 참여자 가운데 87.4%가 우리나라 저출산 현상에 대해 '심각하다'고 답했다. '매우 심각하다'는 응답은 24.8%, '어느 정도 심각하다'는 62.6%였다.

저출산의 주된 원인은 '결혼 후 발생하는 비용의 부담'이 31.2%로 가장 많았다. 그 다음으로 '취업난 또는 고용불안정성' 19.5%, '일 · 가정 양립이 어려운 사회문화' 18.1%, '부족한 소득' 13.1%, '여성위주의 육아 및 가사부담' 10.3% 순으로 조사됐다.

출산과 육아에 대한 사회적 분위기 역시 영향을 미친 것으로 보인다. '출산으로 휴가를 낼 때 직장 상사 및 동료들에게 눈치가 보인다'는 응답이 76.6%로 많았고, '육아휴직을 낼 때 직장 상사 및 동료들에게 눈치가 보인다'는 응답 역시 72.2%로 많았다.

---

① 저출산 문제의 대책

② 저출산 문제의 인식개선

③ 저출산 문제의 심각성

④ 저출산 문제와 인구 고령화

⑤ 저출산 문제의 정책 변화

TIP 　제시된 내용은 저출산 문제의 심각성을 설문조사를 통해 나타내고 있다.

다음 글에 나타난 문제해결의 장애요소는?

최근 A사의 차량이 화재가 나는 사고가 연달아 일어나고 있다. 현재 리콜 대상 차량은 10만여 대로 사측은 전국의 서비스 업체에서 안전진단을 통해 불편을 해소하는 데에 최선을 다하겠다고 말했다. A사 대표는 해당 서비스를 24시간 확대 운영은 물론 예정되어 있던 안전진단도 단기간에 완료하겠다고 입장을 밝혔다. 덕분에 서비스센터 현장은 여름휴가 기간과 겹쳐 일반 서비스 차량과 리콜 진단 차량까지 전쟁터를 방불케 했다. 그러나 안전진단은 결코 답이 될 수 없다는 게 전문가들의 의견이다. 문제가 되는 해당 부품이 개선된 제품으로 교체되어야만 해결할 수 있는 사태이고, 개선된 제품은 기본 20여 일이 걸려 한국에 들어올 수 있기 때문에 이 사태가 잠잠해지기까지는 상당한 시간이 걸린다는 것이다. 또한 단순 안전진단만으로는 리콜이 시작되기 전까지 오히려 고객들의 불안한 마음만 키울 수 있어 이를 해결할 확실한 대안이 필요하다고 지적했다.

① 실질적 대안이 아닌 고객 달래기식 대응을 하고 있다.

② 해결책을 선택하는 타당한 이유를 마련하지 못하고 있다.

③ 선택한 해결책을 실행하기 위한 계획을 수립하지 못하고 있다.

④ 중요한 의사결정 인물이나 문제에 영향을 받게 되는 구성원을 참여시키지 않고 있다.

⑤ 개인이나 팀이 통제할 수 있거나 영향력을 행사할 수 있는 범위를 넘어서는 문제를 다루고 있다.

TIP 문제해결의 장애요소

ⓐ 너무 일반적이거나 너무 크거나 또는 잘 정의되지 않은 문제를 다루는 경우
ⓑ 문제를 정확히 분석하지 않고 곧바로 해결책을 찾는 경우
ⓒ 잠재적 해결책을 파악할 때 중요한 의사결정 인물이나 문제에 영향을 받게되는 구성원을 참여시키지 않는 경우
ⓓ 개인이나 팀이 통제할 수 있거나 영향력을 행사할 수 있는 범위를 넘어서는 문제를 다루는 경우
ⓔ 창의적 해결책보다는 '즐겨 사용하는' 해결책을 적용하는 경우
ⓕ 해결책을 선택하는 타당한 이유를 마련하지 못하는 경우
ⓖ 선택한 해결책을 실행하고 평가하는 방식에 관해 적절하게 계획을 수립하지 못하는 경우

답 1.③ 2.①

〈보기〉는 문제를 지혜롭게 처리하기 위한 단계별 방법을 나열한 것이다. 올바른 문제처리 절차에 따라 ⑦~⑩의 순서를 재배열한 것은 어느 것인가?

보 기

㈎ 당초 장애가 되었던 문제의 원인들을 해결안을 사용하여 제거한다.

㈏ 문제로부터 도출된 근본 원인을 효과적으로 해결할 수 있는 최적의 해결방안을 수립한다.

㈐ 파악된 핵심문제에 대한 분석을 통해 근본 원인을 도출해 본다.

㈑ 선정된 문제를 분석하여 해결해야 할 것이 무엇인지를 명확히 결정한다.

㈒ 해결해야 할 전체 문제를 파악하여 우선순위를 정하고, 선정문제에 대한 목표를 명확히 한다.

① ㈒ ─ ㈑ ─ ㈐ ─ ㈏ ─ ㈎

② ㈑ ─ ㈒ ─ ㈐ ─ ㈎ ─ ㈏

③ ㈑ ─ ㈐ ─ ㈏ ─ ㈎ ─ ㈒

④ ㈎ ─ ㈏ ─ ㈒ ─ ㈑ ─ ㈐

⑤ ㈒ ─ ㈐ ─ ㈑ ─ ㈎ ─ ㈏

TIP 문제처리능력이란 목표와 현상을 분석하고 이 분석결과를 토대로 문제를 도출하여 최적의 해결책을 찾아 실행, 평가 처리해 나가는 일련의 활동을 수행하는 능력이라 할 수 있다. 이러한 문제처리능력은 문제해결절차를 의미하는 것으로, 일반적인 문제해결절차는 문제 인식, 문제 도출, 원인 분석, 해결안 개발, 실행 및 평가의 5단계를 따른다.

① 주어진 〈보기〉의 ㈎ ~ ㈒의 내용은 문제해결절차 5단계를 역순으로 제시해 놓았다.

다음과 같은 문제 상황을 인지한 A사는 甲의 행위를 절도로 판단하고 이를 위한 대책을 수립하려고 한다. 이러한 문제 상황에 봉착한 A사가 가장 먼저 해야 할 일로 적절한 것은 다음 보기 중 어느 것인가?

甲은 A사의 기술연구소 기술고문으로 근무하면서 주도적으로 첨단기술 제조공법을 개발했음에도 뚜렷한 상여금이나 인센티브를 받지 못하고 승진에서도 누락된 사실을 알고 불만을 품게 됐다. 당시 반도체 분야에 새로이 진출하고자 하는 경쟁업체인 B사에서 이와 같은 사실을 알고 甲이 A사에서 받던 급여조건보다 월등하게 좋은 연봉, 주택제공 등의 조건을 제시하여 甲을 영입하기로 했다.

甲은 B사의 상무이사로 입사하기로 하고, A사의 기술 및 영업 자료를 향후 B사의 생산 및 판매 자료로 활용할 것을 마음먹고 A사 사무실에서 회사의 기술상·영업상의 자료들인 매출단가 품의서, 영업추진계획, 반도체 조립공정 문제점 및 개선대책 등을 서류가방에 넣어 가지고 나와 이를 B사에 넘겨주었다.

---

① 자료 유출 시의 전 직원에 대한 강화되고 엄격해진 규정을 마련하여 즉시 실시한다.

② 강화된 보안 대책과 함께 컴퓨터 파일 유출을 방지할 수 있는 기술 도입을 검토한다.

③ 인센티브나 승진 문제 등 甲의 행위가 촉발된 근본 원인을 찾아낸다.

④ 사내 보안상의 허점을 파악하고 직원 출퇴근 시의 자료 유출 가능성을 분석해 본다.

⑤ 어떻게 자료 유출이 가능했는지를 확인하고 甲과 B사에 대한 대응방안을 정확히 수립한다.

TIP 문제를 해결하기 위해서는 다음과 같은 5단계를 거치게 되는 것이 일반적이다.
- **문제 인식** : 해결해야 할 전체 문제를 파악하여 우선순위를 정하고, 선정문제에 대한 목표를 명확히 하는 단계
- **문제 도출** : 선정된 문제를 분석하여 해결해야 할 것이 무엇인지를 명확히 하는 단계
- **원인 분석** : 파악된 핵심문제에 대한 분석을 통해 근본 원인을 도출하는 단계
- **해결안 개발** : 문제로부터 도출된 근본원인을 효과적으로 해결할 수 있는 최적의 해결방안을 수립하는 단계
- **실행 및 평가** : 해결안 개발을 통해 만들어진 실행계획을 실제 상황에 적용하는 활동으로 당초 장애가 되는 문제의 원인들을 해결안을 사용하여 제거하는 단계

따라서 보기 ④와 같이 해결할 문제가 무엇인지를 확인하고 甲과 B사에 대한 대응의 목표를 명확히 수립하는 것이 최우선 되어야 할 일이라고 할 수 있다.
① 실행 및 평가의 단계에 해당된다.
② 해결안 개발의 단계에 해당된다.
③ 원인 분석의 단계에 해당된다.

답 3.① 4.⑤

전체 자료에서 필요한 요소를 분리할 수 있는지 여부가 중요하다. 최근에는 의사소통능력과 수리능력, 자원관리능력까지 혼합된 문제 유형들이 다수 출제되고 있다. 이에 따른 자료해석연습이 많이 필요하다.

1 자료해석 후 문제처리 ·· ●●○

G 음료회사는 신제품 출시를 위해 시제품 3개를 만들어 전 직원을 대상으로 블라인드 테스트를 진행한 후 기획팀에서 회의를 하기로 했다. 독창성, 대중성, 개인선호도 세 가지 영역에 총 15점 만점으로 진행된 테스트 결과가 다음과 같을 때, 기획팀 직원들의 발언으로 옳지 않은 것은?

	독창성	대중성	개인선호도	총점
시제품 A	5	2	3	10
시제품 B	4	4	4	12
시제품 C	2	5	5	12

① 우리 회사의 핵심가치 중 하나가 창의성 아닙니까? 저는 독창성 점수가 높은 A를 출시해야 한다고 생각합니다.

② 독창성이 높아질수록 총점이 낮아지는 것을 보지 못하십니까? 저는 그 의견에 반대합니다.

③ 무엇보다 현 시점에서 회사의 재정상황을 타계하기 위해서는 대중성을 고려하여 높은 이윤이 날 것으로 보이는 C를 출시해야 하지 않겠습니까?

④ 그럼 독창성과 대중성, 개인선호도를 모두 고려하여 B를 출시하는 것이 어떻겠습니까?

⑤ 요즘 같은 개성시대에는 개인선호도가 높은 C가 적격이라고 생각합니다.

TIP ② 시제품 B는 C에 비해 독창성 점수가 2점 높지만 총점은 같다. 따라서 옳지 않은 발언이다.

F사는 사내 식사 제공을 위한 외식 업체를 선정하기 위해 다음과 같이 5개 업체에 대한 평가를 실시하였다. 다음 평가 방식과 평가 결과에 의해 외식 업체로 선정될 업체는 어느 곳인가?

〈최종결과표〉

(단위 : 점)

	A업체	B업체	C업체	D업체	E업체
제안가격	84	82	93	90	93
위생도	92	90	91	83	92
업계평판	92	89	91	95	90
투입인원	90	92	94	91	93

※ 1) 각 평가항목별 다음과 같은 가중치를 부여하여 최종 점수 고득점 업체를 선정한다.
  • 투입인원 점수 15%
  • 업계평판 점수 15%
  • 위생도 점수 30%
  • 제안가격 점수 40%
2) 어느 항목이라도 5개 업체 중 최하위 득점이 있을 경우(최하위 점수가 90점 이상일 경우 제외), 최종 업체로 선정될 수 없다.
3) 동점 시, 가중치가 높은 항목 순으로 고득점 업체가 선정

① A업체

② B업체

③ C업체

④ D업체

⑤ E업체

TIP 평가 점수를 계산하기 전에, 제안가격과 업계평판에서 90점 미만으로 최하위를 기록한 B업체와 위생도에서 최하위를 기록한 D 업체는 선정될 수 없다. 따라서 나머지 A, C, E업체의 가중치를 적용한 점수를 계산해 보면 다음과 같다.
  • A업체 : $84 \times 0.4 + 92 \times 0.3 + 92 \times 0.15 + 90 \times 0.15 = 88.5$점
  • C업체 : $93 \times 0.4 + 91 \times 0.3 + 91 \times 0.15 + 94 \times 0.15 = 92.25$점
  • E업체 : $93 \times 0.4 + 92 \times 0.3 + 90 \times 0.15 + 93 \times 0.15 = 92.25$점
  C와 E업체가 동점이나, 가중치가 높은 순으로 제안가격의 점수가 같으며, 다음 항목인 위생도 점수에서 E업체가 더 높은 점수를 얻었으므로 최종 선정될 업체는 E업체가 된다.

답 1.② 2.⑤

소셜미디어 회사에 근무하는 甲은 사회 네트워크에 대한 이론을 바탕으로 자사 SNS 서비스를 이용하는 A ~ P에 대한 분석을 실시하였다. 甲이 분석한 내용 중 잘못된 것은?

사회 네트워크란 '사람들이 연결되어 있는 관계망'을 의미한다. '중심성'은 한 행위자가 전체 네트워크에서 중심에 위치하는 정도를 표현하는 지표이다. 중심성을 측정하는 방법에는 여러 가지가 있는데, 대표적인 것으로 '연결정도 중심성'과 '근접 중심성'의 두 가지 유형이 있다.

'연결정도 중심성'은 사회 네트워크 내의 행위자와 직접적으로 연결되는 다른 행위자 수의 합으로 얻어진다. 이는 한 행위자가 다른 행위자들과 얼마만큼 관계를 맺고 있는가를 통하여 그 행위자가 사회 네트워크에서 중심에 위치하는 정도를 측정하는 것이다. 예를 들어 〈예시〉에서 행위자 A의 연결정도 중심성은 A와 직접 연결된 행위자의 숫자인 4가 된다.

'근접 중심성'은 사회 네트워크에서의 두 행위자 간의 거리를 강조한다. 사회 네트워크상의 다른 행위자들과 가까운 위치에 있다면 그들과 쉽게 관계를 맺을 수 있고 따라서 그만큼 중심적인 역할을 담당한다고 간주한다. 연결정도 중심성과는 달리 근접 중심성은 네트워크 내에서 직·간접적으로 연결되는 모든 행위자들과의 최단거리의 합의 역수로 정의된다. 이때 직접 연결된 두 점의 거리는 1이다. 예를 들어 〈예시〉에서 A의 근접 중심성은 $\frac{1}{6}$이 된다.

〈예시〉

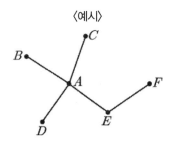

〈SNS 서비스를 이용하는 A~P의 사회 네트워크〉

① 행위자 G의 근접 중심성은 $\dfrac{1}{37}$이다.

② 행위자 A의 근접 중심성은 행위자 B의 근접 중심성과 동일하다.

③ 행위자 G의 근접 중심성은 행위자 M의 근접 중심성과 동일하다.

④ 행위자 G의 연결정도 중심성은 행위자 M의 연결정도 중심성과 동일하다.

⑤ 행위자 A의 연결정도 중심성과 행위자 K의 연결정도 중심성의 합은 6이다.

TIP ② 행위자 A와 직·간접적으로 연결되는 모든 행위자들과의 최단거리는 1 – 5명(D, E, F, G, H), 2 – 1명(B), 3 – 4명(I, J, K, M); 4 – 1명(C), 5 – 4명(L, N, O, P)으로 총 43으로 행위자 A의 근접 중심성은 $\dfrac{1}{43}$이다.

행위자 B와 직·간접적으로 연결되는 모든 행위자들과의 최단거리는 1 – 5명(G, I, J, K, M), 2 – 2명(A, C), 3 – 8명 (D, E, F, H, L, N, O, P)으로 총 33으로 행위자 B의 근접 중심성은 $\dfrac{1}{33}$이다.

답 3.②

공연기획사인 A사는 이번에 주최한 공연을 보러 오는 관객을 기차역에서 공연장까지 버스로 수송하기로 하였다. 다음의 표와 같이 공연 시작 4시간 전부터 1시간 단위로 전체 관객 대비 기차역에 도착하는 관객의 비율을 예측하여 버스를 운행하고자 하며, 공연 시작 시간까지 관객을 모두 수송해야 한다. 다음을 바탕으로 예상한 수송 시나리오 중 옳은 것을 모두 고르면?

▣ 전체 관객 대비 기차역에 도착하는 관객의 비율

시각	전체 관객 대비 비율(%)
공연 시작 4시간 전	a
공연 시작 3시간 전	b
공연 시작 2시간 전	c
공연 시작 1시간 전	d
계	100

• 전체 관객 수는 40,000명이다.
• 버스는 한 번에 대당 최대 40명의 관객을 수송한다.
• 버스가 기차역과 공연장 사이를 왕복하는 데 걸리는 시간은 6분이다.

▣ 예상 수송 시나리오
㉠ a = b = c = d = 25라면, 회사가 전체 관객을 기차역에서 공연장으로 수송하는 데 필요한 버스는 최소 20대이다.
㉡ a = 10, b = 20, c = 30, d = 40이라면, 회사가 전체 관객을 기차역에서 공연장으로 수송하는 데 필요한 버스는 최소 40대이다.
㉢ 만일 공연이 끝난 후 2시간 이내에 전체 관객을 공연장에서 기차역까지 버스로 수송해야 한다면, 이때 회사에게 필요한 버스는 최소 50대이다.

① ㉠   ② ㉡

③ ㉠㉡   ④ ㉠㉢

⑤ ㉡㉢

TIP ㉠ a = b = c = d = 25라면, 1시간당 수송해야 하는 관객의 수는 40,000 × 0.25 = 10,000명이다. 버스는 한 번에 대당 최대 40명의 관객을 수송하고 1시간에 10번 수송 가능하므로, 1시간 동안 1대의 버스가 수송할 수 있는 관객의 수는 400명이다. 따라서 10,000명의 관객을 수송하기 위해서는 최소 25대의 버스가 필요하다.

㉡ d = 40이라면, 공연 시작 1시간 전에 기차역에 도착하는 관객의 수는 16,000명이다. 16,000명을 1시간 동안 모두 수송하기 위해서는 최소 40대의 버스가 필요하다.

㉢ 공연이 끝난 후 2시간 이내에 전체 관객을 공연장에서 기차역까지 수송하려면 시간당 20,000명의 관객을 수송해야 한다. 따라서 회사에게 필요한 버스는 최소 50대이다.

다음은 주요 ESS(에너지저장장치) 기술의 형태별 특징을 나타낸 도표이다. ESS 기술을 물리적인 방식과 화학적인 방식으로 구분할 때, 다음 중 물리적인 방식에 해당한다고 볼 수 있는 두 가지 형태는 어느 것인가?

형태	특징
Flywheel	(원리) 전기에너지를 회전하는 운동에너지로 저장하였다가 다시 전기에너지로 변환하여 사용 (장점) 에너지효율이 높아서(고출력) UPS, 전력망 안정화용으로 적용 가능하고 수명이 긺(20년), 급속저장(분 단위) (단점) 초기 구축비용 과다, 에너지밀도가 작음, 장기간 사용 시 동력 효율 저하
양수발전	(원리) 물의 위치에너지를 전기에너지로 바꾸는 방식으로, 펌프를 이용해 하부 저수지 물을 상부로 양수하고 필요시 하부로 방류하여 발전 (장점) 1일 1회 방전 시 양수발전기를 약 30 ~ 50년 이상 사용이 가능할 정도로 내구성이 긺 (단점) 지형지물을 이용하기 때문에 지리적 제약이 많음
LiB(리튬이온 전지)	(원리) 리튬이온이 양극과 음극을 오가면서 전위차 발생 (장점) 에너지밀도가 높고, 에너지효율이 높아서(고출력) 적용범위가 가장 넓음 (단점) 낮은 안전성, 고비용, 수명 미검증, 저장용량이 3kW~3MW로 500MW 이상 대용량 용도에서는 불리
VRB	(원리) 전해질 용액을 순환시켜 작동시키는 Flow Battery의 일종으로 전해액 내 이온들의 전위차를 이용하여 전기에너지를 충 · 방전 (장점) 저비용, 대용량화 용이, 장시간 사용 가능 (단점) 반응속도가 낮고, 에너지밀도 및 에너지효율이 낮음
CAES(공기 압축식)	(원리) 잉여전력으로 공기를 동굴이나 지하에 압축하고, 압축된 공기를 가열하여 터빈을 돌리는 방식 (장점) 대규모 저장이 가능하며(100MW 이상), 발전단가가 낮음 (단점) 초기 구축비용이 과다, 지하 굴착 등으로 지리적 제약이 많음
NaS(나트륨 유황 전지)	(원리) 300 ~ 350°C의 온도에서 용융상태의 나트륨(Na) 이온이 베타-alumina 고체전해질을 이동하면서 전기화학에너지 저장 (장점) 에너지밀도가 높고, 비용은 저렴하고, 대용량화가 용이 (단점) 에너지효율이 낮고(저출력), 고온시스템이 필요하여 저장용량이 30MW로 제한적

① CASE, LiB

② 양수발전, VRB

③ NaS, CAES

④ CAES, LiB

⑤ 양수발전, CAES

TIP LiB, VRB, NaS 방식은 모두 이온의 특성을 이용한 화학적 방식으로 볼 수 있으며, Flywheel 방식 또한 전기에너지 → 운동에너지 → 전기에너지의 변환을 거치는 화학적 방식의 에너지저장 기술이다. 반면, 수위의 낙차를 이용한 양수발전과 압축하여 둔 공기를 가열함으로써 터빈을 돌리는 방식인 CAES는 물리적인 방식의 에너지저장 기술에 해당된다.

답 4.⑤ 5.⑤

다음은 ◇◇통신사의 VIP혜택이 다음과 같고 甲은 다음의 혜택을 항상 최대로 이용하며 무료 예매혜택을 우선적으로 사용하였다. 甲은 항상 엄마와 함께 영화를 보며 지난해 총 13회 영화 관람을 했는데 7월과 9월에는 영화를 보지 못하였고 상반기에 한 달에 두 번 영화관을 찾은 달은 2번 뿐이었다. 지난해 甲이 영화예매에 사용한 총액은 얼마인가? 엄마는 통신사의 회원이 아니며 모든 비용은 甲이 지불하였다. (단, 성인 영화 티켓은 모든 영화관에서 12,000원이다.)

〈VIP혜택〉
- 연 6회 무료(VIP 무료 영화 혜택 월 1회 1매 제한)
- 6회 소진 시 영화관 별 별도 할인 혜택 참여 가능

〈이용가능 극장〉

가나 시네마, 다라 시네마, 마바 시네마

〈상세안내〉
- 통신사 홈페이지 또는 App에서 예매시(마바 시네마 홈페이지 가능)
- 중복 할인 제외, 특별관 및 특별 컨텐츠 제외
- T멤버십 홈페이지/App에서 VIP무료 예매 시, 예매수수료 무료
- VIP 무료 예매에 한하여 예매수수료는 없으며, 그 외 일반 예매는 1매당 500원 부과
  - 📵 VIP 무료 1장＋일반 예매 1장 시, VIP무료 1장의 예매수수료는 무료, 일반 예매 1장은 500원 일반결제
- 영화 예매 1일 예매 한도 (무료예매 이외 혜택)
- – 가나 시네마 : 1일 2매 1천원 할인(월 무제한)
- – 다라 시네마 : 무료 예매 비이용 달 3천원 할인(월 2매, 일 1매)
- – 마바 시네마 : 1매당 2천원 할인(일 최대 1매 가능)
- 예매 취소 수수료 무료
- 예매 가능 좌석은 멤버십 VIP회원용 좌석으로 극장 별 홈페이지와는 다를 수 있음
- 일부 상영시간의 경우 영화관 요청에 따라 표기되지 않을 수 있음

---

① 189,000

② 192,000

③ 207,000

④ 219,000

⑤ 224,000

TIP 甲은 상반기에 무료영화 혜택을 모두 사용하였으므로, 1 ~ 6월 동안 마바 시네마를 이용하여 어머니의 티켓을 구매하는 것이 가장 저렴하다. → 10,500×6＝63,000원

또한 1 ~ 6월 동안 2회 더 영화를 관람했으므로 가나 시네마, 마바 시네마 이용 시 두 사람은 총 2,000원의 할인 혜택을 받을 수 있다. → (12,500+12,500-2,000)×2＝46,000원

하반기에는 총 5회 영화를 관람하였고 다라 시네마를 이용해 3,000원의 할인 혜택을 받을 수 있다.

→ (12,500+12,500-3000)×5＝110,000

다음은 특정년도 강수일과 강수량에 대한 자료이다. 다음 자료를 참고로 판단한 〈보기〉의 의견 중 자료의 내용에 부합하는 것을 모두 고른 것은 어느 것인가?

〈장마 시작일과 종료일 및 기간〉

	2015년			평년(1981~2010년)		
	시작	종료	기간(일)	시작	종료	기간(일)
중부지방	6.25	7.29	35	6.24~25	7.24~25	32
남부지방	6.24	7.29	36	6.23	7.23~24	32
제주도	6.24	7.23	30	6.19~20	7.20~21	32

〈장마기간 강수일수 및 강수량〉

	2015년		평년(1981~2010년)	
	강수일수(일)	강수량(mm)	강수일수(일)	강수량(mm)
중부지방	18.5	220.9	17.2	366.4
남부지방	16.7	254.1	17.1	348.6
제주도	13.5	518.8	18.3	398.6
전국	17.5	240.1	17.1	356.1

───── 보 기 ─────

㉠ 중부지방과 남부지방은 평년 대비 2015년에 장마 기간과 강수일수가 모두 늘어났지만 강수량은 감소하였다.
㉡ 2015년의 장마 기간 1일 당 평균 강수량은 제주도 – 중부지방 – 남부지방 순으로 많다.
㉢ 중부지방, 남부지방, 제주도의 2015년 장마 기간 대비 강수일수 비율의 크고 작은 순서는 강수일수의 많고 적은 순서와 동일하다.
㉣ 강수일수 및 강수량의 지역적인 수치상의 특징은, 평년에는 강수일수가 많을수록 강수량도 증가하였으나, 2015년에는 강수일수가 많을수록 강수량은 오히려 감소하였다는 것이다.

① ㉠, ㉡　　　　　　　　　　　② ㉡, ㉢
③ ㉢, ㉣　　　　　　　　　　　④ ㉠, ㉡, ㉣
⑤ ㉡, ㉢, ㉣

TIP ㉠ 남부지방은 평년 대비 2015년에 장마 기간은 늘어났지만 강수일수와 강수량은 각각 17.1일→16.7일, 348.6mm→ 254.1mm로 감소하였다.
㉡ 2015년의 장마 기간 1일 당 평균 강수량은 중부지방이 220.9÷35=약 6.3mm, 남부지방이 254.1÷36 = 약 7.1mm, 제주도가 518.8÷30 = 약 17.3mm로 제주도–남부지방–중부지방 순으로 많다.
㉢ 중부지방, 남부지방, 제주도의 2015년 장마 기간 대비 강수일수 비율은 각각 18.5÷35×100 = 약 52.9%, 16.7÷36×100 = 약 46.4%, 13.5÷30×100 = 45%이므로 강수일수의 많고 적은 순서(중부지방 18.5일, 남부지방 16.7일, 제주도 13.5일)와 동일하다.
㉣ 평년에는 강수일수와 강수량이 모두 제주도, 중부지방, 남부지방의 순으로 높은 수치였으나, 2015년에는 강수일수는 중부지방, 남부지방, 제주도 순인 반면 강수량은 제주도, 남부지방, 중부지방의 순임을 알 수 있다.

답 6.④　7.③

다음은 정부에서 지원하는 〈귀농인 주택시설 개선사업 개요〉와 〈심사 기초 자료〉이다. 이를 근거로 판단할 때, 지원대상 가구만을 모두 고르면?

〈귀농인 주택시설 개선사업 개요〉

▫ 사업목적 : 귀농인의 안정적인 정착을 도모하기 위해 일정 기준을 충족하는 귀농가구의 주택 개·보수 비용을 지원

▫ 신청자격 : △△군에 소재하는 귀농가구 중 거주기간이 신청마감일(2022. 4. 30.) 현재 전입일부터 6개월 이상이고, 가구주의 연령이 20세 이상 60세 이하인 가구

▫ 심사기준 및 점수 산정방식
• 신청마감일 기준으로 다음 심사기준별 점수를 합산한다.
• 심사기준별 점수
 (1) 거주기간 : 10점(3년 이상), 8점(2년 이상 3년 미만), 6점(1년 이상 2년 미만), 4점(6개월 이상 1년 미만)
  ※ 거주기간은 전입일부터 기산한다.
 (2) 가족 수 : 10점(4명 이상), 8점(3명), 6점(2명), 4점(1명)
  ※ 가족 수에는 가구주가 포함된 것으로 본다.
 (3) 영농규모 : 10점(1.0 ha 이상), 8점(0.5 ha 이상 1.0 ha 미만), 6점(0.3 ha 이상 0.5 ha 미만), 4점(0.3 ha 미만)
 (4) 주택노후도 : 10점(20년 이상), 8점(15년 이상 20년 미만), 6점(10년 이상 15년 미만), 4점(5년 이상 10년 미만)
 (5) 사업시급성 : 10점(매우 시급), 7점(시급), 4점(보통)

▫ 지원내용
• 예산액 : 5,000,000원
• 지원액 : 가구당 2,500,000원
• 지원대상 : 심사기준별 점수의 총점이 높은 순으로 2가구. 총점이 동점일 경우 가구주의 연령이 높은 가구를 지원. 단, 하나의 읍·면당 1가구만 지원 가능

〈심사 기초 자료(2022. 4. 30. 현재)〉

귀농 가구	가구주 연령(세)	주소지 (△△군)	전입일	가족 수 (명)	영농 규모(ha)	주택 노후도(년)	사업 시급성
甲	49	A	2010. 12. 30	1	0.2	17	매우 시급
乙	48	B	2013. 5. 30	3	1.0	13	매우 시급
丙	56	B	2012. 7. 30	2	0.6	23	매우 시급
丁	60	C	2013. 12. 30	4	0.4	13	시급
戊	33	D	2011. 9. 30	2	1.2	19	보통

① 甲, 乙

② 甲, 丙

③ 乙, 丙

④ 乙, 丁

⑤ 丙, 戊

TIP 甲 ~ 戊의 심사기준별 점수를 산정하면 다음과 같다. 단, 丁은 신청마감일(2022. 4. 30.) 현재 전입일부터 6개월 이상의 신청 자격을 갖추지 못하였으므로 제외한다.

구분	거주기간	가족 수	영농규모	주택노후도	사업시급성	총점
甲	10	4	4	8	10	36점
乙	4	8	10	6	10	38점
丙	6	6	8	10	10	40점
戊	8	6	10	8	4	36점

따라서 상위 2가구는 丙과 乙이 되는데, 2가구의 주소지가 B읍·면으로 동일하므로 총점이 더 높은 丙을 지원하고, 나머지 1가 구는 甲, 戊의 총점이 동점이므로 가구주의 연령이 더 높은 甲을 지원하게 된다.

답 8.②

N사 영업팀은 1박 2일의 워크숍을 다녀올 계획이며, 워크숍 장소로 선정된 S연수원에서는 다음과 같은 시설 이용료와 식사에 대한 견적서를 보내왔다. 다음 내용을 참고할 때, 250만 원의 예산으로 주문할 수 있는 저녁 메뉴가 될 수 없는 것은 어느 것인가?

〈워크숍 일정〉

시간	일정	비고
(당일)14:00	S연수원 도착	
14:00~15:00	방배정 및 정리	전원 2인실 배정
15:00~16:00	오리엔테이션	10분 전까지 회의실 집결
16:00~18:00	체육활동	운동장 집합 ※ 체육활동 일정표 별첨
18:00~19:00	휴식	
19:00~	석식	
(익일)08:00~09:00	조식	
9:30	출발	

〈S연수원 견적서〉

- 참석 인원 : 총 35명
- 숙박요금 : 2인실 기준 50,000원 / 룸
- 회의실 : 250,000원 / 40인 수용
- 운동장 : 130,000원 / 3시간 사용
- 조식 : 1인당 9,000원

  ※ 30인 이상 조식 무료 제공

〈1층 식당 석식 메뉴〉

식사류	된장찌개	7,000원	1인분
	갈비탕	8,000원	
	돈가스	6,500원	
안주류	삼겹살	10,000원	1인분
	먹태	9,000원	2인분
	육회	11,000원	3인 기준
	모듬전	12,000원	3인 기준
주류	맥주	4,500원	1병
	소주	3,500원	1병

① 갈비탕 30인분과 된장찌개 5인분, 삼겹살 55인분과 육회 10개, 맥주와 소주 각각 40병

② 식사류 1인분씩과 삼겹살 60인분, 맥주와 소주 각각 30병

③ 삼겹살 60인분과 육회, 모듬전 각각 12개, 맥주와 소주 각각 30병

④ 식사류 1인분씩과 삼겹살 60인분, 먹태 10개와 맥주 50병

⑤ 식사류 25인분과 삼겹살 50인분, 모듬전 15개와 맥주 30병

TIP 35명이므로 2인실을 이용할 경우 총 18개의 방이 필요하게 된다. 또한 회의실과 운동장을 사용하게 되므로 식사를 제외한 총 소요비용은 900,000+250,000+130,000=1,280,000원이 되어 식사비용으로 총 1,220,000원을 사용할 수 있다.

따라서 갈비탕 30인분과 된장찌개 5인분, 삼겹살 55인분과 육회 10개, 맥주와 소주 각각 40병은 240,000+35,000+550,000+110,000+180,000+140,000=1,255,000원이 되어 예산을 초과하게 된다.

② 삼겹살 60인분과 맥주, 소주 각각 30병은 840,000원이 되므로 식사류 어느 메뉴를 주문해도 예산을 초과하지 않게 된다.

③ 600,000+132,000+144,000+135,000+105,000=1,116,000원이 되어 주문이 가능하다.

④ 삼겹살 60인분, 먹태 10개와 맥주 50병은 915,000원이므로 역시 식사류 어느 것을 주문해도 예산을 초과하지 않게 된다.

⑤ 삼겹살 50인분, 모듬전 15개와 맥주 30병은 총 815,000원으로, 25인분의 식사 메뉴와 관계없이 주문이 가능하다.

답 9.①

다음은 연도별·연령별 산전 진찰 초진시기 및 의료기관 방문 횟수에 대한 자료이다. 주어진 〈보기〉의 내용을 바탕으로, 빈칸 ㉠ ~ ㉢에 들어갈 적절한 연령대를 순서대로 올바르게 나열한 것은 어느 것인가?

(단위 : 주, 번)

모(母) 연령	2003년		2006년		2009년		2012년		2015년	
	초진 시기	방문 횟수	초진 시기	방문 횟수	초진 시기	방문 횟수	초진 시기	방문 횟수	초진 시기	방문 횟수
㉠	5.64	12.80	5.13	13.47	5.45	13.62	5.01	13.41	5.23	13.67
㉡	5.86	12.57	5.51	12.87	5.42	14.25	6.24	13.68	5.42	13.27
㉢	6.02	12.70	5.34	13.32	5.40	13.16	5.01	13.22	5.23	13.17
㉣	6.68	12.11	5.92	12.56	6.78	13.28	7.36	13.52	5.97	13.11

─────────────── 보 기 ───────────────

a. 25 ~ 29세와 30 ~ 34세 연령대 임신부 초진 시기의 연도별 변동 패턴(빨라지거나 늦어짐)은 동일하다.

b. 15 ~ 24세 임신부의 임신 기간 중 의료기관 방문 횟수가 연령별로 가장 적었던 해는 5개 비교년도 중 3번이다.

c. 35세 이상 연령대의 임신부와 30 ~ 34세 연령대의 임신부와의 2003년 대비 2006년의 의료기관 방문횟수 증감률의 차이는 약 2.5%p이다.

	㉠	㉡	㉢	㉣
①	35세 이상	25 ~ 29세	30 ~ 34세	15 ~ 24세
②	25 ~ 29세	35세 이상	15 ~ 24세	30 ~ 34세
③	25 ~ 29세	35세 이상	30 ~ 34세	15 ~ 24세
④	25 ~ 29세	30 ~ 34세	35세 이상	15 ~ 24세
⑤	15 ~ 24세	35세 이상	30 ~ 34세	25 ~ 29세

TIP a. 연령대별 임신부 초진 시기가 연도별로 빨라지거나 늦어지는 변동 패턴이 동일한 것은 ㉠과 ㉢이므로 둘 중 하나가 25 ~ 29세이며, 나머지 하나가 30 ~ 34세가 된다.

b. 의료기관 방문 횟수가 연령별로 가장 적었던 해가 3번인 것은 ㉣의 2003, 2006, 2015년 밖에 없다. 따라서 ㉣이 15 ~ 24세가 된다.

c. a와 b를 근거로 ㉡이 35세 이상 연령대가 됨을 알 수 있으며, ㉡과의 증감률 비교를 통해 ㉠과 ㉢을 구분할 수 있다. ㉠, ㉡, ㉢의 방문 횟수 증감률을 차례로 계산해 보면 다음과 같다.

㉠ $(13.47-12.8) \div 12.8 \times 100 =$ 약 5.2%

㉡ $(12.87-12.57) \div 12.57 \times 100 =$ 약 2.4%

㉢ $(13.32-12.7) \div 12.7 \times 100 =$ 약 4.9%

따라서 ㉡과 ㉢이 2.5%p의 차이를 보이고 있으므로 ㉢이 30~34세 연령대의 임신부임을 알 수 있다.

[11 ~ 12] 다음은 M사의 채용 시험에 응시한 최종 6명의 평가 결과를 나타낸 자료이다. 이를 보고 이어지는 물음에 답하시오.

〈평가 결과표〉

응시자 \ 분야	어학	컴퓨터	실무	NCS	면접	평균
A	( )	14	13	15	( )	( )
B	12	14	( )	10	14	12.0
C	10	12	9	( )	18	11.8
D	14	14	( )	17	( )	( )
E	( )	20	19	17	19	18.6
F	10	( )	16	( )	16	( )
계	80	( )	( )	84	( )	( )
평균	( )	14.5	14.5	( )	( )	( )

※ 평균 점수가 높은 2명을 최종 채용자로 결정함

답 10.③

다음 중 위의 자료를 통해 분야별 점수와 평균 점수 모두를 알 수 있는 응시자가 아닌 사람은 누구인가?

① A, D

② A, F

③ D, F

④ D, E

⑤ E, F

TIP 합계와 평균을 이용하여 빈 칸을 최대한 채워보면 다음과 같다.

응시자 \ 분야	어학	컴퓨터	실무	NCS	면접	평균
A	16	14	13	15	( )	( )
B	12	14	10	10	14	12.0
C	10	12	9	10	18	11.8
D	14	14	20	17	( )	( )
E	18	20	19	17	19	18.6
F	10	13	16	15	16	14
계	80	87	87	84	( )	( )
평균	13.3	14.5	14.5	14	( )	( )

따라서 응시자 A와 D의 평균 점수를 알 수 없다.

다음 중 응시자 A와 D의 면접 점수가 동일하며, 6명의 면접 평균 점수가 17.5점일 경우, 최종 채용자 2명 중 어느 한 명이라도 변경될 수 있는 조건으로 올바른 설명은 어느 것인가?

① E의 '컴퓨터' 점수가 5점 낮아질 경우

② A의 '실무' 점수가 최고점, D의 '실무' 점수가 13점일 경우

③ F의 '어학' 점수가 최고점일 경우

④ B의 '실무'와 'NCS' 점수가 모두 최고점일 경우

⑤ C의 '실무' 점수가 최고점일 경우

TIP 6명의 면접 평균 점수가 17.5점이며 A와 D의 면접 점수(x로 치환)가 동일하다는 것은 $14+18+19+16+2x=17.5\times 6=105$가 된다. 따라서 A와 D의 면접 점수는 19점이 된다.

이를 통해 앞 문제에서 정리한 표를 다시 정리해 보면 다음과 같다.

분야 응시자	어학	컴퓨터	실무	NCS	면접	평균
A	16	14	13	15	19	15.4
B	12	14	10	10	14	12.0
C	10	12	9	10	18	11.8
D	14	14	20	17	19	16.8
E	18	20	19	17	19	18.6
F	10	13	16	15	16	14
계	80	87	87	84	105	( )
평균	13.3	14.5	14.5	14	17.5	( )

따라서 2명의 최종 채용자는 D와 E가 된다. 그러므로 A의 '실무'점수가 최고점, D의 '실무' 점수가 13점일 경우에는 A와 D의 평균 점수가 각각 16.8점과 15.4점이 되어 최종 채용자가 A와 E로 바뀌게 된다.

① E의 평균 점수가 17.6점이 되어 여전히 1위의 성적이므로 채용자는 변경되지 않는다.

③ F의 평균 점수가 16점이 되므로 채용자는 변경되지 않는다.

④ B의 평균 점수가 16점이 되므로 채용자는 변경되지 않는다.

⑤ C의 평균 점수가 14점이 되므로 채용자는 변경되지 않는다.

답 11.① 12.②

[13 ~ 14] 다음은 김치냉장고 매뉴얼 일부이다. 물음에 답하시오.

〈김치에 대한 잦은 질문〉

구분	확인 사항
김치가 얼었어요.	• 김치 종류, 염도에 따라 저장하는 온도가 다르므로 김치의 종류를 확인하여 주세요. • 저염김치나 물김치류는 얼기 쉬우므로 '김치저장-약냉'으로 보관하세요.
김치가 너무 빨리 시어요.	• 저장 온도가 너무 높지 않은지 확인하세요. 저염김치의 경우는 낮은 온도에서는 얼 수 있으므로 빨리 시어지더라도 '김치저장-약냉'으로 보관하세요. • 김치를 담글 때 양념을 너무 많이 넣으면 빨리 시어질 수 있습니다.
김치가 변색되었어요.	• 김치를 담글 때 물빼기가 덜 되었거나 숙성되며 양념이 어우러지지 않아 발생할 수 있습니다. • 탈색된 김치는 효모 등에 의한 것이므로 걷어내고, 김치 국물에 잠기도록 하여 저장하세요.
김치 표면에 하얀 것이 생겼어요.	• 김치 표면이 공기와 접촉하면서 생길 수 있으므로 보관 시 공기가 닿지 않도록 우거지를 덮고 소금을 뿌리거나 위생비닐로 덮어주세요. • 김치를 젖은 손으로 꺼내지는 않으시나요? 외부 수분이 닿을 경우에도 효모가 생길 수 있으니 마른 손 혹은 위생장갑을 사용해 주시고, 남은 김치는 꾹꾹 눌러 국물에 잠기도록 해주세요. • 효모가 생긴 상태에서 그대로 방치하면 더 번질 수 있으며, 김치를 무르게 할 수 있으므로 생긴 부분은 바로 제거해 주세요. • 김치냉장고에서도 시간이 경과하면 발생할 수 있습니다.
김치가 물러졌어요.	• 물빼기가 덜 된 배추를 사용할 경우 혹은 덜 절여진 상태에서 공기에 노출되거나 너무 오래절일 경우 발생할 수 있습니다. 저염 김치의 경우에서 빈번하게 발생하므로 적당히 간을 하는 것이 좋습니다. 또한 설탕을 많이 사용할 경우에도 물러질 수 있습니다. • 무김치의 경우는 무를 너무 오래 절이면 무에서 많은 양의 수분이 빠져나오게 되어 물러질 수 있습니다. 절임 시간은 1시간을 넘지 않도록 하세요. • 김치 국물에 잠긴 상태에서 저장하는 것이 중요합니다. 특히 저염 김치의 경우는 주의해주세요.
김치에서 이상한 냄새가 나요.	• 초기에 마늘, 젓갈 등의 양념에 의해 발생할 수 있으나 숙성되면서 점차 사라질 수 있습니다. 마늘, 양파, 파를 많이 넣으면 노린내나 군덕내가 날 수 있으니 적당히 넣어주세요. • 발효가 시작되지 않은 상태에서 김치냉장고에 바로 저장할 경우 발생할 수 있습니다. • 김치가 공기와 많이 접촉했거나 시어지면서 생기는 효모가 원인이 될 수 있습니다. • 김치를 담근 후 공기와의 접촉을 막고, 김치를 약간 맛들인 상태에서 저장하면 예방할 수 있습니다.
김치에서 쓴맛이 나요.	• 김치가 숙성되기 전에 나타날 수 있는 현상으로, 숙성되면 줄거나 사라질 수 있습니다. • 품질이 좋지 않은 소금이나 마그네슘 함량이 높은 소금으로 배추를 절였을 경우에도 쓴맛이 날 수 있습니다. • 열무김치의 경우, 절인 후 씻으면 쓴맛이 날 수 있으므로 주의하세요.

배추에 양념이 잘 배지 않아요.	• 김치를 담근 직후 바로 낮은 온도에 보관하면 양념이 잘 배지 못하므로 적당한 숙성을 거쳐 보관해 주세요.

13 자료 분석 후 문제처리 ··· ●●○

다음 상황에 적절한 확인 사항으로 보기 어려운 것은?

나영 씨는 주말에 김치냉장고에서 김치를 꺼내고는 이상한 냄새에 얼굴을 찌푸렸다. 담근지 세 달 정도 지났는데도 잘 익은 김치냄새가 아닌 꿉꿉한 냄새가 나서 어떻게 처리해야 할지 고민이다.

① 초기에 마늘, 양파, 파를 많이 넣었는지 확인한다.
② 발효가 시작되지 않은 상태에서 김치냉장고에 바로 넣었는지 확인한다.
③ 김치가 공기와 많이 접촉했는지 확인한다.
④ 김치를 젖은 손으로 꺼냈는지 확인한다.
⑤ 시어지면서 생기는 효모가 원인인지 확인한다.

TIP 제시된 내용은 김치에서 이상한 냄새가 나고 있는 상황이다.
④는 '김치 표면에 하얀 것(하얀 효모)이 생겼을 때'의 확인 사항이다.

14 자료 분석 후 문제처리 ··· ●●○

위 매뉴얼을 참고하여 확인할 수 없는 사례는?

① 쓴 맛이 나는 김치   ② 양념이 잘 배지 않는 배추
③ 김치의 나트륨 문제   ④ 물러진 김치
⑤ 겉면에 하얀 것이 생긴 김치

TIP ③은 매뉴얼로 확인할 수 없는 내용이다.

答 13.④ 14.③

┃15~16┃ 다음은 우리나라의 에너지 수입액 및 수입의존도에 대한 자료이다. 자료를 읽고 이어지는 질문에 답하시오.

〈에너지 수입액〉

(단위 : 만 달러)

구분＼년도	2016	2017	2018	2019
총수입액	435,275	323,085	425,212	524,413
에너지수입합계	141,474	91,160	121,654	172,490
석탄	12,809	9,995	13,131	18,477
석유	108,130	66,568	90,902	129,346
천연가스	19,806	13,875	17,006	23,859
우라늄	729	722	615	808

※ 총수입액은 에너지수입액을 포함한 국내로 수입되는 모든 제품의 수입액을 의미함

〈에너지 수입의존도〉

(단위 : %)

구분＼년도		2016	2017	2018	2019
에너지 수입의존도	원자력발전제외	96.4	96.4	96.5	96.4
	원자력발전포함	83.0	83.4	84.4	84.7

※ 에너지 수입의존도는 1차 에너지 공급량 중 순수입 에너지가 차지하는 비중을 의미함

15 자료 해석 ··· ●●○

다음 중 위 자료를 바르게 설명한 것은?

① 에너지의 수입합계는 2016년에 가장 컸다.

② 에너지 중 천연가스의 수입액은 꾸준히 증가하고 있다.

③ 에너지 중 우라늄의 수입액은 백만 달러 미만의 작은 폭으로 변화하였다.

④ 2017년에 비해 2019년에 총수입액 중 에너지수입 합계의 비중이 늘어났다.

⑤ 2016년 석탄과 석유 수입액은 2019년 석유 수입액보다 많다.

TIP ④ 2017년과 2019년의 에너지수입합계/총수입액을 계산해보면 2019년에 비중이 훨씬 늘어났음을 알 수 있다.
    ① 2019년에 가장 컸다.
    ② 2016년에서 2017년 사이에는 감소했다.
    ③ 2018년과 2019년 사이에는 백만 달러 이상의 차이를 보인다.
    ⑤ 2016년 석탄과 석유 수입액은 2019년 석유 수입액보다 적다.

16 자료 해석 ··· ●●○

다음 중 위 자료에 대해 적절하게 설명하지 못한 사람은?

① 시욱 : 2017년에 에너지 수입의존도 중 원자력 발전의 의존도는 13.0%라고 할 수 있어.

② 준성 : 2017년에 에너지 수입합계가 급격하게 감소했고, 그 이후로는 다시 꾸준히 증가하고 있어.

③ 규태 : 우리나라는 에너지 수입의존도가 높은 것으로 보아 에너지를 만들 수 있는 1차 자원을 대부분 자국 내에서 공급하지 못하고 있다는 것을 알 수 있어.

④ 대선 : 원자력 발전을 포함했을 때 에너지 수입의존도가 낮아지는 것을 보면, 원자력 에너지는 수입에 의존하지 않고 자국 내에서 공급하는 비중이 높은 것 같아.

⑤ 유현 : 2016년 이후 에너지 수입의존도의 변화 추이는 원자력발전 포함 여부에 따라 달라.

TIP ① 에너지 수입의존도 자료에서 원자력 발전의 의존도가 얼마인지는 이끌어낼 수 없다.

답 15.④ 16.①

수리능력

기초연산   기초통계   도표 분석 및 작성

(1) 수리능력 개념

직장생활에서 요구되는 사칙연산과 기초적인 통계를 이해하고 도표의 의미를 파악하거나 도표를 이용해서 결과를 효과적으로 제시하는 능력을 말한다.

(2) 출제 경향

수열, 사칙연산, 경우의 수, 확률, 농도, 속력, 이율, 도표 해석 등의 문제가 출제되는데 최근 경향을 보면 농도 문제는 1문제 혹은 아예 출제되지 않는 경우도 있으며 도표 해석, 이율의 비율이 높아지고 있는 추세이다. 확률, 속력, 이율 등 자주 나오는 공식은 반드시 암기해야 하며 비슷한 유형이 많으므로 문제를 보자마자 식을 세울 수 있도록 연습이 중요하다.

(3) 출제 유형 및 세부 유형

유형	중요도	세부 유형
기초 연산	＊＊	가장 기본이 되는 공식으로 연산하는 문제가 출제된다.
기초 통계	＊＊	확률 및 통계 문제가 출제된다.
도표 분석 및 작성	＊＊＊	도표의 의미를 파악하고 필요한 정보를 해석하는 문제가 출제된다.

(4) 세부 유형 출제빈도

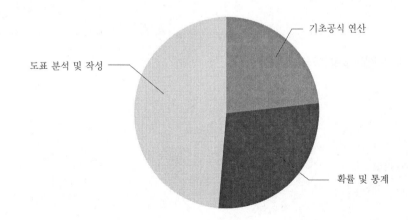

사칙연산, 방정식 등을 활용하여 시간이나 비용, 거리, 넓이 등을 계산하는 문제가 출제된다. 업무상 계획을 수행하고 정리하는 경우, 업무 비용을 측정하는 경우 등에 활용되며 필요한 단위환산도 기억해야 한다.

1 단위 환산 ·· ●●○

제주도의 가장 더운 8월 평균기온은 25.9℃이다. 이를 화씨(℉)로 변환하면?

① 76.1℉

② 77℉

③ 78.62℉

④ 79.16℉

⑤ 80.42℉

TIP ℃ $\times \dfrac{9}{5} + 32 =$ ℉이므로 25.9℃ $\times \dfrac{9}{5} + 32 = 78.62$℉이다.

2 단위 환산 ·· ●●○

다음 중 무게의 단위 관계를 잘못 나타낸 것은?

① $20kg = 20,000,000mg$

② $33.069339\text{lb} = 4,000$돈

③ $18,000g = 30$냥

④ $0.063t = 0.000063kt$

⑤ $34,000g = 0.034t$

TIP ③ $18,000g = 30$근 $= 480$냥

3 단위 환산 .... ●●○

다음 중 부피가 가장 많이 나가는 것은?

① 13,000cc

② 13l

③ 3.434237gal

④ 130000ml

⑤ 0.081812bbl

TIP $13,000cc = 3.434237gal = 0.081812\text{bbl} = 13l$
$130,000ml = 130l$

4 넓이 .... ●●○

甲은 480ha의 논과 3,600,000m^2의 밭을 가지고 있다. 甲이 소유한 논과 밭의 합은 몇 km^2인가?

① 0.84km^2

② 84km^2

③ 8.4km^2

④ 840km^2

⑤ 8,400km^2

TIP ③ $4.8km^2(480\text{ha}) + 3.6km^2(3600000m^2) = 8.4km^2$

5 넓이 .... ●●○

가로가 600cm, 세로가 500cm인 거실의 넓이는 몇 m^2인가?

① 0.03m^2

② 0.3m^2

③ 3m^2

④ 30m^2

⑤ 300m^2

TIP $600\text{cm} = 6\text{m}, \ 500\text{cm} = 5\text{m}$이므로 $6 \times 5 = 30m^2$

답 1.③ 2.③ 3.④ 4.③ 5.④

6 방정식 .... ●●○

연속한 세 정수의 합이 57이라고 할 때 가장 작은 수는 얼마인가?

① 15

② 16

③ 17

④ 18

⑤ 19

TIP $x+(x+1)+(x+2)=57, \ 3x=54, \ \therefore x=18$

7 방정식 .... ●●○

어느 달의 달력에서 그림과 같이 색칠된 사각형 모양으로 4개의 날짜를 선택하려고 한다. 이 달에서 선택한 4개의 날짜의 합이 88이 될 때, 4개의 날짜 중 가장 마지막 날짜는?

일	월	화	수	목	금	토
	1	2	3	4	5	6
7	8	9	10	11	12	13
	15	16	17			

① 19일

② 24일

③ 26일

④ 29일

⑤ 30일

TIP 선택한 4개의 날짜 중 가장 첫 날짜를 x라고 하면 선택되는 네 날짜는 $x+1$, $x+7$, $x+8$이다. 선택한 4개의 날짜의 합이 88이 되려면,
$x+(x+1)+(x+7)+(x+8)=4x+16=88$이므로 $x=18$이고 선택된 4개의 날짜는 18, 19, 25, 26이 된다.
따라서 4개의 날짜 중 가장 마지막 날짜는 26일이다.

8 방정식 ●●○

망고를 몇 명의 직원에게 나눠 주었는데 한 직원에게 4개씩 나누어 주면 11개가 남고 5개씩 나누어 주면 7개가 부족하였다. 이때, 직원 수는 몇 명인가?

① 15 명
② 16 명
③ 17 명
④ 18 명
⑤ 19 명

TIP $4x+11=5x-7$, $\therefore x=18$이다.

9 소금물 ●○○

甲이 농도가 8%인 소금물 500g을 가지고 있었는데 乙이 자신이 가진 물을 甲의 소금물과 섞었더니 농도가 5%인 소금물이 되었다. 乙이 가지고 있던 물은 몇 g인가?

① 220g
② 250g
③ 300g
④ 320g
⑤ 350g

TIP 乙이 가진 물의 양을 $x\,g$이라고 하면
$$500\times\frac{8}{100}=(500+x)\times\frac{5}{100} \quad \therefore x=300(g)이다.$$

10 소요 시간 ●●○

A가 등산을 하는데 같은 등산로로 올라갈 때는 시속 2km 내려올 때는 시속 3km로 걸어서 모두 6시간이 걸렸다. 올라갈 때 걸린 시간은 얼마인가?

① 3시간 7분
② 3시간 12분
③ 3시간 24분
④ 3시간 36분
⑤ 3시간 41분

TIP 올라갈 때 걸린 시간을 x라고 하면 내려올 때 걸린 시간은 $(6-x)$이고 같은 등산로를 사용하였으므로 거리는 같다. 이를 이용해 공식을 세우면
$$2x=3(6-x),\ 5x=18,\ x=\frac{18}{5}=3+\frac{36}{60}$$
이므로 올라갈 때 걸린 시간은 3시간 36분이다.

답 6.④ 7.③ 8.④ 9.③ 10.④

11 속도 ●●○

甲의 집에서 회사까지의 거리는 400km이다. 자동차로 집에서 출발하여 시속 60km로 가다가 늦을 것 같아 시속 80km로 속력을 내어 회사까지 도착하였더니 총 6시간이 걸렸다. 시속 60km로 간 거리는 얼마인가?

① 200km

② 210km

③ 220km

④ 230km

⑤ 240km

TIP 시속 60km로 간 거리는 x, 시속 80km로 간 거리는 $(400-x)$라고 하면

$\dfrac{x}{60} + \dfrac{400-x}{80} = 6$, $4x + 1,200 - 3x = 1,440$, $x = 240$이다.

12 거리 ●●○

야산 한 쪽에 태양광 설비 설치를 위해 필요한 부품을 트럭에서 내려 설치 장소까지 리어카를 이용하여 시속 4km로 이동한 K 씨는 설치 후 트럭이 있는 곳까지 시속 8km의 속도로 다시 돌아왔다. 처음 트럭을 출발하여 작업을 마치고 다시 트럭의 위치로 돌아오니 총 4시간이 걸렸다. 작업에 소요된 시간이 1시간 30분이라면, 트럭에서 태양광 설치 장소까지의 거리는 얼마인가? (단, 거리는 반올림하여 소수 둘째 자리까지 표시한다.)

① 약 4.37km

② 약 4.95km

③ 약 5.33km

④ 약 6.28km

⑤ 약 6.67km

TIP '거리=시간×속력'을 이용하여 계산할 수 있다. 총 4시간의 소요 시간 중 작업 시간 1시간 30분을 빼면, 왕복 이동한 시간은 2시간 30분이 된다. 트럭에서 태양광 설치 장소까지의 거리를 $x$km라고 하면, 시속 4km로 이동한 거리와 시속 8km로 되돌아온 거리 모두 $x$km가 된다. 따라서 거리=시간×속력 → 시간=거리÷속력 공식을 이용하여, 2시간 30분은 2.5시간이므로 2.5=$(x÷4)+(x÷8)$이 성립하게 된다.
이것을 풀면, 2.5=$x/4+x/8$ → 2.5=3/8x → x=2.5×8/3=6.666... → 약 6.67km가 된다.

13 속도 •••○

차고 및 A, B, C 간의 거리는 아래의 표와 같다. 차고에서 출발하여 A, B, C 3개의 수요지를 각각 1대의 차량이 방문하는 경우에 비해, 1대의 차량으로 3개의 수요지를 모두 방문하고 차고지로 되돌아오는 경우, 수송 거리가 최대 몇 km 감소되는가?

구분	A	B	C
차고	10	13	12
A	–	5	10
B	–	–	7

① 24

② 30

③ 36

④ 46

⑤ 58

TIP A, B, C의 장소를 각각 1대의 차량으로 방문할 시의 수송거리는(10 + 13 + 12)×2 = 70km, 하나의 차량으로 3곳 수요지를 방문하고 차고지로 되돌아오는 경우의 수송거리 10 + 5 + 7 + 12 = 34km, 그러므로 70-34 = 36km가 된다.

답 11.⑤ 12.⑤ 13.③

평균, 백분율, 표준편차 등으로 통계 산출을 이해하고 계산할 수 있는지 묻는 문제가 다수 출제된다. 업무수행에 있어, 표본을 통해 연구 대상 집단의 특성을 유추하고 의사결정의 보조수단으로 사용하며 관찰 가능한 자료를 통해 논리적으로 결론을 추출·검증하는 유형이 출제된다.

1 확률 ●●○

다음은 A기업 각 팀 직원들의 한 주 동안 휴대전화 사용 시간을 조사한 표이다. 각 팀의 직원 수가 모두 같을 때, 이 표에 대한 설명으로 옳은 것을 〈보기〉에서 모두 고른 것은?

(단위 : 시간)

구분	총무팀	기획팀	영업팀	홍보팀	재무팀
평균	12	9	12	10	11
표준편차	2.6	2.1	3.3	3.7	1.8

─────────────── 보 기 ───────────────

㉠ 홍보팀의 분산이 가장 크다.
㉡ 휴대전화 평균 사용 시간이 가장 적은 팀은 재무팀이다.
㉢ 총무팀과 영업팀의 휴대전화 사용 시간의 총합이 서로 같다.
㉣ 휴대전화 사용 시간이 평균에 가장 가까이 몰려 있는 팀은 기획팀이다.

① ㉠
② ㉠㉢
③ ㉡㉢
④ ㉡㉣
⑤ ㉠㉢㉣

TIP ㉠ 분산은 확률분포 또는 자료가 얼마나 퍼져 있는지를 알려 주는 수치로 분산이 클수록 확률분포는 평균에서 멀리 퍼져 있고 0에 가까워질수록 평균에 집중된다. 표준편차는 분산의 제곱근이므로 표준편차가 가장 큰 홍보팀의 분산이 가장 크다.
㉡ 휴대전화 평균 사용 시간이 가장 적은 팀은 기획팀이다.
㉢ 각 팀의 직원 수가 모두 같으므로 평균이 같은 총무팀과 영업팀의 휴대전화 사용 시간의 총합은 서로 같다.
㉣ 표준편차가 0에 가까우면 자료 값들이 평균에 집중되며, 표준편차가 클수록 자료 값들이 널리 퍼져 있다. 따라서 휴대전화 사용 시간이 평균에 가장 가까이 몰려 있는 팀은 표준편차가 가장 작은 재무팀이다.

그림과 같이 6등분 되어 있는 원판이 있다. 회전하고 있는 원판에 화살을 세 번 쏘았을 때, 적어도 화살 하나는 6의 약수에 맞을 확률은? (단, 화살은 반드시 원판에 맞으며, 경계선에 맞는 경우는 없다.)

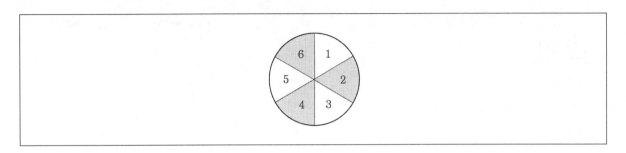

① $\dfrac{1}{27}$

② $\dfrac{2}{9}$

③ $\dfrac{5}{9}$

④ $\dfrac{23}{27}$

⑤ $\dfrac{26}{27}$

TIP 적어도 화살 하나는 6의 약수에 맞을 확률은 전체에서 화살 하나도 6의 약수에 맞지 않을 확률을 뺀 값이 된다.

한 번 쏘았을 때 6의 약수에 맞지 않을 확률은 $\dfrac{2}{6}=\dfrac{1}{3}$이므로 세 번 쏘았을 때 6의 약수에 맞지 않을 확률은 $\dfrac{1}{27}$이다.

따라서 화살을 세 번 쏘았을 때, 적어도 화살 하나는 6의 약수에 맞을 확률은 $1-\dfrac{1}{27}=\dfrac{26}{27}$이다.

답 1.② 2.⑤

다음은 업무 평가 점수 평균이 같은 다섯 팀의 표준편차를 나타낸 것이다. 직원들의 평가 점수가 평균에 가장 가깝게 분포되어 있는 팀은?

팀	인사팀	영업팀	총무팀	홍보팀	관리팀
표준편차	$\sqrt{23}$	$\sqrt{10}$	5	$\sqrt{15}$	3

① 인사팀

② 영업팀

③ 총무팀

④ 홍보팀

⑤ 관리팀

TIP 표준편차는 자료의 값이 평균으로부터 얼마나 떨어져 있는지, 즉 흩어져 있는지를 나타내는 값이다. 표준편차가 0일 때는 자료 값이 모두 같은 값을 가지고, 표준편차가 클수록 자료 값 중에 평균에서 떨어진 값이 많이 존재한다.

아래의 표는 "(주) 안 켜져" TV 제조업체의 최근 5개월 동안 컬러 TV 판매량을 나타낸 것이다. 이 때 6월의 컬러 TV 판매량을 단순 이동평균법, 가중이동평균법, 단순지수평활법을 이용하여 예측한 값을 각각 ㉠, ㉡, ㉢이라고 할 때, 그 크기를 비교한 것으로 옳은 것을 고르면? (단, 이동평균법에서 주기는 4개월, 단순지수평활법에서 평활상수는 0.4를 각각 적용한다.)

(단위 : 천 대)

	1월	2월	3월	4월	5월	6월
판매량	10	14	9	13	15	
가중치	0.0	0.1	0.2	0.3	0.4	

① ㉠ > ㉡ > ㉢

② ㉡ > ㉠ > ㉢

③ ㉠ > ㉢ > ㉡

④ ㉡ > ㉢ > ㉠

⑤ ㉢ > ㉡ > ㉠

TIP ㉠ 단순이동평균법 $= \dfrac{14+9+13+15}{4} = 12.75$대

㉡ 가중이동평균법 $= 15 \times 0.4 + 13 \times 0.3 + 9 \times 0.2 + 14 \times 0.1 = 13.1$ 대

㉢ 지수평활법을 이용하기 위해서는 세 개의 자료가 필요하다. 전월의 예측치, 전월의 실제치, 지수평활계수 이를 식으로 나타내면 당기 예측치＝전기 예측치＋지수평활계수 (전기 실제치 − 전기 예측치) 그런데 이 문제에서는 5월의 예측치가 없으므로 문제가 성립될 수 없다. 그러나 이러한 경우에는 단순이동 평균치를 예측치로 사용한다. 4월까지의 단순이동 평균치는 11.50이다. 지수평활법＝0.4×15＋0.6×11.50＝12.90대이므로 따라서 ㉡>㉢>㉠이 된다.

5 개수 계산 ●●○

H상점에서는 A와 B제품을 각각 2,000원과 1,500원에 판매하고 있다. 당월의 A제품 판매량이 전월 대비 10% 증가하였고, B제품 판매량이 전월 대비 20% 감소하여 총 판매액이 5% 증가하였다. 전월의 합계 판매량이 3,800개였다면 당월에 A제품은 B제품보다 몇 개 더 많이 판매한 것인가? (단, 당월의 A, B제품 가격은 전월과 동일하다.)

① 2,200개

② 2,220개

③ 2,240개

④ 2,660개

⑤ 2,880개

TIP 전월의 A제품 판매량을 x, B제품의 판매량을 y라 하면 $x + y = 3,800$이고, 총 판매액은 $2,000x + 1,500y$원이 된다. 당월 A제품의 판매량은 $1.1x$, B제품의 판매량은 $0.8y$이므로 총 판매액은 $2,200x + 1,200y = 1.05(2,000x + 1,500y)$가 되어 이를 풀면 $100x = 375y$가 되어 $x = 3.75y$가 된다.
$x + y = 3,800$이라고 했으므로, $4.75y = 3,800$이 되어 $y = 800$, $x = 3,000$이 된다.
따라서 당월 A제품 판매량은 3,300개, B제품 판매량은 640개가 되므로 A제품은 B제품보다 $3,300 - 640 = 2,660$개 더 많이 판매한 것이 된다.

6 금액 계산 ●●○

아시안 게임에 참가한 어느 종목의 선수들을 A, B, C 등급으로 분류하여 전체 4천5백만 원의 포상금을 지급하려고 한다. A등급의 선수 각각은 B등급보다 2배, B등급은 C등급보다 1.5배 지급하려고 한다. A등급은 5명, B등급은 10명, C등급은 15명이라면, A등급을 받은 선수 한 명에게 지급될 금액은?

① 300만 원

② 400만 원

③ 450만 원

④ 500만 원

⑤ 600만 원

TIP A등급 한 명에게 지급되는 금액을 $6x$, B등급 한 명에게 지급되는 금액을 $3x$, C등급 한 명에게 지급되는 금액을 $2x$라 하면,
$6x \times 5 + 3x \times 10 + 2x \times 15 = 4,500$(만 원)
$\therefore x = 50 \rightarrow 6x = 300$(만 원)

답 3.⑤ 4.④ 5.④ 6.①

지난달에 K사에서 245L의 기름을 사는데 392,000원이 들었다. K사에서 지금 기름을 사려는데, 지난달에 비해 원유 값은 1/8만큼 올랐고 기름 값의 10%를 차지하던 세금은 1/20만큼 올랐다. 현재 1L의 기름 값은 얼마인가? (단, 기름 판매상의 마진과 기타 비용은 고려하지 않으며, 기름 값은 '원유 값 + 세금'으로 계산한다.)

① 1,725원   ② 1,748원

③ 1,770원   ④ 1,788원

⑤ 1,792원

TIP 지난달의 기름 1L의 값 = 392,000 ÷ 245 = 1,600원
이 중 원유의 값은 1,600 × 0.9 = 1,440원이며, 세금은 160원이다.
따라서 이번 달의 기름 1L의 값은 (1,440 + 1,440 × 1/8) + (160 + 160 × 1/20) = 1,620 + 168 = 1,788원이 된다.

N은행 고객인 S 씨는 작년에 300만 원을 투자하여 3년 만기, 연리 2.3% 적금 상품(비과세, 단리 이율)에 가입하였다. 올 해 추가로 여유 자금이 생긴 S 씨는 200만 원을 투자하여 신규 적금 상품에 가입하려 한다. 신규 적금 상품은 복리가 적용되는 이율 방식이며, 2년 만기라 기존 적금 상품과 동시에 만기가 도래하게 된다. 만기 시 두 적금 상품의 원리금의 총 합계가 530만 원 이상이 되기 위해서는 올 해 추가로 가입하는 적금 상품의 연리가 적어도 몇 %여야 하는가? (단, 모든 금액은 절삭하여 원 단위로 표시하며, 이자율은 소수 첫째 자리까지만 계산한다.)

① 2.2%   ② 2.3%

③ 2.4%   ④ 2.5%

⑤ 2.6%

TIP 단리 이율 계산 방식은 원금에만 이자가 붙는 방식으로 원금은 변동이 없으므로 매년 이자액이 동일하다. 반면, 복리 이율 방식은 '원금 + 이자'에 이자가 붙는 방식으로 매년 이자가 붙어야 할 금액이 불어나 갈수록 원리금이 커지게 된다. 작년에 가입한 상품의 만기 시 원리금은 3,000,000 + (3,000,000 × 0.023 × 3) = 3,000,000 + 207,000 = 3,207,000원이 된다. 따라서 올 해 추가로 가입하는 적금 상품의 만기 시 원리금이 2,093,000원 이상이어야 한다. 이것은 곧 다음과 같은 공식이 성립하게 됨을 알 수 있다.
추가 적금 상품의 이자율을 A%, 이를 100으로 나눈 값을 x라 하면, $2,000,000 \times (1+x)^2 \geqq 2,093,000$이 된다. 주어진 보기의 값을 대입해 보면, 이자율이 2.3%일 때 x가 0.023이 되어 2,000,000 × 1.023 × 1.023 = 2,093,058이 된다. 즉, 올해 추가로 가입하는 적금 상품의 이자율(연리)은 적어도 2.3%가 되어야 만기 시 두 상품의 원리금 합계가 530만 원 이상이 될 수 있다.

A전자마트에서 TV는 원가의 10%를 더하여 정가를 정하고, 에어컨은 원가의 5%를 더하여 정가를 정하는데 직원의 실수로 TV와 에어컨의 이익률을 반대로 계산했다. TV 15대, 에어컨 10대를 판매한 후에야 이 실수를 알았을 때, 제대로 계산했을 때와 잘못 계산했을 때의 손익계산으로 옳은 것은? (단, TV가 에어컨보다 원가가 높고, TV와 에어컨 원가의 차는 20만 원, 잘못 계산된 정가의 합은 150만 원이다.)

① 60만 원 이익

② 60만 원 손해

③ 30만 원 이익

④ 30만 원 손해

⑤ 이익도 손해도 없다.

TIP TV의 원가를 x, 에어컨의 원가를 y라 할 때,

$x - y = 20$만 원

$1.05x + 1.1y = 150$만 원

두 식을 연립하여 풀면 $x = 80$, $y = 60$이다.

㉠ 잘못 계산된 정가

TV : 1.05×80만 $= 84$만 원

에어컨 : 1.1×60만 $= 66$만 원 이므로

TV 15대, 에어컨 10대의 가격은 $84 \times 15 + 66 \times 10 = 1,260 + 660 = 1,920$만 원

㉡ 제대로 계산된 정가

TV : 1.1×80만 $= 88$만 원

에어컨 : 1.05×60만 $= 63$만 원 이므로

TV 15대, 에어컨 10대의 가격은 $88 \times 15 + 63 \times 10 = 1,320 + 630 = 1,950$만 원

∴ 30만 원 손해

답 7.④ 8.② 9.④

다음은 A, B, C의원에서 1차 진료를 받은 후 P, Q, R대학병원에서 2차 진료를 받은 환자 수를 나타낸 표이다. 의원에서 진료 받은 전체 환자들 중 P, Q, R대학병원에서 진료 받은 환자들의 비율은 각각 얼마인가? (단, 반올림하여 소수 첫째 자리까지만 표시한다.)

2차 진료 / 1차 진료	P대학병원	Q대학병원	R대학병원
A의원	23	16	20
B의원	15	20	26
C의원	18	28	22

	P대학병원	Q대학병원	R대학병원
①	32.2%	33.6%	35.2%
②	29.8%	34.0%	36.2%
③	28.6%	33.5%	37.9%
④	27.5%	35.4%	37.1%
⑤	24.4%	37.2%	38.4%

TIP 의원에서 진료 받은 전체 환자의 수는 주어진 표의 환자 수 총계이므로 188명이 된다. 이 중 P, Q, R대학병원에서 진료 받은 환자의 수는 각각 23+15+18=56명, 16+20+28=64명, 20+26+22=68명이 되므로 각 대학병원에서 진료 받은 환자들의 비율은 P대학병원이 56÷188×100=약 29.8%, Q대학병원에서 진료 받은 환자들의 비율은 64÷188×100=약 34.0%, R대학병원에서 진료 받은 환자들의 비율은 68÷188×100=약 36.2%가 된다.

유형3 | 도표 분석 및 작성

목적, 용도, 형상별로 작성된 도표를 분석할 수 있는지 평가하는 항목이다. 도표로부터 제시된 자료의 의미를 정확히 숙지하고 도표로부터 알 수 있는 것과 없는 것을 빠르게 구별할 수 있어야 한다. 대부분 총량의 증가와 비율의 증가를 묻는 유형인데, 이 둘을 구분할 수 있어야 한다. 옳고 그름을 확인하는 문제와 자료 해석 + 확률, 통계 등 혼합하여 응용하는 문제가 더러 출제된다.

1 자료 분석 ●●○

다음 표는 2022 베이징 동계올림픽대회에서 획득한 메달의 개수에 따른 상위 20개국(선수단)을 조사하여 나타낸 도수분포표이다. 이 대회에서 대한민국은 9개의 메달을 획득하였다. 9개의 메달 수가 속하는 계급의 도수는?

메달 수(개)	국가(선수단) 수
0 이상 ~ 8 미만	6
8 이상 ~ 16 미만	7
16 이상 ~ 24 미만	4
24 이상 ~ 32 미만	2
32 이상 ~ 40 미만	1
합계	20

① 1

② 2

③ 4

④ 7

⑤ 6

TIP 9개의 메달 수가 속하는 계급의 도수는 7이다.

답 10.② / 1.④

[2 ~ 3] 다음 〈표〉와 〈선정절차〉는 정부가 추진하는 신규 사업에 지원한 A~E 기업의 현황과 사업 선정절차에 대한 자료이다. 물음에 답하시오.

〈표〉 A ~ E 기업 현황

기업	직원수 (명)	임원수(명)		임원평균 근속기간 (년)	시설현황				통근 차량 대수 (대)
		이사	감사		사무실		휴게실 면적 (㎡)	기업 총면적 (㎡)	
					수 (개)	총면적 (㎡)			
A	132	10	3	2.1	5	450	2,400	3,800	3
B	160	5	1	4.5	7	420	200	1,300	2
C	120	4	3	3.1	5	420	440	1,000	1
D	170	2	12	4.0	7	550	300	1,500	2
E	135	4	6	2.9	6	550	1,000	2,500	2

※ 여유면적 = 기업 총면적 − 사무실 총면적 − 휴게실 면적

〈선정절차〉

• 1단계 : 아래 4개 조건을 모두 충족하는 기업을 예비 선정한다.
– 사무실조건 : 사무실 1개당 직원수가 25명 이하여야 한다.
– 임원조건 : 임원 1인당 직원수가 15명 이하여야 한다.
– 차량조건 : 통근 차량 1대당 직원수가 100명 이하여야 한다.
– 여유면적조건 : 여유면적이 650㎡ 이상이어야 한다.
• 2단계 : 예비 선정된 기업 중 임원평균근속기간이 가장 긴 기업을 최종 선정한다.

1단계 조건을 충족하여 예비 선정되는 기업을 모두 고르면?

① A, B

② B, C

③ C, D

④ D, E

⑤ E, A

TIP 각 기업의 1단계 조건 충족 여부는 다음과 같다.

기업	사무실조건 (25명/개 이하)	임원조건 (15명/명 이하)	차량조건 (100명/대 이하)	여유면적조건 (650㎡ 이상)
A	26.4명/개→×	10.2명/명→○	44명/대→○	950㎡→○
B	22.9명/개→○	26.7명/명→×	80명/대→○	680㎡→○
C	24명/개→○	17.1명/명→×	120명/대→×	140㎡→×
D	24.3명/개→○	8.6명/명→○	85명/대→○	650㎡→○
E	22.5명/개→○	13.5명/명→○	67.5명/대→○	950㎡→○

정부가 추진하는 신규 사업에 최종 선정되는 기업은?

① A

② B

③ C

④ D

⑤ E

TIP 예비 선정된 기업인 D, E 중 임원평균근속기간이 더 긴 D 기업이 최종 선정된다.

답 2.④ 3.④

차고 및 A, B, C 간의 거리는 아래의 표와 같다. 차고에서 출발하여 A, B, C 3개의 수요지를 각각 1대의 차량이 방문하는 경우에 비해, 1대의 차량으로 3개의 수요지를 모두 방문하고 차고지로 되돌아오는 경우, 수송 거리가 최대 몇 km 감소되는가?

구분	A	B	C
차고	10	13	12
A	–	5	10
B	–	–	7

① 24   ② 30

③ 36   ④ 46

⑤ 58

TIP A, B, C의 장소를 각각 1대의 차량으로 방문할 시의 수송거리는 $(10 + 13 + 12) \times 2 = 70km$, 하나의 차량으로 3곳 수요지를 방문하고 차고지로 되돌아오는 경우의 수송거리 $10 + 5 + 7 + 12 = 34km$, 그러므로 $70-34 = 36km$가 된다.

다음 표에서 a ~ d의 값을 모두 더한 값은?

	2019년	2020년	전월대비		전년동월대비	
	1월	12월	1월	증감액	증감률(차)	증감액	증감률(차)
총거래액(A)	107,230	126,826	123,906	a	-2.3	b	15.6
모바일 거래액(B)	68,129	83,307	82,730	c	-0.7	d	21.4
비중(B/A)	63.5	65.7	66.8	–	1.1	–	3.3

① 27,780   ② 28,542

③ 28,934   ④ 33,620

⑤ 34,774

TIP $a = 123,906 - 126,826 = -2,920$
$b = 82,730 - 83,307 = -577$
$c = 123,906 - 107,230 = 16,676$
$d = 82,730 - 68,129 = 14,601$
$a + b + c + d = -2,920 + (-577) + 16,676 + 14,601 = 27,780$

6 자료분석 후 연산 ·· ●●○

다음은 K사 직원들의 인사이동에 따른 4개의 지점별 직원 이동 현황을 나타낸 자료이다. 다음 자료를 참고할 때, ㉠, ㉡에 들어갈 수치로 알맞은 것은 어느 것인가?

〈인사이동에 따른 지점별 직원 이동 현황〉

(단위 : 명)

이동 전 \ 이동 후	A	B	C	D
A	-	32	44	28
B	16	-	34	23
C	22	18	-	32
D	31	22	17	-

〈지점별 직원 현황〉

(단위 : 명)

지점 \ 시기	인사이동 전	인사이동 후
A	425	㉠
B	390	389
C	328	351
D	375	㉡

① 380, 398

② 390, 388

③ 400, 398

④ 410, 388

⑤ 410, 398

TIP 인사이동에 따라 A지점에서 근무지를 다른 곳으로 이동한 직원 수는 모두 32 + 44 + 28 = 104명이다. 또한 A지점으로 근무지를 이동해 온 직원 수는 모두 16 + 22 + 31 = 69명이 된다. 따라서 69 − 104 = −35명이 이동한 것이므로 인사이동 후 A지점의 근무 직원 수는 425 − 35 = 390명이 된다.

같은 방식으로 D지점의 직원 이동에 따른 증감 수는 83 − 70 = 13명이 된다. 따라서 인사이동 후 D지점의 근무 직원 수는 375 + 13 = 388명이 된다.

7 자료분석 후 확률계산 ·· ●●○

다음은 A기업 각 팀 직원들의 한 주 동안 휴대전화 사용 시간을 조사한 표이다. 각 팀의 직원 수가 모두 같을 때, 이 표에 대한 설명으로 옳은 것을 〈보기〉에서 모두 고른 것은?

(단위 : 시간)

구분	총무팀	기획팀	영업팀	홍보팀	재무팀
평균	12	9	12	10	11
표준편차	2.6	2.1	3.3	3.7	1.8

─────────── 보 기 ───────────

㉠ 홍보팀의 분산이 가장 크다.
㉡ 휴대전화 평균 사용 시간이 가장 적은 팀은 재무팀이다.
㉢ 총무팀과 영업팀의 휴대전화 사용 시간의 총합이 서로 같다.
㉣ 휴대전화 사용 시간이 평균에 가장 가까이 몰려 있는 팀은 기획팀이다.

① ㉠

② ㉠㉢

③ ㉡㉢

④ ㉡㉣

⑤ ㉠㉢㉣

TIP ㉠ 분산은 확률분포 또는 자료가 얼마나 퍼져 있는지를 알려 주는 수치로 분산이 클수록 확률분포는 평균에서 멀리 퍼져 있고 0에 가까워질수록 평균에 집중된다. 표준편차는 분산의 제곱근이므로 표준편차가 가장 큰 홍보팀의 분산이 가장 크다.
　㉡ 휴대전화 평균 사용 시간이 가장 적은 팀은 기획팀이다.
　㉢ 각 팀의 직원 수가 모두 같으므로 평균이 같은 총무팀과 영업팀의 휴대전화 사용 시간의 총합은 서로 같다.
　㉣ 표준편차가 0에 가까우면 자료 값들이 평균에 집중되며, 표준편차가 클수록 자료 값들이 널리 퍼져 있다. 따라서 휴대전화 사용 시간이 평균에 가장 가까이 몰려 있는 팀은 표준편차가 가장 작은 재무팀이다.

다음은 사무용 물품의 조달단가와 구매 효용성을 나타낸 것이다. 20억 원 이내에서 구매예산을 집행한다고 할 때, 정량적 기대효과 총합의 최댓값은? (단, 각 물품은 구매하지 않거나, 1개만 구매 가능하며 구매 효용성 = 정량적 기대효과 / 조달단가 이다.)

구분＼물품	A	B	C	D	E	F	G	H
조달단가(억 원)	3	4	5	6	7	8	10	16
구매 효용성	1	0.5	1.8	2.5	1	1.75	1.9	2

① 35

② 36

③ 37

④ 38

⑤ 39

TIP

구분＼물품	A	B	C	D	E	F	G	H
조달단가(억 원)	3	4	5	6	7	8	10	16
구매 효용성	1	0.5	1.8	2.5	1	1.75	1.9	2
정량적 기대효과	3	2	9	15	7	14	19	32

따라서 20억 원 이내에서 구매예산을 집행한다고 할 때, 정량적 기대효과 총합이 최댓값이 되는 조합은 C, D, F로 9 + 15 + 14 = 38이다.

다음은 A, B, C 3개 지역의 커피 전문점 개수 현황을 나타낸 표이다. Y-3년의 커피 전문점 개수를 지역 순서대로 올바르게 나열한 것은 어느 것인가?

(단위 : %, 개)

지역	Y-3년 대비 Y-2년의 증감률	Y-2년의 Y-1년 대비 증감 수	Y-1년의 Y년 대비 증감 수	Y년의 개수
A지역	10	-3	1	35
B지역	15	2	-2	46
C지역	12	-5	3	30

① 30, 40, 25개

② 32, 42, 25개

③ 30, 45, 20개

④ 35, 40, 26개

⑤ 32, 42, 20개

TIP Y-3년의 개수를 x라 하고, Y년의 개수로부터 역산하여 각 해의 커피 전문점 개수를 구해 보면 다음과 같이 계산된다.

지역	Y-3년	Y-2년	Y-1년	Y년의 개수
A지역	$(33-x) \div x \times 100 = 10 \rightarrow x=30$	36-3=33	35+1=36	35
B지역	$(46-x) \div x \times 100 = 15 \rightarrow x=40$	44+2=46	46-2=44	46
C지역	$(28-x) \div x \times 100 = 12 \rightarrow x=25$	33-5=28	30+3=33	30

따라서 30, 40, 25개가 정답이 된다.

다음은 N은행에서 사원에게 지급하는 수당에 대한 자료이다. 2022년 7월 부장 甲의 근무년수는 12년 2개월이고, 기본급은 300만 원이다. 2022년 7월 甲의 월급은 얼마인가? (단, N은행 사원의 월급은 기본급과 수당의 합으로 계산되고 제시된 수당 이외의 다른 수당은 없으며, 10년 이상 근무한 직원의 정근수당은 기본급의 50%를 지급한다.)

구분	지급 기준	비고
정근수당	근무년수에 따라 기본급의 0 ~ 50% 범위 내 차등 지급	매년 1월, 7월 지급
명절휴가비	기본급의 60%	매년 2월(설), 10월(추석) 지급
가계지원비	기본급의 40%	매년 홀수 월에 지급
정액급식비	130,000원	매월 지급
교통보조비	• 부장 : 200,000원 • 과장 : 180,000원 • 대리 : 150,000원 • 사원 : 130,000원	매월 지급

① 5,830,000원

② 5,880,000원

③ 5,930,000원

④ 5,980,000원

⑤ 6,030,000원

TIP 2022년 7월 甲의 월급은 기본급 300만 원에 다음의 수당을 합한 급액이 된다.
- 정근수당 : 10년 이상 근무한 직원의 정근수당은 기본급의 50%이므로 3,000,000 × 50% = 1,500,000원이다.
- 명절휴가비 : 해당 없다.
- 가계지원비 : 3,000,000 × 40% = 1,200,000원
- 정액급식비 : 130,000원
- 교통보조비 : 200,000원
따라서 3,000,000 + 1,500,000 + 1,200,000 + 130,000 + 200,000 = 6,030,000원이다.

9.① 10.⑤

다음은 S 씨가 가입한 적금 상품의 내역을 인터넷으로 확인한 결과이다. '세후 수령액'에 들어갈 알맞은 금액은 얼마인가? (단, 소수점은 반올림하여 원 단위로 표시한다.)

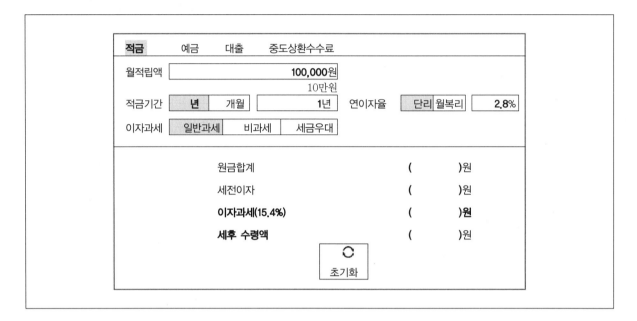

① 1,214,594원

② 1,215,397원

③ 1,220,505원

④ 1,222,779원

⑤ 1,223,235원

TIP 월 적립액이 100,000원이며 적금기간이 1년인 월 적립식 적금 상품이므로 원금합계는 1,200,000원이 된다. 이자율이 연리 2.8%(단리)이므로 매월 적립되는 100,000원에 대한 이자액은 전체 적금기간에 대하여 다음과 같이 계산된다.

월적립액	이자
첫 번째 달 10만 원	10만 × 0.028 ÷ 12 × 12 = 2,800원
두 번째 달 10만 원	10만 × 0.028 ÷ 12 × 11 = 2,567원
세 번째 달 10만 원	10만 × 0.028 ÷ 10 × 10 = 2,333원
네 번째 달 10만 원	10만 × 0.028 ÷ 12 × 9 = 2,100원
다섯 번째 달 10만 원	10만 × 0.028 ÷ 12 × 8 = 1,867원
여섯 번째 달 10만 원	10만 × 0.028 ÷ 12 × 7 = 1,633원
일곱 번째 달 10만 원	10만 × 0.028 ÷ 12 × 6 = 1,400원
여덟 번째 달 10만 원	10만 × 0.028 ÷ 12 × 5 = 1,167원
아홉 번째 달 10만 원	10만 × 0.028 ÷ 12 × 4 = 933원
열 번째 달 10만 원	10만 × 0.028 ÷ 12 × 3 = 700원
열한 번째 달 10만 원	10만 × 0.028 ÷ 12 × 2 = 467원
열두 번째 달 10만 원	10만 × 0.028 ÷ 12 × 1 = 233원

따라서 이를 더하면 이자액은 총 18,200원이 된다.(이를 빠르게 계산하는 식은

$\dfrac{100,000 \times 2.8\% \times (12+11+\cdots 2+1)}{12} = 18,200$) 여기에 이자과세 15.4%는 이자에만 과세되는 것이므로 18,200 × 0.154 = 2,803원이 세금액이 된다. 따라서 세후 수령액은 1,200,000 + 18,200 − 2,803 = 1,215,397원이 된다.

답 11.②

다음은 N은행의 외화송금 수수료에 대한 규정이다. 수수료 규정을 참고할 때, 외국에 있는 친척과 〈보기〉와 같이 3회에 걸쳐 거래를 한 A씨가 지불한 총 수수료 금액은 얼마인가?

		국내 간 외화송금	실시간 국내송금
외화자금국내이체 수수료(당·타발)		U$5,000 이하 : 5,000원 U$10,000 이하 : 7,000원 U$10,000 초과 : 10,000원	U$10,000 이하 : 5,000원 U$10,000 초과 : 10,000원
		인터넷 뱅킹 : 5,000원 실시간 이체 : 타발 수수료는 없음	
해외로 외화송금	송금 수수료	U$500 이하 : 5,000원 U$2,000 이하 : 10,000원 U$5,000 이하 : 15,000원 U$20,000 이하 : 20,000원 U$20,000 초과 : 25,000원 ※ 인터넷 뱅킹 이용 시 건당 3,000 ~ 5,000원	
		해외 및 중계은행 수수료를 신청인이 부담하는 경우 국외 현지 및 중계은행의 통화별 수수료를 추가로 징구	
	전신료	8,000원 인터넷 뱅킹 및 자동이체 5,000원	
	조건변경 전신료	8,000원	
해외/타행에서 받은 송금		건당 10,000원	

───────────────────── 보 기 ─────────────────────

㉠ 외국으로 U$3,500 송금 / 인터넷 뱅킹 최저 수수료 적용

㉡ 외국으로 U$600 송금 / 은행 창구

㉢ 외국에서 U$2,500 입금

① 32,000원

② 34,000원

③ 36,000원

④ 38,000원

⑤ 40,000원

TIP ㉠ 인터넷 뱅킹을 통한 해외 외화 송금이므로 금액에 상관없이 건당 최저수수료 3,000원과 전신료 5,000원 발생
→ 합 8,000원
㉡ 은행 창구를 통한 해외 외화 송금이므로 송금 수수료 10,000원과 전신료 8,000원 발생 → 합 18,000원
㉢ 금액에 상관없이 건당 수수료가 발생하므로 → 10,000원
따라서 총 지불한 수수료는 8,000 + 18,000 + 10,000 = 36,000원이다.

다음은 김 대리의 10월 인터넷 쇼핑 구매내역이다. 이에 대한 설명으로 옳은 것은? (단, 소수 둘째자리에서 반올림한다.)

<10월 인터넷 쇼핑 구매내역>

(단위 : 원, 포인트)

상품	주문금액	할인금액	결제금액
캠핑용품세트	45,400	즉시할인 4,540 쿠폰할인 4,860	신용카드 32,700 + 포인트 3,300 = 36,000
가을 스웨터	57,200	즉시할인 600 쿠폰할인 7,970	신용카드 48,370 + 포인트 260 = 48,630
샴푸	38,800	즉시할인 0 쿠폰할인 ( )	신용카드 34,300 + 포인트 1,500 = 35,800
에코백	9,200	즉시할인 1,840 쿠폰할인 0	신용카드 7,290 + 포인트 70 = 7,360
전체	150,600	22,810	127,790

※ 1) 결제금액(원) = 주문금액 − 할인금액

2) 할인율(%) = $\dfrac{\text{할인율}}{\text{주문금액}} \times 100$ 할인금액

3) 1포인트는 결제금액 1원에 해당

① 전체 할인율은 15% 미만이다.

② 할인율이 가장 높은 상품은 '에코백'이다.

③ 주문금액 대비 신용카드 결제금액 비율이 가장 낮은 상품은 '캠핑용품세트'이다.

④ 10월 전체 주문금액의 3%가 11월 포인트로 적립된다면, 10월 구매로 적립된 11월 포인트는 10월 동안 사용한 포인트보다 크다.

⑤ 결제금액 중 포인트로 결제한 금액이 차지하는 비율이 두 번째로 낮은 상품은 '가을스웨터'이다.

TIP ③ 각 상품의 주문금액 대비 신용카드 결제금액 비율은 다음과 같다. 주문금액 대비 신용카드 결제금액 비율이 가장 낮은 상품은 '캠핑용품세트'이다.

캠핑용품세트	$\dfrac{32,700}{45,400} \times 100 = 72.0\%$	샴푸	$\dfrac{34,300}{38,800} \times 100 = 88.4\%$
가을스웨터	$\dfrac{48,370}{57,200} \times 100 = 84.6\%$	에코백	$\dfrac{7,290}{9,200} \times 100 = 79.1\%$

① 전체 할인율은 $\dfrac{22,810}{150,600} \times 100 = 15.1\%$이다.

답 12.③ 13.③

아래의 자료는 A 지역의 2017 ~ 2018년 상반기 대비 5대 범죄의 발생을 분석한 표이다. 이를 참조하여 예측 및 분석한 내용으로 가장 거리가 먼 것을 고르면?

⟨17 ~ 18년 상반기 대비 5대 범죄 발생 분석⟩

구분	계	살인	강도	강간	절도	폭력
18년	934	2	6	46	360	520
17년	1,211	2	8	39	601	561
대비	−277(−22.9)%	0	−2(−25%)	+7(17.9%)	−241(−40.1%)	−41(−7.3%)

① 살인의 경우에는 2017 ~ 2018년 동기간 동안 동일한 건수를 기록하고 있다.

② 강간의 경우에는 2017년 대비 2018년에는 7건 정도가 증가하였으며, 폭력의 경우에는 41건 정도가 감소함을 알 수 있다.

③ 자료를 보면 치안 담당자들이 전반적으로 해당 지역의 정보를 공유하지 않고 범죄 검거에 대한 의지가 약함을 알 수 있다.

④ 표를 보면 5대 범죄 중 가장 괄목할만한 것은 민생치안 및 체감안전도와 직결되는 절도의 경우에 360건이 발생하여 전년 601건 대비 240건 정도 감소했다.

⑤ 18년 상반기를 기준으로 범죄 발생 분석 현황에 의하면 5대 범죄는 934건 발생하여 전년 1,211건 대비 277건이 감소했음을 알 수 있다.

TIP 주어진 표는 2017년 및 2018년 상반기 동기간 동안의 5대 범죄 발생을 분석한 것이다. 약간의 차이는 있으나 전반적으로 보면 2017년에는 1,211건, 이에 대비 2018년에는 발생 범죄가 934건으로 감소됨을 알 수 있다. 그러므로 범죄다발지역에 대해 치안 담당자들이 해당 지역에 대한 정보를 공유하여 범죄의 발생 및 검거에 치안역량을 집중했음을 알 수 있다.

다음은 N그룹 직원의 출장 횟수에 관한 자료이다. 이에 대한 설명 중 옳지 않은 것을 고르면? (단, 회당 출장 인원은 동일하며 제시된 자료에 포함되지 않은 해외 출장은 없다.)

■ 최근 9년간 N그룹 본사 직원의 해외 법인으로의 출장 횟수

(단위 : 회)

구분	2009	2010	2011	2012	2013	2014	2015	2016	2017
유럽 사무소	61	9	36	21	13	20	12	8	11
두바이 사무소	9	0	5	6	2	3	9	1	8
아르헨티나 사무소	7	2	24	15	0	2	4	0	6

■ 최근 5년간 해외 법인 직원의 N그룹 본사로의 출장 횟수

(단위 : 회)

지역＼기간	2013년	2014년	2015년	2016년	2017년
UAE	11	5	7	12	7
호주	2	30	43	9	12
브라질	9	11	17	18	32
아르헨티나	15	13	9	35	29
독일	11	2	7	5	6

① 최근 9년간 두바이사무소로 출장을 간 N그룹 본사 직원은 아르헨티나사무소로 출장을 간 본사 직원 수보다 적다.

② 2013년 이후 브라질 지역의 해외 법인 직원이 본사로 출장을 온 횟수는 지속적으로 증가하였다.

③ N그룹 본사에서 유럽사무소로의 출장 횟수가 많은 해부터 나열하면 09년, 11년, 14년, 12년, 13년, 15년, 17년, 10년, 16년 순이다.

④ 2014 ~ 2015년에 UAE 지역의 해외 법인 직원이 N그룹 본사로 출장을 온 횟수는 2015년 본사 직원이 유럽사무소로 출장을 간 횟수와 같다.

⑤ 2014년 해외 법인 직원이 N그룹 본사로 출장을 온 총 횟수는 2010년 이후 본사 직원이 아르헨티나사무소로 출장을 간 총 횟수보다 많다.

🔑 14.③ 15.③

[16 ~ 17] 다음은 N은행에서 파악한 농촌의 유소년, 생산연령, 고령인구 연도별 추이 조사 자료이다. 이를 보고 이어지는 물음에 답하시오.

(단위 : 천 명, %)

구분		2005	2010	2015	2020
농촌	합계	9,343	8,705	8,627	9,015
	유소년	1,742	1,496	1,286	1,130
	생산연령	6,231	5,590	5,534	5,954
	고령	1,370	1,619	1,807	1,931
– 읍	소계	3,742	3,923	4,149	4,468
	유소년	836	832	765	703
	생산연령	2,549	2,628	2,824	3,105
	고령	357	463	560	660
– 면	소계	5,601	4,782	4,478	4,547
	유소년	906	664	521	427
	생산연령	3,682	2,962	2,710	2,849
	고령	1,013	1,156	1,247	1,271

16 자료분석 후 증감률 계산 ·· ●●○

다음 중 농촌 전체 유소년, 생산연령, 고령 인구의 2005년 대비 2020년의 증감률을 각각 순서대로 올바르게 나열한 것은 어느 것인가?

① 약 35.1%, 약 4.4%, 약 40.9%

② 약 33.1%, 약 4.9%, 약 38.5%

③ 약 −37.2%, 약 −3.8%, 약 42.5%

④ 약 −35.1%, 약 −4.4%, 약 40.9%

⑤ 약 −33.1%, 약 −4.9%, 약 38.5%

TIP A에서 B로 변동한 수치의 증감률은 (B − A) ÷ A × 100임을 활용하여 다음과 같이 계산할 수 있다.
- 유소년 : (1,130 − 1,742) ÷ 1,742 × 100 = 약 −35.1%
- 생산연령 : (5,954 − 6,231) ÷ 6,231 × 100 = 약 −4.4%
- 고령 : (1,931 − 1,370) ÷ 1,370 × 100 = 약 40.9%

17 자료해석하기 ·· ●●●

다음 중 위의 자료를 올바르게 해석하지 못한 것은 어느 것인가?

① 유소년 인구는 읍과 면 지역에서 모두 지속적으로 감소하였다.

② 생산연령 인구는 읍과 면 지역에서 모두 증가세를 보였다.

③ 고령인구의 지속적 증가로 노령화 지수는 지속 상승하였다.

④ 농촌의 전체 인구는 면 지역의 생산연령 인구와 증감 추이가 동일하다.

⑤ 읍 지역의 고령 인구는 면 지역의 고령 인구보다 2005년 대비 2020년의 증감률이 더 크다.

TIP 생산연령 인구는 읍 지역에서는 지속 증가세를 보였으나, 면 지역에서는 계속 감소하다가 2020년에 증가세로 돌아선 것을 알 수 있다.
　① 유소년 인구는 빠르게 감소 추세를 보이고 있다.
　③ 유소년 인구와 달리 고령 인구는 빠른 증가로 인해 도시의 노령화 지수가 상승하였다고 볼 수 있다.
　④ 농촌의 전체 인구와 면 지역의 생산연령 인구는 모두 감소 후 2020년에 증가하는 추이를 보이고 있다.
　⑤ 읍 지역 고령 인구의 증감률은 (660 − 357) ÷ 357 × 100 = 약 84.9%이며, 면 지역 고령 인구의 증감률은 (1,271 − 1,013) ÷ 1,013 × 100 = 약 25.5%이다.

답 16.④ 17.②

[18 ~ 19] 공장 주변지역의 농경수 오염에 책임이 있는 기업이 총 70억 원의 예산을 가지고 피해 현황 심사와 보상을 진행한다고 한다. 다음 글을 읽고 물음에 답하시오.

총 500건의 피해가 발생했고, 기업 측에서는 실제 피해 현황을 심사하여 보상하기로 하였다. 심사에 소요되는 비용은 보상 예산에서 사용한다. 심사를 통해 좀 더 정확한 피해 규모를 파악할 수 있지만, 그에 따라 소요되는 비용 또한 증가하게 된다.

	1일째	2일째	3일째	4일째
일별 심사 비용(억 원)	0.5	0.7	0.9	1.1
일별 보상대상 제외건수	50	45	40	35

• 보상금 총액＝예산－심사 비용
• 표는 누적수치가 아닌, 하루에 소요되는 비용을 말함
• 일별 심사 비용은 매일 0.2억씩 증가하고 제외건수는 매일 5건씩 감소함
• 제외건수가 0이 되는 날, 심사를 중지하고 보상금을 지급함

18 자료해석하기 ·· ●●○

기업측이 심사를 중지하는 날까지 소요되는 일별 심사 비용은 총 얼마인가?

① 15억 원

② 15.5억 원

③ 16억 원

④ 16.5억 원

⑤ 17억 원

TIP 제외건수가 매일 5건씩 감소한다고 했으므로 11일째 되는 날 제외건수가 0이 되고 일별 심사 비용은 총 16.5억 원이 된다.

심사를 중지하고 총 500건에 대해서 보상을 한다고 할 때, 보상대상자가 받는 건당 평균 보상금은 대략 얼마인가?

① 약 1천만 원

② 약 2천만 원

③ 약 3천만 원

④ 약 4천만 원

⑤ 약 5천만 원

TIP (70억－16.5억)/500건＝1,070만 원

CHAPTER 04

자원관리능력

(자원관리능력) (자원관리분석)

(1) 자원관리능력 개념

업무를 수행하는 데 필요한 자원을 확인하고 확보하여 업무 적절히 할당할 수 있는지 평가하는 항목이다. 자원에는 시간·예산·물적·인적 자원이 포함되는데, 업무와 관련된 사항을 제시하고 주어진 과제를 해결하는 능력을 평가하는 유형이 출제된다. 제시되는 자료는 복잡한 경우가 많으므로 자료를 빠르게 이해하는 능력이 필요하다.

(2) 출제 경향

관리에 있어서 크게 시간관리, 예산관리, 물적자원관리, 인적자원관리 4가지로 구성되는데, 실제 업무에 있어서 얼마나 효율적으로 관리할 수 있는지 평가하는 유형의 문제가 출제된다. 또한 효과적인 자원 관리 방법이나 활용 방법 등 문제해결능력, 수리능력과 결합하여 추론 능력까지 요구하고 있는 추세이다.

(3) 출제 유형 및 세부 유형

유형	중요도	세부 유형
자원관리능력	＊＊＊	시간 · 예산 · 물적 · 인적 자원을 확인하고 자원분석을 통한 계산을 요하는 문제가 출제된다.
자원관리분석	＊＊＊	효과적인 자원관리 방법과 자원관리의 활용 방법을 판단하는 문제가 출제된다.

(4) 세부 유형 출제빈도

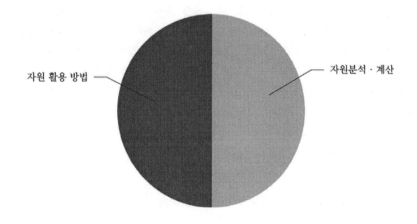

자원 활용 방법

자원분석 · 계산

업무 수행에 필요한 시간·예산·물적·인적 자원을 확인하고 수집하여 실제 업무에 어떻게 활용할 것인가를 평가하는 유형의 문제가 출제된다. 시간자원에 관련된 문제는 대부분 일정표 등을 제시하여 업무 수행에 소요되는 시간 계산, 일정 등을 확인하는 유형이 출제되며, 예산 같은 경우 주어진 자료를 분석하여 소요되는 비용과 예산 유형이 출제된다. 인적 자원의 경우 직원들의 인적 정보를 제시하고 주어진 조건에 따라 연봉 인상, 승진 대상자 등을 찾는 유형이 출제된다.

1   자원관리   ●●○

다음 글에서 암시하고 있는 '자원과 자원관리의 특성'을 가장 적절하게 설명한 것은 다음 보기 중 어느 것인가?

> 더 많은 토지를 사용하고 모든 농장의 수확량을 최고의 농민들이 얻은 수확량으로 올리는 방법으로 식량 공급을 늘릴 수 있다. 그러나 우리의 주요 식량 작물은 높은 수확량을 달성하기 위해 좋은 토양과 물 공급이 필요하며 생산 단계에 있지 않은 토지는 거의 없다. 실제로 도시의 스프롤 현상, 사막화, 염화 및 관개용으로 사용된 대수층의 고갈은 미래에 더 적은 토지가 농업에 제공될 수 있음을 암시한다. 농작물은 오늘날 사용되는 것보다 더 척박한 땅에서 자랄 수 있고, 수확량이 낮고 환경 및 생물 다양성이 저하될 환경일지도 모른다. 농작물의 수확량은 농장과 국가에 따라 크게 다르다. 예를 들어, 2013년 미국의 옥수수 평균 수확량은 10.0t/ha, 짐바브웨가 0.9t/ha였는데, 두 국가 모두 작물 재배를 위한 기후 조건은 비슷했다(2015년 유엔 식량 농업기구). 미국의 수확률이 다른 모든 나라의 목표겠지만 각국의 정책, 전문가의 조언, 종자 및 비료에 접근하는 데 크게 의존할 수밖에 없다. 그리고 그 중 어느 것도 새로운 농지에서 확실한 수확률을 보장하지는 않는다. 따라서 좋은 시기에는 수확 잠재력이 개선된 종자가 필요하지 않을 수도 있지만, 아무것도 준비하지 않는 건 위험하다. 실험실에서 혁신적인 방법을 개발하는 것과 그걸 바탕으로 농민에게 종자를 제공하는 것 사이에 20년에서 30년의 격차가 있다는 걸 감안할 때, 분자 공학과 실제 작물 육종 간의 격차를 줄이고 더 높은 수율을 달성하는 일은 시급하다.

① 누구나 동일한 자원을 가지고 있으며 그 가치와 밀도도 모두 동일하다.

② 특정 자원이 없음으로 해서 다른 자원을 확보하는 데 문제가 발생할 수 있다.

③ 자원은 유한하며 따라서 어떻게 활용하느냐 하는 일이 무엇보다 중요하다.

④ 사람들이 의식하지 못하는 사이에 자원은 습관적으로 낭비되고 있다.

⑤ 무엇이 자원이며 자원을 관리하는 방법이 무엇인지를 모르는 것이 자원관리의 문제점이다.

TIP 식량 부족 문제를 해결하기 위해서는 더 많은 식량을 생산해 내야하지만, 토지를 무한정 늘릴 수 없을 뿐 아니라 이미 확보한 토지마저도 미래엔 줄어들 수 있음을 언급하고 있다. 이것은 식량이라는 자원을 초점으로 하는 것이 아닌 이미 포화 상태에 이르러 유한성을 드러낸 토지에서 어떻게 하면 더 많은 식량을 생산할 수 있는지를 고민하고 있다. 따라서 토지라는 자원은 유한하며 어떻게 효율적인 활용을 할 수 있는지를 주제로 담고 있다고 볼 수 있다.

2 자원관리 ●●○

아래의 내용을 읽고 이 같은 자원관리 활용과 관련성이 높은 항목을 고르면?

소주 업계에서는 두산주류 BG의 '처음처럼'과 진로의 '참이슬'에서 20도 소주를 출시하면서 두 회사 간 치열한 경쟁이 벌어지고 있다. 특히 이 두 소주 회사들은 화장품을 증정하는 프로모션을 함께 벌이면서 고객 끌어들이기에 안간힘을 쓰고 있다. 처음처럼은 지난 4월부터 5월까지 서울 경기 강원 지역 중에 대학가와 20대가 많이 모이는 유흥상권에서 화장품을 이용한 판촉행사를 진행하고 있다. 처음처럼을 마시는 고객에게 게임을 통해 마스크 팩과 핸드크림을 나눠주고 있다. 또한 참이슬에서도 서울 경기 지역에서 폼 클렌징을 증정하고 있다. 두 소주 회사들의 주요 목표 층은 20대와 30대 남성들로 멋 내기에도 관심 있는 계층이어서 화장품에 대한 만족도도 매우 높은 것으로 알려지고 있다. 처음처럼 판촉팀 관계자는 수십 개 판촉팀을 나눠 진행하는데 마스크 팩이나 핸드크림을 증정 받은 남성들의 반응이 좋아 앞으로 화장품 프로모션은 계속 될 것이라고 말했다. 이 관계자는 또 "화장품이 소주의 판촉물로 선호되는 것은 무엇보다도 화장품이라는 아이템이 깨끗하고, 순수한 느낌을 주고 있어 가장 적합한 제품"이라고 덧붙였다. 특히 폼 클렌징을 증정 받아 사용해본 고객들은 사용 후 폼 클렌징을 직접 구매하고 있어 판매로 이어지면서 화장품 업계에서도 적극 권유하고 있다. 업계 관계자는 "화장품과 식품음료업체 간의 이러한 마케팅은 상대적으로 적은 비용으로 브랜드 인지도와 매출을 동시에 높일 수 있는 효과를 거둘 수 있다."라며 "비슷한 소비층을 목표로 한 업종 간의 마케팅이 더욱 활발하게 전개될 것"이라고 전망했다.

① 동일한 유통 경로 수준에 있는 기업들이 자본, 생산, 마케팅 기능 등을 결합해 필요로 하는 최소한의 자원을 동원하여 각 기업의 경쟁 우위를 공유하려는 마케팅 활동이다.

② 제품의 수요 또는 공급을 선택적으로 조절해 장기적인 측면에서 자사의 이미지 제고와 수익의 극대화를 꾀하는 마케팅 활동이다.

③ 시장의 경쟁체제는 치열해지고 이러한 레드 오션 안에서 틈새를 찾아 수익을 창출하는 마케팅 활동이다.

④ 이메일이나 또는 다른 전파 가능한 매체를 통해서 자발적으로 어떤 기업이나 기업의 제품을 홍보할 수 있도록 제작하여 널리 퍼지게 하는 마케팅 활동이다.

⑤ 블로그나 카페 등을 통해 소비자들에게 자연스럽게 정보를 제공하여 기업의 신뢰도 및 인지도를 상승시키고 구매욕구를 자극시키는 마케팅 방식이다.

답 1.③ 2.①

TIP 위 지문에서는 공생마케팅의 개념을 설명하고 있는데, 소주 업계와 화장품 회사 간의 자원의 연계로 인해 시너지 효과를 극대화시키는 전략(기업 간 자원의 결합으로 인해 시장에서의 입지는 높아지며 독립적으로 시장에 진출할 시에 불필요하게 소요되어지는 많은 인적 및 물적 자원의 소비를 예방할 수 있다)이다. 즉, 공생 마케팅(Symbiotic Marketing)은 동일한 유통 경로 수준에 있는 기업들이 자본, 생산, 마케팅 기능 등을 결합해 각 기업의 경쟁 우위를 공유하려는 마케팅 활동으로써 이에 참여하는 업체가 경쟁 관계에 있는 경우가 보통이며 자신의 브랜드는 그대로 유지한다. 무엇보다도 각 기업이 가지고 있는 자원을 하나로 묶음으로서 그 외 불필요한 인적자원 및 물적 자원의 소비를 막을 수 있다는 이점이 있다.

② 디 마케팅 ③ 니치 마케팅 ④ 바이러스 마케팅 ⑤ 바이럴 마케팅

---

3 물적자원관리 분석 ·· ●●○

J회사 관리부에서 근무하는 L씨는 소모품 구매를 담당하고 있다. 2015년 5월 중에 다음 조건 하에서 A4용지와 토너를 살 때, 총 비용이 가장 적게 드는 경우는? (단, 2015년 5월 1일에는 A4용지와 토너는 남아 있다고 가정하며, 다 썼다는 말이 없으면 그 소모품들은 남아있다고 가정한다)

> • A4용지 100장 한 묶음의 정가는 1만 원, 토너는 2만 원이다.
>   ※ A4용지는 100장 단위로 구매함
> • J회사와 거래하는 ◇◇오피스는 매달 15일에 전 품목 20% 할인 행사를 한다.
> • ◇◇오피스에서는 5월 5일에 A사 카드를 사용하면 정가의 10%를 할인해 준다.
> • 총 비용이란 소모품 구매가격과 체감비용(소모품을 다 써서 느끼는 불편)을 합한 것이다.
> • 체감비용은 A4용지와 토너 모두 하루에 500원이다.
> • 체감비용을 계산할 때, 소모품을 다 쓴 당일은 포함하고 구매한 날은 포함하지 않는다.
> • 소모품을 다 쓴 당일에 구매하면 체감비용은 없으며, 소모품이 남은 상태에서 새 제품을 구입할 때도 체감비용은 없다.

① 3일에 A4용지만 다 써서, 5일에 A사 카드로 A4용지와 토너를 살 경우

② 13일에 토너만 다 써서 당일 토너를 사고, 15일에 A4용지를 살 경우

③ 10일에 A4용지와 토너를 다 써서 15일에 A4용지와 토너를 같이 살 경우

④ 3일에 A4용지만 다 써서 당일 A4용지를 사고, 13일에 토너를 다 써서 15일에 토너만 살 경우

⑤ 3일에 토너를 다 써서 5일에 A사 카드로 토너를 사고, 7일에 A4용지를 다 써서 15일에 A4용지를 살 경우

TIP ① 1,000원(체감비용)+27,000원=28,000원
② 20,000원(토너)+8,000원(A4용지)=28,000원
③ 5,000원(체감비용)+24,000원=29,000원
④ 10,000원(A4용지)+1,000원(체감비용)+16,000원(토너)=27,000원
⑤ 1,000원(체감비용)+18,000(토너)+4,000원(체감비용)+8,000(A4용지)=31,000원

4 물적자원관리 분석 ·· ●●○

철수와 영희는 서로 간 운송업을 동업의 형식으로 하고 있다. 그런데 이들 기업은 2.5톤 트럭으로 운송하고 있다. 누적실제차량수가 400대, 누적실제가동차량수가 340대, 누적주행거리가 40,000km, 누적실제주행거리가 30,000km, 표준연간차량의 적하일수는 233일, 표준연간일수는 365일, 2.5톤 트럭의 기준용적은 10㎡, 1회 운행당 평균용적은 8㎡이다. 위와 같은 조건이 제시된 상황에서 적재율, 실제가동률, 실차율을 각각 구하면?

① 적재율 80%, 실제가동률 85%, 실차율 75%

② 적재율 85%, 실제가동률 65%, 실차율 80%

③ 적재율 80%, 실제가동률 85%, 실차율 65%

④ 적재율 80%, 실제가동률 65%, 실차율 75%

⑤ 적재율 85%, 실제가동률 80%, 실차율 70%

TIP 적재율, 실제가동률, 실차율을 구하면 각각 다음과 같다.

㉠ 적재율이란, 어떤 운송 수단의 짐칸에 실을 수 있는 짐의 분량에 대하여 실제 실은 짐의 비율이다. 따라서 기준용적이 10㎡인 2.5톤 트럭에 대하여 1회 운행당 평균용적이 8㎡이므로 적재율은 $\frac{8}{10} \times 100 = 80\%$이다.

㉡ 실제가동률은 누적실제차량수에 대한 누적실제가동차량수의 비율이다.

따라서 $\frac{340}{400} \times 100 = 85\%$이다.

㉢ 실차율이란, 총 주행거리 중 이용되고 있는 좌석 및 화물 수용 용량 비율이다. 따라서 누적주행거리에서 누적실제주행거리가 차지하는 비율인 $\frac{30,000}{40,000} \times 100 = 75\%$이다.

답 3.④ 4.①

[5~6] 다음은 A, B 두 경쟁회사의 판매제품별 시장 내에서의 기대 수익을 표로 나타낸 자료이다. 이를 보고 이어지는 물음에 답하시오.

〈판매 제품별 수익체계〉

		B회사		
		냉장고	TV	에어컨
A회사	냉장고	(5, −1)	(3, −1)	(−6, 3)
	TV	(−1, 3)	(−3, 2)	(3, 2)
	에어컨	(−2, 6)	(4, −1)	(−1, −2)

– 괄호 안의 숫자는 A회사와 B회사의 제품으로 얻는 수익(억 원)을 뜻한다.(A회사 월 수익 액, B회사의 월 수익 액)

　📖 A회사가 냉장고를 판매하고 B회사가 TV를 판매하였을 때 A회사의 월 수익 액은 3억 원이고, B회사의 월 수익 액은 −1억 원이다.

〈분기별 소비자 선호 품목〉

	1분기	2분기	3분기	4분기
선호 품목	TV	냉장고	에어컨	냉장고, 에어컨

– 제품별로 분기에 따른 수익의 증감률을 의미한다.
– 시기별 해당 제품의 홍보를 진행하면 월 수익의 50%가 증가, 월 손해의 50%가 감소된다.

5 물적자원 분석 ··· ●●○

다음 중 4분기에 냉장고, 에어컨의 홍보를 진행했을 때 A회사와 B회사의 수익의 합이 가장 클 경우는 양사가 각각 어느 제품을 판매하였을 때인가?

① A회사 : TV, B회사 : TV

② A회사 : 에어컨, B회사 : TV

③ A회사 : TV, B회사 : 냉장고

④ A회사 : 냉장고, B회사 : 에어컨

⑤ A회사 : 에어컨, B회사 : 냉장고

TIP 4분기에는 선호 제품에 따라 제품별 수익률의 증감에 변동이 있게 되므로 주어진 도표의 내용을 반영한 수익체계표를 만들어 보면 다음과 같다.

A회사		B회사		
		냉장고	TV	에어컨
	냉장고	(7.5, −0.5)	(4.5, −1)	(−3, 4.5)
	TV	(−1, 4.5)	(−3, 2)	(3, 3)
	에어컨	(−1, 9)	(6, −1)	(−0.5, −1)

따라서 4분기에는 에어컨+냉장고 조합의 경우 −1+9=8억 원이 되어 두 회사의 수익의 합이 가장 큰 조합이 된다.

6 물적자원 분석 ·· ●●○

1분기와 2분기에 모두 양사가 소비자 선호 제품을 홍보하였을 때, 1분기로부터 변동된 2분기의 수익 현황에 대하여 올바르게 설명한 것은 어느 것인가?

① A회사는 에어컨을 판매할 때의 수익 현황에 변동이 있다.

② 1분기와 2분기에 가장 많은 수익이 발생하는 양사 제품의 조합은 동일하다.

③ 1분기와 2분기에 동일한 수익이 발생하는 양사 제품의 조합은 없다.

④ B회사는 1분기에 TV를 판매하는 것이 2분기에 TV를 판매하는 것보다 더 유리하다.

⑤ B회사는 에어컨을 판매할 때의 수익액이 더 감소한다.

TIP 2분기의 수익체계표를 만들어 1분기와 비교하면 다음과 같다.

• 1분기, TV 홍보

A회사		B회사		
		냉장고	TV	에어컨
	냉장고	(5, −1)	(3, −0.5)	(−6, 3)
	TV	(−0.5, 3)	(−1.5, 3)	(4.5, 2)
	에어컨	(−2, 6)	(4, −0.5)	(−1, −2)

• 2분기, 냉장고 홍보

A회사		B회사		
		냉장고	TV	에어컨
	냉장고	(7.5, −0.5)	(4.5, −1)	(−3, 3)
	TV	(−1, 4.5)	(−3, 2)	(3, 2)
	에어컨	(−2, 9)	(4, −1)	(−1, −2)

따라서 B회사가 1분기 TV를 판매할 경우의 수익액은 −0.5+3−0.5=2억 원인 반면, 2분기에 TV를 판매할 경우의 수익액은 −1+2−1=0억 원으로 1분기에 TV를 판매하는 것이 2분기에 TV를 판매하는 것보다 더 유리하다.

① A회사는 에어컨을 판매할 때의 수익액에 변동이 없다.(−2+4−1 → −2+4−1)

② 1분기에는 TV+에어컨이, 2분기에는 냉장고+냉장고 또는 에어컨+냉장고의 수익이 가장 크다.

③ 양사에서 모두 에어컨을 판매할 경우 1분기와 2분기 동일하게 −3억 원씩의 손실이 발생한다.

⑤ B회사가 에어컨을 판매할 때의 수익액도 3+2−2=3억 원으로 1분기와 2분기 모두 동일하다.

답 5.⑤ 6.④

[7~8] 다음은 A팀이 출장 시 교통수단을 고르기 위한 자료이다. 물음에 답하시오.

4명으로 구성된 A팀은 해외출장을 계획하고 있다. A팀은 출장지에서의 이동수단 한 가지를 결정하려 한다. 이 때 A팀은 경제성, 용이성, 안전성의 총 3가지 요소를 고려하여 최종점수가 가장 높은 이동수단을 선택한다.

- 각 고려요소의 평가결과 '상' 등급을 받으면 3점을, '중' 등급을 받으면 2점을, '하' 등급을 받으면 1점을 부여한다. 단, 안전성을 중시하여 안전성 점수는 2배로 계산한다.
  (예 안전성 '하' 등급 2점)
- 경제성은 각 이동수단별 최소비용이 적은 것부터 상, 중, 하로 평가한다.
- 각 고려요소의 평가점수를 합하여 최종점수를 구한다.

〈이동수단별 평가표〉

이동수단	경제성	용이성	안전성
렌터카	?	상	하
택시	?	중	중
대중교통	?	하	중

〈이동수단별 비용계산식〉

이동수단	비용계산식
렌터카	(렌트비＋유류비)×이용 일수 • 렌트비＝$50/1일(4인승 차량) • 유류비＝$10/1일(4인승 차량)
택시	거리 당 가격($1/1마일)×이동거리(마일) • 최대 4명까지 탑승가능
대중교통	대중교통패스 3일권($40/1인)×인원수

〈해외출장 일정〉

출장일정	이동거리(마일)
11월 1일	100
11월 2일	50
11월 3일	50

이동수단의 경제성이 높은 순서대로 나열한 것은?

① 대중교통 > 렌터카 = 택시

② 대중교통 > 렌터카 > 택시

③ 렌터카 > 대중교통 > 택시

④ 렌터카 > 택시 > 대중교통

⑤ 렌터카 = 대중교통 > 택시

TIP 대중교통 = \$40 × 4명 = \$160
   렌터카 = (\$50 + \$10) × 3 = \$180
   택시 = \$200

A팀이 최종적으로 선택하게 될 최적의 이동수단의 종류와 그 비용으로 옳게 짝지은 것은?

① 렌터카, \$180

② 렌터카, \$160

③ 택시, \$200

④ 대중교통, \$180

⑤ 대중교통, \$160

TIP 최종점수를 산정하면 다음과 같다.

이동수단	경제성	용이성	안전성	합계
렌터카	2	3	2	7
택시	1	2	4	7
대중교통	3	1	4	8

따라서 총점이 가장 높은 대중교통을 이용하며 비용은 \$40 × 4명 = \$160이다.

답 7.② 8.⑤

[9 ~ 10] 甲과 乙은 산양우유를 생산하여 판매하는 ○○목장에서 일한다. 다음을 바탕으로 물음에 답하시오.

- ○○목장은 A ~ D의 4개 구역으로 이루어져 있으며 산양들은 자유롭게 다른 구역을 넘나들 수 있지만 목장을 벗어나지 않는다.
- 甲과 乙은 산양을 잘 관리하기 위해 구역별 산양의 수를 파악하고 있어야 하는데, 산양들이 계속 구역을 넘나들기 때문에 산양의 수를 정확히 헤아리는 데 어려움을 겪고 있다.
- 고민 끝에 甲과 乙은 시간별로 산양의 수를 기록하되, 甲은 특정 시간 특정 구역의 산양의 수만을 기록하고, 乙은 산양이 구역을 넘나들 때마다 그 시간과 그때 이동한 산양의 수를 기록하기로 하였다.
- 甲과 乙이 같은 날 오전 9시부터 오전 10시 15분까지 작성한 기록표는 다음과 같으며, ㉠ ~ ㉣을 제외한 모든 기록은 정확하다.

甲의 기록표			乙의 기록표		
시간	구역	산양 수	시간	구역 이동	산양 수
09:10	A	17마리	09:08	B→A	3마리
09:22	D	21마리	09:15	B→D	2마리
09:30	B	8마리	09:18	C→A	5마리
09:45	C	11마리	09:32	D→C	1마리
09:58	D	㉠21마리	09:48	A→C	4마리
10:04	A	㉡18마리	09:50	D→B	1마리
10:10	B	㉢12마리	09:52	C→D	3마리
10:15	C	㉣10마리	10:05	C→B	2마리

※ 구역 이동 외의 산양의 수 변화는 고려하지 않는다.

㉠ ~ ㉣ 중 옳게 기록된 것만을 고른 것은?

① ㉠㉡

② ㉠㉢

③ ㉡㉢

④ ㉡㉣

⑤ ㉢㉣

TIP ㉠ 09:22에 D구역에 있었던 산양 21마리에서 09:32에 C구역으로 1마리, 09:50에 B구역으로 1마리가 이동하였고 09:52에 C구역에서 3마리가 이동해 왔으므로 09:58에 D구역에 있는 산양은 21 − 1 − 1 + 3 = 22마리이다.
　　 ㉡ 09:10에 A구역에 있었던 산양 17마리에서 09:18에 C구역에서 5마리가 이동해 왔고 09:48에 C구역으로 4마리가 이동하였으므로 10:04에 A구역에 있는 산양은 17 + 5 − 4 = 18마리이다.
　　 ㉢ 09:30에 B구역에 있었던 산양 8마리에서 09:50에 D구역에서 1마리가 이동해 왔고, 10:05에 C구역에서 2마리가 이동해 왔으므로 10:10에 B구역에 있는 산양은 8 + 1 + 2 = 11마리이다.
　　 ㉣ 09:45에 C구역에 있었던 11마리에서 09:48에 A구역에서 4마리가 이동해 왔고, 09:52에 D구역으로 3마리, 10:05에 B구역으로 2마리가 이동하였으므로 10:15에 C구역에 있는 산양은 11 + 4 − 3 − 2 = 10마리이다.

○○목장에서 키우는 산양의 총 마리 수는?

① 58마리

② 59마리

③ 60마리

④ 61마리

⑤ 62마리

TIP ○○목장에서 키우는 산양의 총 마리 수는 22 + 18 + 11 + 10 = 61마리이다.

답 9.④　10.④

△△사는 신사업 개발팀 결성을 위해 기존의 A ~ H팀의 예산을 줄이기로 하였다. △△사는 다음의 조건에 따라 예산을 감축하기로 하였다. 다음 중 옳지 않은 것을 고르면?

조 건

㉠ 만약 금융팀 예산을 감축하면, 총무팀의 예산은 감축되지 않는다.

㉡ 만약 관리팀 예산을 감축하면, 영업팀과 디자인팀의 예산은 감축하지 않는다.

㉢ 만약 인사팀과 디자인팀이 모두 예산을 감축하면, 기획팀의 예산도 감축된다.

㉣ 총무팀, 기획팀, 영업팀 가운데 두 팀만 예산을 감축한다.

① 만약 기획팀과 영업팀의 예산이 감축된다면 총무팀과 관리팀은 예산이 감축되지 않는다.

② 만약 관리팀의 예산이 감축되면 인사팀이나 디자인팀의 예산이 감축되지 않는다.

③ 만약 총무팀의 예산이 감축되면 금융팀의 예산은 감축되지 않는다.

④ 만약 관리팀의 예산이 감축되면 총무팀과 기획팀의 예산이 감축된다.

⑤ 만약 금융팀의 예산이 감축되면 기획팀과 영업팀의 예산도 감축된다.

TIP ② 관리팀의 예산이 감축되면 영업팀과 디자인팀의 예산이 감축되지 않고 ㉣에 따라 총무팀, 기획팀의 예산이 감축된다. ㉢의 대우 명제 '기획팀 예산이 감축되지 않으면 인사팀이나 디자인팀의 예산이 감축되지 않는다'는 참이지만 기획팀의 예산이 감축될 것이므로 옳지 않다.

① 기획팀과 영업팀의 예산이 감축되면 ㉣에 따라 총무팀은 예산이 감축되지 않고 ㉡의 대우 명제인 '영업팀이나 디자인팀의 예산이 감축되면 관리팀의 예산이 감축되지 않는다'에 따라 관리팀의 예산도 감축되지 않는다.

③ 총무팀의 예산이 감축될 경우 조건 ㉠의 대우 명제에 따라 금융팀의 예산은 감축되지 않는다.

④ 관리팀의 예산이 감축되면 영업팀과 디자인팀의 예산이 감축되지 않고 ㉣에 따라 총무팀, 기획팀의 예산이 감축된다.

⑤ 만약 금융팀의 예산이 감축되면 총무팀의 예산이 감축되지 않으므로 ㉣에 따라 기획팀과 영업팀의 예산이 감축된다.

다음은 철수가 운영하는 회사에서 작성한 3월 지출내역이다. 여기에서 알 수 있는 판매비와 일반관리비의 총 합계 금액으로 옳은 것은?

3월 지출내역

광고선전비	320,000원	직원들의 급여	3,600,000원
통신비	280,000원	접대비	1,100,000원
조세공과금	300,000원	대출이자	2,000,000원

① 5,600,000원

② 4,500,000원

③ 6,500,000원

④ 7,600,000원

⑤ 8,200,000원

TIP 판매비와 일반관리비에는 광고선전비, 직원들의 급여, 통신비, 접대비, 조세공과금이 모두 포함되기 때문에 총 합계 금액은 320,000＋3,600,000＋280,000＋1,100,000＋300,000＝5,600,000(원)이다.

답 11.② 12.①

다음의 지원 계획에 따라 연구모임 A ~ E 중 두 번째로 많은 총 지원금을 받는 모임을 고르면?

- 지원을 받기 위해서는 한 모임 당 6명 이상 9명 미만으로 구성되어야 한다.
- 기본지원금 : 한 모임당 1,500천 원을 기본으로 지원한다. 단, 상품 개발을 위한 모임의 경우는 2,000천 원을 지원한다.
- 추가지원금 : 연구 계획 사전평가결과에 따라, '상' 등급을 받은 모임에는 구성원 1인당 120천 원을, '중' 등급을 받은 모임에는 구성원 1인당 100천 원을, '하' 등급을 받은 모임에는 구성원 1인당 70천 원을 추가로 지원한다.
- 협업 장려를 위해 협업이 인정되는 모임에는 위의 두 지원금을 합한 금액의 30%를 별도로 지원한다.

모임	상품개발여부	구성원 수	연구 계획 사전평가결과	협업 인정 여부
A	O	5	상	O
B	X	6	중	X
C	X	8	상	O
D	O	7	중	X
E	X	9	하	X

① A

② B

③ C

④ D

⑤ E

TIP A와 E는 구성원 수 제한으로 제외된다.
B $= 1,500 + 100 \times 6 = 2,100$
C $= 1,500 + 120 \times 8 + (1,500 + 120 \times 8) \times 30\% = 3,198$
D $= 2,000 + 100 \times 7 = 2,700$

길동이는 크리스마스를 맞아 그동안 카드 사용 실적에 따라 적립해 온 마일리지를 이용해 국내 여행(편도)을 가려고 한다. 길동이의 카드 사용 실적과 마일리지 관련 내역이 다음과 같을 때의 상황에 대한 올바른 설명은 어느 것인가?

〈카드 적립 혜택〉

− 연간 결제금액이 300만 원 이하 : 10,000원당 30마일리지
− 연간 결제금액이 600만 원 이하 : 10,000원당 40마일리지
− 연간 결제금액이 800만 원 이하 : 10,000원당 50마일리지
− 연간 결제금액이 1,000만 원 이하 : 10,000원당 70마일리지

※ 마일리지 사용 시점으로부터 3년 전까지의 카드 실적을 기준으로 함

〈길동이의 카드 사용 내역〉

− 재작년 결제 금액 : 월 평균 45만 원
− 작년 결제 금액 : 월 평균 65만 원

〈마일리지 이용 가능 구간〉

목적지	일반석	프레스티지석	일등석
울산	70,000	90,000	95,000
광주	80,000	100,000	120,000
부산	85,000	110,000	125,000
제주	90,000	115,000	130,000

① 올해 카드 결제 금액이 월 평균 80만 원이라면, 일등석을 이용하여 제주로 갈 수 있다.

② 올해 카드 결제 금액이 월 평균 60만 원이라면, 일등석을 이용하여 광주로 갈 수 없다.

③ 올해에 카드 결제 금액이 전무해도 일반석을 이용하여 울산으로 갈 수 있다.

④ 올해 카드 결제 금액이 월 평균 70만 원이라면 프레스티지석을 이용하여 제주로 갈 수 없다.

⑤ 올해 카드 결제 금액이 월 평균 30만 원이라면, 프레스티지석을 이용하여 울산으로 갈 수 있다.

🔒 13.④ 14.②

TIP 재작년과 작년에 적립된 마일리지를 구하면 다음과 같다.

재작년 : $45 \times 12 = 540$, $540 \times 40 = 21,600$

작년 : $65 \times 12 = 780$, $780 \times 50 = 39,000$

총 60,600마일리지

따라서 올해의 카드 결제 금액이 월 평균 60만 원이라면, $60 \times 12 = 720$, $720 \times 50 = 36,000$이 되어 총 96,600마일리지가 되므로 120,000마일리지가 필요한 광주 일등석을 이용할 수 없다.

① $80 \times 12 = 960$, $960 \times 70 = 67,200$마일리지이므로 총 127,800마일리지로 제주 일등석을 이용할 수 없다.

③ 60,600마일리지가 되므로 울산 일반석을 이용할 수 없다.

④ $70 \times 12 = 840$, $840 \times 70 = 58,800$마일리지이므로 총 119,400마일리지로 제주 프레스티지석 이용이 가능하다.

⑤ $30 \times 12 = 360$, $360 \times 40 = 14,400$마일리지이므로 총 75,000마일리지로 울산 프레스티지석을 이용할 수 없다.

┃15~16┃ 다음 A렌터카 업체의 이용 안내문을 읽고 이어지는 물음에 답하시오.

〈대여 및 반납 절차〉

● 대여절차

01. 예약하신 대여지점에서 A렌터카 직원 안내에 따라 예약번호, 예약자명 확인하기

02. 예약자 확인을 위해 면허증 제시 후, 차량 임대차 계약서 작성하기

03. 예약하셨던 차종 및 대여기간에 따라 차량 대여료 결제

04. 준비되어 있는 차량 외관, 작동상태 확인하고 차량 인수인계서 서명하기

05. 차량 계약서, 인수인계서 사본과 대여하신 차량 KEY 수령

● 반납절차

01. 예약 시 지정한 반납지점에서 차량 주차 후, 차량 KEY와 소지품 챙기기

02. A렌터카 직원에게 차량 KEY 반납하기

03. A렌터카 직원과 함께 차량의 내/외관 및 Full Tank (일부지점 예외) 확인하기

04. 반납시간 초과, 차량의 손실, 유류 잔량 및 범칙금 확인하여 추가 비용 정산하기

〈대여 자격기준〉

01. 승용차, 9인승 승합차 : 2종 보통면허 이상

02. 11인승 이상 승합차 : 1종 보통면허 이상

03. 외국인의 경우에는 국제 운전 면허증과 로컬 면허증(해당 국가에서 발급된 면허증) 동시 소지자에 한함

04. 운전자 등록 : 실 운전자 포함 제2운전자까지 등록 가능

〈요금 안내〉

차종	일 요금(원)			초과시간당 요금(원)		
	1일 요금	3~6일	7일+	+6시간	+9시간	+12시간
M(4인승)	190,000	171,000	152,000	114,000	140,600	166,800
N(6인승)	219,000	197,000	175,000	131,400	162,100	192,300
V9(9인승) V11(11인승)	270,000	243,000	216,000	162,000	199,800	237,100
T9(9인승) T11(11인승)	317,000	285,000	254,000	190,200	234,600	278,300
리무진	384,000	346,000	307,000	230,400	284,200	337,200

※ 사전 예약 없이 12시간 이상 초과할 경우 추가 1일 요금이 더해짐

15 물적자원 분석 ·· ●●○

다음 중 A렌터카를 대여하려는 일행이 알아야 할 사항으로 적절하지 않은 것은?

① 차량 대여를 위해서 서명해야 할 서류는 두 가지이다.

② 2종 보통 면허로 A렌터카 업체의 모든 차량을 이용할 수 있다.

③ 대여지점과 반납지점은 미리 예약한 곳으로 지정이 가능하다.

④ 유류비는 대여 시와 동일한 정도의 연료가 남았으면 별도로 지불하지 않는다.

⑤ 외국인이 대여를 할 경우, 2개의 면허증이 필요하다.

TIP ② 외국인은 국제면허증과 자국의 면허증이 필요하며, 내국인의 경우에는 11인승 이상을 대여할 경우 1종 보통면허가 필요하다.
　　① 임대차 계약서와 차량 인수인계서에 서명을 해야 한다.
　　③ '예약 시 지정한 반납지점'이라고 명시되어 있으므로 대여지점과 반납지점은 미리 예약한 곳으로 지정이 가능하다고 볼 수 있다.
　　④ 차량 반납 시 유류 잔량을 확인한다고 명시되어 있다는 것으로 보아, 대여자의 부담이라고 판단할 수 있다.
　　⑤ 외국인의 경우에는 국제 운전 면허증과 로컬면허증 두 개가 모두 필요하다.

답 15.②

A렌터카 업체의 요금 현황을 살펴본 일행의 반응으로 적절하지 않은 것은?

① "우린 4인 가족이니 M차종을 3일 대여하면 2일 대여하는 것보다 일 요금이 19,000원 싸구나."

② "우리 일행이 11명이니 하루만 쓸 거면 V11이 가장 적당하겠다."

③ "2시간이 초과되는 것과 6시간이 초과되는 것은 어차피 똑같은 요금이구나."

④ "T9을 대여해서 12시간을 초과하면 초과시간요금이 V11 하루 요금보다 비싸네."

⑤ "여보, 길이 막혀 초과시간이 12시간보다 한두 시간 넘으면 6시간 초과 요금을 더 내야하니 염두에 두세요."

TIP ⑤ 길이 막혀 늦어지는 경우는 사전 예약이 된 경우라고 볼 수 없으므로 초과시간이 12시간에서 한두 시간이 넘을 경우 6시간의 초과 요금이 아닌, 추가 1일의 요금이 더해진다.

① 1일 대여보다 3 ~ 6일 대여가 1일 대여요금이 19,000원 저렴하다.

② V11과 T11이 11인승이므로 저렴한 V11이 경제적이다.

③ 초과시간요금은 6시간까지 모두 동일하다.

④ T9을 대여해서 12시간을 초과하면 278,000원의 초과시간요금이 발생하므로 V11의 하루 요금인 270,000원보다 비싸지게 된다.

[17 ~ 18] 甲기업 재무팀에서는 2022년도 예산을 편성하기 위해 2021년에 시행되었던 A ~ F 프로젝트에 대한 평가를 실시하여, 아래와 같은 결과를 얻었다. 물음에 답하시오.

⟨프로젝트 평가 결과⟩

(단위 : 점)

프로젝트	계획의 충실성	계획 대비 실적	성과지표 달성도
A	96	95	76
B	93	83	81
C	94	96	82
D	98	82	75
E	95	92	79
F	95	90	85

• 프로젝트 평가 영역과 각 영역별 기준 점수는 다음과 같다.
− 계획의 충실성 : 기준 점수 90점
− 계획 대비 실적 : 기준 점수 85점
− 성과지표 달성도 : 기준 점수 80점
• 평가 점수가 해당 영역의 기준 점수 이상인 경우 '통과'로 판단하고 기준 점수 미만인 경우 '미통과'로 판단한다.
• 모든 영역이 통과로 판단된 프로젝트에는 전년과 동일한 금액을 편성하며, 2개 영역이 통과로 판단된 프로젝트에는 전년 대비 10% 감액, 1개 영역만 통과로 판단된 프로젝트에는 15% 감액하여 편성한다. 다만 '계획 대비 실적' 영역이 미통과인 경우 위 기준과 상관없이 15% 감액하여 편성한다.
• 2021년도 甲기업의 A ~ F 프로젝트 예산은 각각 20억 원으로 총 120억 원이었다.

📄 16.⑤

전년과 동일한 금액의 예산을 편성해야 하는 프로젝트는 총 몇 개인가?

① 1개   ② 2개

③ 3개   ④ 3개

⑤ 5개

TIP 각 영역의 '통과'와 '미통과'를 판단하면 다음과 같다. 모든 영역이 통과로 판단된 프로젝트인 C와 F는 전년과 동일한 금액을 편성해야 한다.

프로젝트	계획의 충실성(90점 이상)	계획 대비 실적(85점 이상)	성과지표 달성도(80점 이상)
A	96 → 통과	95 → 통과	76 → 미통과
B	93 → 통과	83 → 미통과	81 → 통과
C	94 → 통과	96 → 통과	82 → 통과
D	98 → 통과	82 → 미통과	75 → 미통과
E	95 → 통과	92 → 통과	79 → 미통과
F	95 → 통과	90 → 통과	85 → 통과

甲기업의 2022년도 A ~ F 프로젝트 예산 총액은 전년 대비 얼마나 감소하는가?

① 10억 원   ② 9억 원

③ 8억 원   ④ 7억 원

⑤ 6억 원

TIP 각 프로젝트의 2022년도 예산 편성은 다음과 같다. 따라서 甲기업의 2022년도 A ~ F 프로젝트 예산 총액은 110억 원으로 2021년보다 10억 원 감소한다.

프로젝트	예산 편성액
A	2개 영역 통과 → $20 \times 0.9 = 18$억 원
B	계획 대비 실적 영역 미통과 → $20 \times 0.85 = 17$억 원
C	전년 동일 20억 원
D	계획 대비 실적 영역 미통과 → $20 \times 0.85 = 17$억 원
E	2개 영역 통과 → $20 \times 0.9 = 18$억 원
F	전년 동일 20억 원

[19 ~ 21] 다음 주어진 자료들은 H회사의 집화터미널에서 갑 ~ 무 지역 영업점까지의 이동경로와 영업용 자동차의 종류와 연비, 분기별 연료공급가격이다. 자료를 보고 물음에 답하시오.

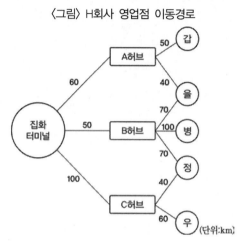

〈그림〉 H회사 영업점 이동경로

※ 물류 오배송 시 같은 허브에 연결된 지역이면 허브만 거쳐서 이동하고, 같은 허브에 연결된 지역이 아니라면 집화터미널로 다시 돌아가 확인 후 이동한다.

〈표1〉 H회사 영업용 자동차의 종류와 연비

(단위 : km/L)

차종	연비
X(휘발유)	15
Y(경유)	20

※ 집화터미널-허브 간 이동은 X차량, 허브-지역 간 이동은 Y차량으로 이동한다.

〈표2〉 분기별 연료공급가격

(단위 : 천 원/L)

	휘발유	경유
1분기	1.5	1.2
2분기	2.1	1.8
3분기	1.8	1.5
4분기	1.5	1.3

답 17.② 18.①

1분기에 물류 이동 계획은 갑 지역 5번, 정 지역 5번이다. 1분기의 연료비는 총 얼마인가? (단, 모든 이동은 연료비가 가장 적게 드는 방향으로 이동한다.)

① 82,000원

② 91,000원

③ 107,000원

④ 116,000원

⑤ 118,000원

TIP 1분기의 km당 연료비는 휘발유 100원, 경유 60원이다.
  ㉠ 갑 지역 이동(집화터미널-A허브-갑 지역)
    • 집화터미널-A허브(60km) : $100원 \times 60km \times 5회 = 30,000원$
    • A허브-갑 지역(50km) : $60원 \times 50km \times 5회 = 15,000원$
  ㉡ 정 지역 이동(집화터미널-B허브-정 지역 또는 집화터미널-C허브-정 지역)
    • 집화터미널-B허브(50km) : $100원 \times 50km \times 5회 = 25,000원$
    • B허브-정 지역(70km) : $60원 \times 70km \times 5회 = 21,000원$
      또는
    • 집화터미널-C허브(100km) : $100원 \times 100km \times 5회 = 50,000원$
    • C허브-정 지역(40km) : $60원 \times 40km \times 5회 = 12,000원$
  ∴ 총 연료비는 91,000원이다(∵ 정 지역 이동 시 B허브 이용)

2분기에 정 지역에 가야할 물류가 무 지역으로 오배송되었다. 연료비 손해는 얼마인가? (단, 모든 이동은 연료비가 가장 적게 드는 방향으로 이동한다.)

① 7,200원

② 9,000원

③ 10,800원

④ 15,100원

⑤ 17,500원

TIP 2분기의 km당 연료비는 휘발유 140원, 경유 90원이다.

　　㉠ 정 지역으로 가는 방법

　　　• 집화터미널-B허브(50km) : 140원×50km=7,000원

　　　• B허브-정 지역(70km) : 90원×70km=6,300원

　　　　또는

　　　• 집화터미널-C허브(100km) : 140원×100km=14,000원

　　　• C허브-정 지역(40km) : 90원×40km=3,600원

　　　　∴ 13,300원(∵ 정 지역 이동시 B허브 이용)

　　㉡ 무 지역으로 이동 후 정 지역으로 가는 방법

　　　• 집화터미널-C허브(100km) : 140원×100km=14,000원

　　　• C허브-무 지역(60km) : 90원×60km=5,400원

　　　• 무 지역-정 지역(100km) : 90원×100km=9,000원(∵ 무 지역과 정 지역은 C허브로 연결)

　　　　∴ 28,400원

　　∴ 15,100원 손해이다.

---

21 시간자원관리 분석 ⋯⋯⋯ ●●○

연료비 10만 원 예산으로 3분기에 을 지역으로 물류 이동을 하려고 한다. 총 몇 회의 왕복이 가능한가?

① 3회

② 4회

③ 5회

④ 6회

⑤ 7회

TIP 3분기의 km당 연료비는 휘발유 120원, 경유 75원이다.

　　• 집화터미널-A허브(60km) : 120원×60km=7,200원

　　• A허브-을 지역(50km) : 75원×50km=3,750원

　　또는

　　• 집화터미널-B허브(50km) : 120원×50km=6,000원

　　• B허브-을 지역(70km)75원×70km=5,250원 이므로

　　을 지역은 A허브를 통해 이동하는 것이 더 저렴하다(10,950원)

　　∴ 총 4회 왕복 가능(∵ 1회 왕복 연료비 21,900원)

📘 19.② 20.④ 21.②

甲회사 인사부에 근무하고 있는 H부장은 각 과의 요구를 모두 충족시켜 신규직원을 배치하여야 한다. 각 과의 요구가 다음과 같을 때 홍보과에 배정되는 사람은 누구인가?

〈신규직원 배치에 대한 각 과의 요구〉
• 관리과 : 5급이 1명 배정되어야 한다.
• 홍보과 : 5급이 1명 배정되거나 6급이 2명 배정되어야 한다.
• 재무과 : B가 배정되거나 A와 E가 배정되어야 한다.
• 총무과 : C와 D가 배정되어야 한다.

〈신규직원〉
• 5급 2명(A, B)
• 6급 4명(C, D, E, F)

---

① A

② B

③ C와 D

④ E와 F

⑤ C, D와 F

TIP 주어진 조건을 보면 관리과와 재무과에는 반드시 각각 5급이 1명씩 배정되고, 총무과에는 6급 2명이 배정된다. 인원수를 따져 보면 홍보과에는 5급을 배정할 수 없기 때문에 6급이 2명 배정된다. 6급 4명 중에 C와 D는 총무과에 배정되므로 홍보과에 배정되는 사람은 E와 F이다. 각 과별로 배정되는 사람을 정리하면 다음과 같다.

관리과	A
홍보과	E, F
재무과	B
총무과	C, D

S기관은 업무처리 시 오류 발생을 줄이기 위해 2016년부터 오류 점수를 계산하여 인사고과에 반영한다고 한다. 이를 위해 매월 직원별로 오류 건수를 조사하여 오류 점수를 다음과 같이 계산한다고 할 때, 가장 높은 오류 점수를 받은 사람은 누구인가?

〈오류 점수 계산 방식〉

• 일반 오류는 1건당 10점, 중대 오류는 1건당 20점씩 오류 점수를 부과하여 이를 합산한다.
• 전월 우수사원으로 선정된 경우, 합산한 오류 점수에서 80점을 차감하여 월별 최종 오류 점수를 계산한다.

〈S기관 벌점 산정 기초자료〉

직원	오류 건수(건)		전월 우수사원 선정 여부
	일반 오류	중대 오류	
A	5	20	미선정
B	10	20	미선정
C	15	15	선정
D	20	10	미선정
E	15	10	미선정

① A

② B

③ C

④ D

⑤ E

TIP ① A : 450점
② B : 500점
③ C : 370점
④ D : 400점
⑤ E : 350점

인사부에서 근무하는 H 씨는 다음 〈상황〉과 〈조건〉에 근거하여 부서 배정을 하려고 한다. 〈상황〉과 〈조건〉을 모두 만족하는 부서 배정은 어느 것인가?

〈상황〉

총무부, 영업부, 홍보부에는 각각 3명, 2명, 4명의 인원을 배정하여야 한다. 이번에 선발한 인원으로는 5급이 A, B, C가 있으며, 6급이 D, E, F가 있고 7급이 G, H, I가 있다.

〈조건〉

조건1 : 총무부에는 5급이 2명 배정되어야 한다.
조건2 : B와 C는 서로 다른 부서에 배정되어야 한다.
조건3 : 홍보부에는 7급이 2명 배정되어야 한다.
조건4 : A와 I는 같은 부서에 배정되어야 한다.

	총무부	영업부	홍보부
①	A, C, I	D, E	B, F, G, H
②	A, B, E	D, G	C, F, H, I
③	A, B, I	C, D, G	E, F, H
④	B, C, H	D, E	A, F, G, I
⑤	A, B, I	G, H	C, D, E, F

TIP ② A와 I가 같은 부서에 배정되어야 한다는 조건4를 만족하지 못한다.
③ 홍보부에 4명이 배정되어야 한다는 〈상황〉에 부합하지 못한다.
④ B와 C가 서로 다른 부서에 배정되어야 한다는 조건2를 만족하지 못한다.
⑤ 홍보부에 7급이 2명 배정되어야 한다는 조건3을 만족하지 못한다.

다음은 공무원에게 적용되는 '병가' 규정의 일부이다. 다음을 참고할 때, 규정에 맞게 병가를 사용한 것으로 볼 수 없는 사람은 누구인가?

병가(복무규정 제18조)

▲ 병가사유

– 질병 또는 부상으로 인하여 직무를 수행할 수 없을 때

– 감염병의 이환으로 인하여 그 공무원의 출근이 다른 공무원의 건강에 영향을 미칠 우려가 있을 때

▲ 병가기간

– 일반적 질병 또는 부상: 연 60일의 범위 내

– 공무상 질병 또는 부상: 연 180일의 범위 내

▲ 진단서를 제출하지 않더라도 연간 누계 6일까지는 병가를 사용할 수 있으나, 연간 누계 7일째 되는 시점부터는 진단서를 제출하여야 함.

▲ 질병 또는 부상으로 인한 지각 · 조퇴 · 외출의 누계 8시간은 병가 1일로 계산, 8시간 미만은 계산하지 않음

▲ 결근 · 정직 · 직위해제일수는 공무상 질병 또는 부상으로 인한 병가일수에서 공제함.

---

① 공무상 질병으로 179일 병가 사용 후, 같은 질병으로 인한 조퇴 시간 누계가 7시간인 K 씨

② 일반적 질병으로 인하여 직무 수행이 어려울 것 같아 50일 병가를 사용한 S 씨

③ 정직 30일의 징계와 30일의 공무상 병가를 사용한 후 지각 시간 누계가 7시간인 L 씨

④ 일반적 질병으로 60일 병가 사용 후 일반적 부상으로 인한 지각 · 조퇴 · 외출 시간이 각각 3시간씩인 H 씨

⑤ 진단서 없이 6일간의 병가 사용 후 지각 · 조퇴 · 외출 시간이 각각 2시간씩인 J 씨

TIP 일반적 질병으로 60일 병가를 모두 사용하였고, 부상으로 인한 지각 · 조퇴 · 외출 누계 허용

② 일반적 질병으로 60일 범위 내에서 사용한 병가이므로 규정 내에서 사용하였다.

③ 정직일수는 병가일수에서 공제하여야 하므로 60일(정직 30일+공무상 병가 30일)의 공무상 병가이며, 지각 누계 시간이 8시간 미만이므로 규정 내에서 사용하였다.

⑤ 진단서 없이 6일간의 기한 내 병가 사용이며 지각 · 조퇴 · 외출 누계 시간이 각각 6시간으로 규정 내에서 사용하였다.

답 24.① 25.④

다음은 A시의 '공무원 승급의 제한'과 관련한 규정의 일부이다. 다음 중 규정을 올바르게 이해한 설명은?

〈승급이 제한되어 승급시킬 수 없는 기간〉

- 징계처분기간 · 직위해제기간 · 휴직기간(군 입대 휴직 포함) 중인 기간

   ※ 공무상 질병 또는 부상으로 인한 휴직은 승급제한 대상이 아니므로, 공무상 질병 또는 부상 휴직자는 재직자와 같이 정기 승급일에 승급할 수 있다.

- 징계처분의 집행이 종료된 날로부터 다음의 '승급제한기간'이 경과할 때까지
  - 강등 · 정직(18월), 감봉(12월), 견책(6월)

   ※ 단, 「지방공무원법」 제69조의2 제1항 각 호의 어느 하나에 해당하는 경우 또는 성폭력, 성희롱 및 성매매로 인한 징계처분의 경우에는 각 처분별 승급제한기간에 6월을 가산한다.

- 법령의 규정에 의한 근무성적 평정점이 최하등급에 해당하는 자(근무성적 평정에 관한 규정의 적용을 받지 아니하는 자는 상급감독자가 근무성적이 불량하다고 인정하는 자) : 최초 정기승급예정일로부터 6월이 경과할 때까지

징계에 의한 승급제한기간		호봉 재획정 시기
징계처분기간 + 승급제한기간 • 강등, 정직 : 징계처분기간+18월 • 감봉 : 징계처분기간+12월 • 견책 : 6월	⇒	징계처분 + 승급제한기간의 집행이 종료된 날로부터 다음의 기간이 경과한 날이 속하는 달의 다음 달 1일에 호봉 재획정 • 강등 : 9년 • 정직 : 7년 • 감봉 : 5년 • 견책 : 3년

---

① 공무상 질병으로 휴직 중인 자가 휴직 기간 중 견책 처분을 받게 되면, 견책 기간은 승급제한기간에 산입되지 않는다.

② 감봉 12월 처분을 받은 자는 감봉 처분 개시일로부터 2년 간 승급할 수 없으며, 호봉 재획정은 감봉 처분 개시일로부터 7년 후 이루어진다.

③ 징계 처분을 받지 않는다면 승급 시 근무성적 평정에 따른 제한은 없다.

④ 군복무 중인 자는 일정 기간을 감산한 군복무 기간 동안 승급이 제한된다.

⑤ 성희롱으로 인한 정직 12월을 받은 경우 호봉 재획정은 정직 개시일로부터 9년 6개월 후에 이루어진다.

TIP ② 감봉 징계 처분기간 12월+승급제한기간 12월+호봉 재획정 시기 5년＝7년 후가 된다.

① 공무상 질병 휴직인 경우는 승급에 제한이 없으나, 특정 기간에 따라 징계처분의 적용이 상이하다는 규정이 없으므로 견책에 의한 징계처분은 휴직 여부에 관계없이 승급제한기간에 산입된다.

③ 근무성적 평정점이 최하등급에 해당하는 자는 승급제한 대상자가 된다.

④ 군복무 기간에 대한 별도 사항이 없으므로 규정된 바와 같이 전 기간 승급제한이 되는 것으로 판단하여야 한다.

⑤ 성희롱으로 인한 정직 12월을 받은 경우 징계처분기간 12월+승급제한기간 18월+호봉재획정 시기 7년＝9년 6개월, 그리고 성폭력, 성희롱 및 성매매로 인한 징계처분의 경우 승급제한기간이 6월 가산하므로 10년 후에 호봉 재획정이 이루어진다.

답 26.②

다음의 내용을 읽고 밑줄 친 ㉠과 ㉡으로부터 도출된 설명으로 가장 바르지 않은 것을 고르면?

◆ 기업을 가장 잘 아는 대학 한국 폴리텍 IV대학의 기업 파트너십 제도 운영

대학 경쟁력 강화 및 수요자 만족도 향상으로 기업과 대학이 상생할 수 있는 기업 파트너십은 기업으로부터 산업현장 신기술 등의 정보지원과 기업의 애로사항 등을 지원하여 상호 협력관계를 갖는 제도를 운영하며, 기업전담제를 통해 교수 1인당 10개 이상의 기업체를 전담하여 산학협력을 강화함으로써 기업이 원하는 인재를 양상하고, 기업의 요구 기술 및 향상훈련 등 기업이 필요로 하는 서비스를 제공하여 글로벌 인재를 길러내고 있다.

◆ NCS를 기반으로 한 일 학습 병행제 실시대학!

산업현장의 인재 양성을 위해 기업이 취업을 원하는 청년 등을 학습근로자를 채용하여, 폴리텍 대학과 함께 해당 직장에서의 ㉠현장훈련(OJT 훈련)과 ㉡대학에서의 훈련(Off-JT)을 병행하여 체계적인 교육훈련을 제공하고, 일 학습 병행제 프로그램을 마친 자의 역량을 국가 또는 해당 산업분야에서의 자격 또는 학력 등으로 인정하는 제도로 고교졸업자의 선 취업 후 진학의 시스템을 운영하고 있다.

◆ 기업주문식(취업 약정형) 맞춤훈련으로 졸업 전 취업예약!!

한국 폴리텍 IV대학은 기업과 훈련 협약을 체결하고 주문식 맞춤교육을 통해 기업이 원하는 맞춤인력을 양성하며 기업주문식 맞춤훈련을 통해 졸업 전 양질의 취업을 보장받고 기업은 즉시 활용 가능한 인력을 확보가 가능한 시스템을 운영 중이다.

---

① ㉠의 경우에는 일(업무)을 하면서 동시에 훈련이 가능하다.

② ㉠의 경우에는 상사 또는 동료 간의 이해 및 협조정신을 높일 수 있다는 특징이 있다.

③ ㉡의 경우에는 이들 구성원들을 직무로부터 분리시키고 일정한 장소에 집합시켜 교육훈련을 시키는 방식이라 할 수 있다.

④ ㉡의 경우에는 많은 수의 구성원들에 대한 교육이 불가능하다.

⑤ ㉡의 경우 현 업무와는 별개로 예정된 계획에 따라 실시가 가능하다.

TIP ㉡ OFF-JT은 구성원(인적자원)들을 일정 기간 동안 직무로부터 분리시켜 기업 내 연수원 또는 교육원 등의 일정한 장소에 집합시켜서 교육훈련을 시키는 방식을 의미하며, 현 업무와는 별개로 예정된 계획에 따라 실시가 가능하고 한 번에 많은 수의 구성원들에 대한 교육이 가능하다.

다음은 신입직원인 동성과 성종이 기록한 일기의 한 부분이다. 이에 대한 설명으로 옳지 않은 것은?

동성의 일기

2022. 2. 5. 금
 ⋯ 중국어 실력이 부족하여 하루 종일 중국어를 해석하는 데 온 시간을 투자하였고 동료에게 무시를 당했다. 평소 중국어 공부를 소홀히 한 것이 후회스럽다.

2022. 2. 13. 토
 ⋯ 주말이지만 중국어 학원을 등록하여 오늘부터 중국어 수업을 들었다. 회사 업무도 업무지만 중국어는 앞으로 언젠가는 필요할 것이니까 지금부터라도 차근차근 배워야겠다.

성종의 일기

2022. 2. 21. 일
 오늘은 고등학교 동창들과 만든 테니스 모임이 있는 날이다. 여기서 친구들과 신나게 운동을 하면 지금까지 쌓였던 피로가 한 순간에 날아간다. 지난 한 주의 스트레스를 오늘 여기서 다 날려 버리고 내일 다시 새로운 한 주를 시작해야지.

2022. 2. 26. 금
 업무가 끝난 후 오랜만에 대학 친구들과 회식을 하였다. 그 중에서 한 친구는 자신의 아들이 이번에 ○○대학병원 인턴으로 가게 됐는데 직접 환자를 수술하는 상황에 처하자 두려움이 생겨 실수를 하여 직위해제 되었다며 아들 걱정을 하였다. 그에 비하면 나는 비록 작은 회사에 다니지만 그래도 내 적성과 맞는 직업을 택해 매우 다행이라는 생각이 문득 들었다.

---

① 성종은 비공식조직의 순기능을 경험하고 있다.

② 동성은 재사회화 과정을 거치고 있다.

③ 성종은 적성과 직업의 불일치 상황에 놓여 있다.

④ 동성은 업무수행에 있어 비공식적 제재를 받았다.

⑤ 성종의 친구 아들은 공식적 제재를 받았다.

TIP ③ 직업불일치 상황에 놓여 있는 것은 성종의 친구 아들이다.

답 27.④ 28.③

다음은 K사의 채용공고에 응한 응시자들 중 서류 전형을 통과하여 1차, 2차 필기 테스트를 마친 응시자들의 항목별 우수자 현황표이다. 이에 대한 올바른 의견을 〈보기〉에서 모두 고른 것은 어느 것인가? (단, 1차 필기 테스트를 치른 응시자 전원이 2차 필기 테스트에 응했다고 가정한다.)

항목	1차 테스트			항목	2차 테스트		
	남자	여자	소계		남자	여자	소계
문서이해	67	38	105	문서작성	39	43	82
문제도출	39	56	95	문제처리	51	75	126
시간관리	54	37	91	예산관리	45	43	88
정보처리	42	61	103	컴퓨터활용	55	43	98
업무이해	62	44	106	체제이해	65	41	106

— 보 기 —

㉠ 남자의 평균 항목 당 우수자는 2차보다 1차가 근소하게 많다.
㉡ 의사소통능력 분야의 우수자 비중이 가장 낮다.
㉢ 남녀 우수자의 비율 차이는 체제이해 항목에서 가장 크다.
㉣ 1, 2차 모든 항목 중 항목별 우수자의 여성 비중이 가장 낮은 항목은 체제이해 항목이다.

① ㉠㉣

② ㉠㉡

③ ㉡㉢

④ ㉢㉣

⑤ ㉠㉢㉣

TIP ㉠ 남자의 1차 테스트 평균 항목 당 우수자는 (64+39+54+42+62)÷5＝52.2명이며, 2차의 경우는 (39+51+45+55+65)÷5＝51명으로 2차가 1차보다 근소하게 많다.
　　㉡ 1, 2차 항목을 합한 각 분야의 우수자는 의사소통능력 187명, 문제해결능력 221명, 자원관리 179명, 정보능력 201명, 조직이해 212명으로 우수자가 가장 적은 분야는 자원관리 분야이다.
　　㉢ 체제이해 항목의 남녀 비율은 각각 65÷106×100＝약 61.3%, 41÷106×100＝약 38.7%이며, 문서이해 항목의 남녀 비율은 각각 67÷105×100＝약 63.8%, 38÷105×100＝약 36.2%이므로 남녀 우수자의 비율 차이가 가장 큰 항목은 문서이해 항목이다.
　　㉣ 체제이해 항목에서는 여성 우수자의 비중이 41÷106×100＝약 38.7%로 가장 낮다.

유형 2 │ 자원 활용 방법

업무 수행에 있어 효과적인 자원관리 방법과 자원관리의 활용 방법을 판단하는 문제가 출제된다. 자원관리능력 문제와 마찬가지로 자료를 제시하고 효율적으로 관리하는 방법을 묻는다. 자원관리능력 유형과 비슷하며, 일정 짜기, 부서 배치, 예약하기 등의 유형으로 출제된다.

[1 ~ 2] L사의 신입사원 연수를 마치고 부서 배치를 기다리는 직원들의 부서 배치 평가 결과와 인원 요청 현황은 다음과 같다. 이를 보고 이어지는 물음에 답하시오.

〈인원별 평가 점수(평가 당 10점 만점)〉

(단위 : 점)

구분	1차 평가	2차 평가	3차 평가	희망 부서
갑	8	5	7	회계팀
을	6	8	5	생산팀
병	6	6	8	경영기획팀
정	7	4	9	마케팅팀
무	9	5	5	홍보팀
기	8	7	7	생산팀
경	4	9	8	회계팀

〈부서별 인원 요청 현황〉

(단위 : 명)

부서	필요인원 수	부서	필요인원 수
외환팀	1	홍보팀	2
생산팀	1	경영기획팀	2
회계팀	1	마케팅팀	1

답 29.①

1 ~ 3차 평가 점수의 합계 점수를 기준으로 고득점자의 희망 부서를 우선 배치할 경우, 자신이 희망하는 부서에 배치될 수 있는 인원은 몇 명인가? (단, 상위 득점자가 희망 부서를 바꿔 하위 득점자의 희망 부서에 배치되지 않는다고 가정한다.)

① 1명

② 2명

③ 3명

④ 4명

⑤ 5명

TIP 1 ~ 3차 평가의 합계 점수를 구하여 희망 부서 배치 가능 여부를 확인해 보면 다음과 같다.

구분	합계 점수(점)	고득점 순위(등)	희망 부서	배치 가능 여부
갑	8+5+7=20	3	회계팀	X
을	6+8+5=19	6	생산팀	X
병	6+6+8=20	3	경영기획팀	O
정	7+4+9=20	3	마케팅팀	O
무	9+5+5=19	6	홍보팀	O
기	8+7+7=22	1	생산팀	O
경	4+9+8=21	2	회계팀	O

위의 표에서 알 수 있듯이, 갑은 경보다 점수가 낮고, 을은 경보다 점수가 낮아 각각 1명씩을 원하는 희망 부서에 배치될 수 없다. 나머지 5명은 모두 희망 부서에 배치가 가능함을 알 수 있다.

1차, 2차, 3차 평가 점수에 각각 50%, 30%, 20%씩의 가중치를 적용하여 10점 만점으로 합계 점수를 구해 점수가 높은 순으로 배치 부서를 정할 경우, 1 ～ 3차 합계 점수로 계산할 경우와 다른 직원이 배치되는 부서는?

① 생산팀

② 회계팀

③ 홍보팀

④ 경영기획팀

⑤ 마케팅팀

TIP 가중치를 계산하여 합계 점수를 계산하면 다음과 같다.

구분	1차 평가	2차 평가	3차 평가	합계 점수(점)	희망부서배치
갑	$8 \times 0.5 = 4$	$5 \times 0.3 = 1.5$	$7 \times 0.2 = 1.4$	6.9	회계팀
을	$6 \times 0.5 = 3$	$8 \times 0.3 = 2.4$	$5 \times 0.2 = 1$	6.4	X
병	$6 \times 0.5 = 3$	$6 \times 0.3 = 1.8$	$8 \times 0.2 = 1.6$	6.4	경영기획팀
정	$7 \times 0.5 = 3.5$	$4 \times 0.3 = 1.2$	$9 \times 0.2 = 1.8$	6.5	마케팅팀
무	$9 \times 0.5 = 4.5$	$5 \times 0.3 = 1.5$	$5 \times 0.2 = 1$	7	홍보팀
기	$8 \times 0.5 = 4$	$7 \times 0.3 = 2.1$	$7 \times 0.2 = 1.4$	7.5	생산팀
경	$4 \times 0.5 = 2$	$9 \times 0.3 = 2.7$	$8 \times 0.2 = 1.6$	6.3	X

1 ～ 3차 합계 점수로 계산할 경우 회계팀은 경이 배치되지만 가중치로 계산할 경우 갑이 배치되므로 점수 계산 방식에 따라 다른 직원이 배치되는 부서는 회계팀이다.

답 1.⑤ 2.②

[3 ~ 4] 다음은 A병동 11월 근무 일정표 초안이다. A병동은 1 ~ 4조로 구성되어있으며 3교대로 돌아간다. 주어진 정보를 보고 물음에 답하시오.

	일	월	화	수	목	금	토
	1	2	3	4	5	6	7
오전	1조	1조	1조	1조	1조	2조	2조
오후	2조	2조	2조	3조	3조	3조	3조
야간	3조	4조	4조	4조	4조	4조	1조
	8	9	10	11	12	13	14
오전	2조	2조	2조	3조	3조	3조	3조
오후	3조	4조	4조	4조	4조	4조	1조
야간	1조	1조	1조	1조	2조	2조	2조
	15	16	17	18	19	20	21
오전	3조	4조	4조	4조	4조	4조	1조
오후	1조	1조	1조	1조	2조	2조	2조
야간	2조	2조	3조	3조	3조	3조	3조
	22	23	24	25	26	27	28
오전	1조	1조	1조	1조	2조	2조	2조
오후	2조	2조	3조	3조	3조	3조	3조
야간	4조	4조	4조	4조	4조	1조	1조

	29	30	• 1조 : 나경원(조장), 임채민, 조은혜, 이가희, 김가은
오전	2조	2조	• 2조 : 김태희(조장), 이샘물, 이가야, 정민지, 김민경
오후	4조	4조	• 3조 : 우채원(조장), 황보경, 최희경, 김희원, 노혜은
야간	1조	1조	• 4조 : 전혜민(조장), 고명원, 박수진, 김경민, 탁정은

※ 1) 한 조의 일원이 개인 사유로 근무가 어려울 경우 당일 오프인 조의 일원(조장 제외) 중 1인이 대체 근무를 한다.
   2) 대체근무의 경우 오전근무 직후 오후근무 또는 오후근무 직후 야간근무는 가능하나 야간근무 직후 오전근무는 불가능하다.
   3) 대체근무가 어려운 경우 휴무자가 포함된 조의 조장이 휴무자의 업무를 대행한다.

3 인적자원관리 방법 ·· ●●○

다음은 직원들의 휴무 일정이다. 배정된 대체근무자로 적절하지 못한 사람은?

휴무일자	휴무 예정자	대체 근무 예정자
11월 3일	임채민	① 노혜은
11월 12일	황보경	② 이가희
11월 17일	우채원	③ 이샘물
11월 24일	김가은	④ 이가야
11월 30일	고명원	⑤ 최희경

TIP 11월 12일 황보경(3조)은 오전근무이다. 1조는 바로 전날 야간근무를 했기 때문에 대체해줄 수 없다. 따라서 이가희가 아닌 우채원(3조 조장)이 황보경의 업무를 대행한다.

4 인적자원관리 방법 ·· ●●○

다음은 직원들의 휴무 일정이다. 배정된 대체근무자로 적절하지 못한 사람은?

휴무일자	휴무 예정자	대체 근무 예정자
11월 7일	노혜은	① 탁정은
11월 10일	이샘물	② 최희경
11월 20일	김희원	③ 임채민
11월 29일	탁정은	④ 김희원
11월 30일	이가희	⑤ 황보경

TIP 11월 20일 김희원(3조)는 야간근무이다. 1조는 바로 다음 날 오전근무를 해야 하기 때문에 대체해줄 수 없다. 따라서 임채민이 아닌 우채원(3조 조장)이 김희원의 업무를 대행한다.

답 3.② 4.③

다음은 甲대학의 학사규정이다. 甲대학의 학생이 재적할 수 있는 최장기간과 甲대학에 특별입학 학생이 해외 어학연수 없이 재적할 수 있는 최장기간으로 알맞은 것은?

〈甲 대학 학사규정〉

제1조(목적) 이 규정은 졸업을 위한 재적기간 및 수료연한을 정하는 것을 목적으로 한다.

제2조(재적기간과 수료연한)

① 재적기간은 입학 시부터 졸업 시까지의 기간으로 휴학기간을 포함한다.

② 졸업을 위한 수료연한은 4년으로 한다. 다만 다음 각 호의 경우에는 수료연한을 달리할 수 있다.

   1. 외국인 유학생은 어학습득을 위하여 수료연한을 1년 연장하여 5년으로 할 수 있다.

   2. 특별입학으로 입학한 학생은 2년차에 편입되며 수료연한은 3년으로 한다. 다만 특별입학은 내국인에 한한다.

③ 수료와 동시에 졸업한다.

제3조(휴학)

① 휴학은 일반휴학과 해외 어학연수를 위한 휴학으로 구분한다.

② 일반휴학은 해당 학생의 수료연한의 2분의 1을 초과할 수 없으며, 6개월 단위로만 신청할 수 있다.

③ 해외 어학연수를 위한 휴학은 해당 학생의 수료연한의 2분의 1을 초과할 수 없으며, 1년 단위로만 신청할 수 있다.

---

① 9년, 4년

② 9년 6개월, 4년

③ 9년 6개월, 4년 6개월

④ 10년, 4년 6개월

⑤ 10년, 4년

TIP 甲대학의 학생 중 유학생일 경우 수요연한을 최대 5년으로 할 수 있으며 일반 유학으로 휴학할 시 수료연한의 2분의 1을 이내로 가능하므로 최대 2년 6개월 가능하고 해외 어학연수 시 최대 2년을 추가로 휴학 가능하여 총 9년 6개월이 최장기간이 된다. 특별입학 시 수료연한은 3년, 일반휴학 시 1년 6개월 휴학이 가능하므로 총 4년 6개월이 최장기간이 된다.

외국계 은행 서울지사에 근무하는 甲은 런던지사 乙, 시애틀지사 丙과 같은 프로젝트를 진행하면서 다음과 같이 영상업무회의를 진행하였다. 회의 시각은 런던을 기준으로 11월 1일 오전 9시라고 할 때, ㉠에 들어갈 일시는? (단 런던은 GMT+0, 서울은 GMT+9, 시애틀은 GMT-7을 표준시로 사용한다.)

甲 : 제가 프로젝트에서 맡은 업무는 오늘 오후 10시면 마칠 수 있습니다. 런던에서 받아서 1차 수정을 부탁드립니다.

乙 : 네, 저는 甲님께서 제시간에 끝내 주시면 다음날 오후 3시면 마칠 수 있습니다. 시애틀에서 받아서 마지막 수정을 부탁드립니다.

丙 : 알겠습니다. 저는 앞선 두 분이 제시간에 끝내 주신다면 서울을 기준으로 모레 오전 10시면 마칠 수 있습니다. 제가 업무를 마치면 프로젝트가 최종 마무리 되겠군요.

甲 : 잠깐, 다들 말씀하신 시각의 기준이 다른 것 같은데요? 저는 처음부터 런던을 기준으로 이해하고 말씀드렸습니다.

乙 : 저는 처음부터 시애틀을 기준으로 이해하고 말씀드렸는데요?

丙 : 저는 처음부터 서울을 기준으로 이해하고 말씀드렸습니다. 그렇다면 계획대로 진행될 때 서울을 기준으로 (㉠)에 프로젝트를 최종 마무리할 수 있겠네요.

甲, 乙 : 네, 맞습니다.

---

① 11월 2일 오후 3시

② 11월 2일 오후 11시

③ 11월 3일 오전 10시

④ 11월 3일 오후 3시

⑤ 11월 3일 오후 7시

TIP 회의 시간이 런던을 기준으로 11월 1일 9시이므로, 이때 서울은 11월 1일 18시, 시애틀은 11월 1일 2시이다.
- 甲은 런던을 기준으로 말했으므로 甲이 프로젝트에서 맡은 업무를 마치는 시간은 런던 기준 11월 1일 22시로, 甲이 맡은 업무를 마치는 데 필요한 시간은 22 - 9 = 13시간이다.
- 乙은 시애틀을 기준으로 이해하고 말했으므로 乙이 甲이 말한 乙이 말한 다음날 오후 3시는 시애틀 기준 11월 2일 15시이다. 乙은 甲이 시애틀을 기준으로 11월 1일 22시에 맡은 일을 끝내 줄 것이라고 생각하였으므로, 乙이 맡은 업무를 마치는 데 필요한 시간은 2 + 15 = 17시간이다.
- 丙은 서울을 기준으로 말했으므로 丙이 말한 모레 오전 10시는 11월 3일 10시이다. 丙은 乙이 서울을 기준으로 11월 2일 15시에 맡은 일을 끝내 줄 것이라고 생각하였으므로, 丙이 맡은 업무를 마치는 데 필요한 시간은 9 + 10 = 19시간이다.

따라서 계획대로 진행될 경우 甲, 乙, 丙이 맡은 업무를 끝내는 데 필요한 총 시간은 13 + 17 + 19 = 49시간으로, 2일하고 1시간이라고 할 수 있다. 이를 서울 기준으로 보면 11월 1일 18시에서 2일하고 1시간이 지난 후이므로, 11월 3일 19시이다.

답 5.③ 6.⑤

기획팀 N 대리는 다음 달로 예정되어 있는 해외 출장 일정을 확정하려 한다. 다음에 제시된 글의 내용을 만족할 경우 N 대리의 출장 일정에 대한 보기의 설명 중 올바른 것은 어느 것인가?

N 대리는 다음 달 3박4일 간의 중국 출장이 계획되어 있다. 회사에서는 출발일과 복귀일에 업무 손실을 최소화할 수 있도록 가급적 평일에 복귀하도록 권장하고 있고, 출장 기간에 토요일과 일요일이 모두 포함되는 일정은 지양하도록 요구한다. 이번 출장은 기획팀에게 매우 중요한 문제를 해결할 수 있는 기회가 될 수 있어 팀장은 N 대리의 복귀 바로 다음 날 출장 보고를 받고자 한다. 다음 달의 첫째 날은 금요일이며 마지막 주 수요일과 13일은 N대리가 빠질 수 없는 업무 일정이 잡혀 있다.

---

① 금요일에 출장을 떠나는 일정도 가능하다.

② 팀장은 월요일이나 화요일에 출장 보고를 받을 수 있다.

③ N 대리가 출발일로 잡을 수 있는 날짜는 모두 4개이다.

④ N 대리는 마지막 주에 출장을 가게 될 수도 있다.

⑤ 다음 달 15일 이후가 이전보다 출발 가능일이 더 많다.

TIP 다음 달의 첫째 날이 금요일이므로 아래와 같은 달력을 그려 볼 수 있다.

일	월	화	수	목	금	토
					1	2
3	4	5	6	7	8	9
10	11	12	13	14	15	16
17	18	19	20	21	22	23
24	25	26	27	28	29	30

3박4일 일정이므로 평일에 복귀해야 하며 주말이 모두 포함되는 일정을 피하기 위해서는 출발일이 일, 월, 화요일이어야 한다. 또한 팀장 보고를 위해서는 금요일에 복귀하게 되는 화요일 출발 일정도 불가능하다. 따라서 일요일과 월요일에만 출발이 가능하다. 그런데 27일과 13일이 출장 일정에 포함될 수 없으므로 10, 11, 24, 25일은 제외된다. 따라서 3, 4, 17, 18일에 출발하는 4가지 일정이 가능하다.

인사팀에 신입사원 민기 씨는 회사에서 NCS채용 도입을 위한 정보를 얻기 위해 NCS기반 능력중심채용 설명회를 다녀오려고 한다. 민기 씨는 오늘 오후 1시까지 김 대리에게 보고서를 작성해서 드리고 30분 동안 피드백을 받기로 했다. 오전 중에 정리를 마치려면 시간이 빠듯할 것 같다. 다음에 제시된 설명회 자료와 교통편을 보고 민기 씨가 생각한 것으로 틀린 것은?

최근 이슈가 되고 있는 공공기관의 NCS 기반 능력중심 채용에 관한 기업들의 궁금증 해소를 위하여 붙임과 같이 설명회를 개최하오니 많은 관심 부탁드립니다.

감사합니다.

−붙임−

설명회 장소	일시	비고
서울고용노동청(5층) 컨벤션홀	2015. 11. 13(금) PM 15:00~17:00	설명회의 원활한 진행을 위해 설명회시작 15분 뒤부터는 입장을 제한합니다.

오시는 길

지하철 : 2호선 을지로입구역 4번 출구(도보 10분 거리)

버스 : 149, 152번 ○○센터(도보 5분 거리)

• 회사에서 버스정류장 및 지하철역까지 소요시간

출발지	도착지	소요시간	
회사	×× 정류장	도보	30분
		택시	10분
	지하철역	도보	20분
		택시	5분

• 서울고용노동청 가는 길

교통편	출발지	도착지	소요시간
지하철	잠실역	을지로입구역	1시간(환승포함)
버스	×× 정류장	○○센터 정류장	50분(정체 시 1시간 10분)

---

① 택시를 타지 않아도 버스를 타고 가면 늦지 않게 설명회에 갈 수 있다.

② 어떤 방법으로 이동하더라도 설명회에 입장은 가능하다.

③ 택시를 타지 않아도 지하철을 타고 가면 늦지 않게 설명회에 갈 수 있다.

④ 정체가 되지 않는다면 버스를 타고 가는 것이 지하철보다 빠르게 갈 수 있다.

⑤ 택시를 이용할 경우 늦지 않게 설명회에 갈 수 있다.

📋 7.③ 8.①

TIP ① 도보로 버스정류장까지 이동해서 버스를 타고 가게 되면 도보(30분), 버스(50분), 도보(5분)으로 1시간 25분이 걸리지만 버스가 정체될 수 있으므로 1시간 45분으로 계산하는 것이 바람직하다. 민기씨는 1시 30분에 출발할 수 있으므로 3시 15분에 도착하게 되고 입장은 할 수 있으나 늦는다.

※ 소요시간 계산
    ⊙ **도보-버스** : 도보(30분), 버스(50분), 도보(5분)이므로 총 1시간 25분(정체 시 1시간 45분) 걸린다.
    ⓛ **도보-지하철** : 도보(20분), 지하철(1시간), 도보(10분)이므로 총 1시간 30분 걸린다.
    ⓒ **택시-버스** : 택시(10분), 버스(50분), 도보(5분)이므로 총 1시간 5분(정체 시 1시간 25분) 걸린다.
    ⓔ **택시-지하철** : 택시(5분), 지하철(1시간), 도보(10분)이므로 총 1시간 15분 걸린다.

9 시간자원관리 방법 ·· ●●●○

다음 네 명의 임원들은 회의 참석차 한국으로 출장을 오고자 한다. 이들의 현지 이동 일정과 이동 시간을 참고할 때, 한국에 도착하는 시간이 빠른 순서대로 올바르게 나열한 것은 어느 것인가?

구분	출발국가	출발시각(현지시간)	소요시간
H상무	네덜란드	12월 12일 17:20	13시간
P전무	미국 동부	12월 12일 08:30	14시간
E전무	미국 서부	12월 12일 09:15	11시간
M이사	터키	12월 12일 22:30	9시간

※ 현지시간 기준 한국은 네덜란드보다 8시간, 미국 동부보다 14시간, 미국 서부보다 16시간, 터키보다 6시간이 빠르다. 예를 들어, 한국이 11월 11일 20시일 경우 네덜란드는 11월 11일 12시가 된다.

① P전무 – E전무 – M이사 – H상무
② E전무 – P전무 – H상무 – M이사
③ E전무 – P전무 – M이사 – H상무
④ E전무 – M이사 – P전무 – H상무
⑤ H상무 – P전무 – M이사 – E전무

TIP 출발시각을 한국 시간으로 먼저 바꾼 다음 소요시간을 더해서 도착 시간을 확인해 보면 다음과 같다.

	출발시각(현지시간)	출발시각(한국시간)	소요시간	도착시간
H상무	12월 12일 17:20	12월 13일 01:20	13시간	12월 13일 14:20
P전무	12월 12일 08:30	12월 12일 22:30	14시간	12월 13일 12:30
E전무	12월 12일 09:15	12월 13일 01:15	11시간	12월 13일 12:15
M이사	12월 12일 22:30	12월 13일 04:30	9시간	12월 13일 13:30

따라서 도착 시간이 빠른 순서는 E전무 – P전무 – M이사 – H상무가 된다.

[10 ~ 11] 푸르미 펜션을 운영하고 있는 K 씨는 P 씨에게 예약 문의전화를 받았다. 아래의 예약일정과 정보를 보고 K 씨가 P 씨에게 안내할 사항으로 옳은 것을 고르시오.

〈푸르미펜션 1월 예약 일정〉

일	월	화	수	목	금	토
					1	2
					• 매 가능 • 난 가능 • 국 완료 • 죽 가능	• 매 가능 • 난 완료 • 국 완료 • 죽 가능
3	4	5	6	7	8	9
• 매 완료 • 난 가능 • 국 완료 • 죽 가능	• 매 가능 • 난 가능 • 국 가능 • 죽 가능	• 매 가능 • 난 가능 • 국 가능 • 죽 가능	• 매 가능 • 난 가능 • 국 가능 • 죽 가능	• 매 가능 • 난 가능 • 국 가능 • 죽 가능	• 매 완료 • 난 가능 • 국 완료 • 죽 완료	• 매 완료 • 난 가능 • 국 완료 • 죽 완료
10	11	12	13	14	15	16
• 매 가능 • 난 완료 • 국 완료 • 죽 가능	• 매 가능 • 난 가능 • 국 가능 • 죽 가능	• 매 가능 • 난 가능 • 국 가능 • 죽 가능	• 매 가능 • 난 가능 • 국 가능 • 죽 가능	• 매 가능 • 난 가능 • 국 가능 • 죽 가능	• 매 가능 • 난 완료 • 국 완료 • 죽 가능	• 매 가능 • 난 완료 • 국 완료 • 죽 가능

※ 완료 : 예약완료, 가능 : 예약가능

〈푸르미펜션 이용요금〉

(단위 : 만 원)

객실명	인원		이용요금			
			비수기		성수기	
	기준	최대	주중	주말	주중	주말
매	12	18	23	28	28	32
난	12	18	25	30	30	35
국	15	20	26	32	32	37
죽	30	35	30	34	34	40

※ 주말 : 금-토, 토-일, 공휴일 전날-당일
 성수기 : 7 ~ 8월, 12 ~ 1월
※ 기준인원초과 시 1인당 추가 금액 : 10,000원

📖 9.③

K 씨 : 감사합니다. 푸르미펜션입니다.

P 씨 : 안녕하세요. 회사 워크숍 때문에 예약문의를 좀 하려고 하는데요. 1월 8 ~ 9일이나 15 ~ 16일에 "국"실에 예약이 가능할까요? 웬만하면 8 ~ 9일로 예약하고 싶은데….

K 씨 : 인원이 몇 명이시죠?

P 씨 : 일단 15명 정도이고요 추가적으로 3명 정도 더 올 수도 있습니다.

K 씨 : _____ ㉠ _____

P 씨 : 기준 인원이 12명으로 되어있던데 너무 좁지는 않겠습니까?

K 씨 : 두 방 모두 "국"실보다 방 하나가 적긴 하지만 총 면적은 비슷합니다. 하지만 화장실 등의 이용이 조금 불편하실 수는 있겠군요. 흠…. 8 ~ 9일로 예약하시면 비수기 가격으로 해드리겠습니다.

P 씨 : 아, 그렇군요. 그럼 8 ~ 9일로 예약 하겠습니다. 그럼 가격은 어떻게 됩니까?

K 씨 : _____ ㉡ _____ 인원이 더 늘어나게 되시면 1인당 10,000원씩 추가로 결재하시면 됩니다. 일단 10만 원만 홈페이지의 계좌로 입금하셔서 예약 완료하시고 차액은 당일에 오셔서 카드나 현금으로 계산하시면 됩니다.

10 시간자원관리 방법 ●●○

㉠에 들어갈 K 씨의 말로 가장 알맞은 것은?

① 죄송합니다만 1월 8 ~ 9일, 15 ~ 16일 모두 예약이 모두 차서 이용 가능한 방이 없습니다.

② 1월 8 ~ 9일이나 15 ~ 16일에는 "국"실 예약이 모두 차서 예약이 어렵습니다. 15명이시면 1월 8 ~ 9일에는 "난"실, 15 ~ 16일에는 "매"실에 예약이 가능하신데 어떻게 하시겠습니까?

③ 1월 8 ~ 9일에는 "국"실 예약 가능하시고 15 ~ 16일에는 예약이 완료되었습니다. 15명이시면 15 ~ 16일에는 "매"실에 예약이 가능하신데 어떻게 하시겠습니까?

④ 1월 8 ~ 9일에는 "국"실 예약이 완료되었고 15 ~ 16일에는 예약 가능하십니다. 15명이시면 8 ~ 9일에는 "난"실에 예약이 가능하신데 어떻게 하시겠습니까?

⑤ 1월 8 ~ 9일이나 15 ~ 16일 모두 "국"실 예약이 가능하십니다.

TIP 8 ~ 9일, 15 ~ 16일 모두 "국"실은 모두 예약이 완료되었다. 워크숍 인원이 15~18명이라고 했으므로 "매"실 또는 "난"실을 추천해주는 것이 좋다. 8 ~ 9일에는 "난"실, 15 ~ 16일에는 "매"실의 예약이 가능하다.

ⓛ에 들어갈 K 씨의 말로 가장 알맞은 것은?

① 그럼 1월 8 ~ 9일로 "난"실 예약 도와드리겠습니다. 15인일 경우 기본 30만 원에 추가 3인 하셔서 총 33만 원입니다.

② 그럼 1월 8 ~ 9일로 "난"실 예약 도와드리겠습니다. 15인일 경우 기본 35만 원에 추가 3인 하셔서 총 38만 원입니다.

③ 그럼 1월 8 ~ 9일로 "매"실 예약 도와드리겠습니다. 15인일 경우 기본 28만 원에 추가 3인 하셔서 총 31만 원입니다.

④ 그럼 1월 8 ~ 9일로 "매"실 예약 도와드리겠습니다. 15인일 경우 기본 32만 원에 추가 3인 하셔서 총 35만 원입니다.

⑤ 그럼 1월 8 ~ 9일로 "매"실 예약 도와드리겠습니다. 15인일 경우 기본 32만 원에 추가 3인 하셔서 총 38만 원입니다.

TIP 8 ~ 9일로 예약하겠다고 했으므로 예약 가능한 방은 "난"실이다. 1월은 성수기이지만 비수기 가격으로 해주기로 했으므로 비수기 주말 가격인 기본 30만 원에 추가 3만 원으로 안내해야 한다.

답 10.② 11.①

CHAPTER
05

조직이해능력

(조직이해능력) (경영이해능력) (국제 감각)

(1) 조직이해능력 개념

자신이 속한 조직의 경영, 체제, 업무 등을 이해하고 있는지, 세계화시대에 맞게 적합한 국제 감각 능력을 포함한다.

(2) 출제 경향

농협의 경영 성과나 농협의 사업, 윤리경영, CI, 조직도 등의 농협 관련 문제가 다수 출제되므로 반드시 홈페이지를 확인해야 한다. 실제 업무와 긴밀하게 연결되어 있기 때문에 사무 직군에서 자주 출제된다.

(3) 출제 유형 및 세부 유형

유형	중요도	세부 유형
조직이해능력	＊＊＊	농협의 이해와 농협 업무 파악에 대한 유형으로 출제된다.
경영이해능력	＊＊＊	경제·경영상식, 보도자료를 기반으로 조직 방향성을 예측하는 문제가 출제된다.
국제 감각	＊	국제 비즈니스 매너에 대한 문제가 출제된다.

(4) 세부 유형 출제빈도

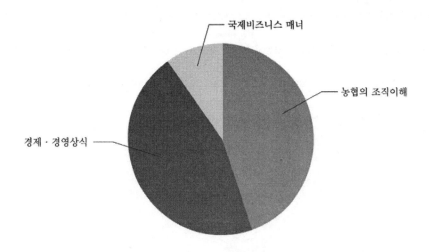

업무 수행 시 조직의 체제를 제대로 이해했는지, 조직의 업무를 이해했는지, 조직의 유형, 결재 규정 등에 관한 문제가 농협과 관련하여 자주 출제되고 있다. 조직 구조의 형태와 장단점, 문화, 부서별 특성에 대해 알고 있는 것이 좋다.

1 농협의 이해 ·· ●●○

농협의 비전에서 '경쟁력 있는 농업, 잘 사는 농업인'에 해당하는 혁신과제가 아닌 것은?

① 농·축협 금융점포 모범 모델 개발

② 농업인 소득안정제도 확대 도입

③ 농가 재해 피해 지원 확대

④ 스마트 농기자재 보급

⑤ 농기계 리스 확대

TIP ④ 미래 성장동력을 창출하는 디지털 혁신의 주요 과제이다.

※ **농협 5대 핵심가치**

㉠ **농업인과 소비자가 함께 웃는 유통 대변화**: 소비자에게 합리적인 가격으로 더 안전한 먹거리를, 농업인에게 더 많은 소득을 제공하는 유통개혁을 실현한다.

㉡ **미래 성장동력을 창출하는 디지털 혁신**: 4차 산업혁명 시대에 부응하는 디지털 혁신으로 농업·농촌·농협의 미래 성장동력을 창출한다.

㉢ **경쟁력 있는 농업, 잘 사는 농업인**: 농업인 영농지원 강화 등을 통한 농업경쟁력 제고로 농업인 소득 증대 및 삶의 질을 향상한다.

㉣ **지역과 함께 만드는 살고 싶은 농촌**: 지역 사회의 구심체로서 지역사회와 협력하여 살고 싶은 농촌 구현 및 지역경제 활성화에 기여한다.

㉤ **정체성이 살아 있는 든든한 농협**: 농협의 정체성 확립과 농업인 실익 지원 역량 확충을 통해 농업인과 국민에게 신뢰받는 농협을 구현한다.

농협 5대 핵심가치에 포함되지 않는 것은?

① 소비자에게는 합리적인 가격을, 농업인에게는 높은 소득을 제공하는 유통개혁을 실현한다.

② 농토피아 구현을 위한 농업인 교육 혁신으로 미래의 성장동력을 창출한다.

③ 농업경쟁력을 높여 농업인의 소득 증대와 삶의 질을 향상시킨다.

④ 살고 싶은 농촌을 구현하고 지역경제를 활성화하는데 기여한다.

⑤ 농협의 정체성 확립과 농업인의 실익 지원 역량 확충을 통해 농업인과 국민에게 신뢰를 받는 농협을 구현한다.

TIP ② 4차 산업혁명 시대에 부응하는 디지털 혁신으로 미래 성장동력을 창출한다.
  ※ **농협 5대 핵심가치**
   ㉠ 농업인과 소비자가 함께 웃는 유통 대변화
   ㉡ 미래 성장동력을 창출하는 디지털 혁신
   ㉢ 경쟁력 있는 농업, 잘사는 농업인
   ㉣ 지역과 함께 만드는 살고 싶은 농촌
   ㉤ 정체성이 살아있는 든든한 농협

농협의 ICA 집행위원회 가입연도로 옳은 것은?

① 1997년

② 1983년

③ 1975년

④ 1970년

⑤ 1963년

TIP ⑤ 1963년 1월20일 ICA 집행위원회에 준회원 자격으로 가입이 결정되었다.
  ※ **농협의 ICA 연혁** … 1963년 1월20일 ICA 집행위원회에 준회원 자격으로 가입이 결정되었다. 1972년 12월 15일 ICA 제25차 바르샤바 회의에서 정회원으로 승격되었다.

답 1.④ 2.② 3.⑤

농민운동과 관련한 설명으로 옳지 않은 것은?

① 신토불이운동, 농도불이운동, 농촌사랑운동 순서로 가치확산운동이 전개되었다.

② '식사랑 농사랑 운동'은 우루과이라운드(UR) 협상으로 농축산물 수입 개방을 저지하기 위해서 전개되었다.

③ '신풍운동'의 목표는 농협의 이미지를 쇄신하고 농협운영을 활성화하는 것이다.

④ '새마을운동'은 근면 · 자조 · 협동을 기반으로 농민의 자조와 협동으로 새마을지도자를 양성하고자 했다.

⑤ 도농협동을 위해서 도시민과 농업인이 함께 발전하는 것을 목표로 '또 하나의 마을만들기 운동'이 전개되었다.

TIP ② 신토불이운동에 대한 설명이다. 식사랑 농사랑 운동은 급속히 확대되어가는 시장개방에 국민의 식생활을 통해 우리 농산물의 중요성을 인식하기 위해 전개되었다.

　① 신토불이운동(1989), 농도불이운동(1994), 농촌사랑운동(2003) 순서로 전개되었다.

　③ 신풍운동의 목표이다. 농협운영의 기본방침을 자력배영, 종합개발, 책임경영으로 설정하고 목표달성을 위해 임직원 실천강령을 제시했다.

　④ 새마을운동이전에는 자조 · 자립 · 협동이었다가 새마을운동을 전개하면서 근면과 자조, 협동을 새마을운동을 지도이념으로 정했다.

　⑤ 농업과 농촌을 활성화하고 도시민과 농업인이 함께 실익을 창출하기 위해 전개되었다.

유럽의 협동조합에 대한 설명으로 옳은 것은?

① 19세기 중반에 유럽에서 시작된 협동조합운동은 20세기 중반까지 대중적으로 확산되었다.

② 이탈리아의 최초 협동조합은 몬드라곤 협동조합이다.

③ 세계 최초의 협동조합법인 산업공제조합법은 협동조합 사업에 규제가 적었다.

④ 1895년 프랑스에서 ICA 제1회 국제대회가 열렸다.

⑤ 독일에서는 생산조합이 제일 먼저 발생하고 발전하였다.

TIP ② 스페인의 최초 협동조합으로 1950년대 후반 몬드라곤에 설립된 울고(Ulgor)가 첫 시작이었다.

　③ 최초로 등록되었을 당시에 협동조합의 토지구입 · 비조합거래 · 투자 등을 금지하여 사업에 규제가 많았다.

　④ 1895년 영국 런던에서 제1회 국제대회가 개최되었다.

　⑤ 독일에서는 신용조합이 먼저 발생하였다.

협동조합에 대한 설명으로 옳지 않은 것은?

① 협동조합은 용역의 구매·생산·판매·제공 등을 협동으로 영위함으로써 조합원의 권익을 향상하고 지역 사회에 공헌하고자 하는 사업조직을 의미한다.

② 협동조합 중에서 지역주민의 권익과 복리 증진과 관련한 사업을 수행하는 것은 사회적 협동조합을 의미한다.

③ 국가 및 공공단체에서는 협동조합 사업에 협조는 가능하지만 자금 지원을 하는 것은 금지된다.

④ 협동조합의 설립목적은 조합원의 복리 증진과 상부상조를 목적으로 한다.

⑤ 협동조합은 조합원등의 권익 증진을 위하여 교육·훈련 및 정보 제공 등의 활동을 적극적으로 수행하여야 한다.

TIP ③ 협동조합 기본법 제10조 2항에 따라 국가 및 공공단체는 협동조합등 및 사회적협동조합등의 사업에 대하여 적극적으로 협조하여야 하고, 그 사업에 필요한 자금 등을 지원할 수 있다.
① 협동조합 기본법 제2조에 따라 협동조합의 정의이다.
② 협동조합 기본법 제2조에 따라 사회적협동조합에 대한 정의이다.
④ 협동조합 기본법 제5조에 따라 협동조합의 설립 목적이다.
⑤ 협동조합 기본법 제7조 협동조합의 책무와 관련된다.

협동조합 7대 원칙 중 옳지 않은 것은?

① 조합원의 동의에 따라 지역사회 발전에 기여한다. ② 국내·국외 협동조합 간에 서로 협동한다.

③ 조합원의 정치 참여는 가능하다. ④ 조합원은 협동조합에 경제적 참여가 가능하다.

⑤ 조합원마다 동등한 투표권을 가진다.

TIP 협동조합 7대원칙
㉠ **자발적이고 개방적인 조합원 제도** : 협동조합은 자발적이며, 성(性)적·사회적·인종적·정치적·종교적 차별 없이 열려있는 조직이다.
㉡ **조합원에 의한 민주적 관리** : 조합원마다 동등한 투표권(1인 1표)을 가지며, 민주적인 방식으로 조직·운영한다.
㉢ **조합원의 경제적 참여** : 협동조합의 자본은 공정하게 조성되고 민주적으로 통제되며 자본금의 일부는 조합의 공동재산이다. 출자배당이 있는 경우에 조합원은 출자액에 따라 제한된 배당금을 수령한다.
㉣ **자율과 독립** : 협동조합이 다른 조직과 약정을 맺거나 외부에서 자본을 조달할 때 조합원에 의한 민주적 관리가 보장되고, 협동조합의 자율성이 유지되어야 함
㉤ **교육·훈련 및 정보 제공** : 조합원, 선출된 임원, 경영자, 직원들에게 교육과 훈련을 제공, 젊은 세대와의 여론 지도층에게 협동의 본질과 장점에 대한 정보를 제공한다.
㉥ **협동조합 간의 협동** : 국내, 국외에서 공동으로 협력 사업을 전개함으로써 협동조합 운동의 힘을 강화하고, 조합원에게 효과적으로 봉사한다.
㉦ **지역사회에 대한 기여** : 조합원의 동의를 토대로 조합이 속한 지역사회의 지속 가능한 발전을 위해 노력한다.

答 4.② 5.① 6.③ 7.③

협동조합 기본법에 따른 기본원칙으로 적절하지 않은 것은?

① 협동조합에서 특정 정당을 지지하는 행위를 할 수 있다.

② 협동조합은 자발적으로 결성할 수 있다.

③ 협동조합은 공동으로 소유해야한다.

④ 협동조합은 업무를 수행할 때 조합원을 위해 봉사해야한다.

⑤ 협동조합은 일부 조합원의 이익을 목적으로 하는 사업을 해서는 안 된다.

TIP ① 협동조합 기본법 제9조에 따라 협동조합은 공직선거에 관여할 수 없다.
　　※ **협동조합 기본법 제6조(기본원칙)**
　　　㉠ 협동조합은 업무 수행 시 조합원등을 위하여 최대한 봉사하여야 한다.
　　　㉡ 협동조합은 자발적으로 결성하여 공동으로 소유하고 민주적으로 운영되어야 한다.
　　　㉢ 협동조합은 투기를 목적으로 하는 행위와 일부 조합원등의 이익만을 목적으로 하는 업무와 사업을 하여서는 아니 된다.

협동조합 조합원에 대한 설명으로 옳은 것은?

① 협동조합에 납입할 출자금은 채권과 상계한다.

② 지분환급청구권은 소멸되지 않고 영구적이다.

③ 1인당 출자좌수는 제한 없이 출자할 수 있다.

④ 출자액수와 관계없이 1인당 1개의 의결권과 선거권을 가진다.

⑤ 조합원이 납입한 출자금은 질권의 목적이다.

TIP ④ 협동조합 기본법 제23조(의결권 및 선거권)에 따라 조합원은 출자좌수와 관계없이 1개의 의결권과 선거권을 가진다.
　　① 협동조합 기본법 제22조(출자 및 책임)에 따라 출자금은 협동조합에 납입할 출자금은 협동조합에 대한 채권과 상계하지 못한다.
　　② 협동조합 기본법 제26조(지분환급청구권과 환급정지)에 따라서 청구권은 2년간 행사하지 아니하면 시효로 인하여 소멸된다.
　　③ 협동조합 기본법 제22조(출자 및 책임)에 따라 조합원 1인의 출자좌수는 총 출자좌수의 100분의 30을 넘어서는 아니 된다.
　　⑤ 협동조합 기본법 제22조(출자 및 책임)에 따라 출자금은 질권의 목적이 될 수 없다.

10 조직변화 ●●○

조직변화 과정의 순서로 옳은 것은?

① 조직변화 방향 수립 → 환경변화 인지 → 조직변화 실행 → 변화결과 평가

② 환경변화 인지 → 조직변화 실행 → 조직변화 방향 수립 → 변화결과 평가

③ 조직변화 실행 → 조직변화 방향 수립 → 환경변화 인지 → 변화결과 평가

④ 환경변화 인지 → 조직변화 방향 수립 → 조직변화 실행 → 변화결과 평가

⑤ 조직변화 실행 → 환경변화 인지 → 조직변화 방향 수립 → 변화결과 평가

TIP 조직변화의 과정 … 환경변화 인지 → 조직변화 방향 수립 → 조직변화 실행 → 변화결과 평가

11 조직 구조의 이해 ●●○

甲은 다음과 같이 직장 상사의 지시사항을 전달받았다. 이를 순서대로 모두 수행하기 위하여 업무 협조가 필요한 조직의 명칭이 순서대로 올바르게 나열된 것은 어느 것인가?

> "甲 씨, 내가 내일 하루 종일 외근을 해야 해서 몇 가지 업무 처리를 좀 도와줘야겠습니다. 이 서류는 팀장님 결재가 끝난 거니까 내일 아침 출근과 동시에 바로 유관부서로 넘겨서 비용 집행이 이루어질 수 있도록 해주세요. 그리고 지난 번 퇴사한 우리 팀 오 부장님 퇴직금 정산이 좀 잘못 되었나 봅니다. 오 부장님이 관계 서류를 나한테 보내주신 게 있는데 그것도 확인 좀 해 주고 결재를 다시 요청해 줘야할 것 같고요, 다음 주 바이어들 방문 일정표 다시 한 번 확인해 보고 누락된 사항 있으면 잘 준비 좀 해 주세요. 특히 공항 픽업 관련 배차 결재 서류 올린 건 처리가 되었는지 확인 바랍니다. 지난번에 차량 배차에 문제가 생겼던 적이 있으니 반드시 재점검 해주셔야합니다. 부탁 좀 하겠습니다."

① 회계팀 → 인사팀 → 총무팀 ② 인사팀 → 홍보팀 → 회계팀

③ 인사팀 → 총무팀 → 마케팅팀 ④ 총무팀 → 회계팀 → 마케팅팀

⑤ 회계팀 → 총무팀 → 인사팀

TIP 비용이 집행되기 위해서는 비용을 쓰게 될 조직의 내부 결재를 거쳐 회사의 비용이 실제로 집행될 수 있는 회계팀(자금팀 등과 같은 비용 담당 조직)의 결재를 거쳐야 한다. 퇴직금의 정산과 관련한 인사 문제는 인사팀에서 담당하고 있는 업무가 된다. 또한, 회사의 차량을 사용하기 위한 배차 관련 업무는 일반적으로 총무팀이나 업무지원팀, 관리팀 등의 조직에서 담당하는 업무이다. 따라서 회계팀, 인사팀, 총무팀의 순으로 업무 협조를 구해야 한다.

답 8.① 9.④ 10.④ 11.①

다음은 N사의 조직 업무 내용 일부를 나열한 자료이다. 다음에 나열된 업무 내용 중 관리 조직의 일반적인 업무 특성 상 인재개발실(팀) 또는 인사부(팀)의 업무라고 보기 어려운 것을 모두 고른 것은 무엇인가?

㉠ 해외 계열사 교환근무 관련 업무

㉡ 임직원 출장비, 여비관련 업무

㉢ 상벌, 대·내외 포상관리 업무

㉣ 조경 및 조경시설물 유지보수

㉤ 교육원(인재개발원, 금융교육원) 지원 업무

---

① ㉡㉣

② ㉡㉢

③ ㉠㉡

④ ㉠㉢

⑤ ㉡㉢㉣

TIP 임직원 출장비, 여비관련 업무와 조경 및 조경시설물 유지보수 등의 업무는 일반적으로 총무부(팀) 또는 업무지원부(팀)의 고유 업무 영역으로 볼 수 있다. 제시된 것 이외의 대표적인 인사 및 인재개발 업무 영역으로는 채용, 배치, 승진, 교육, 퇴직 등 인 사관리와 인사평가, 급여, 복지후생 관련 업무 등이 있다.

다음에서 설명하고 있는 조직은 무엇인가?

• 구성원들의 업무가 분명하게 규정된다.

• 엄격한 상하 간 위계질서가 있다.

• 다수의 규칙과 규정이 존재한다.

---

① 정부 조직   ② 기계적 조직

③ 유기적 조직   ④ 환경적 조직

⑤ 전략적 조직

TIP 조직구조의 유형
  ㉠ 기계적 조직
  • 구성원들의 업무가 분명하게 규정
  • 엄격한 상하 간 위계질서
  • 다수의 규칙과 규정 존재
  ㉡ 유기적 조직
  • 비공식적인 상호의사소통
  • 급변하는 환경에 적합한 조직

14 조직의 구조 .... ●●●○

다음 '갑' 기업과 '을' 기업에 대한 설명 중 적절하지 않은 것은?

'갑' 기업은 다양한 사외 기관, 단체들과의 상호 교류 등 업무가 잦아 관련 업무를 전담하는 조직이 갖춰져 있다. 전담 조직의 인원이 바뀌는 일은 가끔 있지만, 상설 조직이 있어 매번 발생하는 유사 업무를 효율적으로 수행한다.

'을' 기업은 사내 당구 동호회가 구성되어 있어 동호회에 가입한 직원들은 정기적으로 당구장을 찾아 쌓인 스트레스를 풀곤 한다. 가입과 탈퇴가 자유로우며 당구를 좋아하는 직원은 누구든 참여가 가능하다. 당구 동호회에 가입한 직원은 직급이 아닌 당구 실력으로만 평가 받으며, 언제 어디서 당구를 즐기든 상사의 지시를 받지 않아도 된다.

① '갑' 기업의 상설 조직은 의도적으로 만들어진 집단이다.
② '갑' 기업 상설 조직의 임무는 보통 명확하지 않고 즉흥적인 성격을 띤다.
③ '을' 기업 당구 동호회는 공식적인 임무 이외에 다양한 요구들에 의해 구성되는 경우가 많다.
④ '갑' 기업 상설 조직의 구성원은 인위적으로 참여한다.
⑤ '을' 기업 당구 동호회의 활동은 자발적이며 행위에 대한 보상은 '즐거움' 또는 '보람'이다.

TIP '갑' 기업의 상설 조직은 공식적, '을' 기업의 당구 동호회는 비공식적 집단이다. 공식적인 집단은 조직의 공식적인 목표를 추구하기 위해 조직에서 의도적으로 만든 집단이다. 따라서 공식적인 집단의 목표나 임무는 비교적 명확하게 규정되어 있으며, 여기에 참여하는 구성원들도 인위적으로 결정되는 경우가 많다.

답 12.① 13.② 14.②

다음의 ㈜ 서원각이 새롭게 개편한 조직에 대한 설명으로 가장 적절한 것은?

㈜ 서원각은 점차 복잡해지고 불확실성이 높아 가는 비즈니스 환경에 대비하기 위해 조직을 개편하였다. 기존의 개발부, 영업부, 자재부, 생산부 등으로 구성된 기능별 조직을 가전제품, 반도체 제품, 휴대 전화 등 제품별 조직으로 개편하였다.

---

① 사업 단위별로 조직의 권한을 분산시키는 조직이다.

② 특정 과제가 해결되면 해체되는 일시적인 조직이다.

③ 최고 경영자의 명령이 수직적으로 전달되는 조직이다.

④ 라인 조직에 조언하는 스텝 조직이 상호 연결된 조직이다.

⑤ 각 부분에서 선정된 사람으로 위원회를 구성하는 조직이다.

TIP 제시된 내용은 서업부제 조직에 대한 내용으로 사업부제 조직은 사업 단위별로 조직의 권한을 분산시키는 조직이다.

다음의 조직도를 올바르게 이해한 것은?

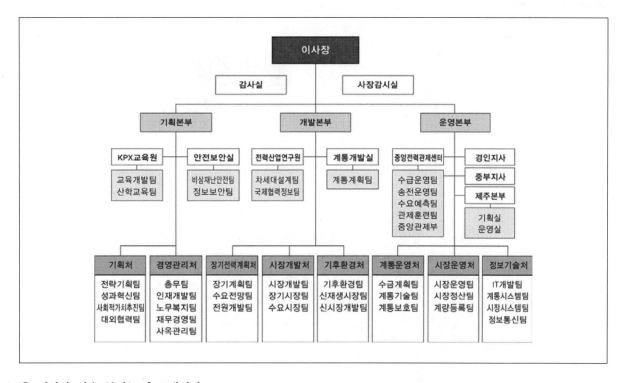

① 이사장 직속 부서는 총 5개이다.

② 인재개발, 장기계획, 협력업체 등에 관한 사항은 기획본부장이 총괄한다.

③ IT개발, 시장 시스템 관리 등은 정보기술처에서 담당하고 운영본부장이 총괄한다.

④ 시장 개발 및 운영, 정산에 관한 사항은 시장개발처에서 담당한다.

⑤ 개발본부에서는 전력사업, 전략기획, 계통계획과 같은 사업을 담당한다.

TIP ① 이사장 직속 부서는 기획본부, 개발본부, 운영본부로 총 3개이다.
　② 인재개발, 대외협력 등에 관한 사항은 기획본부장산하의 기획처 담당 사업이며, 장기계획에 관한 사항은 개발본부의 장기전력계획처에서 담당한다.
　④ 시장개발에 관한 사항은 시장개발처에서 담당하고, 시장운영 및 정산에 관한 사항은 시장 운영처에서 담당한다.
　⑤ 개발본부에서는 전력사업, 계통계획과 같은 사업을 담당하며, 전략기획은 기획본부에서 담당한다.

답 15.① 16.③

아래의 표는 어느 기업의 조직도를 나타내고 있다. 아래의 내용을 참조하여 분석 및 추론한 것으로 가장 옳지 않은 항목을 고르면?

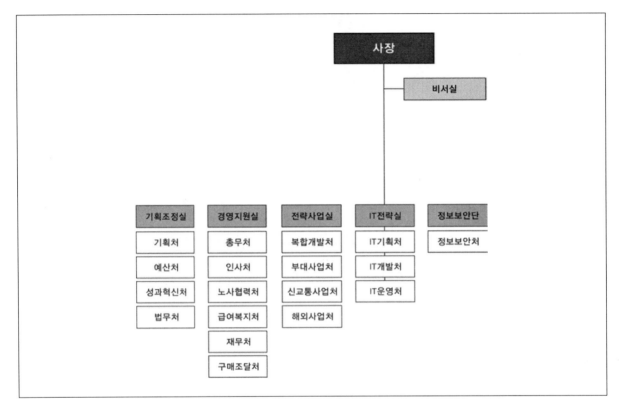

① 위 조직도의 가장 상위의 업무를 관장하게 되는 것은 비서실이며, 사장의 부속실 역할을 수행함을 알 수 있다.

② 기획조정실은 1실 4처로 구성되어 있다.

③ 경영지원실은 1실 6처로 구성되어 있다.

④ 사장 아래에 있는 부서는 5실 2단으로 구성되어 있다.

⑤ 전략사업실은 1실 4처로 구성되어 있다.

TIP 표에서 보면 사장 아래에 있는 부서는 4실(기획조정실, 경영지원실, 전략사업실, IT 전략실) 1단(정보보안단)으로 구성되어져 있음을 알 수 있다.

18 조직의 구조 ●●○

다음 중 아래의 조직도를 올바르게 이해한 것은?

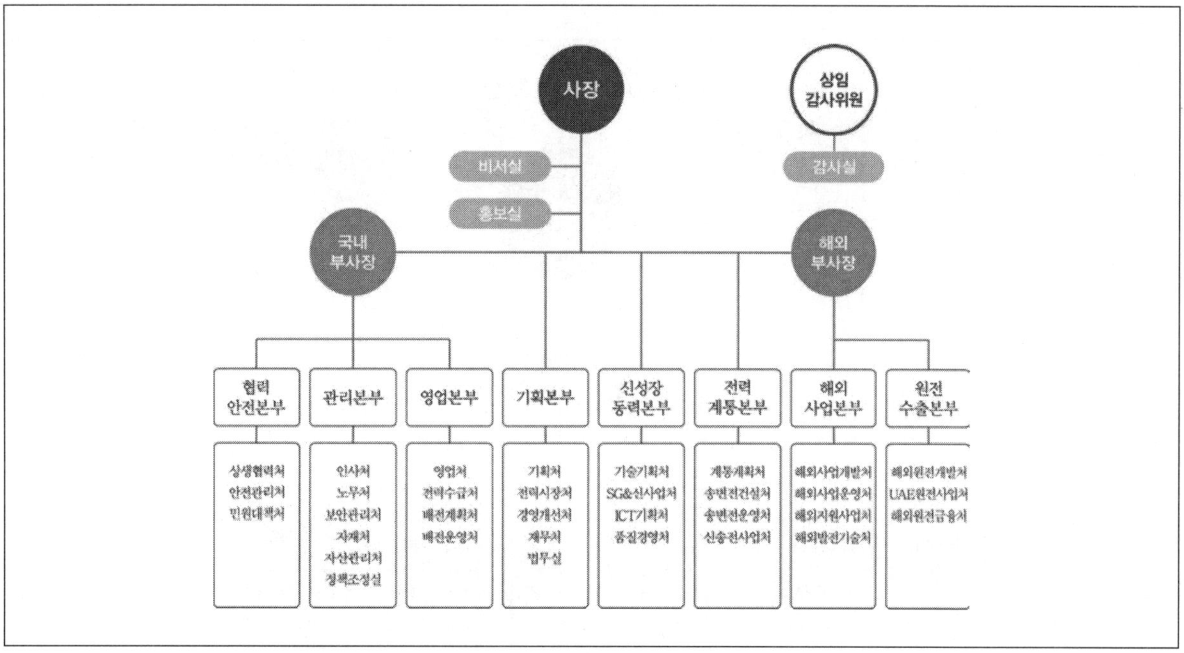

㉠ 사장직속으로는 3개 본부, 13개 처, 2개 실로 구성되어 있다.
㉡ 국내 · 해외부사장은 각 3개의 본부를 이끌고 있다.
㉢ 감사실은 다른 부서들과는 별도로 상임 감사위원 산하에 따로 소속되어 있다.
㉣ 노무처와 재무처는 서로 업무협동이 있어야 하므로 같은 본부에 소속되어 있다.

① ㉠
② ㉢
③ ㉡㉢
④ ㉡㉣
⑤ ㉢㉣

TIP ㉠ 사장직속으로는 3개 본부, 12개 처, 3개 실로 구성되어 있다.
㉡ 해외부사장은 2개의 본부를 이끌고 있다.
㉣ 노무처는 관리본부에, 재무처는 기획본부에 소속되어 있다.

답 17.④ 18.②

D그룹 홍보실에서 근무하는 사원 민경 씨는 2022년부터 적용되는 새로운 조직 개편 기준에 따라 홈페이지에 올릴 조직도를 만들려고 한다. 다음 조직도의 빈칸에 들어갈 것으로 옳지 않은 것은?

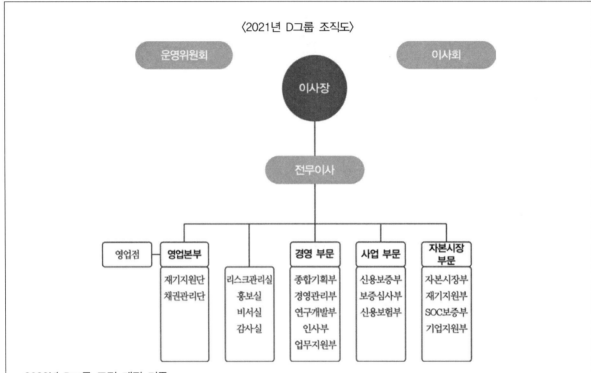

〈2021년 D그룹 조직도〉

2022년 D그룹 조직 개편 기준

• 명칭변경 : 사업부문 → 신용사업부문
• 감사위원회를 신설하고 감사실을 감사위원회 소속으로 이동한다.
• 경영부문을 경영기획부문과 경영지원부문으로 분리한다.
• 경영부문의 종합기획부, 경영관리부, 연구개발부는 경영기획부문으로 인사부, 업무지원부는 경영지원부문으로 각각 소속된다.
• 업무지원부의 IT 관련 팀을 분리하여 IT전략부를 신설한다.

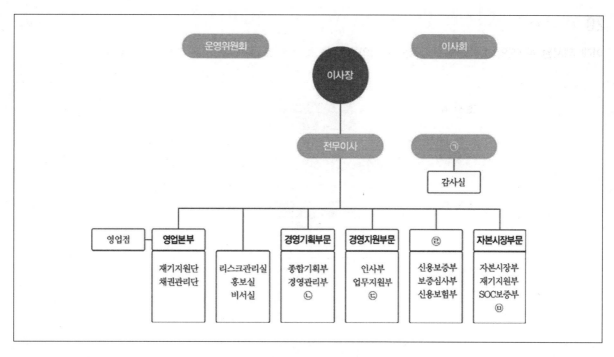

① ㉠ : 감사위원회
② ㉡ : 연구개발부
③ ㉢ : IT전략부
④ ㉣ : 사업부문
⑤ ㉤ : 기업지원부

TIP ④ 사업부문은 신용사업부문으로 명칭이 변경되어야 한다.

답 19.④

아래 제시된 두 개의 조직도에 해당하는 조직의 특성을 올바르게 설명하지 못한 것은 어느 것인가?

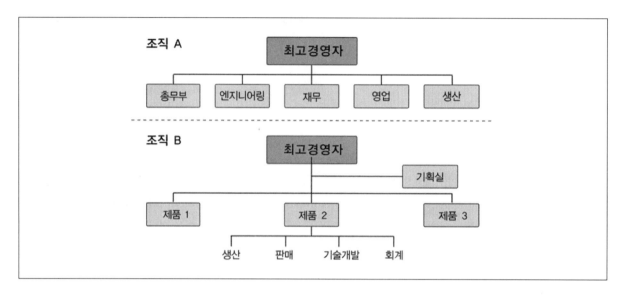

① 조직의 내부 효율성을 중요시하는 작은 규모 조직에서는 조직 A와 같은 조직도가 적합하다.

② 조직 A와 같은 조직도를 가진 조직은 결재 라인이 짧아 보다 신속한 의사결정이 가능하다.

③ 주요 프로젝트나 생산 제품 등에 의하여 구분되는 업무가 많은 조직에서는 조직 B와 같은 조직도가 적합하다.

④ 조직 B와 같은 조직도를 가진 조직은 내부 경쟁보다는 유사 조직 간의 협력과 단결된 업무 능력을 발휘하기에 더 적합하다.

⑤ 조직 A는 기능적 조직구조를 가진 조직이며, 조직 B는 사업별 조직구조를 가진 조직이다.

TIP 조직 B와 같은 조직도를 가진 조직은 사업이나 제품별로 단위 조직화되는 경우가 많아 사업조직별 내부 경쟁을 통해 긍정적인 발전을 도모할 수 있다.

환경이 안정적이거나 일상적인 기술, 조직의 내부 효율성을 중요시하며 기업의 규모가 작을 때에는 업무의 내용이 유사하고 관련성이 있는 것들을 결합해서 조직 A와 같은 조직도를 갖게 된다. 반대로, 급변하는 환경변화에 효과적으로 대응하고 제품, 지역, 고객별 차이에 신속하게 적응하기 위해서는 분권화된 의사결정이 가능한 사업별 조직구조 형태를 이룰 필요가 있다. 사업별 조직구조는 개별 제품, 서비스, 제품그룹, 주요 프로젝트나 프로그램 등에 따라 조직화된다. 즉, 조직 B와 같이 제품에 따라 조직이 구성되고 각 사업별 구조 아래 생산, 판매, 회계 등의 역할이 이루어진다.

다음은 A라는 기업의 조직도를 나타낸 것이다. 이러한 조직형태에 관한 내용 중 추론 가능한 내용으로 보기 가장 어려운 것은?

기업의 조직도는 조직의 부문편성, 직위의 상호관계, 책임과 권한의 분담, 명령의 계통 등을 한 눈에 볼 수 있도록 일목요연하게 나타낸 표를 의미한다. 기업 조직은 주어진 업무에 따라 조직을 여러 개로 나누어 체계적으로 구성하고 있는데 이를 조직구조의 분화라고 하며, 회사의 규모에 따라 조직의 크기 및 형태 등이 달라진다. 조직구조의 분화는 수평적·수직적 분화로 나눌 수 있으며, 특히 수직적 분화는 의사결정 권한을 하부조직에게 할당하는 것으로 보고체계를 명시화 할 수 있기 때문에 많은 기업에서 도입하고 있는 추세이다. 최근에는 조직구조가 전문화되고 기능별로 세분화됨에 따라 수평적 기능조직으로 변하고 있으며 이에 따라 조직도가 점차적으로 다양화되고 슬림화 및 네트워크화 되고 있다.

① 전문성 및 전문가 활용의 유용성이 높음과 동시에 부서 내 명확하게 정의되어진 책임 및 역할 등이 있다.

② 이러한 조직에서는 부서관점의 편협한 의사결정이 이루어질 수 있으며, 요구사항에 대한 대응이 느리다는 문제점이 있다.

③ 위 그림의 경우에는 특정한 사업 목표를 달성하기 위해 임시적으로 조직 내의 인적 및 물적 자원 등을 결합하는 조직의 형태라고 볼 수 있다.

④ 부서 간 책임분산으로 인해 통합 기능의 부재 및 갈등발생의 가능성이 없다.

⑤ 이러한 조직의 경우 해산을 전제로 하여 임시로 편성된 일시적 조직이며, 혁신적 및 비일상적인 과제의 해결을 위해 형성되는 동태적 조직이다.

TIP 위 그림은 프로젝트 조직형태(Project Organization)를 나타낸 것이다. 임시로 편성된 조직이며 혁신적이거나 또는 비일상적인 업무를 해결하기 위한 동태적인 조직이다. 직무의 체계라는 성격적 특성이 강하고 경영조직을 프로젝트별로 조직화하였다. 이러한 조직은 부서 간 책임분산으로 인해 통합 기능의 부재 및 갈등발생의 가능성이 있다.

답 20.④ 21.④

다음은 N사의 내부 결재 규정에 대한 설명이다. 다음 중 N사의 결재 및 문서의 등록 규정을 올바르게 이해하지 못한 것은 어느 것인가?

제○○조(결재)

① 기안한 문서는 결재권자의 결재를 받아야 효력이 발생한다.

② 결재권자는 업무의 내용에 따라 이를 위임하여 전결하게 할 수 있으며, 이에 대한 세부사항은 따로 규정으로 정한다. 결재권자가 출장, 휴가, 기타의 사유로 상당한 기간 동안 부재중일 때에는 그 직무를 대행하는 자가 대결할 수 있되, 내용이 중요한 문서는 결재권자에게 사후에 보고(후열)하여야 한다.

③ 결재에는 완결, 전결, 대결이 있으며 용어에 대한 정의와 결재방법은 다음과 같다.

   1. 완결은 기안자로부터 최종 결재권자에 이르기까지 관계자가 결재하는 것을 말한다.

   2. 전결은 사장이 업무내용에 따라 각 부서장에게 결재권을 위임하여 결재하는 것을 말하며, 전결하는 경우에는 전결하는 자의 서명 란에 '전결'표시를 하고 맨 오른쪽 서명 란에 서명하여야 한다.

   3. 대결은 결재권자가 부재중일 때 그 직무를 대행하는 자가 하는 결재를 말하며, 대결하는 경우에는 대결하는 자의 서명 란에 '대결'표시를 하고 맨 오른쪽 서명 란에 서명하여야 한다.

제○○조(문서의 등록)

① 문서는 당해 마지막 문서에 대한 결재가 끝난 즉시 결재일자순에 따라서 번호를 부여하고 처리과별로 문서등록대장에 등록하여야 한다. 동일한 날짜에 결재된 문서는 조직내부 원칙에 의해 우선순위 번호를 부여한다. 다만, 비치문서는 특별한 규정이 있을 경우를 제외하고는 그 종류별로 사장이 정하는 바에 따라 따로 등록할 수 있다.

② 문서등록번호는 일자별 일련번호로 하고, 내부결재문서인 때에는 문서등록대장의 수신처란에 '내부결재'표시를 하여야 한다.

③ 처리과는 당해 부서에서 기안한 모든 문서, 기안형식 외의 방법으로 작성하여 결재권자의 결재를 받은 문서, 기타 처리과의 장이 중요하다고 인정하는 문서를 제1항의 규정에 의한 문서등록대장에 등록하여야 한다.

④ 기안용지에 의하여 작성하지 아니한 보고서 등의 문서는 그 문서의 표지 왼쪽 위의 여백에 부서기호, 보존기간, 결재일자 등의 문서등록 표시를 한 후 모든 내용을 문서등록대장에 등록하여야 한다.

---

① '완결'은 기안자로부터 최종 결재권자에 이르기까지 관계자가 결재하는 방식이다.

② 같은 날짜에 결재된 문서 2건을 같은 문서번호로 분류하여 등록한다.

③ 본부장이 최종 결재권자로 위임된 문서를 본부장 부재시에 팀장이 최종 결재하게 되면, 팀장은 '대결'처리를 한 것이다.

④ 중요성 여부와 관계없이 내부 결재 문서에는 모두 '내부결재' 표시를 한다.

⑤ 기안문과 보고서 등 모든 문서는 결재일자가 기재되며 처리과별로 문서등록대장에 등록된다.

TIP ② 같은 날짜에 결재된 문서인 경우 조직 내부 원칙에 의해 문서별 우선순위 번호를 부여해야 한다.

한국금융그룹사(계열사 : 한국은행, 한국카드, 한국증권사)의 본사 총무 부서에 근무 중인 A는 2022년에 10년째를 맞이하는 '우수 직원 해외연수단'을 편성하기 위해 각 계열사에 공문을 보내고자 한다. 한국은행의 경우 3년차 직원, 한국카드는 5년차 직원, 한국증권사는 7년차 직원 중 희망자를 대상으로 인사부의 Y 부장은 P 과장에게 결재 권한을 위임하였다. 기안문을 작성할 때, ㈎ ~ ㈺에 들어갈 내용으로 적절한 것을 고르시오.

㈎

수신자 : 한국은행, 한국카드, 한국증권사

(경유)

제목 : ㈏

---

1. 서무 1056-2431(2022. 02. 03.)과 관련입니다.
2. 2022년도 우수 직원을 대상으로 해외연수단을 편성하고자 하오니, 회사에 재직 중인 직원 중 기본적 영어회화가 가능하며 글로벌 감각이 뛰어난 사원을 다음 사항을 참고로 선별하여 2022. 03. 03.까지 통보해 주시기 바랍니다.

– 다음 –

가. 참가범위
　　1) 한국은행 : 3년차 직원 중 희망자
　　2) 한국카드 : ㈐
　　3) 한국증권사 : ㈑
나. 아울러 지난해에 참가했던 책임자와 직원은 제외시켜 주시기 바라며, 지난해 참가 직원 명단을 첨부하니 참고하시기 바랍니다.
첨부 : 2021년도 참가 직원 명단 1부. 끝.

한 국 금 융 그 룹 사 장

사원 A　　　　　　　　　　　　　　계장 B　　　　　　　　　　　　　　과장 ㈒ P
협조자
시행 총무부-27(1.19)
접수 우13456 주소 서울 강남구 오공로75 5F / www.hkland.co.kr
전화 (02-256-3456) 팩스(02-257-3456) / webmaster@hkland.com / 완전공개

---

① ㈎ 한국은행그룹사
② ㈏ 2021년도 우수 직원 해외연수단 편성
③ ㈐ 4년차 직원 중 희망자
④ ㈑ 7년차 직원 중 희망자
⑤ ㈒ 대결

TIP ㈎ 한국금융그룹사, ㈏ 2022년도 우수 직원 해외연수단 편성, ㈐ 5년차 직원 중 희망자, ㈒ 전결이다.

답 22.② 23.④

다음은 K사의 위임전결규칙이다. 다음 중 N사의 직원의 적절한 행위로 볼 수 없는 것은 어느 것인가?

업무내용(소요예산 기준)	전결권자				이사장
	팀원	팀장	국(실)장	이사	
가. 공사 도급					
3억 원 이상					○
1억 원 이상				○	
1억 원 미만			○		
1,000만 원 이하		○			
나. 물품(비품, 사무용품 등) 제조/구매 및 용역					
3억 원 이상					○
1억 원 이상				○	
1억 원 미만			○		
1,000만 원 이하		○			
다. 자산의 임(대)차 계약					
1억 원 이상					○
1억 원 미만				○	
5,000만 원 미만			○		
라. 물품수리					
500만 원 이상			○		
500만 원 미만		○			
마. 기타 사업비 예산집행 기본품의					
1,000만 원 이상			○		
1,000만 원 미만		○			

① 국장이 부재중일 경우, 소요예산 5,000만 원인 공사 도급 계약은 이사가 전결권자가 된다.

② 소요예산이 800만 원인 인쇄물의 구매시 팀장이 국장의 결재를 받는다.

③ 이사장이 부재중일 경우, 소요예산이 3억 원인 자산 임대차 계약 건은 이사가 전결권자가 된다.

④ 소요예산이 1,000만 원인 물품수리 건은 이사의 결재가 필요하지 않다.

⑤ 팀장은 1,000만 원 미만의 예산이 드는 업무에서만 전결권을 가진다.

TIP 차상위자가 전결권자가 되어야 하므로 이사장의 차상위자인 이사가 전결권자가 되어야 한다.
　　　① 차상위자가 전결권을 갖게 되므로 팀장이 전결권자가 되며, 국장이 업무 복귀 시 반드시 사후 결재를 득하여야 한다.

답 24.①

다음 위임전결규정을 잘못 설명한 것은 어느 것인가?

위임전결규정

- 결재를 받으려는 업무에 대해서는 최고결재권자(대표이사)를 포함한 이하 직책자의 결재를 받아야 한다.
- '전결'이라 함은 회사의 경영활동이나 관리활동을 수행함에 있어 의사 결정이나 판단을 요하는 일에 대하여 최고결재권자의 결재를 생략하고, 자신의 책임 하에 최종적으로 의사 결정이나 판단을 하는 행위를 말한다.
- 전결사항에 대해서도 위임 받은 자를 포함한 이하 직책자의 결재를 받아야 한다.
- 표시내용 : 결재를 올리는 자는 최고결재권자로부터 전결 사항을 위임 받은 자가 있는 경우 결재란에 전결이라고 표시하고 최종 결재권자란에 위임 받은 자를 표시한다. 다만, 결재가 불필요한 직책자의 결재란은 상향대각선으로 표시한다.
- 최고결재권자의 결재사항 및 최고결재권자로부터 위임된 전결사항은 아래의 표에 따른다.
- 본 규정에서 정한 전결권자가 유고 또는 공석 시 그 직급의 직무 권한은 직상급직책자가 수행함을 원칙으로 하며, 각 직급은 긴급을 요하는 업무처리에 있어서 상위 전결권자의 결재를 득할 수 없을 경우 차상위자의 전결로 처리하며, 사후 결재권자의 결재를 득해야 한다.

업무내용		결재권자			
		사장	부사장	본부장	팀장
주간업무보고					○
팀장급 인수인계			○		
일반예산 집행	잔업수당	○			
	회식비			○	
	업무활동비			○	
	교육비		○		
	해외연수비	○			
	시내교통비			○	
	출장비	○			
	도서인쇄비				○
	법인카드사용		○		
	소모품비				○
	접대비(식대)			○	
	접대비(기타)				○
이사회 위원 위촉		○			
임직원 해외 출장		○(임원)		○(직원)	
임직원 휴가		○(임원)		○(직원)	
노조관련 협의사항			○		

> ※ 1) 100만 원 이상의 일반예산 집행과 관련한 내역은 사전 사장 품의를 득해야 하며, 품의서에 경비 집행 내역을 포함하여 준비한다. 출장계획
> 서는 품의서를 대체한다.
> 2) 위의 업무내용에 필요한 결재서류는 다음과 같다.
> 품의서, 주간업무보고서, 인수인계서, 예산집행내역서, 위촉장, 출장보고서(계획서), 휴가신청서, 노조협의사항 보고서

① 전결권자 공석 시의 최종결재자는 차상위자가 되며 사후 결재권자의 결재가 필요하다.

② 전결권자 업무 복귀 시, 부재 중 결재 사항에 대하여 반드시 사후 결재를 받아두어야 한다.

③ 팀장이 새로 부임하면 부사장 전결의 인수인계서를 작성하게 된다.

④ 전결권자가 해외 출장으로 자리를 비웠을 경우에는 차상위자가 직무 권한을 위임 받는다.

⑤ 100만 원 이상의 예산 집행 시 경비 집행 내역이 담긴 품위서를 작성해야 한다.

TIP 전결권자가 자리를 비웠을 경우, '직무 권한'은 차상위자가 아닌 직상급직책자가 수행하게 되며, 차상위자가 전결권자가 되는 경
우에도 '직무 권한' 자체의 위임이 되는 것은 아니다.
① 차상위자가 필요한 경우, 최종결재자(전결권자)가 될 수 있다.
② 부재 중 결재사항은 전결권자 업무 복귀 시 사루 결재를 받는 것으로 규정하고 있다.
③ 팀장의 업무 인수인계는 부사장의 전결 사항이다.
⑤ 100만 원 이상의 일반예산 집행과 관련한 내역은 사전 사장 품의를 득해야 하며, 품의서에 경비 집행 내역을 포함하여 준비
한다.

25.④

[26 ~ 27] 다음 결재규정을 보고 주어진 상황에 알맞게 작성된 양식을 고르시오.

〈결재규정〉

- 결재를 받으려면 업무에 대해서는 최고결재권자(대표이사)를 포함한 이하 직책자의 결재를 받아야 한다.
- '전결'이라 함은 회사의 경영활동이나 관리활동을 수행함에 있어 의사결정이나 판단을 요하는 일에 대하여 최고결재권자의 결재를 생략하고, 자신의 책임 하에 최종적으로 의사결정이나 판단을 하는 행위를 말한다.
- 전결사항에 대해서도 위임 받은 자를 포함한 이하 직책자의 결재를 받아야 한다.
- 표시내용 : 결재를 올리는 자는 최고결재권자로부터 전결사항을 위임 받은 자가 있는 경우 결재란에 전결 이라고 표시하고 최종 결재권자에 위임 받은 자를 표시한다. 다만, 결재가 불필요한 직책자의 결재란은 상황대각선으로 표시한다.
- 최고결재권자의 결재사항 및 최고결재권자로부터 위임된 전결사항은 다음의 표에 따른다.

구분	내용	금액기준	결재서류	팀장	본부장	대표이사
접대비	거래처 식대, 경조사비 등	20만 원 이하	접대비지출품의서 지출결의서	● ■		
		30만 원 이하			● ■	
		30만 원 초과				● ■
교통비	국내 출장비	30만 원 이하	출장계획서 출장비신청서	● ■		
		50만 원 이하		●	■	
		50만 원 초과		●		■
	해외 출장비			●		■
소모품비	사무용품		지출결의서	■		
	문서, 전산소모품					■
	기타 소모품	20만 원 이하		■		
		30만 원 이하			■	
		30만 원 초과				■
교육 훈련비	사내외 교육		기안서 지출결의서	●		■
법인카드	법인카드 사용	50만 원 이하	법인카드신청서	■		
		100만 원 이하			■	
		100만 원 초과				■

● : 기안서, 출장계획서, 접대비지출품의서
■ : 지출결의서, 세금계산서, 발행요청서, 각종 신청서

영업부 사원 L 씨는 편집부 K씨의 부친상에 부조금 50만 원을 회사 명의로 지급하기로 하였다. L씨가 작성한 결재 방식은?

①

접대비지출품의서			
결 재	담당	팀장	본부장	최종 결재
	L			팀장

②

접대비지출품의서			
결 재	담당	팀장	본부장	최종 결재
	L		전결	본부장

③

지출결의서			
결 재	담당	팀장	본부장	최종 결재
	L	전결		대표이사

④

지출결의서			
결 재	담당	팀장	본부장	최종 결재
	L			대표이사

⑤

지출결의서			
결 재	담당	팀장	본부장	최종 결재
		L		대표이사

TIP 경조사비는 접대비에 해당하므로 접대비지출품의서나 지출결의서를 작성하고 30만 원을 초과하였으므로 결재권자는 대표이사에게 있다. 또한 누구에게도 전결되지 않았다.

📋 26.④

영업부 사원 Ⅰ 씨는 거래업체 직원들과 저녁 식사를 위해 270,000원을 지불하였다. Ⅰ 씨가 작성해야 하는 결재 방식으로 옳은 것은?

①

접대비지출품의서			
결재 담당	팀장	본부장	최종 결재
Ⅰ			전결

②

접대비지출품의서			
결재 담당	팀장	본부장	최종 결재
Ⅰ	전결		본부장

③

지출결의서			
결재 담당	팀장	본부장	최종 결재
Ⅰ	전결		본부장

④

접대비지출품의서			
결재 담당	팀장	본부장	최종 결재
Ⅰ		전결	본부장

⑤

지출결의서			
결재 담당	팀장	본부장	최종 결재
Ⅰ			팀장

TIP 거래처 식대이므로 접대비지출품의서나 지출결의서를 작성하고 30만 원 이하이므로 최종 결재는 본부장이 한다. 본부장이 최종 결재를 하고 본부장 란에는 전결을 표시한다.

유형2 경제 · 경영상식

조직의 목적을 달성하기 위한 전략, 관리, 방향성, 운영활동 등에 대한 문제가 출제된다. 사례를 제시하고 SWOT 분석 등 경영 전략 유형에 대한 특징을 물어본다. 간단한 경영 이론을 비롯하여 마케팅 전략에 대한 문제도 더러 출제된다.

1 경영 전략 ·· ●●○

경영 전략의 추진 과정으로 옳은 것은?

① 전략목표 설정 → 경영 전략 도출 → 환경 분석 → 경영 전략 실행 → 평가 및 피드백
② 전략목표 설정 → 환경 분석 → 경영 전략 도출 → 경영 전략 실행 → 평가 및 피드백
③ 전략목표 설정 → 환경 분석 → 경영 전략 실행 → 경영 전략 도출 → 평가 및 피드백
④ 전략목표 설정 → 경영 전략 실행 → 환경 분석 → 경영 전략 도출 → 평가 및 피드백
⑤ 전략목표 설정 → 경영 전략 실행 → 경영 전략 도출 → 환경 분석 → 평가 및 피드백

TIP 경영 전략의 추진 과정 ··· 전략목표 설정 → 환경 분석 → 경영 전략 도출 → 경영 전략 실행 → 평가 및 피드백

답 27.④ / 1.②

조직의 경영 전략과 관련된 다음의 신문 기사에서 밑줄 친 '이 제도'가 말하는 것은 무엇인가?

> 중국 민성증권 보고서에 따르면 이미 올 6월 현재 상장국유기업 39곳이 실시 중인 것으로 나타났다. 이 가운데 종업원의 우리사주 보유 비율이 전체 지분의 2%를 넘는 곳은 14곳이었다. 아직까지는 도입 속도가 느린 편이지만 향후 제도 확대와 기업 참여가 가속화되고 종업원의 지분보유 비율도 높아질 것으로 예상된다. 분야도 일반 경쟁 산업에서 통신·철도교통·비철금속 등 비경쟁산업으로 확대될 것으로 전망된다.
>
> 중국 정부는 종업원이 주식을 보유함으로써 경영 효율을 높이고 기업혁신에 기여할 수 있을 것으로 내다보고 있다. 남수중 공주대 교수는 이와 관련된 리포트에서 "중국에서 <u>이 제도</u>의 시행은 국유기업 개혁의 성공과 밀접하게 관련돼 있다"면서 "국유기업의 지배구조 개선에도 유리한 작용을 할 것으로 기대되며 국유기업 개혁 과정에서 발생할 가능성이 높은 경영층과 노동자들의 대립도 완화할 수 있을 것"이라고 분석했다.

① 스톡옵션제

② 노동주제

③ 노사협의회제

④ 종업원지주제

⑤ 이익배분제

TIP 조직의 구성원들이 경영에 참여하는 것을 경영참가제도라 한다. 경영참가제도는 조직의 경영에 참가하는 공동의사결정제도와 노사협의회제도, 이윤에 참가하는 이윤분배제도, 자본에 참가하는 종업원지주제도 및 노동주제도 등이 있다. 종업원지주제란 회사의 경영방침과 관계법령을 통해 특별한 편의를 제공, 종업원들이 자기회사 주식을 취득하고 보유하는 제도를 말한다.

다음은 마이클 포터의 본원적 경쟁전략에 대한 도식이다. A에 공통적으로 들어갈 용어로 적절한 것은?

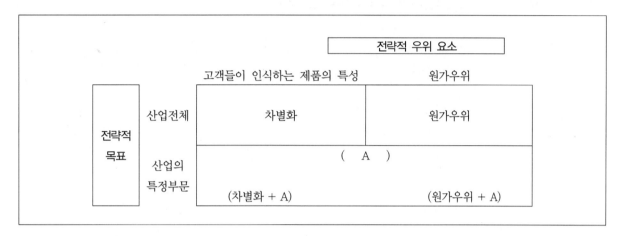

① 고도화

② 집중화

③ 분업화

④ 첨단화

⑤ 자동화

TIP A에 공통적으로 들어갈 용어는 집중화이다.

A 대기업 경영전략팀은 기업의 새로운 도약을 위하여 2022년 1차 경영토론회를 주최하였다. 다음 중 토론자들의 경영시장 종류에 대한 발언으로 옳지 않은 것을 고르시오.

① 블루오션은 아직 우리가 모르고 있는 가능성의 시장 공간이라 할 수 있습니다.

② 블루오션은 기존 산업의 경계선 바깥에서 새롭게 창출되는 시장을 말합니다.

③ 레드오션은 산업 간 경계선이 명확하게 그어져 있습니다.

④ 레드오션은 어떻게 경쟁자를 앞지를 것인가에 대한 '시장경쟁전략'을 말합니다.

⑤ 블루오션은 경쟁을 목표로 하고 존재하는 소비자와 현존하는 시장에 초점을 맞췄습니다.

TIP 레드오션은 경쟁을 목표로 하고, 존재하는 소비자와 현존하는 시장에 초점(시장경쟁전략)을 맞춘 반면, 블루오션은 비 고객에게 초점(시장창조전략)을 맞추고 새로운 수요를 창출하고자 한다.

답 2.④ 3.② 4.⑤

다음은 관리조직의 일반적인 업무내용을 나타내는 표이다. 다음 표를 참고할 때, C 대리가 〈보기〉와 같은 업무를 처리하기 위하여 연관되어 있는 팀만으로 나열된 것은 어느 것인가?

부서명	업무내용
총무팀	집기비품 및 소모품의 구입과 관리, 사무실 임차 및 관리, 차량 및 통신시설의 운영, 국내외 출장 업무 협조, 사내외 홍보 광고업무, 회의실 및 사무 공간 관리, 사내·외 행사 주관
인사팀	조직기구의 개편 및 조정, 업무분장 및 조정, 인력수급계획 및 관리, 노사관리, 평가관리, 상벌관리, 인사발령, 교육체계 수립 및 관리, 임금제도, 복리후생제도 및 지원업무, 복무관리, 퇴직관리
기획팀	경영계획 및 전략 수립, 전사기획업무 종합 및 조정, 경영정보 조사 및 기획보고, 경영진단업무, 종합예산수립 및 실적관리, 단기사업계획 종합 및 조정, 사업계획, 손익추정, 실적관리 및 분석
외환팀	수출입 외화자금 회수, 외환 자산 관리 및 투자, 수출 물량 해상 보험 업무, 직원 외환업무 관련 교육 프로그램 시행, 영업활동에 따른 환차손익 관리 및 손실 최소화 방안 강구
회계팀	회계제도의 유지 및 관리, 재무상태 및 경영실적 보고, 결산 관련 업무, 재무제표 분석 및 보고, 법인세, 부가가치세, 국세 지방세 업무자문 및 지원, 보험가입 및 보상업무, 고정자산 관련 업무

─────────── 보 기 ───────────

C 대리는 오늘 매우 바쁜 하루를 보내야 한다. 항공사의 파업으로 비행 일정이 아직 정해지지 않아 이틀 후로 예정된 출장이 확정되지 않고 있다. 일정 확정 통보를 받는 즉시 지사와 연락을 취해 현지 거래처와의 미팅 일정을 논의해야 한다. 또한, 지난 주 퇴직한 선배사원의 퇴직금 정산 내역을 확인하여 이메일로 자료를 전해 주기로 하였다. 오후에는 3/4분기 사업계획 관련 전산입력 담당자 회의에 참석하여야 하며, 이를 위해 회의 전 전년도 실적 관련 자료를 입수해 확인해 두어야 한다.

① 인사팀, 기획팀, 외환팀
② 총무팀, 기획팀, 회계팀
③ 총무팀, 인사팀, 외환팀, 회계팀
④ 총무팀, 인사팀, 기획팀, 회계팀
⑤ 총무팀, 인사팀, 기획팀, 외환팀

TIP 출장을 위한 항공 일정 확인 및 확정 업무는 총무팀의 협조가 필요하며, 퇴직자의 퇴직금 정산 내역은 인사팀의 협조가 필요하다. 사업계획 관련 회의는 기획팀에서 주관하는 회의가 될 것이며, 전년도 실적 자료를 입수하는 것은 회계팀에 요청하거나 회계팀의 확인 작업을 거쳐야 공식적인 자료로 간주될 수 있을 것이다. 따라서 총무팀, 인사팀, 기획팀, 회계팀과의 업무 협조가 예상되는 상황이며, 외환팀과의 업무 협조는 '오늘' 예정되어 있다고 볼 수 없다.

S 전자기업의 각 부서별 직원과 업무 간의 연결이 옳지 않은 것을 고르시오.

① 영업부 김 대리 : 제품의 재고조절, 거래처로부터의 불만처리, 판매계획

② 회계부 이 과장 : 재무상태 및 경영실적 보고, 결산 관련 업무

③ 인사부 박 부장 : 인사발령 및 임금제도, 복리후생제도 및 지원업무, 퇴직관리

④ 총무부 정 사원 : 외상매출금의 청구 및 회수, 판매예산의 편성, 견적 및 계약

⑤ 기획부 오 대리 : 경영계획 및 전략수립, 경영진단업무, 단기사업계획 조정

TIP 총무부는 주주총회 및 이사회개최 관련 업무, 의전 및 비서업무, 법률자문과 소송관리의 업무를 하며, 영업부가 외상매출금의 청구 및 회수, 판매예산의 편성, 견적 및 계약의 업무를 다룬다.

답 5.④ 6.④

아래의 2가지 기사를 읽고 각 글에서 다루고 있는 공통적인 회의방식에 관련한 사항으로 적절하지 않은 것을 고르면?

> ㈎ 월드컵 경기를 앞둔 축구국가대표팀은 11일(한국시간) 오스트리아 레오 강에서 진행된 사전훈련캠프를 모두 마쳤다. 두 차례 A매치를 통해 경기감각을 끌어올렸고 체력훈련과 세부전술까지 소화하며 조금씩 희망을 키워갔다. 여기에 치열했던 브레인스토밍도 희망요소다. 태극전사들은 틈날 때마다 머리를 맞대고 자체 미팅을 가졌다. 주제도, 방식도 아주 다양했는데 특히 훈련 내용과 실전에서의 효율적인 움직임에 대한 이야기가 많았다는 후문이다. 장소는 가리지 않았다. 선수들이 옹기종기 모여 이미지 트레이닝을 하는 장면은 곳곳에서 포착됐다. 대표 팀이 전용훈련장으로 활용한 슈타인베르크 슈타디온은 물론이고 숙소 식당과 커피숍, 숙소 ~ 훈련장(경기장)을 왕복한 버스, 심지어 아침식사 전 머리를 깨우기 위해 갖는 가벼운 산책길에서도 선수들은 수시로 토론을 했다. 경기도 파주 국가대표트레이닝센터를 시작으로 대구 ~ 전주를 찍은 국내 캠프에서도 그랬지만 최종엔트리 23명 체제로 본격적인 강화훈련을 시작한 레오 강에서 미팅이 눈에 띄게 늘어났다. 주장 기성용의 주도로 전체 미팅을 하고나면 선수들이 패턴을 수시로 바꿔가며 2차 대화를 갖는 형태다.
>
> ㈏ 코레일 대전지사 전기 팀은 22일 'CSA(Control Self-Assessment)촉진활동'을 통한 개선방안으로 각종 승인신청서류를 통합했다고 밝혔다. 영업승인 신청과는 별도로 각종 필요설비(전력, 통신회선, 급수시설)별로 사용승인 신청하던 제도를 CSA촉진활동을 통해 통합하게 된 것이다. 이에 따라 민원인은 대전지사에 영업승인 신청과 함께 통합서식을 이용, 각종 설비사용 승인을 동시에 신청할 수 있게 됐다. CSA는 선진 예방감사기법인 '내부통제 자체평가 시스템'으로 팀원 스스로 조직 내 위험요소를 찾아내고 해결방안을 도출해 개선하는 것이다. 김정겸 전기팀장은 "브레인스토밍 회의기법을 통해 팀원들 모두의 의견을 담아내는 과정을 소중하게 생각 한다"며 "앞으로도 CSA촉진활동을 통해 청렴한 코레일 이미지 향상과 경영목표달성 지원을 위해 노력 하겠다"고 밝혔다.

① 위와 같은 회의방식은 1941년에 미국의 광고회사 부사장 알렉스 F. 오즈번의 제창으로 그의 저서 「독창력을 신장하라」로 널리 소개되었다.

② 한 사람보다 다수인 쪽이 제기되는 아이디어가 많다.

③ 통상적으로 보았을 때 아이디어는 비판이 가해지지 않으면 많아진다.

④ 이러한 회의방법에서는 어떠한 내용의 발언이라도 그에 대한 비판을 해서는 안 되며, 오히려 자유분방하고 엉뚱하기까지 한 의견을 출발점으로 하여 구성원들이 아이디어를 전개시켜 나가도록 하고 있는데, 일종의 자유연상법이라고도 할 수 있다.

⑤ 아이디어 수가 많을수록 양적으로 우수한 아이디어가 나올 가능성이 많다. ₩

TIP 윗글의 (가), (나)에서 구성원들이 다루고 있는 회의방식은 브레인스토밍이다. 브레인 스토밍은 문제를 해결하기 위해서는 혼자만의 구상보다는 여러 사람이 함께하는 방법이 더 효과적일 수 있다는 인지 하에 주어진 한 가지 문제를 놓고 여러 사람이 머리를 맞대고 회의를 통해 아이디어를 구상하는 방법으로, 많은 아이디어를 얻는 데 매우 효과적인 방법을 의미한다. (가)에서는 "태극전사들은 틈날 때마다 머리를 맞대고 자체 미팅을 가졌다.", "식당과 커피숍, 숙소 ~ 훈련장(경기장)을 왕복한 버스, 심지어 아침식사 전 머리를 깨우기 위해 갖는 가벼운 산책길에서도 선수들은 수시로 토론을 했다."에서 보듯이 브레인스토밍임을 암시하고 있으며, (나)에서는 "브레인스토밍 회의기법을 통해 팀원들 모두의 의견을 담아내는 과정을 소중하게 생각한다."에서 브레인스토밍 방식을 암시하고 있다. ⑤의 경우 회의를 통해 양적으로 아이디어 수는 많아지지만 지속적인 회의를 통해 내용이 걸러지게 되므로 그 중에서 더 나은 질적인 우수한 아이디어가 나올 가능성이 많아지게 되는 것이다.

8 생산성 향상 방법 ·· ●●○

21세기의 많은 기업 조직들은 불투명한 경영환경을 이겨내기 위해 많은 방법들을 활용하곤 한다. 이 중 브레인스토밍은 일정한 테마에 관하여 회의형식을 채택하고, 구성원의 자유발언을 통한 아이디어의 제시를 요구해 발상의 전환을 이루고 해법을 찾아내려는 방법인데 아래의 글을 참고하여 브레인스토밍에 관련한 것으로 보기 가장 어려운 것을 고르면?

> 전라남도는 지역 중소·벤처기업, 소상공인들이 튼튼한 지역경제의 버팀목으로 성장하도록 지원하는 정책 아이디어를 발굴하기 위해 27일 전문가 브레인스토밍 회의를 개최했다. 이날 회의는 정부의 경제성장 패러다임이 대기업 중심에서 중소·벤처기업 중심으로 전환됨에 따라 지역 차원에서 기업 지원 관련 기관, 교수, 상공인연합회, 중소기업 대표 등 관련 전문가들을 초청해 이뤄졌다. 회의에서는 중소·벤처기업, 소상공인 육성·지원과 청년창업 활성화를 위한 70여 건의 다양한 제안이 쏟아졌으며, 제안된 내용에 대해 구체적 실행 방안도 토론했다. 회의에 참석한 전문가들은 "중소·벤처기업이 변화를 주도하고, 혁신적 아이디어로 창업해 튼튼한 기업으로 성장하도록 정부와 지자체가 충분한 환경을 구축해주는 시스템의 변화가 필요하다."라고 입을 모았다.

① 쉽게 실행할 수 있고, 다양한 주제를 가지고 실행할 수 있다.
② 이러한 기법의 경우 아이디어의 양보다 질에 초점을 맞춘 것으로 볼 수 있다.
③ 집단의 작은 의사결정부터 큰 의사결정까지 복잡하지 않은 절차를 통해 팀의 구성원들과 아이디어를 공유가 가능하다.
④ 비판 및 비난을 자제하는 것을 원칙으로 한다.
⑤ 집단의 구성원들이 비교적 부담 없이 의견을 표출할 수 있다는 이점이 있다.

TIP 브레인스토밍 기법은 아이디어의 질보다 양에 초점을 맞춘 것으로서 집단 구성원들은 즉각적으로 생각나는 아이디어를 제시할 수 있으며, 그로 인해 브레인스토밍은 다량의 아이디어를 도출해낼 수 있다. 또한, 구성원들은 자신이 가지고 있던 기존 아이디어를 개선해 더욱 더 발전된 형태의 아이디어를 창출할 수 있는데, 이는 다른 사람의 의견을 참고해서 창의적으로 조합할 수 있기 때문이다.

답 7.⑤ 8.②

H사의 생산 제품은 다음과 같은 특징을 가지고 있다. 이 경우 H사가 취할 수 있는 경영전략으로 가장 적절한 것은 어느 것인가?

- 제품 생산 노하우가 공개되어 있다.
- 특별한 기술력이 요구되지 않는다.
- 대중들에게 널리 보급되어 있다.
- 지속적으로 사용해야 하는 소모품이다.
- 생산 방식과 공정이 심플하다.
- 특정 계층의 구분 없이 동일한 제품이 쓰인다.
- 다수의 소규모 업체들이 경쟁하며 브랜드의 중요성이 거의 없다.

---

① 집중화 전략
② 원가우위 전략
③ 모방 전략
④ 차별화 전략
⑤ SNS 전략

TIP 제품의 생산 기술력이 공개되어 있고 특별한 노하우가 필요하지 않다는 점, 브랜드 이미지나 생산업체의 우수성 등이 중요한 마케팅 요소로 작용되지 않는다는 점 등으로 인해 기술적 차별화를 이루기 어려우며, 모든 대중들에게 계층 구분 없이 같은 제품이 보급되어 쓰이고 있는 소모품이라는 점 등으로 인해 일부 특정 시장을 겨냥한 집중화 전략도 적절하다고 볼 수 없다. 이 경우, 원자재 구매력 향상이나 유통 단계 효율화 등을 통한 원가우위 전략이 효과적이라고 볼 수 있다.

다음의 기사 내용은 맥그리거의 X이론에 관한 것이다. 밑줄 친 부분에 대한 내용으로 가장 옳지 않은 것을 고르면?

미국 신용등급 강등, 중국의 급격한 긴축정책, 유럽 재정파탄 등 각 국에서 시작된 위기가 도미노처럼 전 세계로 퍼지고 있다. 리먼 브러더스 파산이 일으킨 글로벌 금융위기는 지구촌 전체를 뒤흔들었다. 기업들은 어떤가. GM, 모토로라 등 세계 최고의 왕좌에서 군림했지만 나락의 길을 걷고 있다. 전문가들은 문제의 원인을 오래된 경영과 낡은 리더십에서 찾고 있다. 하루에도 몇 번씩 끊임없이 변하는 '가속'의 시대에서 구태의연한 경영 방식으로는 살아남을 수 없다는 지적이다. 이미 기존 경제이론으로 설명할 수 없는 예측 불가능한 시대가 됐다. 어떤 변화에도 대응할 수 있는 체력을 갖추려면 무엇이 필요할까. 기업 내 다양성을 극대화하고 지속가능성을 갖춰야한다는 목소리가 주목받고 있다. 새로운 버전으로 진화한 리더십이 기업의 미래를 결정한다. '블루오션 전략', '블랙 스완' 등으로 파이낸셜타임즈 경제도서 상을 수상한 국제적인 리더십 전문가 닐스 플레깅은 이 책을 통해 미래 경영의 대안으로 '언 리더십(Un-leadership)'을 주장한다.

'부정'을 뜻하는 'Un'은 이전에 옳다고 믿었던 상식을 파괴하는 새로운 발상을 의미한다. 꿈의 기업이라 불리는 구글은 직원들을 통제하는 인재 관리에서 벗어나 무한한(Un-limited) 창의력을 펼칠 수 있는 분위기를 제공했다. 저가 항공사의 신화인 사우스웨스트항공은 직원들이 현장에서 직접 여러 사안을 결정한다. '직원들의 생각이 곧 전략'이라는 지금까지 볼 수 없었던(Un-seen) 원칙을 고수하고 있는 것. 첨단소재기업인 고어는 직장 내에 직급이 존재하지 않으며(Un-management), 부서와 업무를 규정하지 않는다(Un-structure). 이들은 대표적인 언 리더십 기업이다. 언 리더십은 리더십 자체를 부정하지 않는다. 현대 경영에서 보편적으로 정의된 수직적이고 영웅적인 리더십에 반기를 든다. 유연하고 개방적으로 조직을 이끄는 21세기형 새로운 리더십이다. 이 책은 구글, 사우스웨스트항공, 고어 등 경제 위기 속에서도 성공적인 사업을 이끌고 있는 기업의 독특한 경영 방식과 기업 문화가 모두 언 리더십으로 무장하고 있음을 보여준다. 상식과 고정관념을 파괴하는 언 리더십은 비즈니스 생태계 진화를 주도하고 있다. 언 리더십의 가장 큰 토대가 되는 이론은 세계적인 경영학가 더글러스 맥그리거의 'XY이론'이다. 우리는 그 중에서 <u>맥그리거의 X이론</u>에 대해서 더 알아보기로 한다.

① 인간은 애정의 욕구와 존경의 욕구에 의해 동기화된다.
② 인간은 엄격하게 통제되고, 성취하도록 강요되어야 한다.
③ 인간은 야망이 없고, 책임을 회피하며, 지시받기를 좋아한다.
④ 인간은 조직의 문제해결에 필요한 창의력이 부족하다.
⑤ 인간은 자기중심적이고 조직의 필요에 무관심하다.

TIP 맥그리거의 X이론에서 인간은 생리적 욕구와 안정욕구에 의해 동기화된다.

　※ X이론의 내용
　　㉠ 천성이 변화를 싫어한다.
　　㉡ 속기 쉽고 별로 영리하지 못하다. 허풍선이나 선동가에 속기 쉽다.
　　㉢ 보통 인간은 천성이 게으르다. 가능한 한 일을 적게 하려고 한다.
　　㉣ 야망이 없고 책임을 싫어하며 남이 지도해 주기를 더 좋아한다.
　　㉤ 선천적으로 자기중심적이고 조직의 필요에 무관심하다.
　　㉥ 경영 관리자는 경제적 목적을 위해 금전, 물자, 설비, 사람 등 기업의 생산 요소를 조직할 책임이 있다.
　　㉦ 경영관리자의 적극적인 간섭이 없으면 조직의 필요에 대해서 인간은 소극적이거나 반항적이다.

11 SWOT ●●○

다음은 어느 화장품 브랜드의 SWOT분석이다. 이에 대한 해석으로 옳지 않은 것은?

강점	약점
−계절과 트렌드에 맞는 신상품 지속 출시 −독특한 제품명 −색조 제품의 탄탄한 기술력	−브랜드 인지도 낮음 −오프라인매장 부족 −마케팅인력 부족 −기초케어제품 이미지 악화
기회	위협
−글로벌 시장 진입 −대형 유통 업체와 제휴 −색조 화장품 시장 확대	−경쟁업체 신규진입 −수많은 대체상품 −빠른 트렌드 변화

① 계절 트렌드에 적합한 신상품 출시와 함께 글로벌 신규시장을 공략하는 것은 S−O전략이다.

② S−O전략으로 독보적인 기술력을 담을 신제품으로 글로벌 시장에 어울리는 브랜드를 런칭한다.

③ S−T전략으로 대체상품과 차별화 할 수 있는 트렌드 맞춤 상품을 출시한다.

④ W−T전략으로 글로벌 수준에 맞는 마케팅 인력을 강화한다.

⑤ W−O전략으로 오프라인 매장을 늘리고 상품 유통에 투자를 확대한다.

TIP ④ 마케팅 인력이 부족한 약점을 극복하고 글로벌 시장 진입의 기회를 살린 W−O전략이라고 할 수 있다.

12 SWOT ●●○

다음은 SWOT에 대한 설명이다. 다음 중 시장의 위협을 회피하기 위해 강점을 사용하는 전략의 예로 적절한 것은?

〈SWOT 분석〉

SWOT분석이란 기업의 환경 분석을 통해 마케팅 전략을 수립하는 기법이다. 조직 내부 환경으로는 조직이 우위를 점할 수 있는 강점(Strength), 조직의 효과적인 성과를 방해하는 자원·기술·능력면에서의 약점(Weakness), 조직 외부 환경으로는 조직 활동에 이점을 주는 기회(Opportunity), 조직 활동에 불이익을 미치는 위협(Threat)으로 구분된다.

		내부환경요인	
		강점(Strength)	약점(Weakness)
외부환경요인	기회(Opportunity)	SO	WO
	위협(Threat)	ST	WT

① 세계적인 유통라인을 내세워 개발도상국으로 사업을 확장한다.

② 저가 정책으로 마진이 적지만 인구 밀도에 비해 대형마트가 부족한 도시에 진출한다.

③ 부품의 10년 보증 정책을 통해 대기업의 시장 독점을 이겨낸다.

④ 고가의 연구비를 타사와 제휴를 통해 부족한 정부 지원을 극복한다.

⑤ 친환경적 장점을 내세워 관련 법령에 해당하는 정부 지원을 받는다.

TIP 시장의 위협을 회피하기 위해 강점을 사용하는 전략은 ST전략에 해당한다.
③ 부품의 10년 보증 정책은 강점, 통해 대기업의 시장 독점은 위협에 해당한다.(ST전략)
① 세계적인 유통라인은 강점, 개발도상국은 기회에 해당한다.(SO전략)
② 마진이 적은 것은 약점, 인구 밀도에 비해 대형마트가 부족한 도시는 기회에 해당한다.(WO전략)
④ 고가의 연구비는 약점, 부족한 정부 지원은 위협에 해당한다.(WT전략)

답 11.④ 12.③

[13～14] 다음 SWOT 분석에 대한 설명과 사례를 보고 이어지는 물음에 답하시오.

〈SWOT 분석방법〉

구분		내부환경요인	
		강점(Strengths)	약점(Weaknesses)
외부 환경요인	기회 (Opportunities)	SO 내부강점과 외부기회 요인을 극대화	WO 외부기회를 이용하여 내부약점을 강점으로 전환
	위협 (Threats)	ST 강점을 이용한 외부환경 위협의 대응 및 전략	WT 내부약점과 외부위협을 최소화

〈사례〉

S	편의점 운영 노하우 및 경험 보유, 핵심 제품 유통채널 차별화로 인해 가격 경쟁력 있는 제품 판매 가능
W	아르바이트 직원 확보 어려움, 야간 및 휴일 등 시간에 타 지역 대비 지역주민 이동이 적어 매출 증가 어려움
O	주변에 편의점 개수가 적어 기본 고객 확보 가능, 매장 앞 휴게 공간 확보로 소비 유발 효과 기대
T	지역주민의 생활패턴에 따른 편의점 이용률 저조, 근거리에 대형 마트 입점 예정으로 매출 급감 우려 존재

13 SWOT ·· ●●○

다음 중 위의 SWOT 분석방법을 올바르게 설명하지 못한 것은 어느 것인가?

① 외부환경요인 분석 시에는 자신을 제외한 모든 것에 대한 요인을 기술하여야 한다.

② 구체적인 요인부터 시작하여 점차 객관적이고 상식적인 내용으로 기술한다.

③ 같은 데이터도 자신에게 미치는 영향에 따라 기회요인과 위협요인으로 나뉠 수 있다.

④ 외부환경요인 분석에는 SCEPTIC 체크리스트가, 내부환경요인 분석에는 MMMITI 체크리스트가 활용될 수 있다.

⑤ 내부환경 요인은 경쟁자와 비교한 나의 강점과 약점을 분석하는 것이다.

TIP 외부환경요인 분석은 언론매체, 개인 정보망 등을 통하여 입수한 상식적인 세상의 변화 내용을 시작으로 당사자에게 미치는 영향을 순서대로, 점차 구체화하는 것이다. 내부환경과 외부환경을 구분하는 기준은 '나', '나의 사업', '나의 회사' 등 환경 분석 주체에 직접적인 관련성이 있는지 여부가 된다. 대내외적인 환경을 분석하기 위하여 이를 적절하게 구분하는 것이 매우 중요한 요소가 된다.

14 SWOT ●●○

다음 중 위의 SWOT 분석 사례에 따른 전략으로 적절하지 않은 것은 어느 것인가?

① 가족들이 남는 시간을 투자하여 인력 수급 및 인건비 절감을 도모하는 것은 WT 전략으로 볼 수 있다.
② 저렴한 제품을 공급하여 대형 마트 등과의 경쟁을 극복하고자 하는 것은 SW 전략으로 볼 수 있다.
③ 다년간의 경험을 활용하여 지역 내 편의점 이용 환경을 더욱 극대화시킬 수 있는 방안을 연구하는 것은 SO 전략으로 볼 수 있다.
④ 매장 앞 공간을 쉼터로 활용해 지역 주민 이동 시 소비를 유발하도록 하는 것은 WO 전략으로 볼 수 있다.
⑤ 고객 유치 노하우를 바탕으로 사은품 등 적극적인 홍보활동을 통해 편의점 이용에 대한 필요성을 부각시키는 것은 ST 전략으로 볼 수 있다.

TIP 저렴한 제품을 공급하는 것은 자사의 강점(S)이며, 이를 통해 외부의 위협요인인 대형 마트와의 경쟁(T)에 대응하는 것은 ST 전략이 된다.
① 직원 확보 문제 해결과 매출 감소에 대응하는 인건비 절감 등의 효과를 거둘 수 있어 약점과 위협요인을 최소화하는 WT 전략이 된다.
③ 자사의 강점과 외부환경의 기회 요인을 이용한 SO 전략이 된다.
④ 자사의 기회요인인 매장 앞 공간을 이용해 지역 주민 이동 시 쉼터를 이용할 수 있도록 활용하는 것은 매출 증대에 기여할 수 있으므로 WO 전략이 된다.
⑤ 고객 유치 노하우는 자사의 강점을 이용한 것이며, 이를 통해 편의점 이용률을 제고하는 것은 위협요인을 제거하는 것이 되므로 ST 전략이 된다.

답 13.② 14.②

서로 상이한 문화 간 커뮤니케이션으로 업무 수행 시 문화적 차이 인식, 업무 대응, 국제 비즈니스 매너를 물어보는 문제가 출제된다. 국제적인 법규나 규정을 숙지하며 국제 동향을 미리 파악하고 정리하는 것이 좋다.

1 국제동향 ●●○

국제동향 파악 방법으로 옳지 않은 것은?

① 관련 분야 해외 사이트를 방문하여 최신 이슈를 확인한다.

② 해외 서점 사이트를 방문해 최신 서적 목록과 주요 내용을 파악한다.

③ 업무와 관련된 국제잡지를 정기 구독한다.

④ 한 달에 한 번씩 신문의 국제면을 읽는다.

⑤ 국제학술대회에 참여한다.

TIP ④ 매일 신문의 국제면을 읽는다.
  ※ 국제동향 파악 방법
    ㉠ 관련 분야 해외 사이트를 방문하여 최신 이슈를 확인한다.
    ㉡ 매일 신문의 국제면을 읽는다.
    ㉢ 업무와 관련된 국제잡지를 정기 구독한다.
    ㉣ 노동부, 한국산업인력공단, 산업자원부, 중소기업청, 상공회의소, 산업별인적자원개발협의체 등의 사이트를 방문해 국제동향을 확인한다.
    ㉤ 국제학술대회에 참석한다.
    ㉥ 업무와 관련된 주요 용어의 외국어를 알아둔다.
    ㉦ 해외 서점 사이트를 방문해 최신 서적 목록과 주요 내용을 파악한다.
    ㉧ 외국인 친구를 사귀고 대화를 자주 나눈다.

2 국제 매너 ●●○

다음은 대표적인 국제 매너를 설명한 것이다. 가장 옳지 않은 것은?

① 미국인과 인사할 때에는 눈이나 얼굴을 보는 것이 좋다.

② 라틴아메리카 사람들과 인사할 때에는 포옹을 하지 않는다.

③ 명함은 받으면 구기지 않고 보고나서 탁자 위에 보이는 채로 대화하거나 명함집에 넣는다.

④ 스프를 먹을 때에는 몸 쪽에서 바깥쪽으로 숟가락을 사용한다.

⑤ 생선요리는 뒤집어 먹지 않는다.

TIP ② 러시아와 라틴아메리카 사람들은 인사할 때에 포옹을 하는 경우가 있는데, 이는 친밀감의 표현이므로 자연스럽게 받아주는 것이 좋다.

3 국제 매너 ·· ●●○

다음 중 국제 매너로 옳지 않은 것은?

① 프랑스에서 사업차 거래처 사람들과 식사를 할 때 사업에 관한 이야기는 정식 코스가 끝날 때 한다.

② 이란에서 꽃을 선물로 줄 때 노란색 꽃을 준비한다.

③ 멕시코에서 상대방에게 초대를 받았다면 나 또한 상대방을 초대하는 것이 매너이다.

④ 이탈리아에서 상대방과 대화할 때는 중간에 말을 끊지 않는다.

⑤ 생선 요리는 뒤집어먹지 않는다.

TIP ② 이란에서 노란색 꽃은 적대감을 표시한다.

4 국제 매너 ·· ●●○

해외 법인에서 근무하는 귀하는 중요한 프로젝트의 계약을 앞두고 현지 거래처 귀빈들을 위한 식사 자리를 준비하게 되었다. 본사와 거래처의 최고 경영진들이 대거 참석하는 자리인 만큼 의전에도 각별히 신경을 써야 하는 매우 중요한 자리이다. 이러한 외국 손님들과의 식사 자리를 준비하는 에티켓에 관한 다음 보기와 같은 설명 중 적절하지 않은 것은 무엇인가?

① 테이블의 모양과 좌석의 배치 등도 매우 중요하므로 반드시 팩스나 이메일로 사전에 참석자에게 정확하게 알려 줄 필요가 있다.

② 종교적 이유로 특정음식을 먹지 않는 고객의 유무 등 특별 주문 사항이 있는지를 미리 확인한다.

③ 상석(上席)을 결정할 경우, 나이는 많은데 직위가 낮으면 나이가 직위를 우선한다.

④ 최상석에 앉은 사람과 가까운 자리일수록 순차적으로 상석이 되며, 멀리 떨어진 자리가 말석이 된다.

⑤ 핸드백이나 기타 휴대품은 식탁 위에 올려놓는 것은 금물이다.

TIP 상석을 결정할 경우, 나이와 직위가 상충된다면 직위가 나이를 우선하게 된다. 또한 식사 테이블의 좌석을 정하는 에티켓으로는 여성 우선의 원칙, 기혼자 우선의 원칙 등이 있다.

답 1.④ 2.② 3.② 4.③

다음은 악수에 대한 내용이다. 악수의 사례를 읽고 이를 분석한 내용으로 바르지 않은 것을 고르면?

국내에서도 번역 출간된 초오신타의 '세계의 인사법'이란 책에는 여러 나라 여러 민족의 다양한 인사법이 나온다. 포옹, 가벼운 키스, 서로 코를 맞대는 뉴질랜드 마오리족의 인사에서부터 반가움의 표시로 상대방의 발에 침을 뱉는 아프리카 키유크족의 인사까지 우리 관점에서 보면 기상천외한 인사법이 참으로 많다. 인사는 반가움을 표시하는 형식화되고 관습화된 행위다. 나라마다 문화마다 독특한 형식의 인사가 많지만 전 세계적으로 통용되는 가장 보편적인 인사법을 꼽으라면 역시 악수일 것이다. 악수는 원래 신(神)이 지상의 통치자에게 권력을 넘겨주는 의식에서 유래했다고 한다. 이것은 이집트어의 '주다'라는 동사에 잘 나타나 있는데, 상형문자로 쓰면 손을 내민 모양이 된다고 한다.

먼저 악수할 때는 반갑게 인사말을 건네며 적극적인 자세로 서로 손을 잡고 흔든다. 이 악수는 신체적 접촉으로 이루어지는 적극적이고 활달한 인사이므로 만약 지나치게 손을 흔든다거나, 힘없이 손끝만 살짝 쥐고 흔드는 시늉만 한다면 상대방은 몹시 불쾌해질 수 있다. 서양에서는 이런 행동을 "죽은 물고기 꼬리를 잡고 흔든다"고 말하며 모욕적인 행동으로 간주한다. 군대 내에서는 상관과 악수할 때 손에 힘을 빼라는 예법이 있다. 그것은 군대 내에서만 적용되는 악수법이니 외부인과 악수할 때에는 연하자라도 약간의 에너지를 주고 흔들면 된다. 다만, 연장자보다 힘을 덜 주면 되는 것이다. 원래 악수는 허리를 펴고 한 손으로 당당하게 나누는 인사다. 서양에서는 대통령이나 왕족을 대하는 경우에만 머리를 살짝 숙여 충성을 표시하는 데 반해, 우리나라에서는 지나치게 허리를 굽혀 악수를 하는 장면이 많이 보이는데 이는 세계적으로 통용되는 정통 악수법의 관점에서는 옳지 않다. 우리나라의 악수는 서양과 달리 절과 악수의 혼합형처럼 쓰이고 있으므로 웃어른이나 상사와 악수를 나눌 때는 왼손으로 오른쪽 팔을 받치고 고개를 약간 숙인 채 악수를 하는 것이 좋다. 그렇더라도 지나치게 허리까지 굽힌다면, 보기에도 좋지 않을뿐더러 마치 아부하는 것처럼 보일 수도 있으므로 이런 모습은 보이지 않도록 한다.

악수는 여성이 남성에게 먼저 청하는 것이 에티켓이며, 같은 맥락으로 연장자가 연소자에게, 상급자가 하급자에게 청하는 것이 옳은 방법이다. 때론 장난기 많은 사람들 중에 악수를 나누며 손가락으로 장난을 치는 사람들도 있는데, 세계화의 시대에 이런 모습은 사라져야겠다.

① 악수할 때에는 허리를 꼿꼿이 세워 대등하게 악수를 해야 한다.
② 웃어른의 뜻에 의해 악수, 또는 황송하다고 생각해서 허리를 많이 굽히거나 또는 두 손으로 감싸는 것은 상당히 매너 있는 행위이다.
③ 악수 시에는 손윗사람(연장자)이 손아랫사람에게 손을 내민다.
④ 여성이 남성에게 손을 내민다.
⑤ 악수를 하면서 상대의 눈을 바라보아야 한다.

TIP 웃어른의 뜻에 의해 악수, 또는 황송하다고 생각해서 두 손으로 감싸는 것은 좋지 않다. 악수는 대등하게 서로를 존중하는 것인데, 이는 오히려 상대에 대해서 비굴해 보일 수 있기 때문이다.

다음은 전화를 걸 때의 상황을 나타낸 것이다. 이 중 잘못된 표현의 단계를 고르면?

---

1. 전화를 걸기 전에 필요한 자료는 미리 손앞에 정리
 • 상대의 소속, 직책, 성명, 전화번호 숙지
 • 용건의 내용을 간단히 메모
 • 필요한 서류자료, 메모지, 필기구 준비
2. 상대가 나오면 본인의 소속 및 이름을 먼저 밝힌다.
3. 상대를 확인한다.
 • 상대방이 이름을 말하지 않을 경우 내 쪽에서 확인
 • 본인이 받을 경우 인사를 하면서 안부를 묻고
 • 부재 시일 경우 – 부재이유를 간단히 묻고 메모를 부탁하거나 전화를 다시 하겠다는 등의 약속을 한다.
4. 용건을 전달한다.
5. 끝인사 ('수고하십시오. 잘 부탁드립니다')

---

① 전화를 건 목적에 맞게 용건을 말한다.

② 인사 및 자신을 밝힌다.

③ 상대를 확인한 후 통화가능 여부를 확인한다.

④ 전화한 용건을 상대가 이해할 수 있도록 시간에 구애받지 않고 자세하게 설명한다.

⑤ 통화내용을 확인하고 전화 종료 인사를 한다.

TIP 전화는 상대 목소리만으로 전달되는 것이므로 상대가 현재 어떤 상태인지 알 수 없으며, 업무상의 전화통화가 많을 수 있으므로 용건을 간결하면서도 정확하게 전달해야 한다.

답 5.② 6.④

PART

02

실전
모의고사

실전 모의고사 Ⅰ유형

문항수 | 70문항   풀이시간 | 70분

▌1~2▌ 다음은 N사의 정책연구원 M 대리가 '제xx차 건강과 의료 고위자 과정 모집안내'에 대한 안내 문서를 작성한 것이다. 이를 읽고 이어지는 물음에 답하시오.

<모집요강>

수업기간	202x. 4. 1 ~ 7. 1(14주)
수업일시	매주 금요일 18시 30분 ~ 21시(석식제공)
모집인원	45명
지원자격 (선택)	• 의료기관의 원장 및 관리책임자 • 정부, 국회 및 정부투자기관의 고위관리자 • 의학전문기자 및 보건의료계 종사자
접수기간	202x. 3. 8 ~ 3. 22
접수장소	국민건강보험 일산병원 연구기획팀(우편, 이메일 접수 가능)
제출서류	• 입학지원서 1부 • 사진 2매(입학지원서 부착 및 별도 1매), 여권사본 1부(해외워크숍 참가 시) ※ 입학지원서 양식은 홈페이지에서 다운로드 가능
합격자 발표	202x. 3. 25(금) 개별통보
수료기준	과정 60% 이상 출석 시 수료증 수여
교육장소	• 국민건강보험공단 서울지역본부 대회의실(6층) • 국민건강보험 일산병원 대회의실(4층)
수강료	• 등록금 : 100만 원 – 합격자에 한하여 아래의 계좌로 입금하여 주십시오. – 계좌번호 : xx은행 527-000116-0000 국민건강보험공단 일산병원 ※ 해외연수 비용은 별도(추후 공지)

1 M 대리가 작성한 문서를 검토한 선배 사원은 문서의 형식과 내용상의 일부 수정 사항을 다음과 같이 지적하였다. 다음 중 선배 사원의 적절한 지적으로 볼 수 없는 것은 어느 것인가?

① "날짜를 표기할 때에는 연월일 숫자 다음에 반드시 온점(.)을 찍는 것이 기본 원칙이야."

② "개인정보 수집 및 이용 동의서 작성이 필요한지를 반드시 알려주어야 해."

③ "공문서에 시간을 적을 때에는 24시각제로 표기하되, '시', '분' 등의 말은 빼고 쌍점(:)을 찍어 '18:30'처럼 표기해야 되는 것 잊지 말게."

④ "대외적으로 배포할 안내 문서를 작성할 때에는 항상 '문의 및 연락처'를 함께 적어야 불편함을 줄일 수 있어."

⑤ "입학지원서 양식을 다운로드할 수 있는 홈페이지 주소를 적었어야지."

2 다음 보기는 위의 모집안내문을 읽고 판단한 의견이다. 다음 보기를 보고 안내문의 내용과 일치하지 않는 것은 어느 것인가?

① "매주 금요일 저녁 6시 30분 ~ 9시까지 수업을 하려면 저녁 시간이 애매한데, 석식을 제공한다니 괜찮네."

② "매우 유용한 과정이 될 것 같은데, 후배 중 의학전문기자가 있으니 수강해 보라고 알려줘야겠군."

③ "오늘이 7월 15일로 접수 마감일인데 일산까지 찾아갈 수도 없으니 이메일로라도 신청해봐야겠네."

④ "수강료가 100만 원이지만 해외 연수비용이 추가될 수 있겠군."

⑤ "나는 수업기간 중 2주 정도 출장 때문에 출석이 어렵겠네. 좋은 기회인데 안타깝군."

3 다음은 A국의 사업타당성 규정에 대한 자료이다. A국은 다음의 사업 중 타당성 검사가 필요한 사업을 선정하여 기준에 미치지 못하는 사업에 대해 지원을 감축하려한다. 甲~戊 중 검사 대상이 아닌 것은?

제○○조(예비타당성조사 대상사업) 신규 사업 중 총사업비가 500억 원 이상이면서 국가의 재정지원 규모가 300억 원 이상인 건설사업, 정보화사업, 국가연구개발사업에 대해 예비타당성조사를 실시한다.

제△△조(타당성조사의 대상사업과 실시)

① 제○○조에 해당하지 않는 사업으로서, 국가 예산의 지원을 받아 지자체·공기업·준정부기관·기타 공공기관 또는 민간이 시행하는 사업 중 완성에 2년 이상이 소요되는 다음 각 호의 사업을 타당성조사 대상사업으로 한다.

　1. 총사업비가 500억 원 이상인 토목사업 및 정보화사업

　2. 총사업비가 200억 원 이상인 건설사업

② ①의 대상사업 중 다음 각 호의 어느 하나에 해당하는 경우에는 타당성조사를 실시하여야 한다.

　1. 사업추진 과정에서 총사업비가 예비타당성조사의 대상 규모로 증가한 사업

　2. 사업물량 또는 토지 등의 규모 증가로 인하여 총사업비가 100분의 20 이상 증가한 사업

---

① 甲사업 : 국가의 재정지원 비율이 50%인 총사업비 550억 원 규모의 신규 건설사업

② 乙사업 : 민간이 시행하는 사업으로 앞으로 완성에 3년 이상의 기간이 소요되는 총사업비 250억 원 이상의 건설사업

③ 丙사업 : 공기업에서 시행하는 총사업비 500억 원 이상의 정보화사업으로 완성에 2년 이상 소요 예상되는 사업

④ 丁사업 : 준정부기관에서 총사업비 400억 원의 토목사업으로 시작하였으나 사업추진 과정에서 총사업비가 600억 원으로 증가한 사업

⑤ 戊사업 : 700억 원 대 사업으로 국가 재정지원 비율이 45%인 신규 정보화사업

4 미란이는 현재 거주하고 있는 A주택의 소유자이며, 소득 인정액이 중위소득 40%에 해당한다. A주택의 노후도 평가 결과, 지붕의 수선이 필요한 주택보수비용 지원 대상에 선정되었다. 미란이가 지원받을 수 있는 주택보수비용의 액수는?

- 주택을 소유하고 해당 주택에 거주하는 가구를 대상으로 주택 노후도 평가를 실시하여 그 결과(경·중·대보수)에 따라 아래와 같이 주택보수비용을 지원

〈주택보수비용〉

구분	경보수	중보수	대보수
보수항목	도배 혹은 장판	수도시설 혹은 난방시설	지붕 혹은 기둥
보수비용	350만 원	650만 원	950만 원

- 소득인정액에 따라 위 보수비용 지원한도액의 80 ~ 100%를 차등지원

〈주택보수비용 지원 내용〉

구분	중위소득 25%미만	중위소득 25% 이상 35% 미만	중위소득 35% 이상 43% 미만
지원율	100%	90%	80%

① 520만 원

② 650만 원

③ 760만 원

④ 855만 원

⑤ 950만 원

5 밑줄 친 부분이 바르지 않게 표기된 한자어를 고르면?

디지털 통신 시스템은 송신기, 채널, 수신기로 구성되며, 전송할 데이터를 빠르고 정확하게 전달하기 위해 부호화 과정을 거쳐 <u>전송</u>한다. 영상, 문자 등인 데이터는 기호 집합에 있는 기호들의 조합이다. 예를 들어 기호 집합 {a, b, c, d, e, f}에서 기호들을 조합한 add, cab, beef 등이 데이터이다. 정보량은 어떤 기호가 발생했다는 것을 알았을 때 얻는 정보의 크기이다. 어떤 기호 집합에서 특정 기호의 발생 확률이 높으면 그 기호의 정보량은 적고, <u>발생</u> 확률이 낮으면 그 기호의 정보량은 많다. 기호 집합의 평균 정보량을 기호 집합의 엔트로피라고 하는데 모든 기호들이 동일한 발생 확률을 가질 때 그 기호 집합의 엔트로피는 최댓값을 갖는다.

송신기에서는 소스 부호화, 채널 부호화, 선 부호화를 거쳐 기호를 부호로 변환한다. 소스 부호화는 데이터를 <u>압축</u>하기 위해 기호를 0과 1로 이루어진 부호로 변환하는 과정이다. 어떤 기호가 110과 같은 부호로 <u>변환</u>되었을 때 0 또는 1을 비트라고 하며 이 부호의 비트 수는 3이다. 이때 기호 집합의 엔트로피는 기호 집합에 있는 기호를 부호로 표현하는 데 필요한 평균 비트 수의 최솟값이다. 전송된 부호를 수신기에서 원래의 기호로 복원하려면 부호들의 평균 비트 수가 기호 집합의 엔트로피보다 크거나 같아야 한다. 기호 집합을 엔트로피에 최대한 가까운 <u>평균</u> 비트 수를 갖는 부호들로 변환하는 것을 엔트로피 부호화라 한다. 그중 하나인 '허프만 부호화'에서는 발생 확률이 높은 기호에는 비트 수가 적은 부호를, 발생 확률이 낮은 기호에는 비트 수가 많은 부호를 할당한다.

① 전송 – 傳送
② 발생 – 發生
③ 압축 – 壓縮
④ 변환 – 轉換
⑤ 평균 – 平均

6 다음의 자료를 보고 A사가 서비스센터를 설립하는 방식과 위치에 대한 설명으로 옳은 것은?

- 휴대폰 제조사 A는 B국에 고객서비스를 제공하기 위해 1개의 서비스센터 설립을 추진하려고 한다.
- 설립방식에는 ㈎방식과 ㈏방식이 있다.
- A사는 {(고객만족도 효과의 현재가치) − (비용의 현재 가치)}의 값이 큰 방식을 선택한다.
- 비용에는 규제비용과 로열티비용이 있다.

구분		㈎방식	㈏방식
고객만족도 효과의 현재가치		5억 원	4.5억 원
비용의 현재가치	규제 비용	3억 원 (설립 당해 년도만 발생)	없음
	로열티 비용	없음	−3년간 로열티비용을 지불함 −로열티비용의 현재가치 환산액 : 설립 당해 연도는 2억 원 그 다음 해부터는 직전년도 로열티비용의 1/2씩 감액한 금액

※ 고객만족도 효과의 현재가치는 설립 당해년도를 기준으로 산정된 결과이다.

〈설립위치 선정 기준〉
- 설립위치로 B국의 甲, 乙, 丙 3곳을 검토 중이며, 각 위치의 특성은 다음과 같다.

위치	유동인구(만 명)	20~30대 비율(%)	교통혼잡성
甲	80	75	3
乙	100	50	1
丙	75	60	2

- A사는 {(유동인구)×(20 ~ 30대 비율)/(교통혼잡성)} 값이 큰 곳을 선정한다. 다만 A사는 제품의 특성을 고려하여 20 ~ 30대 비율이 50% 이하인 지역은 선정대상에서 제외한다.

① B국은 유동인구가 많을수록 20 ~ 30대 비율이 높다.
② A사는 丙위치에 서비스 센터를 선정한다.
③ ㈎ 방식은 로열티 비용이 없으므로 '(고객만족도 효과의 현재가치) − (비용의 현재 가치)'는 5억 원이다.
④ A는 교통혼잡성이 가장 낮은 곳을 서비스센터 설립위치로 선택하게 된다.
⑤ A사는 ㈏ 방식을 선택할 수 있다.

7 甲금속회사가 생산한 제품 A, B를 모두 판매하여 최대 금액을 얻으려 할 때 그 금액은?

- 甲금속회사는 특수구리합금 제품 A와 B를 생산 및 판매한다.
- 특수구리합금 제품 A, B는 10kg 단위로만 생산된다.
- 제품 A의 1kg당 가격은 300원이고, 제품 B의 1kg당 가격은 200원이다.
- 甲금속회사는 보유하고 있던 구리 500kg, 철 15kg, 주석 20kg, 아연 135kg, 망간 30kg 중 일부를 활용하여 아래 표의 질량 배합 비율에 따라 제품 A를 300kg 생산한 상태이다.
  ※ 단, 개별 금속의 추가구입은 불가능하다.
- 합금 제품별 질량 배합 비율은 아래와 같으며 배합 비율을 만족하는 경우에만 제품이 될 수 있다.

구분	구리	철	주석	아연	망간
A	60	5	0	25	10
B	80	0	5	15	0

※ 배합된 개별 금속 질량의 합은 생산된 합금 제품의 질량과 같다.

① 168,000원
② 170,000원
③ 172,000원
④ 174,000원
⑤ 176,000원

8 다음 주어진 자료에 따라 甲시에 어린이집과 복지회관을 신축하고자 한다. 보기 중 가장 만족도가 높은 계획은?

A구와 B구로 이루어진 신도시 甲시에는 어린이집과 복지회관이 없다. 이에 甲시는 60억 원의 건축 예산을 사용하여 아래 〈건축비와 만족도〉와 〈조건〉 하에서 시민 만족도가 가장 높은 곳에서 어린이집과 복지회관을 신축하려고 한다.

〈건축비와 만족도〉

	시설 종류	건축비(억 원)	만족도
A구	어린이집	20	35
	복지회관	15	30
B구	어린이집	15	40
	복지회관	20	50

〈조건〉

1) 예산 범위 내에서 시설을 신축한다.
2) 시민 만족도는 각 시설에 대한 만족도의 합으로 계산한다.
3) 각 구에는 최소 1개의 시설을 신축해야 한다.
4) 하나의 구에 동일 종류의 시설을 3개 이상 신축할 수 없다.
5) 하나의 구에 동일 종류의 시설을 2개 신축할 경우, 그 시설 중 한 시설에 대한 만족도는 20% 하락한다.

	A구	B구
①	복지회관 1개	어린이집 1개, 복지회관 1개
②	복지회관 2개	어린이집 2개
③	어린이집 1개, 복지회관 1개	복지회관 1개
④	어린이집 1개	어린이집 2개
⑤	어린이집 1개	복지회관 2개

9 C사의 사내 설문조사 결과, 전 직원의 2/3가 과민성대장증상을 보이고 있으며, 이 중 1/4이 출근길에 불편을 겪어 아침을 먹지 않는다고 조사되었다. 과민성대장증상을 보이는 직원 중 아침 식사를 하는 직원의 수가 144명이라면, C사의 전 직원의 수는 몇 명인가?

① 280명　　　　　　　　　　　　② 282명
③ 285명　　　　　　　　　　　　④ 288명
⑤ 290명

10 G사의 공장 앞에는 가로 20m×세로 15m 크기의 잔디밭이 조성되어 있다. 시청에서는 이 잔디밭의 가로, 세로 길이를 동일한 비율로 확장하여 새롭게 잔디를 심었는데 새로운 잔디밭의 총 면적은 432m²였다. 새로운 잔디밭의 가로, 세로의 길이는 순서대로 얼마인가?

① 24m, 18m

② 23m, 17m

③ 22m, 16.5m

④ 21.5m, 16m

⑤ 21m, 15.5m

┃11~12┃ 다음은 ◇◇사의 전결 규정에 관한 내용이다. 이어지는 물음에 답하시오.

- 결재를 받으려는 업무에 대해 최고결재권자(사장) 포함 이하 직책자의 결재를 받아야 한다.
- '전결'이라 함은 회사의 경영활동이나 관리활동을 수행함에 있어 의사결정이나 판단을 요하는 일에 대해 최고결재권자의 결재를 생략하고, 자신의 책임 하에 최종적으로 의사결정이나 판단을 하는 행위를 말한다.
- 전결사항에 대해서도 위임받은 자를 포함한 이하 직책자의 결재를 받아야 한다.
- 표시내용 : 결재를 올리는 자는 최고결재권자로부터 전결사항을 위임받은 자가 있는 경우 결재란에 전결이라고 표시하고, 최종결재권자란에 위임받은 자를 표시한다.
- 최고결재권자의 결재사항 및 최고결재권자로부터 위임된 전결사항은 다음의 표에 따른다.

구분	내용	금액기준	결재서류	팀장	부장	사장
출장비	출장 유류비, 출장 식대비	30만 원 이하	출장계획서, 청구서	■	●	
		30만 원 초과			■	●
교육비	교육비, 외부교육비 포함	50만 원 이하	기안서, 법인카드신청서	● ■		
		50만 원 초과			● ■	
접대비	영업처 식대비, 문화접대비	40만 원 이하	접대비지출품의서, 지출결의서	■	●	
		40만 원 초과		■		●
경조사비	직원 경조사비	20만 원 이하	기안서, 경조사비지출품의서		● ■	
		20만 원 초과			■	●

● : 지출결의서, 법인카드신청서, 각종 신청서 및 청구서

■ : 기안서, 출장계획서, 접대비지출품의서, 경조사비지출품의서, 출장계획서

11 기획팀 사원인 A는 지방출장으로 유류비 10만 원과 식대비 30만 원을 계획하였다. 다음의 결제규정에 따라 A가 작성한 결재 양식으로 옳은 것은?

①

출장계획서			
결	담당	팀장	부장	최종결재
재	A	전결		팀장

②

출장계획서			
결	담당	팀장	부장	최종결재
재	A		전결	부장

③

출장계획서			
결	담당	팀장	부장	최종결재
재	A		전결	사장

④

청구서			
결	담당	팀장	부장	최종결재
재	A	전결		부장

⑤

청구서			
결	담당	팀장	부장	최종결재
재	A		전결	사장

12 위 결재과정에 대한 이해가 바르지 못한 것은?

① 甲은 팀원의 서비스 교육을 위해 강사료와 장소 대여비까지 총 40만 원을 지불하였고 이에 대한 기안서를 작성하여 팀장님께 전결 받았다.

② 乙은 이번 달 직원들의 경조사가 겹쳐 총 50만 원 상당의 경조사비지출품의서를 부장님께 결재 받았다.

③ 丙은 영업처와 식사자리에서 25만 원을 지출하였다. 이에 대한 지출결의서를 사장님께 결재 받았다.

④ 丁은 지방출장에 대한 출장계획서를 작성하고 예산이 최대 25만 원이 예상되어 출장계획서를 팀장님께 결재 받았다.

⑤ 戊는 유류비와 식대비를 포함하여 총 50만 원을 지출하고 상장님께 청구서를 결재 받았다.

13 다음은 L병원의 흉부외과의 '진료 시간표'와 마취과의 '10월 첫째 주 수술 시간표'이다. 흉부외과 수술실에 반드시 마취과 선생님 한 명이 함께 들어가야 하는데 현재 마취과 인원이 부족하여 새로운 의사 丙이 이번 주부터 일하게 되었다. 丙의 수술 시간표로 바른 것은? (단, 토요일에는 반드시 수술이 2회 있다.)

〈흉부외과 진료 시간표〉

구분	흉부외과							
	A과장		B과장		C과장		D과장	
	오전	오후	오전	오후	오전	오후	오전	오후
월요일	진료	수술	진료	수술	수술	진료	진료	수술
화요일	수술	진료	진료	수술	진료	수술	진료	수술
수요일	진료	수술	수술	진료	진료	수술	진료	수술
목요일	수술	진료	진료	수술	수술	진료	진료	수술
금요일	진료	수술	수술	진료	진료	수술	진료	수술
토요일	수술	진료	진료		진료 또는 수술		수술	진료
토요일 휴무	넷째 주		둘째 주		첫째 주		셋째 주	

〈마취과 수술 시간표〉

	甲		乙	
	오전	오후	오전	오후
월요일		B과장 수술실	C과장 수술실	D과장 수술실
화요일		B과장 수술실		C과장 수술실
수요일	B과장 수술실	A과장 수술실		D과장 수술실
목요일	A과장 수술실	B과장 수술실		D과장 수술실
금요일		C과장 수술실	B과장 수술실	A과장 수술실
토요일	D과장 수술실		휴무	

①

	丙	
	오전	오후
월요일		A과장 수술실
화요일	A과장 수술실	D과장 수술실
수요일		
목요일	C과장 수술실	
금요일		D과장 수술실
토요일	C과장 수술실	

②

	丙	
	오전	오후
월요일		A과장 수술실
화요일	B과장 수술실	
수요일		C과장 수술실
목요일	D과장 수술실	
금요일		A과장 수술실
토요일	C과장 수술실	

③

	丙	
	오전	오후
월요일		B과장 수술실
화요일	D과장 수술실	
수요일		C과장 수술실
목요일	A과장 수술실	
금요일		D과장 수술실
토요일	C과장 수술실	

④

	丙	
	오전	오후
월요일		A과장 수술실
화요일		D과장 수술실
수요일		B과장 수술실
목요일	C과장 수술실	
금요일		D과장 수술실
토요일	A과장 수술실	

⑤

	丙	
	오전	오후
월요일		A과장 수술실
화요일	A과장 수술실	D과장 수술실
수요일		C과장 수술실
목요일	C과장 수술실	
금요일		D과장 수술실
토요일	A과장 수술실	

〈시설 사용료〉

시설명	사용유형	사용시간(1실기준)	사용료(원)	비고
교실	시험장소 수련활동 문화활동	4시간 이하	10,000	냉·난방 가동시 20% 가산
		4시간 초과	20,000	
체육관	체육활동 각종행사	2시간 이하	20,000	냉·난방 가동시 20% 가산 (단, $660m^2$ 초과시 50%)
		2시간 초과 4시간 이하	40,000	
		4시간 초과	60,000	
		1개월 이상 사용시	5,000 (시간당)	
강당	각종행사 문화활동	2시간 이하	20,000	냉·난방 가동시 20% 가산 (단, $660m^2$ 초과시 50%)
		2시간 초과 4시간 이하	40,000	
		4시간 초과	60,000	
		1개월 이상 사용시	5,000 (시간당)	
잔디 운동장	체육활동 각종행사	2시간 이하	30,000	
		2시간 초과 4시간 이하	60,000	
		4시간 초과	80,000	
		1개월 이상 사용시	10,000 (시간당)	

※ 해당 행정재산이 위치한 지역(시군)주민이 복지증진·생활체육에 사용할 때 100분의 60범위에서 감면할 수 있다. (냉·난방기 가동시 가산액 포함)

• 1개월 이상이란 주 1회 이상 월 4주 이상 사용하는 경우 임

• 사용시간 : 1일 동안 사용한 시간(계속 사용시 사용료 = 사용기간×사용시간단가)

※ 사용시간단가는 2시간 요금을 기준으로 계산함

14 성 대리는 회사 운동회를 위해 장소를 빌리려 한다. 야외 운동장에서 축구 경기와 달리기, 실내 체육관에서 농구와 배드민턴 경기 후 강당에서 시상식을 할 예정이다. 운동 경기의 경우 축구 경기와 달리기는 총 3시간을 농구와 배드민턴 역시 총 3시간을 진행할 것이며 시상식은 2시간 이내로 마무리 될 때 총 비용은 얼마인가? (단, 체육관과 강당은 냉방 시설을 가동하였으며 660㎡를 초과하지 않는다.)

① 146,000원
② 144,000원
③ 138,000원
④ 132,000원
⑤ 125,000원

15 이 사원은 회사 내 조기축구 동아리의 경기장을 알아보기 위해 ○○고등학교 시설 사용료를 알아보기 위해 학교 행정실로 전화를 걸었다. 이 사원이 잘못 이해한 부분은 무엇인가?

① 그럼 체육 활동을 할 수 있는 공간은 체육관과 잔디 운동장이네요.
② 4시간을 초과해서 사용할 수도 있는 거군요.
③ 냉방비는 사용시에만 낼 수 있어서 좋은데요.
④ 저희도 생활체육을 위해 사용하는 건 맞는데 지역 주민이 아니라 감면 대상은 안 되겠네요.
⑤ 주 1 ~ 2회 사용하고 넷째 주에만 사용하지 않으니까 잔디 운동장은 시간당 10,000원이네요.

16 다음 육아휴직에 관한 글을 올바르게 이해하지 못한 설명은 어느 것인가?

□ 육아휴직이란?

육아휴직이란 근로자가 만 8세 이하 또는 초등학교 2학년 이하의 자녀를 양육하기 위하여 신청, 사용하는 휴직을 말합니다.

□ 육아휴직기간

육아휴직의 기간은 1년 이내입니다.

※ 1) 자녀 1명당 1년 사용 가능하므로 자녀가 2명이면 각각 1년씩 2년 사용 가능

　2) 근로자의 권리이므로 부모가 모두 근로자면 한 자녀에 대하여 아빠도 1년, 엄마도 1년 사용가능

□ 육아휴직급여 지급대상

－ 사업주로부터 30일 이상 육아휴직을 부여받아야 합니다.

※ ① 근로한 기간이 1년 미만인 근로자, ② 같은 자녀에 대하여 배우자가 육아휴직을 하고 있는 근로자에 대하여는 사업주가 육아휴직을 거부할 수 있으니 유의하세요.

－ 육아휴직 개시일 이전에 피보험단위기간(재직하면서 임금 받은 기간)이 모두 합해서 180일 이상이 되어야 합니다.

※ 단, 과거에 실업급여를 받았을 경우 인정받았던 피보험기간은 제외

－ 같은 자녀에 대해서 피보험자인 배우자가 동시에 육아휴직(30일 미만은 제외) 중인 경우에는 중복된 기간에 대하여는 1명만 지급합니다.

□ 육아휴직급여 지급액

－ 육아휴직기간 동안 매월 통상임금의 100분의 40을 육아휴직급여로 지급하고(상한액 : 월 100만 원, 하한액 : 월 50만 원), 육아휴직급여액 중 100분의 25는 직장복귀 6개월 후에 일시불로 지급합니다.

－ 또한, 육아휴직 기간 중 사업주로부터 육아휴직을 이유로 금품을 지급받은 경우로서 매월 단위로 육아휴직기간 중 지급받은 금품과 육아휴직 급여의 100분의 75에 해당하는 금액(그 금액이 50만 원 미만인 경우에는 하한액 50만 원)을 합한 금액이 육아휴직 시작일 기준으로 한 월 통상임금을 초과한 경우에는 그 초과한 금액을 육아휴직 급여의 100분의 75에 해당하는 금액에서 빼고 지급합니다.

－ 육아 휴직 시작일이 202x년 7월 1일 이전은 육아휴직 급여의 100분의 85에 해당하는 금액(그 금액이 50만 원 미만인 경우에는 하한액 50만 원)을 합한 금액이 육아 휴직 시작일 기준으로 한 월 통상임금을 초과한 경우에는 그 초과한 금액을 육아휴직 급여의 100분의 85에 해당하는 금액에서 빼고 지급합니다.

□ 신청 시기

육아휴직을 시작한 날 이후 1개월부터 매월 단위로 신청하되, 당월 중에 실시한 육아휴직에 대한 급여의 지급 신청은 다음 달 말일까지 해야 합니다. 매월 신청하지 않고 기간을 적치하여 신청 가능합니다(사전 신청한 경우). 단, 육아휴직이 끝난 날 이후 12개월 이내에 신청하지 않을 경우 동 급여를 지급하지 않습니다.

① 해당 연령대 자녀가 2명인 부모가 사용할 수 있는 총 육아휴직 합산 기간은 4년이다.

② 통상임금이 200만 원인 근로자의 경우, 직장복귀 6개월 후 50만 원을 지급받게 된다.

③ 육아휴직급여를 받기 위해서는 이전 재직기간이 최소한 180일 이상이어야 한다.

④ 통상임금이 200만 원인 근로자가 사업주로부터 육아휴직을 이유로 150만 원의 격려금을 지급받았을 경우, 해당 월의 육아휴직급여액은 50만 원이 된다.

⑤ 5월 달 분의 육아휴직급여액을 7월에 신청할 수는 없다.

▌17~18▐ 이사전문회사인 ○○회사의 법무팀에서 근무하고 있는 영애 씨는 주요 약관을 요약하여 정리하고 고객에게 상세하게 고지하는 업무를 담당하고 있다. 다음에 제시된 상황을 보고 질문에 답하시오.

화물운송약관

제6조 [계약금]

사업자는 계약서를 고객에게 교부할 때 계약금으로 운임 등의 합계액의 10%에 해당하는 금액을 청구할 수 있다.

제7조 [인수거절]

① 이사화물이 다음 각 호의 하나에 해당될 때에는 사업자는 그 인수를 거절할 수 있다.

1. 현금, 유가증권, 귀금속, 예금통장, 신용카드, 인감 등 고객이 휴대할 수 있는 귀중품
2. 위험품, 불결한 물품 등 다른 화물에 손해를 끼칠 염려가 있는 물건
3. 동식물, 미술품, 골동품 등 운송에 특수한 관리를 요하기 때문에 다른 화물과 동시에 운송하기에 적합하지 않은 물건
4. 고객이 규정에 의한 사업자의 포장 요청을 거절한 물건

② ①의 각 호에 해당하는 이사화물이더라도 사업자는 그 운송을 위한 특별한 조건을 고객과 합의한 경우에는 이를 인수할 수 있다.

제8조 [운임 등의 청구]

① 사업자는 고객이 이사화물의 전부의 인도를 확인한 때(일반이사의 경우) 또는 이사화물의 전부의 정리를 확인한 때(포장이사의 경우), 운임 등에서 이미 지급한 계약금을 제외한 잔액을 청구할 수 있다. 보관이사의 경우 보관료의 청구도 다른 약정이 없는 한 이에 따른다.

② 사업자는 운임 등에 대해 계약서에 기재된 금액을 초과하여 청구하지 아니한다. 다만, 고객의 책임 있는 사유로 이사화물의 내역, 보관기관 또는 포장과 정리 등 운임 등의 산정에 관련된 사항이 변경됨으로 인해 계약서에 기재된 금액을 초과하게 되는 경우에는, 그 변경 시에 초과 금액을 미리 고객에게 고지한 경우에 한해 초과된 금액을 청구할 수 있다.

③ 사업자는 규정에 의한 금액 이외에 수고비 등 어떠한 명목의 금액도 추가로 청구하지 아니한다.

제9조 [계약해제]

① 고객이 그의 책임 있는 사유로 계약을 해제한 경우에는 다음 각 호의 규정에 의한 손해배상액을 사업자에게 지급하여야 한다. 다만, 고객이 이미 지급한 계약금이 있는 경우에는 그 금액을 공제할 수 있다.

1. 고객이 약정된 이사화물의 인수일 1일전까지 해제를 통지한 경우 : 계약금
2. 고객이 약정된 이사화물의 인수일 당일에 해제를 통지한 경우 : 계약금의 배액

② 사업자가 그의 책임 있는 사유로 계약을 해제한 경우에는 다음 각 호의 규정에 의한 손해배상액을 고객에게 지급해야 한다. 다만, 고객이 이미 지급한 계약금이 있는 경우에는 손해배상액과는 별도로 그 금액도 반환해야 한다.

1. 사업자가 약정된 이사화물의 인수일 2일전까지 해제를 통지한 경우 : 계약금의 배액
2. 사업자가 약정된 이사화물의 인수일 1일전까지 해제를 통지한 경우 : 계약금의 4배액
3. 사업자가 약정된 이사화물의 인수일 당일에 해제를 통지한 경우 : 계약금의 6배액
4. 사업자가 약정된 이사화물의 인수일 당일에도 해제를 통지하지 않은 경우 : 계약금의 10배액

③ 이사화물의 인수가 사업자의 귀책사유로 약정된 인수일시로부터 2시간 이상 지연된 경우에는 고객은 계약을 해제하고 이미 지급한 계약금의 반환 및 계약금의 6배액의 손해배상을 청구할 수 있다.

제10조 [포장]

① 일반이사의 경우에는 고객이 이사화물의 종류, 무게, 부피, 운송거리 등에 따라 운송에 적합하도록 포장하여야 한다. 이 경우 사업자는 이사화물의 포장이 운송에 적합하지 않을 때에는 고객에게 적합한 포장을 요청할 수 있다.

② 포장이사의 경우에는 사업자가 이사화물의 종류, 무게, 부피, 운송거리 등에 따라 운송에 적합하도록 포장한다.

17 영애 씨가 주요 약관을 바탕으로 다음과 같이 작성된 질의응답을 검토하였다. 답변 중 옳지 않은 것은?

① Q : 우리 집에 고양이가 있는 데 이사할 때 같이 옮겨 주실 수 있나요?

　A : 고양이와 같은 동물의 경우 특수한 관리를 요하기 때문에 운송이 불가합니다.

② Q : 원래 내일 이사하기로 되어 있는데 사정이 생겨서 못할 것 같아요. 계약금을 돌려받을 수 있나요?

　A : 계약금은 돌려받을 수 없으며 운송일의 1일 전에 통보하셨으므로 계약금의 3배액을 회사에 납입하여 주셔야 합니다.

③ Q : 이사하기 전에 제가 직접 다 포장을 해야 하나요?

　A : 우선 고객님께서 먼저 이사거리 및 화물의 성질 등을 고려하여 포장을 해주셔야 하며 만약 적합하지 않게 포장되어 있을 경우 저희가 포장 요청을 할 수 있습니다.

④ Q : 총 운임요금이 50만 원 정도면, 계약금은 얼마나 내야 하나요?

　A : 총 운임요금이 50만 원일 경우 계약금은 5만 원입니다.

⑤ Q. 내일이 이사인데 이제 와서 계약을 해제한다니, 제가 입을 손해에 대한 배상은 어떻게 하실 거죠?

　A : 죄송합니다. 이미 지불해 주신 계약금과 계약금의 4배액을 지급해드리도록 하겠습니다.

18 영애 씨는 다음과 같은 상황이 발생하여 적용되는 약관을 찾아보려고 한다. 적용되는 약관의 조항과 실제 고객이 지불해야 하는 비용으로 옳은 것은?

> 고객 임씨는 서울 중구에서 경기도 수원으로 이사를 했다. 임씨는 이사 당일 서울 중구에서 이삿짐을 실은 후 신촌에 위치한 본인의 학교로 가달라고 부탁하였다. 그곳에서 임씨는 잠시 친구에게 몇 가지 물건을 받아 실은 후 경기도 수원의 새 집으로 향했다. 이 과정에서 새로 실은 화물의 포장과 이동 등에 의해 초과금액이 발생한다고 미리 고지를 받았고 이사가 완료된 후 운임 비용을 정산하였더니 계약된 운임인 78만 원보다 많은 82만 원이 발생한 것을 알 수 있었다.

	적용약관	지불비용
①	제7조	78만 원
②	제8조	82만 원
③	제9조	78만 원
④	제10조	82만 원
⑤	제10조	78만 원

19 다음과 같이 일정한 규칙으로 수를 나열할 때 A, B에 해당하는 수를 찾아 A+B를 구하면?

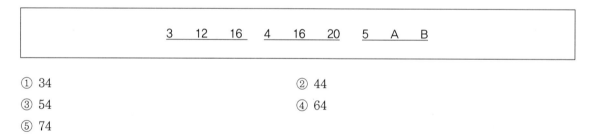

3　12　16　4　16　20　5　A　B

① 34　　　　　　　　　　② 44
③ 54　　　　　　　　　　④ 64
⑤ 74

20 일정한 규칙으로 나열된 다음의 수를 보고 괄호 안에 들어갈 알맞은 수를 고르면?

25　26　13　14　7　8　4　( )

① 2　　　　　　　　　　② 3
③ 4　　　　　　　　　　④ 5
⑤ 6

21 다음의 나열된 수를 보고 일정한 규칙을 찾아 (   ) 안에 들어갈 수를 구하면?

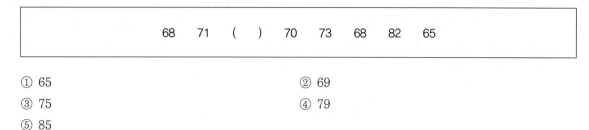

68   71   (   )   70   73   68   82   65

① 65   ② 69
③ 75   ④ 79
⑤ 85

22 다음과 같이 일정한 규칙으로 수가 나열되어 있을 때 이 수의 규칙을 찾아 (   ) 안의 수를 구하면?

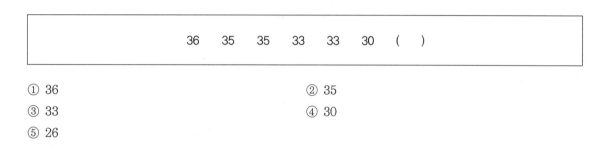

36   35   35   33   33   30   (   )

① 36   ② 35
③ 33   ④ 30
⑤ 26

23 NH농협에서 연봉 협상이 끝나자 직원들의 다양한 불만이 쏟아져 나오고 있다. 불만 내용의 핵심은 인사평가가 부당하게 이루어졌다는 것이었다. 당신은 인사팀 소속으로 직원들의 불만에 귀를 기울여야 하는 상황이다. 다음과 같은 직원들의 불만 중 당신이 가장 시급하게 상담을 하거나 조치를 취해야 하는 직원은 누구인가?

① A 사원은 팀장으로부터 본인의 업무 성과가 탁월하다는 평가를 받았는데도, 조직 단합을 위해 일괄적으로 연봉과 성과급이 상향 조정된 것이 불만이다.
② B 사원은 회사가 예년에 비해 높은 영업 이익을 얻었는데도 불구하고 연봉 인상에 인색한 것이 불만이다.
③ C 사원은 회사가 급여 정책을 변경하여 고정급 비율을 낮추고 기본급과 인센티브를 지급하는 제도로 변경한 것이 불만이다.
④ D 사원은 팀원이며 입사동기인 자신의 동료가 자신보다 업무 실적이 좋지 않고 근무 태도도 바르지 않는데 팀장과의 친분으로 자신보다 높은 평가를 받은 것이 불만이다.
⑤ E 사원은 업무 실적에 상관없이 연공 순으로 연봉 인상이 이루어진 것이 불만이다.

24 전력 설비 수리를 하기 위해 본사에서 파견된 8명의 기술자들이 출장지에서 하룻밤을 묵게 되었다. 1개 층에 4개의 객실(101 ~ 104호, 201 ~ 204호, 301 ~ 304호, 401 ~ 404호)이 있는 3층으로 된 조그만 여인숙에 1인당 객실 1개씩을 잡고 투숙하였고 다음과 같은 조건을 만족할 경우, 12개의 객실 중 8명이 묵고 있지 않은 객실 4개를 모두 알기 위하여 필요한 사실이 될 수 있는 것은 다음 보기 중 어느 것인가? (단, 출장자 일행 외의 다른 투숙객은 없는 것으로 가정한다.)

- 출장자들은 1, 2, 3층에 각각 객실 2개, 3개, 3개에 투숙하였다.
- 출장자들은 1, 2, 3, 4호 라인에 각각 2개, 2개, 1개, 3개 객실에 투숙하였다.

---

① 302호에 출장자가 투숙하고 있다.　② 203호에 출장자가 투숙하고 있지 않다.

③ 102호에 출장자가 투숙하고 있다.　④ 202호에 출장자가 투숙하고 있지 않다.

⑤ 103호에 출장자가 투숙하고 있다.

25 자원관리능력의 유형으로 볼 수 없는 것은?

① 시간관리능력　② 유지관리능력

③ 물적자원관리능력　④ 인적자원관리능력

⑤ 예산관리능력

26 다음 중 과제 달성을 위해 소요되는 자원이 아닌 것은?

① 인적 자원　② 문화적 자원

③ 물적 자원　④ 시간적 자원

⑤ 예산 자원

27 물적 자원은 크게 자연자원과 인공자원으로 구분할 수 있는데, 다음 중 인공자원에 해당하는 것은?

① 석탄　② 석유

③ 장비　④ 나무

⑤ 물

28 다음 중 인적 자원의 특성으로 옳지 않은 것은?

① 능동성　　　　　　　　　　　② 개발가능성
③ 전략적 자원　　　　　　　　　④ 정보성
⑤ 잠재성

29 농협은 신뢰받는 조직으로 발돋움하기 위하여 인재상을 다섯 가지로 정립하였다. 다음 중 농협의 인재상에 해당하지 않는 것은?

① 시너지 창출가　　　　　　　　② 행복의 파트너
③ 최고의 전문가　　　　　　　　④ 정직한 유통인
⑤ 진취적 도전가

30 농업의 근원인 씨앗을 모티브로 하여 쌀알, 밀알, 콩알에서의 알을 따와서 이름을 명명한 NH농협의 캐릭터는 무엇인가?

① 싸리　　　　　　　　　　　　② 아리
③ 미리　　　　　　　　　　　　④ 콩이
⑤ 나리

31 조직 내에서 조직기구의 개편 및 조정, 업무분장 및 조정, 인력수급계획 및 관리, 직무 및 정원의 조정, 노사관리, 평가관리, 상벌관리, 인사발령, 교육체계 수립 및 관리, 임금제도, 복리후생제도, 퇴직관리 등의 업무를 하는 부서는?

① 총무부　　　　　　　　　　　② 기획부
③ 인사부　　　　　　　　　　　④ 영업부
⑤ 회계부

32 다음은 세계 에너지 수요에 대한 전망을 나타내는 보고서이다. 다음 보고서의 근거 자료가 〈표〉와 같다면, 밑줄 친 ㉠ ~ ㉤ 중 적절한 내용이 아닌 것은 어느 것인가?

비OECD 국가인 개발도상국의 에너지수요는 2013~2040년 기간 중 연평균 1.6%씩 증가할 것으로 전망되어 ㉠ 2040년에는 2013년 대비 55.2%나 늘어날 것으로 예상된다. 반면, OECD 국가들의 같은 기간 에너지수요 증가율은 연평균 -0.1%에 불과할 것으로 전망된다. 그 결과 ㉡ 비OECD 국가의 에너지 소비 비중은 2013년 58.1%에서 2040년 68.2%로 늘어날 것으로 보인다.

비OECD 국가들 중 아프리카권의 성장세가 가장 빠를 것으로 보이는데, ㉢ 2040년 에너지 소비는 2013년 대비 50% 선으로 증가할 전망이다. 아시아권은 동기간 60.2% 증가할 전망인데, 그 중 인도는 비OECD 국가 중 가장 빠르게 경제가 성장하는 국가로서 연평균 3.4%의 에너지소비 증가율을 기록하며 2040년에는 2013년 수준 대비 146.2%까지 성장할 전망이다. 중국의 2013년 에너지소비는 2000년 대비 158.7% 증가로 가파른 성장세를 기록했지만, 최근 저성장 기조로 들어서면서 2013년에서 2040년까지의 증가율은 32.4%까지 하락할 전망이다. ㉣ 비OECD 국가 중 중국과 인도의 2000년 세계 에너지 소비 비중은 약 16%이었으나, 2013년에는 28%로 상승했으며, 전망기간 중 양국의 경제성장률 강세에 힘입어 2040년에는 33%에 이를 것으로 예상된다.

한편, 전망기간 동안 중동과 중남미의 2040년 에너지소비는 2013년 대비 각각 70%, 50.8%의 빠른 증가가 예상되며, 유럽과 일본의 2040년 에너지소비는 인구감소와 저성장 그리고 에너지효율 향상 등의 복합적인 요인에 의해 감소세를 보이며 ㉤ 2013년 대비 각각 -11.7%, -12.3% 감소할 전망이다. 또한, 미국의 세계 에너지 소비에서의 비중은 2013년 16%에서 2040년 12%로 낮아질 전망이다.

〈표〉 세계 총에너지 소비 실적 및 수요 전망 (단위 : Mtoe)

구분	소비실적		수요전망					연평균 증가율(%)
	2000	2013	2020	2025	2030	2035	2040	
OECD	5,294	5,324	5,344	5,264	5,210	5,175	5,167	-0.1
미국	2,270	2,185	2,221	2,179	2,143	2,123	2,125	-0.1
유럽	1,764	1,760	1,711	1,658	1,620	1,586	1,554	-0.5
일본	519	455	434	424	414	406	399	-0.5
비 OECD	4,497	7,884	9,008	9,822	10,688	11,505	12,239	1.6
러시아 등	620	715	702	716	735	758	774	0.3
아시아	2,215	4,693	5,478	6,023	6,592	7,094	7,518	1.8
중국	1,174	3,037	3,412	3,649	3,848	3,971	4,020	1.0
인도	441	775	1,018	1,207	1,440	1,676	1,908	3.4
중동	356	689	822	907	1,002	1,089	1,171	2.0
아프리카	497	744	880	969	1,067	1,180	1,302	2.1
중남미	424	618	678	735	797	864	932	1.5
	10,063	13,559	14,743	15,503	16,349	17,166	17,934	1.0

※ 연평균 증가율은 2012 ~ 2040년 기준

① ㉠   ② ㉡
③ ㉢   ④ ㉣
⑤ ㉤

33 다음의 빈칸에 들어갈 알맞은 것은?

문서이해의 절차

1. 문서의 목적 이해하기

↓

2.

↓

3. 문서에 쓰여진 정보를 밝혀내고, 문서가 제시하고 있는 현안문제를 파악하기

↓

4. 문서를 통해 상대방의 욕구와 의도 및 내게 요구되는 행동에 관한 내용을 분석하기

↓

5. 문서에서 이해한 목적 달성을 위해 취해야 할 행동을 생각하고 결정하기

↓

6. 상대방의 의도를 도표나 그림 등으로 메모하여 요약, 정리해보기

① 문서를 작성한 사람의 이름과 소속 확인하기
② 문서의 수신자가 내가 맞는지 확인하기
③ 문서가 작성된 배경과 주제를 파악하기
④ 문서가 작성된 날짜를 확인하고 순서대로 정리하기
⑤ 문서 작성자에게 내용 확인하기

34 아래의 글을 읽고 ⓐ의 내용을 뒷받침할 수 있는 경우로 보기 가장 어려운 것을 고르면?

범죄 사건을 다루는 언론 보도의 대부분은 수사기관으로부터 얻은 정보에 근거하고 있고, 공소제기 전인 수사 단계에 집중되어 있다. 따라서 언론의 범죄 관련 보도는 범죄사실이 인정되는지 여부를 백지상태에서 판단하여야 할 법관이나 배심원들에게 유죄의 예단을 심어줄 우려가 있다. 이는 헌법상 적법절차 보장에 근거하여 공정한 형사재판을 받을 피고인의 권리를 침해할 위험이 있어 이를 제한할 필요성이 제기된다. 실제로 피의자의 자백이나 전과, 거짓말탐지기 검사 결과 등에 관한 언론 보도는 유죄판단에 큰 영향을 미친다는 실증적 연구도 있다. 하지만 보도 제한은 헌법에 보장된 표현의 자유에 대한 침해가 된다는 반론도 만만치 않다. 미국 연방대법원은 어빈 사건 판결에서 지나치게 편향적이고 피의자를 유죄로 취급하는 언론 보도가 예단을 형성시켜 실제로 재판에 영향을 주었다는 사실이 입증되면, 법관이나 배심원이 피고인을 유죄라고 확신하더라도 그 유죄판결을 파기하여야 한다고 했다. 이 판결은 이른바 '현실적 예단'의 법리를 형성시켰다. 이후 리도 사건 판결에 와서는, 일반적으로 보도의 내용이나 행태 등에서 예단을 유발할 수 있다고 인정이 되면, 개개의 배심원이 실제로 예단을 가졌는지의 입증 여부를 따지지 않고, 적법 절차의 위반을 들어 유죄판결을 파기할 수 있다는 '일반적 예단'의 법리로 나아갔다.

셰퍼드 사건 판결에서는 유죄 판결을 파기하면서, '침해 예방'이라는 관점을 제시하였다. 즉, 배심원 선정 절차에서 상세한 질문을 통하여 예단을 가진 후보자를 배제하고, 배심원이나 증인을 격리하며, 재판을 연기하거나, 관할을 변경하는 등의 수단을 언급하였다. 그런데 법원이 보도기관에 내린 '공판 전 보도금지 명령'에 대하여 기자협회가 연방대법원에 상고한 네브래스카 기자협회 사건 판결에서는 침해의 위험이 명백하지 않은데도 가장 강력한 사전 예방 수단을 쓰는 것은 위헌이라고 판단하였다.

이러한 판결들을 거치면서 미국에서는 언론의 자유와 공정한 형사절차를 조화시키면서 범죄 보도를 제한할 수 있는 방법을 모색하였다. 그리하여 셰퍼드 사건에서 제시된 수단과 함께 형사 재판의 비공개, 형사소송 관계인의 언론에 대한 정보제공금지 등이 시행되었다. 하지만 ⓐ 예단 방지 수단들의 실효성을 의심하는 견해가 있고, 여전히 표현의 자유와 알 권리에 대한 제한의 우려도 있어, 이 수단들은 매우 제한적으로 시행되고 있다. 그런데 언론 보도의 자유와 공정한 재판이 꼭 상충된다고만 볼 것은 아니며, 피고인 측의 표현의 자유를 존중하는 것이 공정한 재판에 도움이 된다는 입장에서 네브래스카 기자협회 사건 판결의 의미를 새기는 견해도 있다. 이 견해는 수사기관으로부터 얻은 정보에 근거한 범죄 보도로 인하여 피고인을 유죄로 추정하는 구조에 대항하기 위하여 변호인이 적극적으로 피고인 측의 주장을 보도기관에 전하여, 보도가 일방적으로 편향되는 것을 방지할 필요가 있다고 한다. 일반적으로 변호인이 피고인을 위하여 사건에 대해 발언하는 것은 범죄 보도의 경우보다 적법절차를 침해할 위험성이 크지 않은데도 제한을 받는 것은 적절하지 않다고 보며, 반면에 수사기관으로부터 얻은 정보를 기반으로 하는 언론 보도는 예단형성의 위험성이 큰데도 헌법상 보호를 두텁게 받는다고 비판한다. 미국과 우리나라의 헌법상 변호인의 조력을 받을 권리는 변호인의 실질적 조력을 받을 권리를 의미한다. 실질적 조력에는 법정 밖의 적극적 변호 활동도 포함된다. 따라서 형사절차에서 피고인 측에게 유리한 정보를 언론에 제공할 기회나 반론권을 제약하지 말고, 언론이 검사 측 못지않게 피고인 측에게도 대등한 보도를 할 수 있도록 해야 한다.

① 법원이 재판을 장기간 연기했지만 재판 재개에 임박하여 다시 언론 보도가 이어진 경우
② 검사가 피의자의 진술거부권 행사 사실을 공개하려고 하였으나 법원이 검사에게 그 사실에 대한 공개 금지명령을 내린 경우
③ 변호사가 배심원 후보자에게 해당 사건에 대한 보도를 접했는지에 대해 질문했으나 후보자가 정직하게 답변하지 않은 경우
④ 법원이 관할 변경 조치를 취하였으나 이미 전국적으로 보도가 된 경우
⑤ 법원이 배심원을 격리하였으나 격리 전에 보도가 있었던 경우

35 다음 제시된 단어와 상반된 의미를 가지고 있는 단어는?

명시(明示)

① 중시(重視)
② 효시(梟示)
③ 무시(無視)
④ 암시(暗示)
⑤ 가시(可視)

36 아래에 제시된 글을 읽고 정당 체계에서 발생한 정당 기능의 변화로 볼 수 없는 것을 고르면?

대의 민주주의에서 정당의 역할에 대한 대표적인 설명은 책임 정당정부 이론이다. 이 이론에 따르면 정치에 참여하는 각각의 정당은 자신의 지지 계급과 계층을 대표하고, 정부 내에서 정책 결정 및 집행 과정을 주도하며, 다음 선거에서 유권자들에게 그 결과에 대해 책임을 진다. 유럽에서 정당은 산업화 시기 생성된 노동과 자본 간의 갈등을 중심으로 다양한 사회 경제적 균열을 이용하여 유권자들을 조직하고 동원하였다. 이 과정에서 정당은 당원 중심의 운영 구조를 지향하는 대중정당의 모습을 띠었다. 당의 정책과 후보를 당원 중심으로 결정하고, 당내 교육과정을 통해 정치 엘리트를 충원하며, 정치인들이 정부 내에서 강한 기율을 지니는 대중정당은 책임정당정부 이론을 뒷받침하는 대표적인 정당 모형이었다. 대중정당의 출현 이후 정당은 의회의 정책 결정과 행정부의 정책 집행을 통제하는 정부 속의 정당 기능, 지지자들의 이익을 집약하고 표출하는 유권자 속의 정당 기능, 그리고 당원을 확충하고 정치 엘리트를 충원하고 교육하는 조직으로서의 정당 기능을 갖추어 갔다. 그러나 20세기 중반 이후 발생한 여러 원인으로 인해 정당은 이러한 기능에서 변화를 겪게 되었다. 산업 구조와 계층 구조가 다변화됨에 따라 정당들은 특정 계층이나 집단의 지지만으로는 집권이 불가능해졌고 이에 따라 보다 광범위한 유권자 집단으로부터 지지를 획득하고자 했다. 그 결과 정당 체계는 특정 계층을 뛰어넘어 전체 유권자 집단에 호소하여 표를 구하는 포괄정당 체계의 모습을 띠게 되었다. 선거 승리라는 목표가 더욱 강조될 경우 일부 정당은 외부 선거 전문가로 당료들을 구성하는 선거전문가정당 체계로 전환되기도 했다. 이 과정에서 계층과 직능을 대표하던 기존의 조직 라인은 당 조직의 외곽으로 밀려나기도 했다. 조직의 외곽으로 밀려나기도 했다. 한편 탈산업사회의 도래와 함께 환경, 인권, 교육 등에서 좀 더 나은 삶의 질을 추구하는 탈물질주의가 등장함에 따라 새로운 정당의 출현에 대한 압박이 생겨났다. 이는 기득권을 유지해온 기성 정당들을 위협했다. 이에 정당들은 자신의 기득권을 유지하기 위해 공적인 정치 자원의 과점을 통해 신생 혹은 소수당의 원 내 진입이나 정치 활동을 어렵게 하는 카르텔정당 체계를 구성하기도 했다. 다양한 정치관계법은 이런 체계를 유지하는 대표적인 수단으로 활용되었다.

정치관계법과 관련된 선거 제도의 예를 들면, 비례대표제에 비해 다수대표제는 득표 대비 의석 비율을 거대정당에 유리하도록 만들어 정당의 카르텔화를 촉진하는 데 활용되기도 한다. 이러한 정당의 변화 과정에서 정치 엘리트들의 자율성은 증대되었고, 정당 지도부의 권력이 강화되어 정부 내 자당 소속의 정치인들에 대한 통제력이 증가되었다. 하지만 반대로 평당원의 권력은 약화되고 당원 수는 감소하여 정당은 지지 계층 및 집단과의 유대를 잃어가기 시작했다. 뉴미디어가 발달하면서 정치에 관심은 높지만 정당과는 거리를 두는 '인지적' 시민이 증가함에 따라 정당 체계는 또 다른 도전에 직면하게 되었다. 정당 조직과 당원들이 수행했던 기존의 정치적 동원은 소셜 네트워크 내 시민들의 자기 조직적 참여로 대체 되었다. 심지어 정당을 우회하는 직접 민주주의의 현상도 나타났다. 이에 일부 정당은 카르텔 구조를 유지하면서도 공직 후보 선출 권을 일반 국민에게 개방하는 포스트 카르텔정당 전략이나, 비록 당원으로 유입시키지 못할지라도 온라인 공간에서 인지적 시민과의 유대를 강화하려는 네트워크정당 전략으로 위기에 대응하고자 했다. 그러나 이러한 제반의 개혁 조치가 대중 정당으로의 복귀를 의미하지는 않았다. 오히려 당원이 감소되는 상황에서 선출권자나 후보들을 정당 밖에서 충원함으로써 적 의미의 정당 기능은 약화되었다. 물론 이러한 상황에서도 정당 체계들이 여전히 책임정당정치를 일정하게 구현하고 있다는 주장이 제기되기도 했다.

예를 들어 국가 간 비교를 행한 연구는 최근의 정당들이 구체적인 계급, 계층 집단을 조직하고 동원하지는 않지만 일반 이념을 매개로 정치 영역에서 유권자들을 대표하는 기능을 강화했음을 보여주었다. 유권자들은 좌우의 이념을 통해 정당의 정치적 입장을 인지하고 자신과 이념적으로 가까운 정당에 정치적 이해를 표출하며, 정당은 집권 후 이를 고려하여 책임정치를 일정하게 구현하고 있다는 것이다. 이때 정당은 포괄정당에서 네트워크정당까지 다양한 모습을 띨 수 있지만, 이념을 매개로 유권자의 이해와 정부의 책임성 간의 선순환적 대의 관계를 잘 유지하고 있다는 것이다. 이와 같이 정당의 이념적 대표성을 긍정적으로 평가하는 주장에 대해 몇몇 학자 및 정치인들은 대중정당론에 근거한 반론을 제기하기도 한다. 이들은 여전히 정당이 계급과 계층을 조직적으로 대표해야 하며, 따라서 정당의 전통적인 기능과 역할을 복원하여 책임정당정치를 강화해야 한다는 주장을 제기하고 있다.

① 조직으로서의 정당 기능의 강화
② 유권자의 일반 이념을 대표하는 기능의 강화
③ 유권자를 정치적으로 동원하는 기능의 약화
④ 정부 속의 정당 기능의 강화
⑤ 유권자 속의 정당 기능의 약화

37 다음 중 A, B, C, D 네 명이 파티에 참석하였다. 그들의 직업은 각각 교사, 변호사, 의사, 경찰 중 하나이다. 다음 내용을 읽고 〈보기〉 내용의 참, 거짓을 판단하면?

① A는 교사와 만났지만, D와는 만나지 않았다.
② B는 의사와 경찰을 만났다.
③ C는 의사를 만나지 않았다.
④ D는 경찰과 만났다.

─── 보 기 ───

㉠ C는 변호사이다.
㉡ 의사와 경찰은 파티장에서 만났다.

① ㉠과 ㉡ 모두 참이다.　　　　② ㉠과 ㉡ 모두 거짓이다.
③ ㉠만 참이다.　　　　　　　　④ ㉡만 참이다.
⑤ 알 수 없다.

38 NH농협은행에서 창구업무를 보던 도중 한 고객이 입금하려던 예금액 500만 원이 분실되었다. 경찰은 3명의 용의자 A, B, C를 검거하였다. 그러나 세 명의 용의자는 하나같이 자신이 범인이 아니라고 했지만 셋 중 하나가 범인임에 틀림없다. 세 사람이 각각 진술한 3개의 진술 중 하나의 진술은 참이고, 나머지는 거짓이다. 다음 중 범인과 참인 진술로 바르게 짝지어진 것은?

• A의 진술
㉠ B가 범인이다.
㉡ 우리 집에는 사과가 많이 있다.
㉢ 나는 C를 몇 번 만난 적이 있다.

• B의 진술
㉠ 내가 범인이다.
㉡ A의 두 번째 말은 거짓이다.
㉢ A와 C는 한 번도 만난 적이 없다.

• C의 진술
㉠ A가 범인이다.
㉡ B의 두 번째 말은 진실이다.
㉢ 나는 A를 한 번도 만난 적이 없다.

---

① 범인은 C, 참인 진술은 A의 ㉢ – B의 ㉡
② 범인은 A, 참인 진술은 A의 ㉡ – C의 ㉠
③ 범인은 C, 참인 진술은 C의 ㉡ – B의 ㉢
④ 범인은 B, 참인 진술은 A의 ㉢ – C의 ㉢
⑤ 범인은 A, 참인 진술은 B의 ㉡ – C의 ㉢

39 다음 조건을 바탕으로 미연의 거주지와 직장이 위치한 곳을 바르게 짝지은 것은?

⊙ 수진, 미연, 수정은 각각 종로, 명동, 강남 중 각각 한 곳에 거주한다.
ⓒ 수진, 미연, 수정은 각각 종로, 명동, 강남 중 각각 한 곳에 직장을 다니며, 세 사람 모두 자신의 거주지와 직장의 위치는 다르다.
ⓒ 수진은 지금 수정의 직장이 위치한 곳에 거주한다.
ⓔ 수정은 종로에 거주하지 않는다.
ⓜ 수정과 미연은 명동에 거주하지 않는다.
ⓑ 수진의 직장이 위치한 곳은 종로이다.

	거주지	직장
①	종로	강남
②	명동	종로
③	강남	명동
④	종로	명동
⑤	명동	강남

40 다음은 NH농협은행 창구에서 발생한 일들에 대한 내용이다. 이들 각자의 대화 내용을 보고 실명확인 증표를 제출한 것으로 해당되지 않는 사람은?

김가장(17세, 소년가장) : 저는 부모님이 돌아가셔서 국가에서 주는 생계보장비를 받기위해 계좌를 개설하려고 왔습니다. 지금은 세대주인 외삼촌댁에 살고 있습니다. 계좌 개설을 위해 주민등록등본을 가지고 왔습니다.
헤밍턴(37세, 외국인) : 저는 호주에서 온 외국인인데, 국내에 장기 거주를 하게 되어 통장과 카드를 발급받기 위해 왔습니다. 저는 지금 여권만 소지하고 있습니다.
박고등(18세, 고등학생) : 저는 체크카드를 발급받기 위해 학생증을 가지고 왔습니다. 학생증에 사진이 없지만 주민등록번호와 이름은 적혀져 있습니다.
이하사(32세, 직업군인) : 저는 가지고 있는 지갑과 통장을 잃어버려서 새로 개설하려고 합니다. 주민등록증은 잃어버려서 없지만 군운전면허증은 가지고 있습니다.

---

① 이하사, 박고등 ② 헤밍턴, 김가장
③ 김가장, 이하사 ④ 김가장, 박고등
⑤ 헤밍턴, 박고등

41 다음은 글로벌 컴퓨터 회사 중 하나인 D사에 해외시장을 넓히기 위해 각종 광고매체수단과 함께 텔레마케터를 고용하여 현지 마케팅을 진행 중에 있다. 아래의 내용을 읽고 조건에 비추어 보았을 때 상담원 입장으로서는 고객으로부터 자사 제품에 대한 호기심 및 관심을 끌어내야 하는 어려운 상황에 처해 있다. 이 때 C에 들어갈 말로 가장 적절한 항목을 고르면?

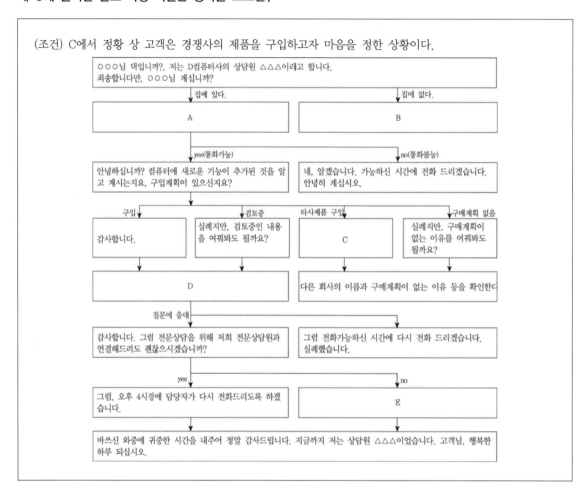

① 지금 고객님께서 부재중이시니 언제쯤 통화가 될 수 있는지 여쭤봐도 될런지요? 저의 명함을 드리고 갈 테니 고객님께서 돌아오시면 제가 방문 드렸다고 메모 부탁드리겠습니다.

② 고객님께서 상당히 많이 바쁘신 것 같습니다. 추후에 고객님께서 통화가능하신 시간에 다시 전화 드리도록 하겠습니다.

③ 저는 D 컴퓨터사 상담원인데, 저희 회사에서 이번에 출시된 보급형 컴퓨터가 나왔는데 지금 통화 가능하신지요?

④ 저희 회사 컴퓨터 구매 시에 30% 할인과 1년 동안 감사이벤트가 적용되십니다.

⑤ 그러면 고객님 실례지만 고객님께서 구매하고자 하는 컴퓨터는 어느 회사의 제품인지, 또한 그 제품을 선택하신 이유가 무엇인지 여쭤봐도 될런지요?

42 다음 제시된 단어의 관계가 다른 하나를 고르면?

① 일요일 – 월요일 – 화요일
② 1시 – 2시 – 3시
③ 아침 – 점심 – 저녁
④ 기역 – 니은 – 디귿
⑤ 1분 – 2분 – 3분

43 다음 빈 칸에 들어갈 알맞은 문장은 무엇인가?

전제 1 : 모든 약은 쓰다.
전제 2 : (   )
결론 : 아이들은 약을 싫어한다

① 쓴 약이 몸에 좋다.
② 아이들은 쓴 것을 싫어한다.
③ 어떤 약은 아이들이 좋아한다.
④ 아이들은 쓰지 않은 것을 좋아한다.
⑤ 어른들은 쓴 것을 싫어한다.

44 다음 기사를 읽고 이에 대한 내용으로 적절하지 못한 것은?

이모(37세 여)씨의 경우 부모님의 병원비로 시작된 카드빚과 믿었던 사람에게 당한 사기대출로 총 채무액 2,652만 원(원금 782만 원+이자 1,870만 원)의 금융 채무 불이행 자가 되었다. 이 같은 꼬리표 탓에 직장은 물론 본인 명의의 휴대전화와 통장을 갖지 못한 채 10년 넘게 채권 추심업자에게 쫓겨 지냈다. 하지만, 정부의 서민금융 지원을 받은 후 총 채무 중 연체이자는 모두 감면받고 여기에다 원금의 50%를 감면받아 채무부담이 363만 원 수준으로 대폭 낮아졌다.

① 서민금융 지원은 불법 사체에 이자와 현금만 정부가 변제해주는 제도이다.
② 서민금융 지원은 성실하게 채무를 상환 중인 사람들과의 형평성 문제가 발생할 수 있다.
③ 서민금융지원이란 과도한 채무를 갚을 수 없는 저소득층 신용불량자들의 채무부담을 경감시켜주는 제도이다.
④ 금융 채무를 상환하지 못하면 소득활동에 제약이 생겨 연체이자가 불어나 채무액이 늘어나는 악순환이 발생하기도 한다.
⑤ 금융 채무 불이행자가 되면 본인 명의의 휴대전화와 통장을 만들 수 없다.

45 다음에 나열된 문자의 규칙을 찾아 (   ) 안에 들어갈 문자를 고르면?

O － T － T － F － F － S － S － (?) － N － T

① D   ② E
③ F   ④ G
⑤ H

46 다음과 같이 세 개의 시계의 시각 변화를 보고 네 번째 시계의 (   ) 안에 들어갈 알맞은 시각은?

| 11 : 45 | 9 : 35 | 7 : 25 | (:   ) |

① 4 : 15   ② 4 : 55
③ 5 : 15   ④ 5 : 55
⑤ 6 : 15

47 다음 나열된 문자의 규칙을 찾아 (   ) 안에 들어갈 문자를 고르면?

화 수 금 월 (   )

① 수   ② 목
③ 금   ④ 토
⑤ 일

48 다음 표는 일정한 규칙으로 문자를 나열한 것이다. (   ) 안에 들어갈 알맞은 문자는?

J	G	D	A
F	I	Z	( )
A	L	U	F
U	P	O	J

① B   ② C

③ D   ④ E

⑤ F

49 다음의 관계를 보고 (   ) 안에 들어갈 알맞은 숫자를 고르면?

$$61+18=100 \qquad 99+98=(\quad)$$

① 132   ② 142

③ 152   ④ 162

⑤ 172

50 다음은 영업사원인 甲씨가 오늘 미팅해야 할 거래처 직원들과 방문해야 할 업체에 관한 정보이다. 다음의 정보를 모두 반영하여 하루의 일정을 짠다고 할 때 순서가 올바르게 배열된 것은? (단, 장소 간 이동 시간은 없는 것으로 가정한다.)

〈거래처 직원들의 요구 사항〉

• A거래처 과장 : 회사 내부 일정으로 인해 미팅은 10시~12시 또는 16~18시까지 2시간 정도 가능합니다.
• B거래처 대리 : 12시부터 점심식사를 하거나, 18시부터 저녁식사를 하시죠. 시간은 2시간이면 될 것 같습니다.
• C거래처 사원 : 외근이 잡혀서 오전 9시부터 10시까지 1시간만 가능합니다.
• D거래처 부장 : 외부일정으로 18시부터 저녁식사만 가능합니다.

〈방문해야 할 업체와 가능시간〉

• E서점 : 14~18시, 소요시간은 2시간
• F은행 : 12~16시, 소요시간은 1시간
• G미술관 관람 : 하루 3회(10시, 13시, 15시), 소요시간은 1시간

---

① C거래처 사원 – A거래처 과장 – B거래처 대리 – E서점 – G미술관 – F은행 – D거래처 부장
② C거래처 사원 – A거래처 과장 – F은행 – B거래처 대리 – G미술관 – E서점 – D거래처 부장
③ C거래처 사원 – G미술관 – F은행 – B거래처 대리 – E서점 – A거래처 과장 – D거래처 부장
④ C거래처 사원 – A거래처 과장 – B거래처 대리 – F은행 – G미술관 – E서점 – D거래처 부장
⑤ C거래처 사원 – A거래처 과장 – F은행 – G미술관 – B거래처 대리 – D거래처 부장 – E서점

51 다음 상황에서 총 순이익 200억 중에 Y사가 150억을 분배 받았다면 Y사의 연구개발비는 얼마인가?

X사와 Y사는 신제품을 공동개발하여 판매한 총 순이익을 다음과 같은 기준에 의해 분배하기로 약정하였다.

• 1번째 기준 : X사와 Y사는 총 순이익에서 각 회사 제조원가의 10%에 해당하는 금액을 우선 각자 분배 받는다.
• 2번째 기준 : 총 순수익에서 위의 1번째 기준에 의해 분배 받은 금액을 제외한 나머지 금액에 대한 분배 는 각 회사가 연구개발을 지출한 비용에 비례하여 분배액을 정한다.

〈신제품 개발과 판례에 따른 연구개발비용과 총 순이익〉

(단위 : 억 원)

	X사	Y사
제조원가	200	600
연구개발비	100	( )
총 순이익	200	

---

① 200억 원
② 250억 원
③ 300억 원
④ 350억 원
⑤ 400억 원

K회사에서 근무하는 甲팀장은 팀의 사기를 높이기 위하여 팀원들을 데리고 야유회를 가려고 한다. 주어진 상황이 다음과 같을 때 비용이 가장 저렴한 펜션은 어디인가?

〈상황〉

- 팀장을 포함하여 인원은 6명이다.
- 2박 3일을 갔다 오려고 한다.
- 팀장은 나무펜션 1회 이용 기록이 있다.
- 펜션 비용은 1박을 기준으로 부과된다.

〈펜션 비용〉

펜션	가격 (1박 기준)	비고
나무펜션	70,000원 (6인 기준)	• 1박을 한 후 연이어 2박을 할 때는 2박의 비용은 처음 1박의 10%를 할인 받는다. • 나무펜션 이용 기록이 있는 경우에는 총 합산 금액의 10%를 할인 받는다. (중복 할인 가능)
그늘펜션	60,000원 (4인 기준)	• 인원 추가시, 1인당 10,000원의 추가비용이 발생된다. • 나무, 그늘, 푸른, 구름펜션 이용기록이 1회라도 있는 경우에는 총 합산 금액의 20%를 할인 받는다.
푸른펜션	80,000원 (6인 기준)	• 1박을 한 후 연이어 2박을 할 때는 2박의 비용은 처음 1박의 15%를 할인 받는다.
구름펜션	55,000원 (4인 기준)	• 인원 추가시, 1인당 10,000원의 추가비용이 발생된다.
하늘펜션	60,000원 (5인 기준)	• 인원 추가 시, 1인당 5,000원의 추가비용이 발생된다. • 3박 이상을 할 경우 총 비용의 10%를 할인 받는다.

① 나무펜션
② 그늘펜션
③ 푸른펜션
④ 구름펜션
⑤ 하늘펜션

53 다음은 어느 회사의 성과상여금 지급기준이다. 다음 기준에 따를 때 성과상여금을 가장 많이 받는 사원과 가장 적게 받는 사원의 금액 차이는 얼마인가?

〈성과상여금 지급기준〉

지급원칙
• 성과상여금은 적용대상사원에 대하여 성과(근무성적, 업무난이도, 조직 기여도의 평점 합) 순위에 따라 지급한다.

성과상여금 지급기준액

5급 이상	6급~7급	8급~9급	계약직
500만 원	400만 원	200만 원	200만 원

지급등급 및 지급률
• 5급 이상

지급등급	S등급	A등급	B등급	C등급
성과 순위	1위	2위	3위	4위 이하
지급률	180%	150%	120%	80%

• 6급 이하 및 계약직

지급등급	S등급	A등급	B등급
성과 순위	1~2위	3~4위	5위 이하
지급률	150%	130%	100%

지급액 산정방법
• 개인별 성과상여금 지급액은 지급기준액에 해당등급의 지급율을 곱하여 산정한다.

〈소속사원 성과 평점〉

사원	평점			직급
	근무성적	업무난이도	조직기여도	
수현	8	5	7	계약직
이현	10	6	9	계약직
서현	8	8	6	4급
진현	5	5	8	5급
준현	9	9	10	6급
지현	9	10	8	7급

① 260만 원　　　　　　　② 340만 원
③ 400만 원　　　　　　　④ 450만 원
⑤ 500만 원

54 A 씨와 B 씨는 내일 있을 시장동향 설명회에 발표할 준비를 함께 하게 되었다. 우선 오전 동안 자료를 수집하고 오후 1시에 함께 회의하여 PPT작업과 도표로 작성해야 할 자료 등을 정리하고 각자 다음과 같은 업무를 나눠서 하려고 한다. 회의를 제외한 모든 업무는 혼자서 할 수 있는 일이고, 발표원고 작성은 PPT가 모두 작성되어야 시작할 수 있다. 각 영역당 소요시간이 다음과 같을 때 옳지 않은 것은? (단, 두 사람은 가장 빨리 작업을 끝낼 수 있는 방법을 선택한다.)

업무	소요시간
회의	1시간
PPT 작성	2시간
PPT 검토	2시간
발표원고 작성	3시간
도표 작성	3시간

① 7시까지 발표 준비를 마칠 수 있다.
② 두 사람은 같은 시간에 준비를 마칠 수 있다.
③ A가 도표작성 능력이 떨어지고 두 사람의 PPT 활용 능력이 비슷하다면 발표원고는 A가 작성하게 된다.
④ 도표를 작성한 사람이 발표원고를 작성한다.
⑤ PPT 작성과 PPT 검토는 같은 사람이 하지 않는다.

55 다음은 ○○그룹 자원관리팀에 근무하는 현수의 상황이다. A자원을 구입하는 것과 B자원을 구입하는 것에 대한 분석으로 옳지 않은 것은?

> 현수는 새로운 프로젝트를 위해 B자원을 구입하였다. 그런데 B자원을 주문한 날 상사가 A자원을 구입하라고 지시하자 고민하다가 결국 상사를 설득시켜 그대로 B자원을 구입하기로 결정했다. 단, 여기서 두 자원을 구입하기 위해 지불해야 할 금액은 각각 50만 원씩으로 같지만 ○○그룹에게 있어 A자원의 실익은 100만 원이고 B자원의 실익은 150만 원이다. 그리고 자원을 주문한 이상 주문 취소는 불가능하다.

① 상사를 설득시켜 그대로 B자원을 구입하기로 결정한 현수의 선택은 합리적이다.
② B자원의 구입으로 인한 기회비용은 100만 원이다.
③ B자원을 구입하기 위해 지불한 50만 원은 회수할 수 없는 매몰비용이다.
④ ○○그룹에게 있어 더 큰 실제의 이익을 주는 자원은 A자원이다.
⑤ 상사의 지시에 따라 A자원을 추가로 구매했다면 총 매몰비용은 100만 원이다.

56 다음의 제시된 사례를 읽고 가장 큰 문제점을 바르게 설명한 것은?

> 김 팀장은 깐깐하고 꼼꼼한 업무 스타일과 결제성향으로 인하여 부하 직원들이 업무적으로 스트레스를 많이 받는 타입이다. 그러나 엄하고 꼼꼼한 상사 밑에서 일 잘하는 직원이 양산되듯, 김 팀장에게서 힘들게 일을 배운 직원들은 업무적으로 안정적인 궤도에 빨리 오른다. 꼼꼼하고 세심한 업무처리 때문에 신뢰를 가지고 있으나 지나치게 깐깐한 결제성향으로 인하여 밑에 있는 부하직원들은 스트레스가 날로 쌓여가고 있다. 하지만 김 팀장과는 의견교환이 되지 않고, 불만이 팀 외부로 새어 나가는 일도 많았으며, 그로 인해 '김 팀장 때문에 일 못하겠다.'며 사표를 던진 직원도 많았다. 회사의 입장에서 보면 유독 김 팀장 밑에 근무하면서 사표를 내는 직원들이 많아지니 김 팀장의 리더십과 의사소통능력에 대해 의문을 가지기 시작하였다. 그러던 중 올해 김 팀장 밑에서 근무하던 직원들 중 3명이 무더기로 사표를 던지고 해당 팀이 휘청거리게 되자 팀장이 교체되고 또한 직원들도 교체되어 팀이 공중분해가 되고 말았다.

① 리더의 카리스마 리더십 부재
② 부하직원들의 애사심 부재
③ 리더와 부하 간의 의사소통 부재
④ 팀원들의 업무능력의 부족
⑤ 리더의 우유부단한 성격

57 다음 빈칸에 들어갈 알맞은 말은 무엇인가?

> 명백 : 자명 = 표면 : (   )

① 공간
② 면적
③ 종이
④ 표층
⑤ 심층

58 다음 글을 읽고 김실장이 인도에의 진출을 반대한 이유로 가장 적절한 것은?

> 이 차장은 시장조사를 하다가 가구의 수와 가구의 생애주기 단계는 현재와 미래의 제품과 서비스 수요에 상당한 영향력을 발휘함을 알게 되었다. 201x년 전 세계의 가구당 평균 인원은 3.5명이다. 인도, 아시아 개도국, 북아프리카와 중동 등 평균 출생률이 높고 젊은 층의 인구가 많으며, 교육 수준이 낮은 지역은 가구당 평균 인원이 많다. 그리고 일반적으로 인구가 많은 수도권 부근이 그 외의 지역에 비해서 훨씬 더 많은 소비가 나타나고 있다는 것을 보았을 때, 향후 인구가 급속하게 늘어날 것으로 예상되는 인도시장에 빨리 진출해야 한다고 생각했다. 한편, 김 실장은 향후 전 세계적으로 두드러진 트렌드 중 하나인 자녀 없는 가구, 즉 19세 미만의 가족 구성원이 없는 가구의 수가 늘어난다는 사실을 알게 되었다. 자녀가 없는 소규모 가구로의 편중 현상은 휴양, 여행, 건강관리, 외식 등 재량 소비 증가의 주된 원인이 될 것이다. 10가구 중 9가구가 자녀가 있는 인도와 달리 201x년 기준 중국 가구의 53%가 자녀가 없고, 통계 자료에 따르면 203x년 그 비율은 63%에 달한다. 최근 몇 년 동안 중국 소비 시장에서 재량 소비가 빠르게 증가하고 있는 이유가 여기에 있는 것이다. 이 차장이 인도시장 선점을 제안했을 때, 김 실장은 고개를 저었다.

① 이차장은 젊은 층의 소비행태를 간과하였다.
② 국내 시장을 선점하기 전에 해외시장 진출은 무모하다.
③ 인도의 중산층 가구의 급속한 부상을 고려하지 않은 전략이다.
④ 근로자 1인당 부양가족 수가 많아지면 저축을 하거나 재량 소비를 늘릴 여력이 없다.
⑤ 중국의 인구가 인도의 인구보다 절대적으로 많음을 놓치고 있다.

59 다음은 회의 관련 규정의 일부이다. 잘못 쓰여진 글자는 모두 몇 개인가?

제22조(회의 등)

① 심의위원회의 회의는 정기회의와 임시회이로 구분한다.

② 심의위원회의 회의는 공개한다. 다만, 다음 각 호의 어느 하나에 해당하는 경우에는 심의위원회의 의결로 공개하지 아니할 수 있다.

   1. 공개하면 국가안전보장을 해칠 우려가 있는 경우

   2. 다른 법령에 따라 비밀로 분류되거나 공개가 제한된 내용이 포함되어 있는 경우

   3. 공개하면 개인·법인 및 단체의 명예를 훼손하거나 정당한 이익을 해칠 우려가 있다고 인정되는 경우

   4. 감사·인사관리 등에 관한 사항으로 공개하면 공정한 업무수행에 현저한 지장을 초래할 우려가 있는 경우

③ 심의위원회의 회의는 재직위원 과반수의 출석과 출석위원 과반수의 찬성으로 의결한다.

④ 심의위원회는 그 소관직무 중 일부를 분담하여 효율적으로 수행하기 위하여 소위원회를 두거나 특정한 분야에 대한 자분 등을 수행하기 위하여 특별위원회를 둘 수 있다.

⑤ 심의위원회의 공개되는 회의를 회의장에서 방청하려는 사람은 신분을 증명할 수 있는 신분증을 제시하고, 회의 개최 전까지 방청건을 발급받아 방청할 수 있다. 이 경우 심의위원장은 회의의 적절한 운영과 질서유지를 위하여 필요한 때에는 방청인 수를 제한하거나 방청인의 퇴장을 명할 수 있다.

⑥ 심의위원회의 회의 운영, 소위원회 또는 특별위원회의 구성 및 운영에 관하여 그 밖에 필요한 사항은 대통령영으로 정한다.

---

① 2개

② 3개

③ 4개

④ 5개

⑤ 6개

60 다음 혈액형 가계도 분석 방법을 참고할 때, 제시된 〈보기〉의 그림과 같은 혈액형 가계도에서 자녀(F1)에서 A형이 나올 확률은 얼마인가?

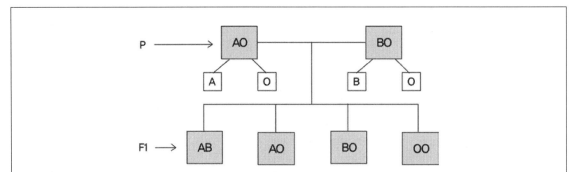

부모가 유전자형이 AO인 A형(부)과 BO인 B형(모)이라면 부모의 생식세포는 그림과 같이 A, O, B, O로 나뉜다. 이 때 각각의 생식세포를 결합시켜 보면, AB, AO, BO, OO의 유전자형을 가진 4가지 혈액형이 모두 나올 수 있게 된다. 또한, A형의 유전자형은 AA, AO, B형은 BB, BO, AB형은 AB, O형은 OO를 갖게 되며, 유전자 A와 B 사이에는 우열 관계가 없고, 유전자 A와 B는 유전자 O에 대해 우성이 된다 (A=B〉O).

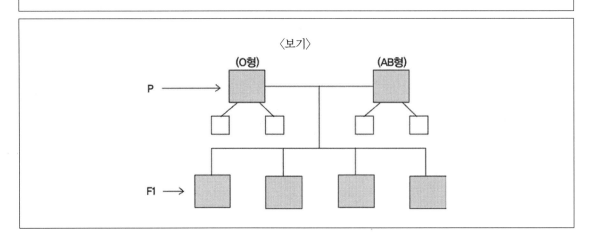

① 20%   ② 25%
③ 30%   ④ 50%
⑤ 75%

61 다음 조건을 바탕으로 김 대리가 월차를 쓰기에 가장 적절한 날은 언제인가?

> ⊙ 김 대리는 반드시 이번 주에 월차를 쓸 것이다.
> ⓒ 김 대리는 실장님 또는 팀장님과 같은 날, 또는 공휴일에 월차를 쓸 수 없다.
> ⓒ 팀장님이 월요일에 월차를 쓴다고 하였다.
> ⓔ 실장님이 김 대리에게 우선권을 주어 월차를 쓸 수 있는 요일이 수, 목, 금이 되었다.
> ⑩ 김 대리는 5일에 붙여서 월차를 쓰기로 하였다.
> ⓗ 이번 주 5일은 공휴일이며, 주중에 있다.

① 월요일
② 화요일
③ 수요일
④ 목요일
⑤ 금요일

62 A ~ G 7명이 저녁식사를 하고, 서울역에서 모두 지하철 1호선 또는 4호선을 타고 귀가하였다. 그런데 이들이 귀가하는데 다음과 같은 조건을 따랐다고 할 때, A가 1호선을 이용하지 않았다면, 다음 중 가능하지 않은 것은?

> ⊙ 1호선을 이용한 사람은 많아야 3명이다.
> ⓒ A는 D와 같은 호선을 이용하지 않았다.
> ⓒ F는 G와 같은 호선을 이용하지 않았다.
> ⓔ B는 D와 같은 호선을 이용하였다.

① B는 지하철 1호선을 탔다.
② C는 지하철 4호선을 탔다.
③ E는 지하철 1호선을 탔다.
④ G는 지하철 1호선을 탔다.
⑤ F는 지하철 4호선을 탔다.

63 로봇전시회에 전시된 로봇을 관찰하니 다음과 같이 움직인다는 것을 알았다. 로봇이 지금 글씨를 쓴다면, 40분 후에는 로봇이 무엇을 하겠는가?

> ① 지금 고개를 끄덕이면, 1분 후에 눈을 깜박인다.
> ② 지금 발을 구르면, 1분 후에 손뼉을 친다.
> ③ 지금 글씨를 쓰면, 1분 후에 고개를 끄덕인다.
> ④ 지금 우~ 하고 소리를 내면, 1분 후에 글씨를 쓴다.
> ⑤ 지금 눈을 깜박이면, 1분 후에 발을 구른다.
> ⑥ 지금 손뼉을 치면, 1분 후에 우~ 하고 소리를 낸다.

① 눈을 깜박인다.
② 손뼉을 친다.
③ 고개를 끄덕인다.
④ 발을 구른다.
⑤ 우~ 하고 소리를 낸다.

64 갑, 을, 병 세 사람이 정이 새로 산 스마트폰의 색에 대해 자신들의 의견을 다음과 같이 이야기하고 있다. 이 이야기를 다 듣고 나서 정이 "두 사람은 맞았고, 한 사람은 틀렸다."고 말하였다면 정이 산 스마트폰의 색은 무슨 색인가?

> 갑 : 황금색은 아닐거야.
> 을 : 검은색이나 흰색 중 하나일거야.
> 병 : 아니야, 분명이 검은색이야.

① 황금색
② 흰색
③ 검은색
④ 은색
⑤ 알 수 없다.

65 다음과 같이 〈보기〉의 내용을 보고 A와 B에 대해 바르게 표현한 것은?

─── 보 기 ───

명랑한 사람은 모두가 사랑하는 사람이다.

> A : 모두가 사랑하는 사람은 명랑한 사람이다.
> B : 모두가 사랑하지 않는 사람은 명랑한 사람이 아니다.

① A, B 모두 참이다.
② A만 참이다.
③ B만 참이다.
④ A, B 모두 거짓이다.
⑤ A, B 모두 알 수 없다.

66 조직문화는 흔히 관계지향 문화, 혁신지향 문화, 위계지향 문화, 과업지향 문화의 네 가지로 분류된다. 다음 글에서 제시된 (가)~(마)와 같은 특징 중 과업지향 문화에 해당하는 것은 어느 것인가?

> (가) A팀은 무엇보다 엄격한 통제를 통한 결속과 안정성을 추구하는 분위기이다. 분명한 명령계통으로 조직의 통합을 이루는 일을 제일의 가치로 삼는다.
> (나) B팀은 업무 수행의 효율성을 강조하며 목표 달성과 생산성 향상을 위해 전 조직원이 산출물 극대화를 위해 노력하는 문화가 조성되어 있다.
> (다) C팀은 자율성과 개인의 책임을 강조한다. 고유 업무 뿐 아니라 근태, 잔업, 퇴근 후 시간활용 등에 있어서도 정해진 흐름을 배제하고 개인의 자율과 그에 따른 책임을 강조한다.
> (라) D팀은 직원들 간의 응집력과 사기 진작을 위한 방안을 모색 중이다. 인적자원의 가치를 개발하기 위해 직원들 간의 관계에 초점을 둔 조직문화가 D팀의 특징이다.
> (마) E팀은 직원들에게 창의성과 기업가 정신을 강조한다. 또한, 조직의 유연성을 통해 외부 환경에의 적응력에 비중을 둔 조직문화를 가지고 있다.

① (가)　　　　　　　　　　　　② (나)
③ (다)　　　　　　　　　　　　④ (라)
⑤ (마)

67 농협은행의 각종 인사제도와 관련한 다음 내용에 드러나 있지 않은 것은 어느 것인가?

여성 채용에 있어서 남녀평등을 실현하기 위해 노력한 결과, 전체 인원대비 여성비율과 여성관리자 비율이 점차 증가하고 있습니다. 202x년 말 현재 여직원 구성 비율은 41.1%입니다. 이와 더불어 지역에 연고를 둔 우수한 인재를 채용하여 지역사회의 발전에도 기여하고, 지역 밀착도를 높임으로써 영업활동의 경제적 성과를 제고하기 위해 지역별로 채용인원을 할당하여 선발하는 인력채용 제도를 운영하고 있습니다. NH농협은행은 영업활동과 경제적 성과가 지역사회와 밀접하게 관련되어 있고 지역에 거주하는 우수한 인재들을 통해 달성될 수 있기 때문에 총 선발인원의 절반가량을 지역별로 할당하여 신규직원을 채용하고 있습니다.

NH농협은행 직원의 보상체계는 기본급과 성과급으로 크게 구분되며, 성과급 지급은 공정하고 객관적인 평가과정을 거쳐 운영되고 있습니다. 임원의 경우, 기본급 산정은 직원과 동일한 체계를 갖고 있으나, 성과급여제도는 경영성과 평가를 반영하여 운영되고 있습니다.

산전·후 휴가제도를 통해 직원이 임신 16주 이후에 출산(조산, 사산, 유산 포함)한 경우와 16주 미만에 유산한 경우로 나누어 각각에 휴가를 부여하고 있습니다. 실근무기간이 1년 이상인 직원이 만 9세 이하 또는 초등학교 3학년 이하의 자녀를 양육할 수 있도록 육아휴직 제도를 운영하고 있습니다.

종업원들에게 안정적인 작업장을 만들어주기 위해 NH농협은행은 1년 이상 근속한 전 임직원이 일시에 퇴직할 경우에 퇴직금지급규정과 임원퇴직금지급규정에 따라 지급할 퇴직금 총 추계액을 '퇴직급여충당부채'로 대차대조표에 계상하고 있습니다. 아울러 대차대조표일 현재 임직원의 퇴직금수급권을 보장하기 위해 퇴직보험에 가입하였습니다.

① 퇴직연금제도
② 모성보호제도
③ 복리후생제도
④ 보상제도
⑤ 고용제도

결국 밖에서 지켜보고 이야기를 듣는 것 자체만으로는 안타까움을 넘어서 짜증스럽기까지 했던 골 깊은 조직 갈등이 대형 사고를 쳤다. ○○시문화산업진흥재단의 A 사무총장과 B 비엔날레부장, C 문화예술부장, D 문화산업부장, E 경영지원부장의 집단사표 등 지역사회에 충격을 안겨준 이번 사태는 출범 초기부터 안고 있던 정치적 행태와 <u>조직문화</u>의 병폐가 더 이상 갈 곳을 잃고 폭발하고 만 것이라는 지적이다. ○○시문화재단은 선거캠프 보은인사, 지역인사의 인척 등 복잡한 인적 구성으로 인해 조직 안의 세력이 갈리고 불신이 깊게 자리 잡다 보니 한 부서에서 일어나는 작은 일까지 굴절된 시각을 확대 해석하는 일들이 빈번하게 발생하면서 구성원들의 사기저하와 불만이 팽배한 상태였다. 문화재단의 한 직원은 "그 동안 지역의 문화예술방전을 위해 정부 공모사업 유치와 다양한 문화 행사를 펼쳤지만, 업무 외에 접하는 서로 간의 불신과 음해가 많은 상처와 회의감을 줬다."며 "실제로 이런 조직문화에 지치고 염증을 느껴 재단을 떠난 사람들도 많고, 지금도 업무보다 사람에 시달리는 게 더 힘들다."고 토로했다. 이와 함께 ○○시장이 취임하면서 강조하고 있는 경제 활성화를 초점에 둔 '문화예술의 산업화'가 이번 사태의 한 원인이 됐다는 지적도 있다. 전임 시장은 '향유하는 문화'를 지향한 반면, 현 시장은 '수익 창출 문화산업'에 방점을 찍고 있다. 임기만료를 앞두고 시행한 A 총장의 목표관리 평가와 최근 단행한 전 부서장의 순환인사도 연임을 염두에 두고 현 시장의 문화예술정책 기조를 받들기 위한 것임은 다 알고 있던 터였다. 이러한 안 총장의 행보는 50대 초반의 전문가가 2년만 일하고 떠나기는 개인적으로나 업무적으로나 아쉬움이 클 거라는 동조 의견과 의욕은 좋으나 포용력과 리더십이 부족하다는 양면적인 평가를 받아왔다. A 총장은 그 동안 국제공예비엔날레, 한·중·일 예술명인전 등 국제행사의 성공적 개최는 물론 2014년 지역문화브랜드 최우수상 수상, 2015년 동아시아 문화도시 선정 등 의욕적인 활동을 벌였으나 밀어붙이기 식 업무추진이 내부 직원들의 불만을 샀다. A 총장은 그 동안 시청의 고위직이 맡았던 기존의 관례를 깨고 전 시장 시절 처음으로 외부 공모를 통해 임명된 인사다. 그렇기 때문에 A 총장 본인도 휴가를 반납하면서 까지 열정적으로 일하며 '첫 외부인사로서 새로운 신화'를 쓰고자했으나, 결국 재단이 출범 초기부터 안고 있던 고질적 병폐에 백기를 들었다는 해석도 가능하다. 아무튼 재단을 진두지휘하는 수장과 실무 부서장들의 전원 사표라는 초유사태는 시민들에게 큰 실망감을 안겨주고 있으며, ○○문화재단의 이미지를 대내외적으로 크게 실추시키고 있다. 이번 사태를 기점으로 정치색과 행정을 벗어나 좀 더 창의적으로 일할 수 있는 조직혁신과 업무에만 매진할 수 있는 인적 쇄신 등 대대적 수술이 필요하다. 국제공예비엔날레, 국립현대미술관 분원 유치, 2015 동아시아 문화도시 선정 등 그 동안 재단이 이루어놓은 굵직한 사업이 차질 없이 추진되고, '문화로 행복한 ○○'를 만드는 일에 전념할 수 있는 ○○시문화재단으로 새롭게 만들어야 한다는 여론이다. 한 지역문화예술인은 "집단사표 소식을 전해 듣고 깜짝 놀랐다."며 "사무총장은 그렇다 치고 10여 년 세월을 고생하고 애써서 가꾼 문화재단의 명예를 성숙하지 못한 처신으로 이렇게 허물 수 있냐"고 반문하며 안타까워했다. 이어 "이번 사태는 공중에 떠 있는 문화재단의 현주소를 시인한 것이며 이 일을 거울삼아 대대적인 조직정비를 단행해 건강한 '통합○○시의 문화예술의 전초기지'로 거듭났으면 좋겠다."고 말했다.

① 조직구성원들의 고유 가치에도 동기부여를 함으로써 종업원들의 조직에 대한 근로의욕 및 조직에 대한 몰입도를 낮출 수 있는 역할을 수행한다.

② 하나의 조직 구성원들이 공유하는 가치와 신념 및 이념, 관습, 전통, 규범 등을 통합한 개념이다.

③ 조직문화의 기능은 그 역할이 강할수록, 기업 조직의 활동에 있어서 통일된 지각을 형성하게 해 줌으로써 조직 내 통제에 긍정적인 역할을 할 수가 있다.

④ 조직구성원들에게 정보의 탐색 및 그에 따른 해석과 축적, 전달 등을 쉽게 할 수 있으므로, 그들 구성원들에게 공통의 의사결정기준을 제공해주는 역할을 한다.

⑤ 조직문화가 너무 강할 경우, 환경변화에 따른 조직변화를 방해하기도 한다.

69 다음에서 설명하는 ( ) 안에 들어갈 금융 관련 제도는 무엇인가?

( )은(는) 금융회사가 제공하는 금융거래가 자금세탁이나 공중협박자금 조달에 이용되는 것을 방지하기 위하여 고객과 금융거래 시 고객의 신원확인, 실제 당사자 여부 확인, 거래 목적 확인 등 고객에 대하여 합당한 주의를 기울이는 제도를 말한다.

① 고액현금거래보고제도
② 자금세탁방지제도
③ 혐의거래보고제도
④ 고객알기제도
⑤ 조세회피방지제도

70 N은행 상담 직원은 인터넷 뱅킹 관련 고객과 상담을 진행 중이다. 다음과 같은 고객의 말을 듣고 직원이 응답한 보기의 내용 중, 바람직한 경청의 자세에 입각한 응대 내용이 아닌 것은 어느 것인가?

> 고객 : 전 왜 인터넷 뱅킹을 그렇게 많이들 하고 있는지 도무지 이해할 수가 없어요. 돈과 관련된 일은 창구에 와서 직원에게 직접 의뢰를 해야지 어떻게 기계에 의존한다는 거지요? 그러다가 실수나 오작동이라도 하는 날엔 내 돈을 어디 가서 찾을 수 있나요? 다른 건 몰라도 돈 문제는 사람이 해결하는 게 맞는 방법이라고 봐요.
>
> 직원 : (   )

① 그렇게 생각하실 수 있습니다. 그럼 고객님께서는 오늘도 창구에서 송금 업무를 보실 거란 말씀이지요?
② 저도 처음에 실수한 경험이 있어서 고객님 마음 이해가 됩니다.
③ 그러시군요. 그러면 혹시 지금 스마트폰도 사용하지 않으신가요? 인터넷을 이용한 쇼핑 같은 것도 잘 안 하실 것 같은데…….
④ 물론 고객님 말씀하시는 문제가 충분히 발생할 수 있기는 합니다.
⑤ 그럼 고객님, 혹시 인터넷 뱅킹의 편리한 점에 대해서는 알아보신 적 있으신지 여쭤도 될까요?

실전 모의고사 Ⅱ유형

문항수 | 100문항   풀이시간 | 70분(영역별 시간 상이)

의사소통능력

1 다음 한 쌍의 단어와 같은 의미관계를 나타내는 단어의 조합이 아닌 것은?

> 몰골 : 모양새

① 이완 : 해이
② 매혹 : 도취
③ 주추 : 초석
④ 이단 : 정통
⑤ 경지 : 분야

2 다음 중 밑줄 친 단어의 의미가 다른 것은?

① 독에 가득 <u>찬</u> 물이 한순간에 사라졌다.
② 의사 선생님은 <u>찬</u> 음식을 가장 조심하라고 말했다.
③ 출퇴근 시간만 되면 버스에 사람이 가득 <u>찼다.</u>
④ 주차장이 가득 <u>차서</u> 더 이상 주차할 곳이 없다.
⑤ 가방에 물이 <u>차서</u> 들어있던 물건들이 모두 망가졌다.

3 다음 제시된 글에서 a와 b에 들어갈 말로 적절한 것은?

오른손을 귀하게 여기고 왼손을 천대하는 현상은 어쩌면 산업화 이전 사회에서 배변 후 사용할 휴지가 없었다는 사실과 관련이 있을 법하다. 인류 역사에서 대부분의 기간 동안 배변 후 뒤처리를 담당한 것은 맨손이었다. 맨손으로 배변 뒤처리를 하는 것은 불쾌할 뿐더러 병균을 옮길 위험을 수반하는 일이었다. 이런 위험의 가능성을 낮추는 간단한 방법은 음식을 먹거나 인사할 때 다른 손을 사용하는 것이었다. 기술 발달 이전의 사회에서는 대개 (a)을 배변 뒤처리에, (b)을 먹고 인사하는 일에 사용했다. 이런 전통에서 벗어난 행동을 보면 사람들은 기겁하지 않을 수 없었다. 오른손과 왼손의 역할 분담에 관한 관습을 따르지 않는 어린아이는 벌을 받았을 것이다.

	a	b
①	맨손	오른손
②	왼손	오른손
③	오른손	왼손
④	맨손	왼손
⑤	오른손	맨손

4 제시된 글의 빈칸에 들어갈 단어로 적절한 것은?

현대 사회에서 행정이 관리하는 지역 내에서 이루어지는 시민들의 삶은 점점 ( )되어간다. 여기서 말하는 ( )란 지역 공동체가 점점 희석되어 주민들 사이의 관계가 엷어지고, 또한 가족 내에서도 가족 구성원들 간의 관계가 약화, 단절되는 것을 말한다. 자아의 고유한 세계를 구축하는 것이 중요해지고 개인적인 것의 가치가 부각되는 것이다. 그럴수록 지역이라는 공간은 시민들에게 의미 있는 사회 영역으로서 의식되거나 체험하기가 어렵게 된다. 주민들의 삶이 개별화될수록 그전까지 지역 커뮤니티나 가족에 의해 충족되어오던 생활 관련기능들이 점점 공공서비스의 영역으로 들어오고 있다. 예전 같으면 주민들 사이에 그러한 문제를 해결할 수 있는 공동체적 기반이 있었지만, 지금은 그렇지 못하기 때문에 그러한 문제는 행정의 업무로 떠넘겨진다.

① 일체화
② 우상화
③ 차별화
④ 단편화
⑤ 개별화

5 다음의 공고를 보고 신청자격을 갖추지 못한 것을 고르시오.

〈2021년도 국가융복합단지 연계 지역기업 상용화 R&D 지원계획 공고〉

지역산업 경쟁력 강화 및 지역경제 활성화를 위해 중소벤처기업부에서 추진하고 있는「2021년도 국가융복합단지 연계 지역기업 상용화 R&D」지원계획을 다음과 같이 공고하오니, 지역의 기업 및 기관들의 많은 참여를 바랍니다.

□ 신청자격

• 주관기관 : 사업공고일 기준 甲시·도 국가혁신융복합단지에 사업장 또는 기업부설연구소를 보유 중인 중소기업*

   * 일반사업장 : 부가가치세법 제6조(납세지), 같은 법 시행령 제8조(사업장)에 근거하여 '사업자등록증'의 소재지 기준으로 신청자격 판단

   * 부설연구소 : 한국산업기술진흥협회의 '기업부설연구소 인증서'의 소재지 기준(유효기간 포함)으로 신청자격 판단

• 참여기관 : 전국에 소재하는 중소기업, 대학, 연구기관, TP, 지역특화·혁신센터, 지자체연구소 등 공동연구 수행 가능 기관

   ※ 1) 대기업은 주관·참여기관으로 참여 불가능

      2) 컨소시엄의 경우, 모든 참여기관이 주관기관과 동일한 지역(광역 시·도)에 소재하면 가점 5점 부여(사업자등록증, 기업부설연구소 인증서 기준 판단)

• 예외사항 : 사업공고일 기준 해당 시·도 국가혁신융복합단지에 소재하지 않은 중소기업이 주관기관으로 신청(입주확약서 제출)할 경우, 총 수행기간 내 융복합단지에 입주하는 것이 원칙

   ※ 1) 총 수행기간 내 해당 지역별 국가혁신융복합단지 지번에 입주하여 사업자 등록증, 등기부등본 등을 통해 소재지를 입증하여야 함

      2) 총 수행기간 내 해당 지역별 국가혁신융복합단지 미입주 시 최종평가 결과 실패(불성실수행) 판정 및 제재조치(사업비 환수 등)의 불이익이 있음

---

① 주관기관으로 신청하는 甲시의 국가혁신융복합단지에 일반 사업장이 위치한 중소기업

② 참여기관으로 신청하는 대기업의 지역특화·혁신센터

③ 주관기관으로 신청하는 한국산업기술진흥협회의 '기업부설연구소 인증서'의 소재지가 甲시의 국가혁신융복합단지에 위치한 부설연구소

④ 주관기관으로 신청하며 총 수행기간 내에 융복합단지에 입주한 중소기업

⑤ '사업자등록증'의 소재지 기준으로 甲시에 기업부설연구소를 보유 중인 중소기업

6 다음 중 어법에 맞는 문장은?

① 정부에서는 청년 실업 문제를 해결하기 위한 대책을 마련하는 중이다.

② 만약 인류가 불을 사용하지 않아서 문명 생활을 지속할 수 없었다.

③ 나는 원고지에 연필로 십 년 이상 글을 써 왔는데, 이제 바뀌게 하려니 쉽지 않다.

④ 풍년 농사를 위한 저수지가 관리 소홀과 무관심으로 올 농사를 망쳐 버렸습니다.

⑤ 내가 말하고 싶은 것은 체력 훈련을 열심히 해야 우수한 성적을 올릴 수 있을 것이다.

7 다음은 어떤 물음에 대해 설명하기 위한 글인가?

> 인류 종교사에 나타나는 종교적 신념 체계는 다양한 유형으로 나타난다. 이 유형 간의 관계를 균형 있게 이해할 때 우리는 시대정신과 신념 체계와의 관계를 구조적으로 밝힐 수 있다. 그러면 이 유형들의 주된 관심사와 논리적 태도를 살펴보자.
>
> 먼저 기복형은 그 관심이 질병이나 재앙과 같은 현세의 사건을 구체적으로 해결해 보려는 행위로 나타난다. 그러므로 이 사유 체계에서는 삶의 이상이 바로 현세적 조건에 놓여진다. 현세의 조건들이 모두 충족된 삶은 가장 바람직한 이상적 삶이 되는 것이다. 따라서 기복 행위는 비록 내세의 일을 빈다 할지라도 내세의 이상적 조건을 현세의 조건에서 유추한다. 이와 같은 기복사상은 현세적 삶의 조건을 확보하고 유지하는 것을 중심 과제로 여기기 때문에 철저히 현실 조건과 사회 질서를 유지하려는 경향이 강하다. 이 때문에 주술적 기복 행위는 근본적으로 이기적 성격을 지니며 행위자의 내면적 덕성의 함양은 그 관심 밖에 머무는 것이다.
>
> 다음으로 구도형은 인간 존재의 실존적 제약에 대한 인식을 바탕으로 이상적인 자아 완성을 추구하는 존재론적 문제에 관심을 집중한다. 이러한 사상 체계에서는 현실적 조건과 이상 사이의 커다란 차이를 인식하고 그것을 바탕으로 현세적 조건들을 재해석한다. 그 결과 우주와 사회와 인간이 하나의 원칙에 의해서 동일한 질서를 유지하고 있다는 신념, 이른바 우주관을 갖게 된다. 그런데 이 같은 전인적 이상과 진리의 실천이라는 목표를 달성하기 위해 구도자에게 극기와 고행이 요구된다. 또한 고행은 그의 실천 자체가 중대한 의미를 지니며 전인적 목표와 동일한 의미를 갖는다. 때문에 구도자의 주된 관심은 전인적 이상과 진리의 실천이며 세속적 일들과 사회적 사건은 그의 관심 밖으로 밀려 나가게 된다.
>
> 끝으로 개벽형은 이상 세계의 도래를 기대하며 그 때가 올 것을 준비하는 일에 관심이 집중된다. 이상 세계가 오면 지금까지의 사회적 문제들과 개인 생존의 어려움이 모두 일거에 해결된다고 믿는다. 현재의 사회 조건과 이상적 황금시대의 조건과 차이가 심하면 심할수록 새 시대의 도래는 극적이며 시대의 개벽은 더 장엄하고 그 충격은 더 크게 마련이다. 그러므로 개벽사상은 사회의 본질적 변혁을 추구하는 개혁 의지와 이상 사회에 대한 집단적 꿈이 깃들어 있다. 이러한 개벽 사상에서는 주술적 생존 동기나 구도적 고행주의는 한낱 무기력하고 쓸모없는 덕목으로 여겨질 뿐이다. 개벽 사상은 한마디로 난세의 철학이며 난세를 준비하는 혁명 사상인 것이다.
>
> 한 종교 사상 안에는 이와 같은 세 유형의 신념 체계가 공존하고 있다. 그 중의 하나가 특별히 강조되거나 둘 또는 세 개의 유형이 동시에 강조되어 그 사상의 지배적 성격을 결정하는 것이다. 기복, 구도, 개벽의 3대 동기는 사실 인간의 종교적 염원의 3대 범주를 이루고 있다. 인간이 근원적으로 희망하는 것이 있다면 이 세 개의 형태로 나타날 것이다. 그러므로 이 3대 동기가 동시에 공존하면서 균형을 유지할 때 가장 조화된 종교 사상을 이루게 된다.

① 종교는 현실을 어떻게 반영하는가?
② 종교와 인간의 본성은 어떤 관계가 있는가?
③ 종교는 인간의 신념을 어떻게 구현하고 있는가?
④ 종교는 인간의 이상을 얼마만큼 실현시킬 수 있는가?
⑤ 종교의 변화는 시대적 상황에 얼마나 영향을 받는가?

8 다음은 국민연금 가입자의 네 가지 형태를 설명하고 있는 글이다. (가)~(라)에 해당하는 형태의 가입자를 순서대로 올바르게 연결한 것은 어느 것인가?

㈎ 납부한 국민연금 보험료가 있는 가입자 또는 가입자였던 자로서 60세에 달한 자가 가입기간이 부족하여 연금을 받지 못하거나 가입기간을 연장하여 더 많은 연금을 받기를 원할 경우는 65세에 달할 때까지 신청에 의하여 가입자가 될 수 있다.

㈏ 60세 이전에 본인의 희망에 의해 가입신청을 하면 가입자가 될 수 있다. 즉, 다른 공적연금에서 퇴직연금(일시금), 장애연금을 받는 퇴직연금 등 수급권자, 국민기초생활보장법에 의한 수급자 중 생계급여 또는 의료급여 또는 보장시설 수급자, 소득활동에 종사하지 않는 사업장가입자 등의 배우자 및 보험료를 납부한 사실이 없고 소득활동에 종사하지 않는 27세 미만인 자는 가입을 희망하는 경우 이 가입자가 될 수 있다.

㈐ 국내에 거주하는 18세 이상 60세 미만의 국민으로서 사업장가입자가 아닌 사람은 당연히 가입자가 된다. 다만, 다른 공적연금에서 퇴직연금(일시금), 장애연금을 받는 퇴직연금 등 수급권자, 국민기초생활보장법에 의한 수급자 중 생계급여 또는 의료급여 또는 보장시설 수급자, 소득활동에 종사하지 않는 사업장가입자 등의 배우자 및 보험료를 납부한 사실이 없고 소득활동에 종사하지 않는 27세 미만인 자는 이 가입자가 될 수 없다.

㈑ 국민연금에 가입된 사업장의 18세 이상 60세 미만의 사용자 및 근로자로서 국민연금에 가입된 자를 말한다. 1인 이상의 근로자를 사용하는 사업장 또는 주한외국기관으로서 1인 이상의 대한민국 국민인 근로자를 사용하는 사업장에서 근무하는 18세 이상 60세 미만의 사용자와 근로자는 당연히 이 가입자가 된다.

---

① 임의계속가입자 – 지역가입자 – 임의가입자 – 사업장 가입자
② 사업장 가입자 – 임의가입자 – 지역가입자 – 임의계속가입자
③ 임의계속가입자 – 임의가입자 – 사업장 가입자 – 지역가입자
④ 임의가입자 – 임의계속가입자 – 지역가입자 – 사업장 가입자
⑤ 임의계속가입자 – 임의가입자 – 지역가입자 – 사업장 가입자

9 다음의 공모전에 응모하기 위해 〈보기〉와 같이 개요를 작성하였다. 개요의 수정 방안으로 적절하지 않은 것은?

그린 IT 운동의 필요성과 실천 방안을 알리는 원고 공모

그린 IT 운동이란, 정보 통신 분야에서 에너지와 자원을 효율적으로 사용하여 환경오염을 줄이려는 사회적 운동입니다.

〈보기〉

제목 : 그린 IT 운동의 확산을 위하여

Ⅰ. 그린 IT 운동의 개념 ·· ㉠

Ⅱ. 그린 IT 운동의 실천 방안
　　1. 기술 및 기기 개발 차원
　　　　(1) 획기적인 정보 통신 기술 개발 ··· ㉡
　　　　(2) 폐기물을 재활용한 정보 통신 기기 개발
　　2. 기기 이용 차원
　　　　(1) 에너지 효율이 높은 기기 이용
　　　　(2) 빈번한 기기 교체 자제
　　　　(3) 성과에 대한 포상제도 마련 ··· ㉢
　　3. 인식적 차원
　　　　(1) 사회적 인식 확산을 위한 대책 마련
　　　　(2) 경쟁력 강화를 위한 생산성 향상 ··································· ㉣

Ⅲ. 그린 IT 운동 정착을 위한 당국의 정책 개발 촉구 ····················· ㉤

---

① ㉠은 공모의 취지를 고려해, '그린 IT 운동의 개념과 필요성'으로 고친다.
② ㉡은 구체적이지 않으므로, '에너지 효율을 높이는 정보 통신 기술 개발'로 바꾼다.
③ ㉢은 상위 항목에 어울리지 않으므로, 'Ⅱ-3'의 하위 항목으로 옮긴다.
④ ㉣은 글의 주제에서 벗어나므로, '기업과 소비자의 의식 전환'으로 바꾼다.
⑤ ㉤은 글 전체의 흐름으로 보아, '그린 IT 운동 확산을 위한 사회 공동의 노력 촉구'로 바꾼다.

10 다음은 어느 시민사회단체의 발기 선언문이다. 이 단체에 대해 판단한 내용으로 적절하지 않은 것은?

우리 사회의 경제적 불의는 더 이상 방치할 수 없는 상태에 이르렀다. 도시 빈민가와 농촌에 잔존하고 있는 빈곤은 최소한의 인간적 삶조차 원천적으로 박탈하고 있으며, 경제력에서 사치와 향락은 근면과 저축의욕을 감퇴시키고 손쉬운 투기와 불로소득은 기업들의 창의력과 투자의욕을 감소시킴으로써 경제성장의 토대가 와해되고 있다. 부익부빈익빈의 극심한 양극화는 국민 간의 균열을 심화시킴으로써 사회 안정 기반이 동요되고 있으며 공공연한 비윤리적 축적은 공동체의 기본 규범인 윤리 전반을 문란케 하여 우리와 우리 자손들의 소중한 삶의 터전인 이 땅을 약육강식의 살벌한 세상으로 만들고 있다.

부동산 투기, 정경유착, 불로소득과 탈세를 공인하는 차명계좌의 허용, 극심한 소득차, 불공정한 노사관계, 농촌과 중소기업의 피폐 및 이 모든 것들의 결과인 부와 소득의 불공정한 분배, 그리고 재벌로의 경제적 집중, 사치와 향락, 환경오염 등 이 사회에 범람하고 있는 경제적 불의를 척결하고 경제정의를 실천함은 이 시대 우리 사회의 역사적 과제이다.

이의 실천이 없이는 경제 성장도 산업 평화도 민주복지 사회의 건설도 한갓 꿈에 불과하다. 이 중에서도 부동산 문제의 해결은 가장 시급한 우리의 당면 과제이다. 인위적으로 생산될 수 없는 귀중한 국토는 모든 국민들의 복지 증진을 위하여 생산과 생활에만 사용되어야 함에도 불구하고 소수의 재산 증식 수단으로 악용되고 있다. 토지 소유의 극심한 편중과 투기화, 그로 인한 지가의 폭등은 국민생활의 근거인 주택의 원활한 공급을 극도로 곤란하게 하고 있을 뿐만 아니라 물가 폭등 및 노사 분규의 격화, 거대한 투기 소득의 발생 등을 초래함으로써 현재 이 사회가 당면하고 있는 대부분의 경제적 사회적 불안과 부정의의 가장 중요한 원인으로 작용하고 있다.

정부 정책에 대한 국민들의 자유로운 선택권이 보장되며 경제적으로 시장 경제의 효율성과 역동성을 살리면서 깨끗하고 유능한 정부의 적절한 개입으로 분배의 편중, 독과점 및 공해 등 시장 경제의 결함을 해결하는 민주복지사회를 실현하여야 한다. 그리고 이것이 자유와 평등, 정의와 평화의 공동체로서 우리가 지향할 목표이다.

---

① 이 단체는 극빈층을 포함한 사회적 취약계층의 객관적인 생활수준은 향상되었지만 불공정한 분배, 비윤리적 부의 축적 그리고 사치와 향락 분위기 만연으로 상대적 빈곤은 심각해지고 있다고 인식한다.

② 이 단체는 정책 결정 과정이 소수의 특정 집단에 좌우되고 있다고 보고 있으므로, 정책 결정 과정에 국민 다수의 참여 보장을 주장할 가능성이 크다.

③ 이 단체는 윤리 정립과 불의 척결 등의 요소도 경제 성장에 기여할 수 있다고 본다.

④ 이 단체는 '기업의 비사업용 토지소유 제한을 완화하는 정책'에 비판적일 것이다.

⑤ 이 단체는 경제 성장의 조건으로 저축과 기업의 투자 등을 꼽고 있다.

11 다음은 근로장려금 신청자격 요건에 대한 정부제출안과 국회통과안의 내용이다. 이에 근거하여 옳은 내용은?

요건	정부제출안	국회통과안
총소득	부부의 연간 총소득이 1,700만 원 미만일 것(총소득은 근로소득과 사업소득 등 다른 소득을 합산한 소득)	좌동
부양자녀	다음 항목을 모두 갖춘 자녀를 2인 이상 부양할 것 (1) 거주자의 자녀이거나 동거하는 입양자일 것 (2) 18세 미만일 것(단, 중증장애인은 연령제한을 받지 않음) (3) 연간 소득금액의 합계액이 100만 원 이하일 것	다음 항목을 모두 갖춘 자녀를 1인 이상 부양할 것 (1) ~ (3) 좌동
주택	세대원 전원이 무주택자일 것	세대원 전원이 무주택자이거나 기준시가 5천만 원 이하의 주택을 한 채 소유할 것
재산	세대원 전원이 소유하고 있는 재산 합계액이 1억 원 미만일 것	좌동
신청제외자	(1) 3개월 이상 국민기초생활보장급여 수급자 (2) 외국인(단, 내국인과 혼인한 외국인은 신청 가능)	좌동

① 정부제출안보다 국회통과안에 의할 때 근로장려금 신청자격을 갖춘 대상자의 수가 더 줄어들 것이다.

② 두 안의 총소득요건과 부양자녀요건을 충족하고, 소유 재산이 주택(5천만 원), 토지(3천만 원), 자동차(2천만 원)인 A는 정부제출안에 따르면 근로장려금을 신청할 수 없지만 국회통과안에 따르면 신청할 수 있다.

③ 소득이 없는 20세 중증장애인 자녀 한 명만을 부양하는 B가 국회통과안에서의 다른 요건들을 모두 충족하고 있다면 B는 국회통과안에 의해 근로장려금을 신청할 수 있다.

④ 총소득, 부양자녀, 주택, 재산 요건을 모두 갖춘 한국인과 혼인한 외국인은 정부제출안에 따르면 근로장려금을 신청할 수 없지만 국회통과안에 따르면 신청할 수 있다.

⑤ 총소득, 부양자녀, 주택, 재산 요건을 모두 갖추었다면, 국민기초생활보장급여 수급 여부와 관계없이 근로장려금을 신청할 수 있다.

12 한국○○ ㈜의 대표이사 비서인 甲은 거래처 대표이사가 새로 취임하여 축하장 초안을 작성하고 있다. 다음 축하장에서 밑줄 친 부분의 맞춤법이 바르지 않은 것끼리 묶인 것은?

귀사의 무궁한 번영과 발전을 기원합니다.

이번에 대표이사로 새로 취임하심을 진심으로 기쁘게 생각하며 ⓐ축하드립니다. 이는 탁월한 식견과 그동안의 부단한 노력에 따른 결과라 생각합니다. 앞으로도 저희 한국○○ ㈜와 ⓑ원할한 협력 관계를 ⓒ공고이 해 나가게 되기를 기대하며, 우선 서면으로 축하 인사를 대신합니다.

ⓓ아무쪼록 건강하시기 바랍니다.

---

① ⓐⓑ   ② ⓐⓒ

③ ⓑⓒ   ④ ⓑⓓ

⑤ ⓒⓓ

13 다음은 □□社에 근무하는 Mr. M. Lee의 출장일정표이다. 옳은 것은?

Monday, January 10 (Seoul to New York)

9:00a.m Leave Incheon Airport on OZ902 for JFK Airport.

9:25a.m Arrive at JFK Airport.

1:00p.m Meeting with Roger Harpers, President, ACF Corporation at Garden Grill.

7:00p.m Dinner Meeting with Joyce Pitt, Consultant, American Business System at Stewart's Restaurant.

Tuesday, January 11 (New York)

9:30a.m Presentation "The Office Environment-Networking" at the National Office Systems Conference, City Conference Center

12:00p.m Luncheon with Raymond Bernard, Vice President, Wilson Automation, Inc., at the Oakdale City Club.

---

① Mr. M. Lee is going to fly to USA on OZ902.

② Mr. M. Lee will make a presentation at the City Conference Center after lunch.

③ Mr. M. Lee will have a luncheon meeting at Garden Grill on January 11th.

④ Mr. M. Lee will meet Roger Harpers, the day after he arrives in New York.

⑤ Mr. M. Lee will arrive at JFK airport at 9:25a.m. on January 11th Seoul time.

14 다음은 A공사에 근무하는 김 대리가 작성한 '보금자리주택 특별공급 사전예약 안내문'이다. 자료에 대한 내용으로 옳은 것은?

보금자리주택 특별공급 사전예약이 진행된다. 신청자격은 사전예약 입주자 모집 공고일 현재 미성년(만 20세 미만)인 자녀를 3명 이상 둔 서울, 인천, 경기도 등 수도권 지역에 거주하는 무주택 가구주에게 있다. 청약저축통장이 필요 없고, 당첨자는 배점기준표에 의한 점수 순에 따라 선정된다. 특히 자녀가 만 6세 미만 영유아일 경우, 2명 이상은 10점, 1명은 5점을 추가로 받게 된다.

총점은 가산점을 포함하여 90점 만점이며 배점기준은 다음 〈표〉와 같다.

배점요소	배점기준	점수
미성년 자녀수	4명 이상	40
	3명	35
가구주 연령, 무주택 기간	가구주 연령이 만 40세 이상이고, 무주택 기간 5년 이상	20
	가구주 연령이 만 40세 미만이고, 무주택 기간 5년 이상	15
	무주택 기간 5년 미만	10
당해 시·도 거주기간	10년 이상	20
	5년 이상~10년 미만	15
	1년 이상~5년 미만	10
	1년 미만	5

※ 다만 동점자인 경우 ① 미성년 자녀수가 많은 자, ② 미성년 자녀수가 같을 경우, 가구주의 연령이 많은 자 순으로 선정한다.

① 가장 높은 점수를 받을 수 있는 배점요소는 '가구주 연령, 무주택 기간'이다.
② 사전예약 입주자 모집 공고일 현재 22세, 19세, 16세, 5세의 자녀를 둔 서울 거주 무주택 가구주 甲은 신청자격이 있다.
③ 보금자리주택 특별공급 사전예약에는 청약저축통장이 필요하다.
④ 배점기준에 따른 총점이 동일하고 미성년 자녀수가 같다면, 미성년 자녀의 평균 연령이 더 많은 자 순으로 선정한다.
⑤ 사전예약 입주자 모집 공고일 현재 9세 자녀 1명과 5세 자녀 쌍둥이를 둔 乙은 추가로 5점을 받을 수 있다.

15 다음 보기 중, 아래 제시 글의 내용을 올바르게 이해하지 못한 것은? (실질 국외순수취 요소소득은 고려하지 않는다)

어느 해의 GDP가 그 전년에 비해 증가했다면 총 산출량이 증가했거나, 산출물의 가격이 상승했거나 아니면 둘 다였을 가능성이 있게 된다. 국가경제에서 생산한 재화와 서비스의 총량이 시간의 흐름에 따라 어떻게 변화하는지(경제성장)를 정확하게 측정하기 위해서는 물량과 가격 요인이 분리되어야 한다. 이에 따라 GDP는 명목 GDP와 실질 GDP로 구분되어 추계되고 있다. 경상가격 GDP(GDP at current prices)라고도 불리는 명목 GDP는 한 나라 안에서 생산된 최종생산물의 가치를 그 생산물이 생산된 기간 중의 가격을 적용하여 계산한 것이다. 반면에 실질 GDP는 기준연도 가격으로 측정한 것으로 불변가격 GDP(GDP at constant prices)라고도 한다.

그러면 실질 구매력을 반영하는 실질 GNI는 어떻게 산출될까? 결론적으로 말하자면 실질 GNI도 실질 GDP로부터 산출된다. 그런데 실질 GNI는 교역조건 변화에 따른 실질 무역 손익까지 포함하여 다음과 같이 계산된다.

'실질 GNI=실질 GDP+교역조건 변화에 따른 실질 무역 손익+(실질 국외순수취 요소소득)' 교역조건은 수출가격을 수입가격으로 나눈 것으로 수출입 상품간의 교환 비율이다. 교역조건이 변화하면 생산 및 소비가 영향을 받게 되고 그로 인해 국민소득이 변화하게 된다. 예를 들어 교역조건이 나빠지면 동일한 수출물량으로 사들일 수 있는 수입물량이 감소하게 된다. 이는 소비나 투자에 필요한 재화의 수입량이 줄어드는 것을 의미하며 수입재에 의한 소비나 투자의 감소는 바로 실질소득의 감소인 것이다. 이처럼 교역조건이 변화하면 실질소득이 영향을 받기 때문에 실질 GNI의 계산에는 교역조건 변화에 따른 실질 무역 손익이 포함되는 것이다. 교역조건 변화에 따른 실질 무역 손익이란 교역조건의 변화로 인해 발생하는 실질소득의 국외 유출 또는 국외로부터의 유입을 말한다.

① 한 나라의 총 생산량이 전년과 동일해도 GDP가 변동될 수 있다.
② GDP의 중요한 결정 요인은 가격과 물량이다.
③ 실질 GDP의 변동 요인은 물량이 아닌 가격이다.
④ 동일한 제품의 수입가격보다 수출가격이 높으면 실질 GNI는 실질 GDP보다 커진다.
⑤ 실질 GNI가 실질 GDP보다 낮아졌다는 것은 교역조건이 더 나빠졌다는 것을 의미한다.

16 다음은 광고회사에 다니는 甲이 '광고의 표현 요소에 따른 전달 효과'라는 주제로 발표한 발표문이다. 甲이 활용한 매체 자료에 대한 설명으로 적절하지 않은 것은?

> 저는 오늘 광고의 표현 요소에 따른 전달 효과에 대해 말씀드리겠습니다. 발표에 앞서 제가 텔레비전 광고 한 편을 보여 드리겠습니다. (광고를 보여 준 후) 의미가 강렬하게 다가오지 않나요? 어떻게 이렇게 짧은 광고에서 의미가 잘 전달되는 것일까요?
>
> 광고는 여러 가지 표현 요소를 활용하여 효과적으로 의미를 전달합니다. 이러한 요소에는 음향, 문구, 사진 등이 있습니다. 이 중 우리 회사 직원들은 어떤 요소가 가장 전달 효과가 높다고 생각하는지 설문 조사를 해 보았는데요, 그 결과를 그래프로 보여 드리겠습니다. 3위는 음향이나 음악 같은 청각적 요소, 2위는 광고 문구, 1위는 사진이나 그림 같은 시각적 요소였습니다. 그래프로 보니 1위의 응답자 수가 3위보다 두 배가량 많다는 것을 한눈에 볼 수 있네요. 그러면 각 요소의 전달 효과에 대해 살펴볼까요?
>
> 먼저 청각적 요소의 효과를 알아보기 위해 음향을 들려 드리겠습니다. (자동차 엔진 소리와 급정거 소음, 자동차 부딪치는 소리) 어떠세요? 무엇을 전달하려는지 의미는 정확하게 알 수 없지만 상황은 생생하게 느껴지시지요?
>
> 이번에는 광고 문구의 효과에 대해 설명드리겠습니다. 화면에 '안전띠를 매는 습관, 생명을 지키는 길입니다.'라고 쓰여 있네요. 이렇게 광고 문구는 우리에게 광고의 내용과 의도를 직접적으로 전달해 줍니다.
>
> 끝으로 시각적 요소의 효과에 대해 설명드리겠습니다. 이 광고의 마지막 장면은 포스터로도 제작되었는데요. 이 포스터를 함께 보시지요. 포스터를 꽉 채운 큰 한자는 '몸 신' 자네요. 마지막 획을 안전띠 모양으로 만들어서 오른쪽 위에서 왼쪽 아래까지 '몸 신' 자 전체를 묶어 주고 있는 것이 보이시죠? 이 포스터는 안전띠가 몸을 보호해 준다는 의미를 참신하고 기발하게 표현한 것입니다. 이렇게 광고를 통해 전달하려는 의도가 시각적 이미지로 표현될 때 더 인상적으로 전달됨을 알 수 있습니다.
>
> 여러분도 인터넷에서 다른 광고들을 찾아 전달 효과를 분석해 보시기 바랍니다. 이상 발표를 마치겠습니다.

① 동영상을 활용하여 청중의 흥미를 유발하고 있다.

② 그래프를 활용하여 설문 조사 결과를 효과적으로 제시하고 있다.

③ 음향을 활용하여 광고 속 상황을 실감이 나도록 전달하고 있다.

④ 포스터를 활용하여 시각적 요소의 효과에 대해 설명하고 있다.

⑤ 인터넷을 활용하여 다양한 자료 검색 방법을 알려 주고 있다.

17 다음 중 ㉠ ~ ㉤의 한자 표기로 적절하지 않은 것은?

특허출원 관련 수수료는 다음 각 호와 같다.
1. 특허출원료
　가. 출원서를 서면으로 제출하는 경우 : 매건 5만 8천 원
　　(단, 출원서의 첨부서류 중 명세서, ㉠도면 및 요약서의 합이 20면을 초과하는 경우 초과하는 1면마다 1천 원을 가산한다)
　나. 출원서를 전자문서로 ㉡제출하는 경우 : 매건 3만 8천 원
2. 출원인변경신고료
　가. 상속에 의한 경우 : 매건 6천 5백 원
　나. 법인의 ㉢분할·합병에 의한 경우 : 매건 6천 5백 원
　다. 기업구조조정 촉진법 제15조 제1항의 규정에 따른 약정을 체결한 기업이 경영정상화계획의 이행을 위하여 행하는 영업양도의 경우 : 매건 6천 5백 원
　라. 가목 내지 다목 외의 사유에 의한 경우 : 매건 1만 3천 원
특허권 관련 수수료는 다음 각 호와 같다.
1. 특허권의 실시권 설정 또는 그 보존등록료
　가. 전용실시권 : 매건 7만 2천 원
　나. 통상실시권 : 매건 4만 3천 원
2. 특허권의 이전등록료
　가. 상속에 의한 경우 : 매건 1만 4천 원
　나. 법인의 분할·합병에 의한 경우 : 매건 1만 4천 원
　다. 기업구조조정 촉진법에 따른 약정을 ㉣체결한 기업이 경영정상화계획의 이행을 위하여 행하는 영업양도의 경우 : 매건 1만 4천 원
　라. 가목 내지 다목 외의 사유에 의한 경우 : 매건 5만 3천 원
3. 등록사항의 경정·변경(행정구역 또는 지번의 ㉤변경으로 인한 경우 및 등록명의인의 표시변경 또는 경정으로 인한 경우는 제외한다)·취소·말소 또는 회복등록료 : 매건 5천 원

① 圖案
② 提出
③ 分割
④ 締結
⑤ 變更

18 다음은 K방송국 신입사원 甲이 모니터링 업무를 하던 중 문제가 될 수 있는 보도 자료들을 수집한 것이다. 다음 중 그 문제의 성격이 다른 하나는?

(가) 2004년 성매매특별법이 도입되었다. 한 지방경찰청의 범죄통계에 따르면 특별법 도입 직후 한 달 동안 성폭력 범죄 신고 및 강간사건의 수치가 지난 5년 동안의 월 평균보다 약간 높게 나타났다. 성범죄 수치는 계절과 주기별로 다르게 나타난다. K방송국 이 통계에 근거해 "성매매특별법 시행 이후 성범죄 급속히 늘어"라는 제목의 기사를 내었다.

(나) 1994 ~ 1996년 사이 항공 사고로 인한 사망자가 적은 해에는 10명 미만, 많은 해에는 200~300명 발생하였다. 같은 기간 산업재해로 인한 사망자는 매년 5,000명 이상, 상해자는 700만 명 가량 발생하였다. 이 시기 K방송국은 항공 사고에 대한 보도를 50편 가량 발표했다. 반면, 위험한 장비와 관련한 안전사고, 비위생적 노동조건으로 인한 질병 등 산업재해로 인한 사망사건에 대한 보도는 거의 없었다.

(다) 1996 ~ 1997년 사이 통계를 보면 미국 사회 전체에서 폭력사건으로 인한 사망자 수는 5,400명이었다. 이 가운데 학교에서 발생한 폭력사건으로 인한 사망자 수는 19명이었으며 10개 공립학교에서 발생했다. 이로부터 K방송국은 "시한폭탄 같은 10대들"이라는 제하에 헤드라인 기사로 청소년 폭력문제를 다루었고, 뉴스 프로그램을 통해 청소년들의 흉악한 행동이 미국 전역의 학교와 도시에서 만연하고 있다고 보도했다.

(라) 1990 ~ 1997년 사이 교통사고로 인한 사망자 25만 명 중 난폭 운전에 의해 사망한 사람은 218명이었다. 그리고 같은 시기 부상을 당한 2,000만 명의 자동차 운전자들 가운데 난폭 운전자에 의해 사고를 당했다고 추정되는 사람은 전체 부상자의 0.1% 미만이었다. 이에 대해 K방송국은 "교통사고의 주범 난폭운전"이란 제하에 난폭운전으로 인한 인명피해가 최근 전국적으로 넘쳐나고 있다고 보도했다.

(마) 1996년 한 연구기관에서 미국사회의 질병에 관한 통계 조사를 실시했다. 그 결과에 따르면 미국인 가운데 비만에 걸린 사람은 190만 명으로 미국인 전체 성인 중 약 1.5%를 차지했다. 이로부터 K방송국은 미국 성인의 대부분이 비만에 걸려 있으며 앞으로 비만이 미국사회의 가장 심각한 사회문제가 될 것이라는 내용의 기사를 실었다.

① (가) 　　　　　② (나)
③ (다) 　　　　　④ (라)
⑤ (마)

19 다음은 ○○문화회관 전시기획팀의 주간회의록이다. 자료에 대한 내용으로 옳은 것은?

주 간 회 의 록					
회의 일시	2021. 7. 2.(금)	부서	전시기획팀	작성자	사원 甲
참석자	戊 팀장, 丁 대리, 丙 사원, 乙 사원				
회의 안건	1. 개인 주간 스케줄 및 업무 점검 2. 2021년 하반기 전시 일정 조정				

	내용	비고
회의 내용	1. 개인 주간 스케줄 및 업무 점검 • 戊 팀장 : 하반기 전시 참여 기관 미팅, 외부 전시장 섭외 • 丁 대리 : 하반기 전시 브로슈어 작업, 브로슈어 인쇄 업체 선정 • 丙 사원 : 홈페이지 전시 일정 업데이트 • 乙 사원 : 2021년 상반기 전시 만족도 조사 2. 2021년 하반기 전시 일정 조정 • 하반기 전시 기간 : 9 ~ 11월, 총 3개월 • 전시 참여 기관 : A ~ I 총 9팀 – 관내 전시장 6팀, 외부 전시장 3팀 • 전시 일정 : 관내 2팀, 외부 1팀으로 3회 진행	• 7월 7일 AM 10:00 외부 전시장 사전답사 (戊 팀장, 丁 대리) • 회의 종료 후, 전시 참여 기관에 일정 안내(7월 4일까지 변경 요청 없을 시 그대로 확정)

기간 \ 장소	관내 전시장	외부 전시장
9월	A, B	C
10월	D, E	F
11월	G, H	I

	내용	작업자	진행일정
결정 사항	브로슈어 표지 이미지 샘플조사	丙 사원	2021. 7. 2.~7. 3.
	상반기 전시 만족도 설문조사	乙 사원	2021. 7. 2.~7. 5.

특이 사항	다음 회의 일정 : 7월 9일 • 2021년 상반기 전시 만족도 확인 • 브로슈어 표지 결정, 내지 1차 시안 논의

① 외부 전시장 사전 답사에는 丁 대리만 참석한다.

② 丙 사원은 홈페이지 전시 일정 업데이트만 하면 된다.

③ 7월 4일까지 전시 참여 기관에서 별도의 연락이 없었다면, H팀의 전시는 2021년 11월 관내 전시장에 볼 수 있다.

④ 2021년 하반기 전시는 ○○문화회관 관내 전시장에서만 열릴 예정이다.

⑤ 乙 사원은 7월 2일부터 3일까지 상반기 전시 만족도 설문조사를 진행할 예정이다.

20 다음은 □□기관 A 사원이 작성한 '도농(都農)교류 활성화 방안'이라는 보고서의 개요이다. 본론 I 을 바탕으로 구성한 본론 II 의 항목들로 적절하지 않은 것은?

> A. 서론
> 　1. 도시와 농촌의 현재 상황과 미래 전망
> 　2. 생산적이고 쾌적한 농촌 만들기를 위한 도농교류의 필요성
>
> B. 본론 I : 현재 실시되고 있는 도농교류제도의 문제점
> 　1. 행정적 차원
> 　　1) 소규모의 일회성 사업 난립
> 　　2) 지속적이고 안정적인 예산 확보 미비
> 　　3) □□기관 내 일원화된 추진체계 미흡
> 　2. 소통적 차원
> 　　1) 도시민들의 농촌에 대한 부정적 인식
> 　　2) 농민들의 시장상황에 대한 정보 부족
>
> C. 본론 II : 도농교류 활성화를 위한 추진과제
>
>
>
> D. 결론

① 지역별 브랜드화 전략을 통한 농촌 이미지 제고

② 도농교류사업 추진 건수에 따른 예산 배정

③ 1사1촌(1社1村) 운동과 같은 교류 프로그램 활성화

④ 도농교류 책임기관으로서 □□기관 산하에 도농교류센터 신설

⑤ 농촌 기초지자체와 대도시 자치구의 연계사업을 위한 장기적 지원금 확보

문제해결능력

1 다음 〈조건〉이 모두 참이라고 할 때, 논리적으로 항상 참이라고 볼 수 없는 것은?

〈조건〉
- 눈이 오면 교실이 조용하다.
- 교실이 조용하거나 복도가 깨끗하다.
- 복도가 깨끗한데 눈이 오지 않으면, 운동장이 넓고 눈이 오지 않는다.
- 교실이 조용하지 않다.

① 교실이 조용하지 않으면 복도가 깨끗하다.
② 운동장이 넓지만 눈이 오지 않는다.
③ 복도가 깨끗하지 않다.
④ 눈이 오지 않는다.
⑤ 눈이 오지 않으면, 교실이 조용하지 않고 운동장이 넓다.

2 같은 회사를 다니는 甲 ~ 丁 네 명의 사람이 네 곳의 사내 동아리에 지원하였다. 다음 〈조건〉이 모두 참이라고 할 때, 甲 ~ 丁의 〈진술〉에 대한 설명으로 옳지 않은 것은?

〈조건〉
- 모든 사람은 한 곳 이상의 사내 동아리에 지원하였다.
- 甲~丁의 지원횟수의 총합은 10번이다.
- 甲~丁 중 한 명은 거짓말을 하고 있다.

〈진술〉
甲 ~ 丁의 진술은 다음과 같다.
- 甲 : 나는 세 군데 이상의 동아리에 지원했어.
- 乙 : 나는 두 군데 이상의 동아리에 지원했어.
- 丙 : 나는 모두 다 지원했어.
- 丁 : 나는 두 군데 이상의 동아리에 지원했어.

① 甲의 진술이 거짓이라면, 乙과 丁이 지원한 동아리가 겹치지 않을 수도 있다.

② 乙의 진술이 거짓이라면, 甲과 丁이 지원한 동아리가 반드시 겹친다.

③ 乙의 진술이 거짓이라면, 乙이 지원한 동아리를 알 수 있다.

④ 丙의 진술이 거짓이라면, 甲과 丁은 반드시 중복되는 동아리가 있다.

⑤ 丁의 진술이 거짓이라면, 甲과 乙은 반드시 중복되는 동아리가 있다.

3 3층짜리 건물인 K빌라에 A, B, C, D, E, F, G, H의 8가구가 다음 〈조건〉과 같이 입주해 살고 있을 경우, 이에 대한 올바른 설명이 아닌 것은 어느 것인가?

〈조건〉

• 건물의 호실 배열은 다음과 같다.

301호	302호	303호	304호
201호	202호	203호	204호
101호	102호	103호	104호

• A가구와 D가구는 위치가 가장 멀리 떨어져 있는 두 호실에 거주한다.

• 1, 2, 3층에는 각각 2가구, 3가구, 3가구가 거주하고 있다.

• G가구는 E가구와 F가구의 사이에 살고 있으며, E가구가 가장 앞 호실이다.

• A가구의 아래층에는 F가구가 살고 있다.

• B, H, C가구 중 두 가구는 좌우 한쪽에만 옆집이 거주한다.

① C가구의 아래층은 항상 E가구가 거주한다.

② 301호는 빈 집이 아니다.

③ 202호는 빈 집이 아니다.

④ 201호는 빈 집이다.

⑤ 303호는 빈 집이다.

4 바둑 애호가인 정 대리, 서 대리, 홍 대리 3명은 각각 상대방과 16판씩 총 32판의 대국을 두었다. 이들의 올해 계절별 바둑 결과가 다음과 같다. 정 대리와 서 대리 상호 간의 결과가 네 시기 모두 우열을 가리지 못하고 동일하였을 경우에 대한 설명으로 올바른 것은 어느 것인가?

〈3명의 바둑 대국 결과〉

시기	정 대리 전적	서 대리 전적	홍 대리 전적
봄	19승 13패	14승 18패	15승 17패
여름	10승 22패	20승 12패	18승 14패
가을	17승 15패	14승 18패	17승 15패
겨울	17승 15패	21승 11패	10승 22패

※ 무승부는 한 차례도 없는 것으로 가정한다.

① 정 대리는 봄에 홍 대리에게 10승 이하의 성적을 거두었다.
② 홍 대리에게 우세를 보인 시기는 정 대리가 서 대리보다 더 많다.
③ 홍 대리가 서 대리에게 네 시기에 거둔 승수는 모두 30승이 넘는다.
④ 홍 대리가 한 사람에게 당한 패수가 가장 많은 시기는 봄이다.
⑤ 서 대리가 홍 대리에게 가장 많은 승수는 거둔 시기는 여름이다.

5 다음은 T센터 대강당 사용과 관련한 안내문이다. 이를 참고할 때, 다음 주 금요일 신년 행사에서 장소 섭외 담당자인 A 씨가 준비할 사항으로 잘못된 것은?

- 설비 사용료

구분	장비명		수량	개당 가격	비고
음향 장치	일반 마이크	다이나믹	65개	4,500원	7대 무료, 8대부터 비용
		콘덴서	55개	4,500원	
	고급 마이크		25개	25,000원	건전지 사용자 부담
	써라운드 스피커 시스템		4대	25,000원	1일 1대
촬영 장치	빔 프로젝터		1대	210,000원	1일 1대
	영상 재생 및 녹화 서비스	USB	1개	25,000원	–
		CD	1개	32,000원	–
조명 장치	solo 라이트		2대	6,000원	–
	rail 라이트		10대	55,000원	2개까지 무료

- 주의사항
 - 내부 매점 이외에서 구매한 음식물 반입 엄금(음용수 제외)
 - 대관일 하루 전날 사전 점검 및 시설물 설치 가능, 행사 종료 즉시 시설물 철거 요망
 - 건물 내 전 지역 금연(실외 경비구역 내 지정 흡연 부스 있음)
- 주차장 안내
 - 행사장 주최 측에 무료 주차권 100장 공급
 - 무료 주차권 없을 경우, 행사 종료 후부터 1시간까지 3,000원/이후 30분당 1,000원
 - 경차, 장애인 차량 주차 무료
- 기타사항
 - 예약 후, 행사 당일 3일 전 이후 취소 시 기 지급금 20% 수수료 및 향후 대관 불가
 - 정치적 목적의 행사, 종교 행사 등과 사회 기피적 모임 및 활동을 위한 대관 불가

① 회사에서 준비해 간 주류와 음료는 이용할 수 없겠군.
② 무료 주차권에 맞춰서 차량 수도 조정하는 게 좋겠어.
③ 다음 주 수요일에 화환이 도착한다고 했으니까 곧장 대강당으로 보내면 되겠군.
④ 마이크는 일반 마이크 5대면 충분하니 추가금은 필요 없겠어.
⑤ 건물 내에서는 전부 금연이니 흡연자를 위해 미리 흡연 가능 장소를 안내해야겠군.

┃6~7┃ 인사팀에 근무하는 S는 2021년도에 새롭게 변경된 사내 복지 제도에 따라 경조사 지원 내역을 정리하는 업무를 담당하고 있다. 다음을 바탕으로 물음에 답하시오.

❒ 2021년도 변경된 사내 복지 제도

종류	주요 내용
주택 지원	• 사택 지원(가 ~ 사 총 7동 175가구) 최소 1년 최장 3년 • 지원 대상 – 입사 3년 차 이하 1인 가구 사원 중 무주택자(가 ~ 다동 지원) – 입사 4년 차 이상 본인 포함 가구원이 3인 이상인 사원 중 무주택자(라 ~ 사동 지원)
경조사 지원	• 본인/가족 결혼, 회갑 등 각종 경조사 시 • 경조금, 화환 및 경조휴가 제공
학자금 지원	• 대학생 자녀의 학자금 지원
기타	• 상병 휴가, 휴직, 4대 보험 지원

❒ 2021년도 1/4분기 지원 내역

이름	부서	직위	내역	변경 전	변경 후	금액(천원)
A	인사팀	부장	자녀 대학진학	지원 불가	지원 가능	2,000
B	총무팀	차장	장인상	변경 내역 없음		100
C	연구1팀	차장	병가	실비 지급	추가 금액 지원	50(실비 제외)
D	홍보팀	사원	사택 제공(가-102)	변경 내역 없음		–
E	연구2팀	대리	결혼	변경 내역 없음		100
F	영업1팀	차장	모친상	변경 내역 없음		100
G	인사팀	사원	사택 제공(바-305)	변경 내역 없음		–
H	보안팀	대리	부친 회갑	변경 내역 없음		100
I	기획팀	차장	결혼	변경 내역 없음		100
J	영업2팀	과장	생일	상품권	기프트 카드	50
K	전략팀	사원	생일	상품권	기프트 카드	50

6 당신은 S가 정리해 온 2021년도 1/4분기 지원 내역을 확인하였다. 다음 중 잘못 구분된 사원은?

지원 구분	이름
주택 지원	D, G
경조사 지원	B, E, H, I, J, K
학자금 지원	A
기타	F, C

① B
② D
③ F
④ H
⑤ K

7 S는 2021년도 1/4분기 지원 내역 중 변경 사례를 참고하여 새로운 사내 복지 제도를 정리해 추가로 공시하려 한다. 다음 중 S가 정리한 내용으로 옳지 않은 것은?

① 복지 제도 변경 전후 모두 생일에 현금을 지급하지 않습니다.
② 복지 제도 변경 후 대학생 자녀에 대한 학자금을 지원해드립니다.
③ 변경 전과 달리 미혼 사원의 경우 입주 가능한 사택동 제한이 없어집니다.
④ 변경 전과 같이 경조사 지원금은 직위와 관계없이 동일한 금액으로 지원됩니다.
⑤ 변경 전과 달리 병가 시 실비 외에 5만 원을 추가로 지원합니다.

8 ○○기관의 김 대리는 甲, 乙, 丙, 丁, 戊 인턴 5명의 자리를 배치하고자 한다. 다음의 조건에 따를 때 옳지 않은 것은?

- 최상의 업무 효과를 내기 위해서는 성격이 서로 잘 맞는 사람은 바로 옆자리에 앉혀야 하고, 서로 잘 맞지 않는 사람은 바로 옆자리에 앉혀서는 안 된다.
- 丙과 乙의 성격은 서로 잘 맞지 않는다.
- 甲과 乙의 성격은 서로 잘 맞는다.
- 甲과 丙의 성격은 서로 잘 맞는다.
- 戊와 丙의 성격은 서로 잘 맞지 않는다.
- 丁의 성격과 서로 잘 맞지 않는 사람은 없다.
- 丁은 햇빛 알레르기가 있어 창문 옆(1번) 자리에는 앉을 수 없다.

■ 자리 배치도

창문	1	2	3	4	5

① 甲은 3번 자리에 앉을 수 있다.
② 乙은 5번 자리에 앉을 수 있다.
③ 丙은 2번 자리에 앉을 수 있다.
④ 丁은 3번 자리에 앉을 수 없다.
⑤ 戊는 2번 자리에 앉을 수 없다.

9 다음은 특정 월의 3개 원자력발전소에서 생산된 전력을 각각 다른 세 곳으로 전송한 내역을 나타낸 표이다. 다음 표에 대한 〈보기〉의 설명 중, 적절한 것을 모두 고른 것은 어느 것인가?

(단위: 천 Mwh)

전송처 발전소	지역A	지역B	지역C
H발전소	150	120	180
G발전소	110	90	120
W발전소	140	170	70

─ 보 기 ─

㉮ 생산 전력량은 H발전소가, 전송받은 전력량은 지역A가 가장 많다.
㉯ W발전소에서 지역A로 공급한 전력의 30%가 지역C로 전송되었더라면 전송받은 전력량의 지역별 순위는 바뀌게 된다.
㉰ H발전소에서 전송한 전력량을 세 지역 모두 10%씩 줄이게 되면 발전소별 생산 전력량 순위는 바뀌게 된다.
㉱ 발전소별 평균 전송한 전력량과 지역별 평균 전송받은 전력량 중, 100~150천 Mwh의 범위를 넘어서는 전력량은 없다.

① ㉯, ㉰, ㉱
② ㉮, ㉯, ㉱
③ ㉮, ㉰, ㉱
④ ㉮, ㉯, ㉰
⑤ ㉮, ㉯, ㉰, ㉱)

10 H호텔 관리팀에 근무하는 甲은 올해 하반기 새로 오픈하는 별관 스위트룸 중 방1에 가구를 배치하고자 한다. 방1은 가로 3,000mm, 세로 3,400mm의 크기의 직사각형으로, 다음의 조건에 따른다고 할 때, 가능한 가구 배치는?

- 방문을 여닫는 데 1,000mm의 간격이 필요함
- 서랍장의 서랍(●로 표시하며 가로면 전체에 위치)을 열려면 400mm의 간격이 필요(침대, 테이블, 화장대는 서랍 없음)하며 반드시 여닫을 수 있어야 함
- 붙박이 장롱 문을 열려면 앞면 전체에 550mm의 간격이 필요하며 반드시 여닫을 수 있어야 함
- 가구들은 쌓을 수 없음
- 각각의 가구는 방에 넣을 수 있는 것으로 가정함
  - 침대 (가로)1,500mm × (세로)2,110mm
  - 테이블 (가로)450mm × (세로)450mm
  - 서랍장 (가로)1,100mm × (세로)500mm
  - 화장대 (가로)1,000mm × (세로)300mm
  - 붙박이 장롱의 깊이는 650mm이며, 벽 한 면 전체를 남김없이 차지한다.

11 5명(A ~ E)이 다음 규칙에 따라 게임을 하고 있다. 4 → 1 → 1의 순서로 숫자가 호명되어 게임이 진행되었다면 네 번째 술래는?

> • A→B→C→D→E 순으로 반시계방향으로 동그랗게 앉아있다.
> • 한 명의 술래를 기준으로, 술래는 항상 숫자 3을 배정받고, 반시계방향으로 술래 다음 사람이 숫자 4를, 그 다음 사람이 숫자 5를, 술래 이전 사람이 숫자 2를, 그 이전 사람이 숫자 1을 배정받는다.
> • 술래는 1 ~ 5의 숫자 중 하나를 호명하고, 호명된 숫자에 해당하는 사람이 다음 술래가 된다. 새로운 술래를 기준으로 다시 위의 조건에 따라 숫자가 배정되며 게임이 반복된다.
> • 첫 번째 술래는 A다.

① A   ② B

③ C   ④ D

⑤ E

12 아래의 내용을 읽고 밑줄 친 부분을 해결방안으로 삼아 실행했을 시에 주의해야 하는 내용으로 바르지 않은 것은?

> 동합금 제조기업 서원은 연간 40억 원의 원가 절감을 목표로 '원가혁신 2030' 출범 행사를 열었다고 26일 밝혔다. 원가혁신 2030은 오는 2020년까지 경영혁신을 통해 원가 또는 비용은 20% 줄이고 이익은 30% 향상시키는 혁신활동의 일환이라고 회사 측은 설명했다.
>
> 이 회사는 원가혁신 2030을 통해 연간 40억 원을 절감한다는 계획이다. 이를 달성하기 위해 체계적으로 원가코스트 센터를 통해 예산을 통제하고, 원가활동별로 비용 절감을 위한 개선활동도 진행한다. 또 종합생산성혁신(Total Productivity Innovation)을 통해 팀별, 본부별 단위로 <u>목표에 의한 관리</u>를 추진할 예정이다. 이에 대한 성과 평가와 보상을 위한 성과관리시스템도 구축 중이다.
>
> 서원은 비용 및 원가 절감뿐 아니라 원가혁신 2030을 통해 미래 성장비전도 만들어가기로 했다. 정직, 인재, 도전, 창조, 상생의 5개 핵심가치를 중심으로 지식을 공유하는 조직문화를 정착시키는 계획도 추진한다. 박기원 원가혁신위원장은 "내실을 다지면서 변화와 혁신을 도구 삼아 지속 성장이 가능한 기업으로 거듭나야 한다"라며 "제2의 창업이라는 각오로 혁신활동을 안착시키겠다"라고 말했다.

① 목표에 의한 관리가 제대로 수행되어질 수 있게끔 조직을 분권화 하는 등의 조직시스템의 재정비가 뒤따라야 한다.

② 의사소통의 통로 및 종업원들의 태도와 그들의 행위변화에 대한 대책을 마련하여, 올바른 조직문화 형성에 노력을 아끼지 말아야 한다.

③ 종업원들끼리의 지나친 경쟁과 리더의 역할갈등으로 인해 집단 저항의 우려가 있다.

④ 기업 조직의 사기 및 분위기나 문화 등이 경영환경에 대응해야만 하는 조직의 단기적인 안목에 대한 전략이 약화될 수 있으므로 주의해야 한다.

⑤ 구체적인 목표 제시가 되어야 한다.

13 다음의 대화내용을 읽고 이와 관련해 조사자의 질문형식에 대한 설명으로 바르지 않은 것을 고르시오.

사례 – 강남역 살인사건

조사자 : 이번 강남역 살인사건과 관련해 공공안전성의 관심이 높아지고 있는데 이에 대한 당신의 의견을
자유롭게 말씀해주세요

시민 1 : 공중화장실 시설의 전반적인 개선이 이루어져야 한다고 봅니다. 이에 대한 관련 법령의 개정도
필요하다고 생각합니다.

시민 2 : 근본적으로 안전사회로 가기 위한 노력이 필요하다고 생각합니다. 그 이유로는 여성 등 안전에
취약한 사람들이 위험한 상황에 처하지 않게 주차시설에 CCTV를 설치하는 등의 노력이 있어야
할 것입니다.

시민 3 : 지속적인 관심으로 사회전반적인 구조적 모순을 잡아가야 한다고 생각합니다. 왜냐하면 사건이
터지면 그때그때마다 반짝하는 방식의 관심만 집중되는 것 같아서 그렇습니다.

---

① 주관식 형태의 질문에 해당한다.
② 너무나 많고 다양한 응답이 나올 수 있으므로 혼란을 초래할 수 있다.
③ 다양하고 광범위한 응답을 얻을 수 있다.
④ 이러한 방식으로 수집한 자료는 일반화시켜 코딩하기가 상당히 용이하다는 이점이 있다.
⑤ 조사자가 실제 기대하지 않았던 창의적인 응답을 얻어 조사에 도움이 될 수 있다.

14 100명의 근로자를 고용하고 있는 ○○기관 인사팀에 근무하는 S는 고용노동법에 따라 기간제 근로자를 채용하였다. 제시된 법령의 내용을 참고할 때, 기간제 근로자로 볼 수 없는 경우는?

제10조

① 이 법은 상시 5인 이상의 근로자를 사용하는 모든 사업 또는 사업장에 적용한다. 다만 동거의 친족만을 사용하는 사업 또는 사업장과 가사사용인에 대하여는 적용하지 아니한다.

② 국가 및 지방자치단체의 기관에 대하여는 상시 사용하는 근로자의 수에 관계없이 이 법을 적용한다.

제11조

① 사용자는 2년을 초과하지 아니하는 범위 안에서(기간제 근로계약의 반복갱신 등의 경우에는 계속 근로한 총 기간이 2년을 초과하지 아니하는 범위 안에서) 기간제 근로자※를 사용할 수 있다. 다만 다음 각 호의 어느 하나에 해당하는 경우에는 2년을 초과하여 기간제 근로자로 사용할 수 있다.

  1. 사업의 완료 또는 특정한 업무의 완성에 필요한 기간을 정한 경우

  2. 휴직·파견 등으로 결원이 발생하여 당해 근로자가 복귀할 때까지 그 업무를 대신할 필요가 있는 경우

  3. 전문적 지식·기술의 활용이 필요한 경우와 박사 학위를 소지하고 해당 분야에 종사하는 경우

② 사용자가 제1항 단서의 사유가 없거나 소멸되었음에도 불구하고 2년을 초과하여 기간제 근로자로 사용하는 경우에는 그 기간제 근로자는 기간의 정함이 없는 근로계약을 체결한 근로자로 본다.

※ 기간제 근로자라 함은 기간의 정함이 있는 근로계약을 체결한 근로자를 말한다.

---

① 수습기간 3개월을 포함하여 1년 6개월간 A를 고용하기로 근로계약을 체결한 경우

② 근로자 E의 휴직으로 결원이 발생하여 2년간 B를 계약직으로 고용하였는데, E의 복직 후에도 B가 계속해서 현재 3년 이상 근무하고 있는 경우

③ 사업 관련 분야 박사학위를 취득한 C를 계약직(기간제) 연구원으로 고용하여 C가 현재 3년간 근무하고 있는 경우

④ 국가로부터 도급받은 3년간의 건설공사를 완성하기 위해 D를 그 기간 동안 고용하기로 근로계약을 체결한 경우

⑤ 근로자 F가 해외 파견으로 결원이 발생하여 돌아오기 전까지 3년간 G를 고용하기로 근로계약을 체결한 경우

15 ◇◇자동차그룹 기술개발팀은 수소연료전지 개발과 관련하여 다음의 자료를 바탕으로 회의를 진행하고 있다. 잘못된 분석을 하고 있는 사람은?

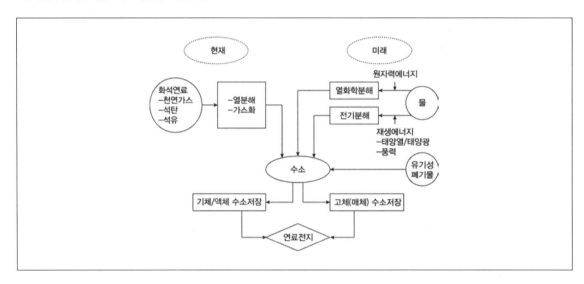

① 甲 : 현재는 석유와 천연가스 등 화석연료에서 수소를 얻고 있지만, 미래에는 재생에너지나 원자력을 활용한 수소 제조법이 사용될 것이다.

② 乙 : 수소는 기체, 액체, 고체 등 저장 상태에 관계없이 연료전지에 활용할 수 있다는 장점을 갖고 있다.

③ 丙 : 수소저장기술은 기체나 액체 상태로 저장하는 방식과 고체(매체)로 저장하는 방식으로 나눌 수 있다.

④ 丁 : 수소를 제조하는 기술에는 화석연료를 전기분해하는 방법과 재생에너지를 이용하여 물을 열분해하는 두 가지 방법이 있다.

⑤ 戊 : 수소는 물, 석유, 천연가스 및 유기성 폐기물 등에 함유되어 있으므로, 다양한 원료로부터 생산할 수 있다는 장점을 갖고 있다.

16 ○○커피에 근무하는 甲은 신규 매장 오픈을 위한 위치 선정을 하고 있다. 다음은 기존 매장의 위치를 표시한 것으로 아래의 조건에 따라 신규 매장 위치를 선정한다고 할 때, ⓐ ~ ⓔ 중 신규 매장이 위치할 수 없는 곳은 어디인가?

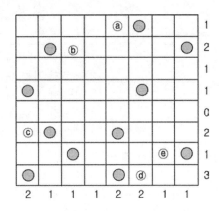

- 신규 매장은 바로 인접한 하나의 기존 매장으로부터 재료를 반드시 공급받아야 하고, 대각선 방향의 기존 매장은 이용할 수 없다.
- 기존 매장 하나는 하나의 신규 매장에만 재료를 공급할 수 있으며, 두 개의 신규 매장은 인접해서 위치하지 않고 대각선으로도 놓여있지 않다.
- 그림 밖의 숫자는 가로, 세로 줄에 위치할 신규 매장 수이다.

① ⓐ
② ⓑ
③ ⓒ
④ ⓓ
⑤ ⓔ

17 공무원연금공단은 다음 기준에 따라 사망조위금을 지급하고 있다. 기준을 근거로 판단할 때 옳게 판단한 직원을 모두 고르면? (단, 사망조위금은 최우선 순위의 수급권자 1인에게만 지급한다.)

〈사망조위금 지급기준〉

사망자	수급권자 순위		
공무원의 배우자 · 부모 (배우자의 부모 포함) · 자녀	해당 공무원이 1인인 경우	해당 공무원	
	해당 공무원이 2인 이상인 경우	1. 사망한 자의 배우자인 공무원 2. 사망한 자를 부양하던 직계비속인 공무원 3. 사망한 자의 최근친 직계비속인 공무원 중 최연장자 4. 사망한 자의 최근친 직계비속의 배우자인 공무원 중 최연장자 직계비속의 배우자인 공무원	
공무원 본인	1. 사망한 공무원의 배우자 2. 사망한 공무원의 직계비속 중 공무원 3. 장례와 제사를 모시는 자 중 아래의 순위 　가. 사망한 공무원의 최근친 직계비속 중 최연장자 　나. 사망한 공무원의 최근친 직계존속 중 최연장자 　다. 사망한 공무원의 형제자매 중 최연장자		

- 甲 : A와 B는 비(非)공무원 부부이며 공무원 C(37세)와 공무원 D(32세)를 자녀로 두고 있다. 공무원 D가 부모님을 부양하던 상황에서 A가 사망하였다면, 사망조위금 최우선 순위 수급권자는 D이다.
- 乙 : A와 B는 공무원 부부로 비공무원 C를 아들로 두고 있으며, 공무원 D는 C의 아내이다. 만약 C가 사망하였다면, 사망조위금 최우선 순위 수급권자는 A이다.
- 丙 : 공무원 A와 비공무원 B는 부부이며 비공무원 C(37세)와 비공무원 D(32세)를 자녀로 두고 있다. A가 사망하고 C와 D가 장례와 제사를 모시는 경우, 사망조위금 최우선 순위 수급권자는 C이다.

① 甲
② 乙
③ 丙
④ 甲, 乙
⑤ 甲, 丙

┃18~20┃ A유통회사 기획팀에 근무하는 甲은 부서 주간회의에 참석하여 회의록을 정리하였다. 다음 회의록을 바탕으로 물음에 답하시오.

일시	2018년 2월 20일(화) 오후 1시 ~ 3시		
장소	B동 제1회의실	작성자	사원 甲
참석	기획팀 팀장 戊, 차장 丁, 대리 丙, 대리 乙, 사원 甲		

내용	협력부서 및 기한
1. 경쟁업체 '△△아웃렛' 오픈 건 • 자사 동일상권 내 경쟁업체 매장 오픈(3/15)으로 인한 매출 영향력을 최소화하기 위한 경영전략 수립 필요 • 경쟁사 판매 전략 및 입점 브랜드 분석(자사와 비교)	
• 총 3주에 걸쳐 추가 매장 프로모션 기획 − △△사 오픈 1주 전, 오픈 주, 오픈 1주 후 − 주요 할인 브랜드 및 품목 할인율 체크	영업팀 (다음달 1일)
• 미디어 대응 전략 수립 : 대응 창구 및 메시지	홍보팀(2/28)
• 광고 전략 수립 : 옥외광고 및 온라인광고 추가 진행	마케팅팀 (2/23)
2. 봄맞이 프로모션 건 • 3월 한 달 간 '봄맞이' 특별 프로모션 기간 지정 − 주요 할인 브랜드 및 할인율 체크	영업팀 (2/23)
• 3·1절 고객 참여 현장 이벤트 기획	경영지원팀 (2/27)
3. 윤리경영 캠페인 • 협력사를 비롯해 전사적 참여 독려 • 윤리경영 조직 별도 구성 : 임직원, 협력업체 담당자 • 주요 활동 : 청렴거래 협약서 작성, 정도경영 실천교육, 정기적 윤리경영 평가 등	총무팀 (다음달 1일)
4. 10주년 이벤트 경품 선호도 조사 건 • 회사 창립 10주년(3/2) 기념 사내 이벤트 경품 선호도 조사 • 조사 대상 : 전 직원 • 조사 방법 : 인트라넷을 통한 설문조사(2/22~2/23)	경영지원팀 (2/26)
비고	• 차주부터 부서 주간회의 시간 변경 : 매주 월요일 오전 10시 • 1/4분기 매출 보고 회의 : 5월 1일(시간미정) • 지난달 실시한 포인트 제도 변경 관련 유관 매출 분석 보고(익월 1일) 지시

18 다음은 甲이 작성한 회의록을 검토한 丙이 지시한 내용이다. 지시한 내용에 따라 甲이 회의 안건으로 정리한 내용으로 옳지 않은 것은?

> 甲 씨, 회의록을 작성할 때에는 해당 회의에서 어떠한 주제로 이야기를 나누고 회의를 진행했는지 이해하기 쉽도록 회의 안건을 정리하는 것이 좋습니다. 회의록 양식 중 '내용' 부분이 나오기 전 '회의 안건'을 추가하여 다시 정리해 주세요.

① 윤리경영 시스템 구축
② 다음 달 주요 프로모션 기획
③ 1/4분기 매출 보고 지시
④ 경쟁업체 오픈에 따른 대응 전략
⑤ 사내 이벤트 경품 선호도 조사

19 丙의 지시에 따라 회의록을 수정한 甲은 회의에서 나온 안건을 협력부서와 함께 협의하고자 메일을 보내려고 한다. 다음 중 甲이 잘못 작성한 것은?

일시	2018. 02. 21. 17 : 03
수신	① 홍보팀
참조	기획팀
발신	② 기획팀 사원 甲
제목	③ 10주년 이벤트 경품 선호도 조사 건 협력 요청

안녕하세요, 기획팀 사원 甲입니다.

내달 2일 있을 회사 창립 10주년 기념 사내 이벤트 경품 선호도 조사를 실시하고자 합니다. ④ 전 직원을 대상으로 인트라넷을 통해 설문조사를 실시할 예정으로 2/22~2/23 양일간 실시됩니다. 설문조사 결과를 정리하여 ⑤ 2월 26일까지 회신 주시기 바랍니다. 자세한 내용은 첨부 파일을 확인 부탁드립니다.

감사합니다.

20 甲은 협력메일을 발송 후 퇴근 전까지 이번 주에 해야 할 부서업무를 정리하였다. 다음 중 기획팀에서 이번 주에 완료해야 할 업무는? (단, 주말에는 출근하지 않는다.)

① 영업팀과 '△△아웃렛' 오픈 관련 추가 매장 프로모션 기획
② 영업팀과 봄맞이 프로모션 건 관련 주요 할인 브랜드 및 할인율 체크
③ 경영지원팀과 3·1절 고객 참여 현장 이벤트 기획
④ 경영지원팀과 회사 창립 10주년 기념 사내 이벤트 경품 선호도 조사
⑤ 협력사와 청렴거래 협약서 작성

수리능력

1 다음은 N국의 연도별 교육수준별 범죄자의 현황을 나타낸 예시자료이다. 보기 중 범죄자 수가 가장 많은 것은?

(단위: %, 명)

연도 \ 구분	교육수준별 범죄자 비율					범죄자 수
	무학	초등학교	중학교	고등학교	대학 이상	
1990	12.4	44.3	18.7	18.2	6.4	252,229
1995	8.5	41.5	22.4	21.1	6.5	355,416
2000	5.2	39.5	24.4	24.8	6.1	491,699
2005	4.2	27.6	24.4	34.3	9.5	462,199
2010	3.0	18.9	23.8	42.5	11.8	472,129
2015	1.7	11.4	16.9	38.4	31.6	796,726
2020	1.7	11.0	16.3	41.5	29.5	1,036,280

① 1990년 고등학교 졸업 범죄자 수
② 1995년 고등학교 졸업 범죄자 수
③ 2000년 대학 이상 범죄자 수
④ 2005년 대학 이상 범죄자 수
⑤ 2020년 무학 범죄자 수

2 공원을 가는데 집에서 갈 때는 시속 2km로 가고 돌아 올 때는 갈 때보다 3km 먼 길을 시속 4km로 걸어 왔다. 쉬지 않고 걸어 총 시간이 6시간이 걸렸다면 처음 집에서 공원을 간 거리는 얼마나 되는가?

① 7km ② 7.5km
③ 8km ④ 8.5km
⑤ 9km

3 경이가 5%의 설탕물을 가지고와 지민이가 가지고 있는 10%의 설탕물에 섞어 농도가 8%인 설탕물 300g 을 만들려고 한다. 이 때 경이가 가지고 와야 할 설탕물의 양은 몇 g인가?

① 110g   ② 115g

③ 120g   ④ 125g

⑤ 130g

4 다음은 어느 통계사항을 나타낸 표이다. ㈎에 들어갈 수로 알맞은 것은? (단, 모든 계산은 소수점 첫째 자 리에서 반올림한다.)

구분	접수인원	응시인원	합격자수	합격률
1회	1,808	1,404	㈎	43.1
2회	2,013	1,422	483	34.0
3회	1,148	852	540	63.4

① 601   ② 605

③ 613   ④ 617

⑤ 618

5 다음은 A철도공사의 경영 현황에 대한 예시자료이다. 이에 대한 설명으로 옳지 않은 것은? (단, 계산 값은 소수 둘째 자리에서 반올림 한다.)

〈A철도공사 경영 현황〉

(단위 : 억 원)

구분		2017	2018	2019	2020	2021
경영성적 (당기순이익)		−44,672	−4,754	5,776	−2,044	−8,623
총수익		47,506	51,196	61,470	55,587	52,852
	영업수익	45,528	48,076	52,207	53,651	50,572
	기타수익	1,978	3,120	9,263	1,936	2,280
총비용		92,178	55,950	55,694	57,631	61,475
	영업비용	47,460	47,042	51,063	52,112	55,855
	기타비용	44,718	8,908	4,631	5,519	5,620

① 총수익이 가장 높은 해에 당기순수익도 가장 높다.
② 영업수익이 가장 낮은 해에 영업비용이 가장 높다.
③ 총수익 대비 영업수익이 가장 높은 해에 기타 수익이 2,000억 원을 넘지 않는다.
④ 기타수익이 가장 낮은 해와 총수익이 가장 낮은 해는 다르다.
⑤ 2019년부터 총비용 대비 영업비용의 비중이 90%를 넘는다.

6 다음은 X공기업의 팀별 성과급 지급 기준이다. Y팀의 성과평가 결과가 〈보기〉와 같다면 3/4 분기에 지급되는 성과급은?

- 성과급 지급은 성과평가 결과와 연계함
- 성과평가는 유용성, 안전성, 서비스 만족도의 총합으로 평가함. 단, 유용성, 안전성, 서비스 만족도의 가중치를 각각 0.4, 0.4, 0.2로 부여함
- 성과평가 결과를 활용한 성과급 지급 기준

성과평가 점수	성과평가 등급	분기별 성과급 지급액	비고
9.0 이상	A	100만 원	성과평가 등급이 A이면 직전 분기 차감액의 50%를 가산하여 지급
8.0 이상 9.0 미만	B	90만 원(10만 원 차감)	
7.0 이상 8.0 미만	C	80만 원(20만 원 차감)	
7.0 미만	D	40만 원(60만 원 차감)	

— 보 기 —

구분	1/4 분기	2/4 분기	3/4 분기	4/4 분기
유용성	8	8	10	8
안전성	8	6	8	8
서비스 만족도	6	8	10	8

① 130만 원
② 120만 원
③ 110만 원
④ 100만 원
⑤ 90만 원

7 다음은 우리나라의 경제활동 참가율 및 실업률에 대한 예시자료이다. 바르게 해석하지 못한 것을 고르면?

(단위 : %)

연도	전체		여성		남성	
	경제활동 참가율	실업률	경제활동 참가율	실업률	경제활동 참가율	실업률
1988	57.6	4.4	39.3	2.8	77.9	5.3
2013	61.9	2.1	48.4	1.7	76.4	2.3
2014	62.1	2.0	48.9	1.6	76.2	2.4
2015	62.5	2.6	49.8	2.3	76.1	2.8
2016	60.6	7.0	47.1	5.7	75.1	7.8
2017	60.6	6.3	47.6	5.1	74.4	7.2
2018	61.0	4.1	48.6	3.3	74.2	4.7
2019	61.3	3.8	49.2	3.1	74.2	4.3
2020	61.9	3.1	49.7	2.5	74.8	3.5
2021	61.4	3.4	49.9	3.1	74.6	3.6

① 2016년의 남성 실업률은 7.8%로 전년대비 5%p 증가했는데, 이는 기간 중 가장 큰 폭의 변화이다.

② 전체 실업률이 가장 높은 해에 여성 실업률도 가장 높다.

③ 전체 경제활동참가율은 1988년 이후 증감을 거듭하고 있다.

④ 여성 실업률과 남성 실업률 증감의 추이는 동일하다.

⑤ 1988년 대비 2013년의 여성 경제활동참가율은 같은 기간 남성 경제활동참가율에 비해 큰 폭의 변화를 보였다.

8 새로운 철로건설 계획에 따라 A, B, C의 세 가지 노선이 제시되었다. 철로 완공 후 연간 평균 기차 통행량은 2만 대로 추산될 때, 건설비용과 사회적 손실비용이 가장 큰 철로를 바르게 짝지은 것은?

- 각 노선의 총 길이는 터널구간 길이와 교량구간 길이 그리고 일반구간 길이로 구성된다.
- 건설비용은 터널구간, 교량구간, 일반구간 각각 1km당 1,000억 원, 200억 원, 100억 원이 소요된다.
- 운행에 따른 사회적 손실비용은 기차 한 대가 10km를 운행할 경우 1,000원이다.
- 다음 표는 각 노선의 구성을 보여 주고 있다.

노선	터널구간 길이	교량구간 길이	총 길이
A	1.2km	0.5km	10km
B	0	0	20km
C	0.8km	1.5km	15km

	건설비용이 가장 큰 철로	사회적 손실비용이 가장 큰 철로
①	A	B
②	B	C
③	C	A
④	A	C
⑤	C	B

9 아래에 제시된 자료는 65세 이상 생존확률 및 기대여명에 관한 예시자료이다. 이에 대한 분석으로 가장 바르지 않은 것은?

년도	기대여명							생존확률			
	0	65	70	75	80	85	90	65	75	85	90
남자											
2010	67.29	12.39	9.57	7.22	5.22	–	–	65.51	39.02	–	–
2015	69.57	13.30	10.38	7.91	5.85	4.16	–	69.89	44.34	14.45	–
2020	72.25	14.34	11.22	8.58	6.47	4.91	3.76	75.34	51.20	18.60	3.76
2025	75.14	15.80	12.39	9.42	7.00	5.16	3.83	80.98	59.83	25.54	11.09
2030	77.20	17.16	13.49	10.26	7.57	5.49	4.01	84.08	66.15	32.16	15.07
여자											
2010	75.51	16.29	12.63	9.45	6.75	–	–	83.52	64.55	–	–
2015	77.41	16.95	13.14	9.80	6.98	4.53	–	86.85	69.45	34.04	–
2020	79.60	18.18	14.22	10.74	7.89	5.77	4.24	89.73	74.47	38.53	4.24
2025	81.89	19.90	15.70	11.90	8.72	6.28	4.53	91.85	80.25	47.29	25.52
2030	84.07	21.63	17.31	13.30	9.83	7.04	4.99	93.33	84.36	56.32	34.06

① 남녀 65세 기대여명은 2010년 ~ 2030년의 기간 동안 남자 12.39년에서 17.16년, 여자 16.29년에서 21.63년으로 증가하였다.
② 2030년 신생아의 기대여명은 남자가 여자보다 높다.
③ 2030년 75세까지 생존할 확률은 남녀 각각 66.15%, 84.36%이다.
④ 생존확률은 남녀 모두 계속적으로 증가하고 있다.
⑤ 65세 기대여명은 여자가 남자보다 전체적으로 다소 높다.

10 카지노 사업자 甲은 A, B, C 세 곳의 사업장을 가지고 있으며, 각각의 사업장 연간 총 매출액은 10억 원, 90억 원, 200억 원이다. 다음의 세금 징수비율에 따라 세금을 납부한다고 할 때, A, B 두 곳의 세금은 기한 내 납부하였고 C의 세금은 납부기한이 지난 후에 납부하였다고 한다면 甲이 낸 총 금액은 얼마인가?

■ 세금 징수비율
- 연간 총매출액이 10억 원 이하인 경우 : 총매출액의 100분의 1
- 연간 총매출액이 10억 원을 초과하고 100억 원 이하인 경우 : 1천만 원 + (총매출액 중 10억 원을 뺀 금액의 100분의 5)
- 연간 총매출액이 100억 원을 초과하는 경우 : 4억 6천만 원 + (총매출액 중 100억 원을 뺀 금액의 100분의 10)
■ 체납에 따른 가산금
- 납부기한까지 세금을 내지 않으면, 체납된 세금에 대해서 100분의 3에 해당하는 가산금이 1회에 한하여 부과된다.
- 다만 가산금에 대한 연체료는 없다.

---

① 16억 1,350만 원
② 17억 4,530만 원
③ 18억 3,560만 원
④ 19억 2,380만 원
⑤ 20억 1,750만 원

11 다음은 서원이가 매일하는 운동에 관한 기록지이다. 1회당 정문에서 후문을 왕복하여 달리는 운동을 할 때, ㉠ 정문에서 후문까지의 거리와 ㉡ 후문에서 정문으로 돌아오는 데 걸린 시간은? (단, 매회 달리는 속도는 일정하다고 가정한다.)

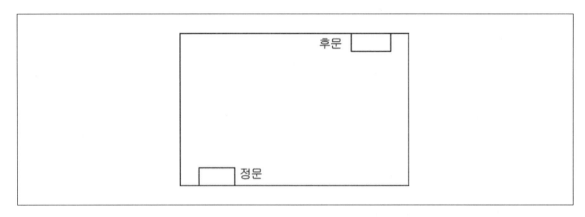

회차	속도		시간
1회	정문 → 후문	20m/초	5분
	후문 → 정문		
⋮	⋮		
5회			70분

※ 1) 총 5회 반복
　 2) 마지막 바퀴는 10분을 쉬고 출발

	㉠	㉡
①	6,000m	7분
②	5,000m	8분
③	4,000m	9분
④	3,000m	10분
⑤	2,000m	11분

12 다음은 세계 주요국의 Healthcare IT에 대한 자료를 나타낸 것이다. 이에 대한 설명으로 가장 바르지 않은 것을 고르면?

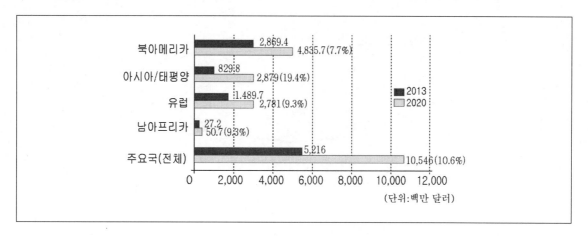

① 각 지역별로 상이한 차이를 나타내고 있으나 꾸준히 성장세(2013 ~ 2020년 동안)를 유지하고 있다.

② 최근 8년 동안 연평균 성장률이 가장 높은 지역은 아시아/태평양지역이다.

③ 2020년, 북아메리카 지역은 48.4억 달러로 가장 규모가 크다.

④ 주요국의 Healthcare IT 시장규모는 2013년~2020년 동안 연평균 7.7% 성장하였다.

⑤ 주요국의 Healthcare IT 시장규모는 2013년 52.2억 달러에서 2020년 105.5억 달러로 증가하였다.

13 다음은 C지역의 알코올 질환 환자 동향에 관한 예시자료이다. 이를 참고하여 글로 정리할 때, 다음 빈칸에 들어갈 적절한 것을 구하면?

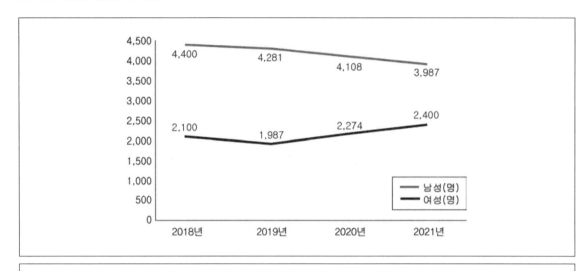

    C지역의 음주 관련 범죄가 날로 심해지자 시 차원에서 알코올 질환 환자를 대상으로 프로그램을 실시했다. 프로그램 시행 첫 해인 2018년의 알코올 질환 환자는 남성이 여성보다 ㉠ ___명 더 많았다. 2019년의 알코올 질환 환자 수는 전년 대비 남성과 여성 모두 100명 이상 ㉡ ___하였다. 2020년의 알코올 질환 환자 수는 남성은 전년 대비 173명이 감소하였지만, 여성은 전년 대비 287명이 ㉢ ___하였다. 2018년부터 2021년까지 4년간 알코올 질환 환자 동향을 평가하면, 2018년 대비 2021년의 남성 알코올 질환 환자는 413명 감소하였지만, 여성 알코올 질환 환자는 ㉣ ___명 증가하였다. 따라서 이 프로그램은 남성에게는 매년 효과가 있었지만 여성에게는 두 번째 해를 제외하면 효과가 없었다고 볼 수 있다.

	㉠	㉡	㉢	㉣
①	2,200	감소	증가	200
②	2,300	감소	증가	300
③	2,400	감소	감소	400
④	2,500	증가	감소	500
⑤	2,600	증가	감소	600

14 다음은 연도별 ICT산업 생산규모 관한 예시자료이다. 다음 상황을 참고하여 ㈜에 들어갈 값으로 적절한 것은?

(단위 : 천억 원)

구분 \ 연도		2018	2019	2020	2021
정보통신방송서비스	통신서비스	37.4	38.7	40.4	42.7
	방송서비스	8.2	9.0	9.7	9.3
	융합서비스	3.5	㈎	4.9	6.0
	소계	49.1	㈐	55.0	58.0
정보통신방송기기	통신기기	43.4	43.3	47.4	61.2
	정보기기	14.5	㈑	㈓	9.8
	음향기기	14.2	15.3	13.6	㈔
	소계	72.1	㈒	71.1	85.3
합계		121.2	㈜	126.1	143.3

<상황>
㉠ 2019년 융합서비스의 생산규모는 전년대비 1.2배가 증가하였다.
㉡ 2020년 정보기기의 생산규모는 전년대비 3천억 원이 감소하였다.

① 121.4
② 122.8
③ 123.6
④ 124.9
⑤ 125.2

15 다음은 두 회사의 주가에 관한 자료이다. 다음 중 B사 주가의 최댓값과 주가지수의 최솟값은?

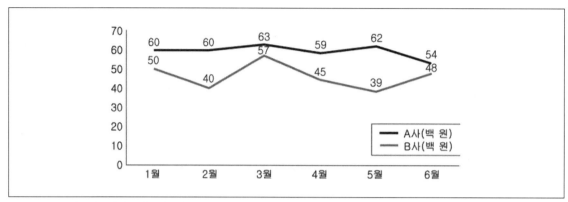

$$※ 주가지수 = \frac{해당월\,A사의\,주가 + 해당월\,B사의\,주가}{1월\,A사의\,주가 + 1월\,B사의\,주가} \times 100$$

	B사 주가의 최댓값	주가지수의 최솟값
①	57	90.9
②	50	91.8
③	48	94.5
④	45	100.0
⑤	40	109.1

16 다음은 문화산업부문 예산에 관한 자료이다. 다음 중 ㈎ 출판 분야의 예산과 ㈖ 예산의 총합를 구하면?

분야	예산(억 원)	비율(%)
출판	㈎	㈐
영상	40.85	19
게임	51.6	24
광고	㈏	31
저작권	23.65	11
총합	㈖	100

	㈎ 출판 분야의 예산	㈖ 예산의 총합
①	29.25	185
②	30.25	195
③	31.25	205
④	32.25	215
⑤	33.25	225

17 다음은 E국의 연도별 연령별 인구에 관한 자료이다. 다음 중 옳지 않은 것들로 묶인 것은?

연도 연령	n년	n+5년	n+10년
전체 인구	85,553,710	89,153,187	90,156,842
0~30세	36,539,914	35,232,370	33,257,192
0~10세	6,523,524	6,574,314	5,551,237
11~20세	11,879,849	10,604,212	10,197,537
21~30세	18,136,541	18,053,844	17,508,418

> ⊙ 11~20세 인구의 10년간 흐름은 전체 인구의 흐름과 일치한다.
> ⓒ 20세 이하의 인구는 n, n+5, n+10년 중 n년에 가장 많다.
> ⓒ n+10년의 21~30세의 인구가 전체 인구에서 차지하는 비율은 20% 이상이다.
> ⓔ n년 대비 n+10년의 30세 이하 인구는 모두 감소하였다.

① ⊙ⓒ ② ⊙ⓒ
③ ⓒⓒ ④ ⓒⓔ
⑤ ⓒⓔ

18 다음에 제시된 왼쪽 네모 칸의 수들이 일정한 규칙에 의하여 오른쪽 네모 칸의 같은 위치의 수들과 대응관계를 이룰 때, 빈 칸에 들어갈 알맞은 숫자는 어느 것인가?

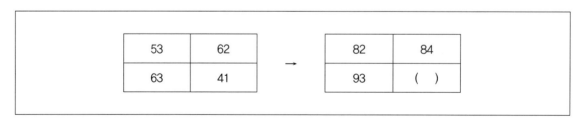

53	62
63	41

→

82	84
93	( )

① 72 ② 74
③ 53 ④ 93
⑤ 97

19 피자 1판의 가격이 치킨 1마리의 가격의 2배인 가게가 있다. 피자 3판과 치킨 2마리의 가격의 합이 80,000원일 때, 피자 1판의 가격은?

① 10,000원

② 12,000원

③ 15,000원

④ 18,000원

⑤ 20,000원

20 그림은 ∠B = 90°인 직각삼각형 ABC의 세 변을 각각 한 변으로 하는 정사각형을 그린 것이다. □ADEB의 넓이는 9이고 □BFGC의 넓이가 4일 때, □ACHI의 넓이는?

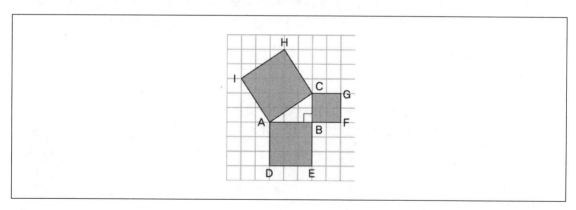

① 13   ② 14

③ 15   ④ 16

⑤ 17

자원관리능력

1   H사 김 과장은 외출을 하여 대한상사, 고려무역, 한국은행, 홍익협회 네 군데를 다녀와야 한다. 김 과장의 사무실과 네 군데 방문 지점과의 이동 시간이 다음과 같을 때, '사무실 ~ 대한상사'와 '사무실 ~ 한국은행'의 소요 시간이 될 수 없는 것은 어느 것인가? (단, 소요 시간은 1분 단위로만 계산한다.)

• 홍익협회까지 가는 시간은 한국은행까지 가는 시간의 두 배보다 더 많이 걸린다.
• 고려무역까지 가는 시간은 홍익협회까지 가는 시간의 30%만큼 덜 걸리는 35분이다.
• 대한상사까지 가는 시간은 한국은행보다는 더 걸리고 고려무역보다는 덜 걸린다.
• 한국은행까지 가는 시간과 대한상사까지 가는 시간의 합은 홍익협회까지 가는 시간과 같다.

	사무실~대한상사	사무실~한국은행
①	26분	24분
②	28분	22분
③	30분	20분
④	35분	15분
⑤	26분	17분

2   W는 다음 주 회사 워크숍을 위해 버스 대절을 비용을 알아보고 있다. 총 탑승 인원은 25명이며 출발지부터 도착지까지 왕복 4시간이 걸리고 그 중간에 1시간 정도 식사시간과 워크숍 진행 시간이 4시간 정도 된다. 운행비 외의 조건이 모두 같은 ㈎ ~ ㈑버스사의 총 비용 순서대로 가장 바르게 나열한 것은?

[운행비 산정기준]
• 운행 시간은 대기시간을 포함하여 산정하고 운행거리는 출발지부터 도착지까지이다.
• 기본 운행 시간은 3시간이고 괄호 안의 금액은 시간당 추가 금액이다.

구분	㈎ 버스 (12,000)	㈏ 버스 (10,000)	㈐ 버스 (17,000)	㈑ 버스 (20,000)	㈒ 버스 (15,000)
20인승	100,000	120,000	120,000	90,000	90,000
28인승	140,000	140,000	150,000	130,000	160,000
45인승	190,000	230,000	160,000	200,000	210,000

① (가) 버스 = (라) 버스 < (나) 버스 < (마) 버스 < (다) 버스

② (나) 버스 < (가) 버스 < (마) 버스 = (라) 버스 < (다) 버스

③ (다) 버스 < (나) 버스 < (가) 버스 〈 (라) 버스 < (마) 버스

④ (나) 버스 < (마) 버스 < (라) 버스 < (가) 버스 < (라) 버스

⑤ (나) 버스 < (다) 버스 < (마) 버스 = (가) 버스 < (라) 버스

3 다음은 R기관의 직원 승진 평가 자료 및 평가 기준에 관한 내용이다. 다음 자료를 참고할 때, 최종 승진자로 선정될 사람은 누구인가?

〈승진 대상자 평가 내역〉

	매출 실적(점)	대인관계(점)	제안 실적(점)
A직원	7 / 8	8 / 8	8 / 7
B직원	9 / 9	9 / 8	7 / 7
C직원	9 / 8	7 / 9	7 / 8
D직원	7 / 7	7 / 6	8 / 7
E직원	7 / 8	8 / 8	7 / 6

〈최종 승진자 평가 기준〉

• 각 항목 점수는 '선임자 부여 점수 / 팀장 부여 점수'이다.
• 최종 승진은 종합 점수 최고 득점자 1명으로 한다.
• 가점적용

매출 실적	대인관계	제안 실적
$\dfrac{(선임자\ 점수+팀장\ 점수)}{2}$ 의 결과 값의 50%	$\dfrac{(선임자\ 점수+팀장\ 점수)}{2}$ 의 결과 값의 20%	$\dfrac{(선임자\ 점수+팀장\ 점수)}{2}$ 의 결과 값의 30%

• 평가 점수 산정 기준
  – 각 항목별 $\dfrac{(선임자\ 점수+팀장\ 점수)}{2}$ 의 값에서 가점을 더한다.
  – 매출 실적 점수(가점 포함) + 대인관계 점수(가점 포함) + 제안 실적 점수(가점 포함) = 최종 평가 점수

① A직원   ② B직원

③ C직원   ④ D직원

⑤ E직원

4 신임관리자과정 입교를 앞둔 甲은 2020년 4월 13일에 출국하여 4월 27일에 귀국하는 해외여행을 계획하고 있다. 甲은 일정상 출·귀국일을 포함하여 여행기간에는 이러닝 교과목을 수강하거나 온라인 시험에 응시할 수 없는 상황이며, 여행기간을 제외한 시간에는 최대한 이러닝 교과목을 이수하려고 한다. 甲이 수업을 최대로 들으면서 감점을 줄이기 위해 수강하지 않을 과목은 어느 것인가?

국가공무원인재개발원은 신임관리자과정 입교 예정자를 대상으로 사전 이러닝제도를 운영하고 있다. 이는 입교 예정자가 입교 전에 총 9개 과목을 온라인으로 수강하도록 하는 제도이다.
- 이러닝 교과목은 2020년 4월 10일부터 수강하며, 하루 최대 수강시간은 10시간이다.
- 필수Ⅰ 교과목은 교과목별로 정해진 시간의 강의를 모두 수강하는 것을 이수조건으로 한다.
- 필수Ⅱ 교과목은 교과목별로 정해진 시간의 강의를 모두 수강하고 온라인 시험에 응시하는 것을 이수조건으로 한다. 온라인 시험은 강의시간과 별도로 교과목당 반드시 1시간이 소요되며, 그 시험시간은 수강시간에 포함된다.
- 신임관리자과정 입교는 2017년 5월 1일이다.
- 2020년 4월 30일 24시까지 교과목 미이수시, 필수Ⅰ은 교과목당 3점, 필수Ⅱ는 교과목당 2점을 교육성적에서 감점한다.

교과목	강의시간	분류
사이버 청렴교육	15시간	필수 Ⅰ
행정업무 운영제도	7시간	
공문서 작성을 위한 한글맞춤법	8시간	
공무원 복무제도	6시간	
역사에서 배우는 공직자의 길	8시간	필수 Ⅱ
헌법정신에 기반한 공직윤리	5시간	
판례와 사례로 다가가는 헌법	6시간	
공무원이 알아야 할 행정법 사례	7시간	
쉽게 배우는 공무원 인사 실무	5시간	
계	67시간	

※ 교과목은 순서에 상관없이 여러 날에 걸쳐 시간 단위로만 수강할 수 있다.

---

① 사이버 청렴교육
② 행정업무 운영제도
③ 역사에서 배우는 공직자의 길
④ 헌법정신에 기반한 공직윤리
⑤ 공무원이 알아야 할 행정법 사례

5 현재 민우의 핸드폰에 실행되고 있는 어플이 아닌 것은?

> 민우의 스마트폰은 아래 사항 중 어느 하나라도 위배되면 자동으로 전원이 종료된다.
> - 3개 이상의 메신저 애플리케이션이 동시에 실행 중일 수 없다.
> - 총 메모리 사용량이 메모리의 용량을 초과할 수 없다.
>   (단, 기본 메모리 용량은 1.5 GB이나, 1.6 GB로 확장할 수 있다)
> - 실행 중인 애플리케이션 이름의 글자 수 합이 22자를 초과할 수 없다.
> - 서로 종류(메신저, 게임, 지도, 뱅킹)가 다른 4가지의 애플리케이션이 동시에 실행 중일 수 없다.
> - 민우의 스마트폰에는 총 9개의 애플리케이션이 아래와 같이 설치되어 있다.
>
> | 이름 | 종류 | 메모리 사용량(MB) |
> |---|---|---|
> | 바나나톡 | 메신저 | 400 |
> | 나인 | 메신저 | 300 |
> | 모노그램 | 메신저 | 150 |
> | 쿠키워크 | 게임 | 350 |
> | 레일런 | 게임 | 150 |
> | 녹색지도 | 지도 | 300 |
> | 고글지도 | 지도 | 100 |
> | 컨트리은행 | 뱅킹 | 90 |
> | 구한은행 | 뱅킹 | 260 |
>
> - 현재 민우의 스마트폰은 전원이 켜져 있다.
> - 현재 민우의 스마트폰에서는 총 6개의 애플리케이션이 실행 중이다.
> - 현재 민우의 스마트폰에서는 '바나나톡', '구한은행'이 실행 중이다.
>
> ※ 1) 1 GB는 1,024 MB이다.
>   2) 총 메모리 사용량은 실행 중인 개별 애플리케이션 메모리 사용량의 합이다.

① 나인   ② 쿠키워크
③ 레일런   ④ 모노그램
⑤ 컨트리은행

6 다음은 주식회사 서원각의 팀별 성과급 지급 기준이다. Y팀의 성과평가결과가 다음과 같다면 지급되는 성과급의 1년 총액은?

〈성과급 지급 방법〉

(가) 성과급 지급은 성과평가 결과와 연계함

(나) 성과평가는 유용성, 안전성, 서비스 만족도의 총합으로 평가함. 단, 유용성, 안전성, 서비스 만족도의 가중치를 각각 0.4, 0.4, 0.2로 부여함

(다) 성과평가 결과를 활용한 성과급 지급 기준

성과평가 점수	성과평가 등급	분기별 성과급 지급액	비고
9.0 이상	A	100만 원	성과평가 등급이 A이면 직전분기 차감액의 50%를 가산하여 지급
8.0 이상 9.0 미만	B	90만 원 (10만 원 차감)	
7.0 이상 8.0 미만	C	80만 원 (20만 원 차감)	
7.0 미만	D	40만 원 (60만 원 차감)	

구분	1/4 분기	2/4 분기	3/4 분기	4/4 분기
유용성	8	8	10	8
안전성	8	6	8	8
서비스 만족도	6	8	10	8

① 350만 원
② 360만 원
③ 370만 원
④ 380만 원
⑤ 390만 원

7. 다음 중 직장에서의 시간낭비 요인으로 볼 수 없는 것은?

① 불명확한 목적을 가진 긴 회의
② 부적당한 파일링시스템
③ 점심시간
④ 너무 많은 전화통화
⑤ 업무와 관련 없는 인터넷 서핑

8. 다음은 주식회사 서원각의 회의 장면이다. 밑줄 친 (가), (나)에 들어갈 내용으로 옳은 것은? (단, 주어진 내용만 고려한다.)

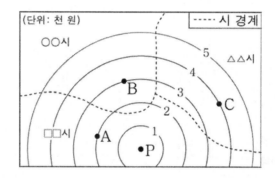

※ 동심원은 제품 1단위당 등총운송비선이며 숫자는 비용임

사장 : 현재 P 지점에 입지한 공장을 다음 그림의 A ~ C 지점 중 어디로 이전해야 할 지 논의해 봅시다.

김 부장 : A 지점으로 공장을 이전하면 제품 1단위당 2,300원의 집적 이익을 얻게 됩니다.

이 부장 : B 지점으로 공장을 이전하면 ○○시는 제품 1단위당 3,500원의 보조금을 지원하겠다고 하였습니다.

박 부장 : C 지점으로 공장을 이전하면 △△시는 제품 1단위당 5,000원의 세금을 감면해 주겠다고 하였습니다.

사장 : 그렇다면 공장을 __(가)__ 지점으로 이전하여 제품 1단위당 총 생산비를 __(나)__ 원 절감하는 것이 가장 이익이겠군요.

	(가)	(나)			(가)	(나)
①	A	300		②	B	500
③	B	1,000		④	C	1,000
⑤	C	1,500				

9 A 지점에 입지한 공장을 B ~ D 중 한 지점으로 이전하려고 한다. 가장 유리한 지점과 그 지점의 비용 절감액은?

⊙ A 지점은 최소 운송비 지점으로 동심원은 등비용선이고, 숫자는 비용을 나타낸다.
ⓛ A ~ D 지점의 제품 단위당 노동비는 다음과 같다.

지점	A	B	C	D
노동비(원)	10,000	7,500	5,000	14,500

ⓒ D 지점은 제품 단위당 10,000원의 집적 이익이 발생한다.

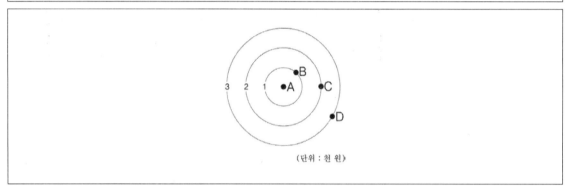

(단위 : 천 원)

	지점	절감액
①	B	1,500원
②	C	2,500원
③	C	3,000원
④	D	2,500원
⑤	D	3,000원

10 다음은 J 씨가 상품 매매업을 개업하여 운영한 결과에 대한 [지출 내역]이다. 이를 통해 알 수 있는 판매비와 관리비의 합계 금액으로 옳은 것은?

[지출 내역]

- 종업원의 급여 : 600,000원
- 전기요금 : 50,000원
- 전화요금 : 30,000원
- 집세 : 100,000원
- 대출이자 : 70,000원

① 700,000원
② 750,000원
③ 780,000원
④ 800,000원
⑤ 820,000원

11 다음 자료에 대한 분석으로 옳지 않은 것은?

△△그룹에는 총 50명의 직원이 근무하고 있으며 자판기 총 설치비용과 사내 전 직원이 누리는 총 만족감을 돈으로 환산한 값은 아래 표와 같다. (단, 자판기로부터 각 직원이 누리는 만족감의 크기는 동일하며 설치비용은 모든 직원이 똑같이 부담한다)

자판기 수(개)	총 설치비용(만 원)	총 만족감(만 원)
3	150	210
4	200	270
5	250	330
6	300	360
7	350	400

① 자판기를 7개 설치할 경우 각 직원들이 부담해야 하는 설치비용은 7만 원이다.
② 자판기를 최적으로 설치하였을 때 전 직원이 누리는 총 만족감은 400만 원이다.
③ 자판기를 4개 설치할 경우 더 늘리는 것이 합리적이다.
④ 자판기를 한 개 설치할 때마다 추가되는 비용은 일정하다.
⑤ 자판기를 6개 설치할 경우 각 직원들이 누리는 만족감은 5개를 설치할 경우 각 직원들이 부담해야 할 설치비용보다 크다.

12 다음 사례에 대한 분석으로 옳은 것은?

> 프리랜서로 일하고 있는 갑순이는 컴퓨터로 작업을 하고 있다. 수입은 시간당 7천 원이고 작업하는 시간에 따라 '피로도'라는 비용이 든다. 갑순이가 하루에 작업하는 시간과 그에 따른 수입(편익) 및 피로도(비용)의 정도를 각각 금액으로 환산하며 다음과 같다.
>
> (단위 : 원)
>
> | 시간 | 3 | 4 | 5 | 6 | 7 |
> |------|------|------|------|------|------|
> | 총 편익 | 21,000 | 28,000 | 35,000 | 42,000 | 49,000 |
> | 총 비용 | 13,000 | 18,000 | 24,000 | 28,000 | 37,000 |
>
> ※ 순편익=총 편익−총 비용

① 갑순이는 하루에 7시간 일하는 것이 가장 합리적이다.
② 갑순이가 1시간 더 일할 때마다 추가로 발생하는 비용은 일정하다.
③ 갑순이는 프리랜서로 하루에 최대로 얻을 수 있는 순편익이 14,000원이다.
④ 갑순이가 1시간 더 일할 때마다 추가로 발생하는 편익은 증가한다.
⑤ 갑순이가 3시간 일할 때의 순편익은 5시간 일할 때의 순편익보다 크다.

13 다음은 직장인 도 씨가 작성한 보고서의 일부이다. 보기를 참고하여 각 투자유형과 사례가 알맞게 연결된 것은?

〈해외 투자의 유형별 목적과 사례〉

투자유형	투자목적	사례
자원개발형	광물, 에너지 등의 천연자원과 농산물의 안정적인 공급원 확보	
시장확보형	규모가 큰 시장 진출 및 빠르게 성장하는 시장 선점	
비용절감형	국내 생산으로는 가격 경쟁력이 낮은 제품의 해외 생산을 통한 비용 절감	
습득형	기업 인수, 경영 참가 등을 통한 생산 기술 및 마케팅 전문성 습득	

─── 보 기 ───

(가) ▽▽기업은 값싼 노동력을 확보하기 위해 동남아시아에 생산 공장을 설립하였다.

(나) ○○기업은 우주개발 연구를 위해 미국에 연구소를 설립하였다.

(다) △△기업은 중국의 희토류 광산 개발에 투자하였다.

(라) ◁▷기업은 우리나라가 유럽연합과 FTA를 체결하자 유럽 각국에 스마트폰 공장을 설립하였다.

	자원개발형	시장확보형	비용절감형	습득형
①	(가)	(나)	(다)	(라)
②	(다)	(라)	(가)	(나)
③	(나)	(다)	(라)	(가)
④	(라)	(가)	(나)	(다)
⑤	(다)	(가)	(나)	(라)

14 다음 자료를 참고할 때, '갑' 시의 마을회관 설립이 가능한 최대 건설비용은 얼마인가?

인구 750명 규모의 지방 소도시인 '갑' 시에서는 마을회관을 건설하려고 한다. '갑' 시에서는 여러 가지 건설안에 따른 각각의 비용을 제시하고 건설안이 정해지면 그 비용은 전체 시민이 똑같이 부담해야 한다고 발표하였다. 마을회관의 건설 여부는 최종적으로 시민들의 투표를 통해 다수결로 결정된다. 현재 마을회관 건립에 대한 시민들의 지불 의사 금액은 다음과 같다.

주민 수	200명	300명	250명
1인당 지불의사 금액	0원	4만 원	10만 원

① 1,200만 원
② 2,500만 원
③ 3,000만 원
④ 3,700만 원
⑤ 7,500만 원

15 다음 〈보기〉에 제시된 항목들 중, 시간을 계획함에 있어 명심하여야 할 사항들이 아닌 것을 모두 고른 것은?

───── 보 기 ─────

㉠ 자신에게 주어진 시간 중 적어도 60%는 계획된 행동을 하여야 한다.
㉡ 계획은 다소 어렵더라도 의지를 담은 목표치를 반영한다.
㉢ 예정 행동만을 계획하는 것이 아니라 기대되는 성과나 행동의 목표도 기록한다.
㉣ 여러 일 중에서 어느 일이 가장 우선적으로 처리해야 할 것인가를 결정한다.
㉤ 유연하고 융통성 있는 시간계획보다 가급적 변경 없이 계획대로 밀고 나갈 수 있어야 한다.
㉥ 예상 못한 방문객 접대, 전화 등의 사건으로 예정된 시간이 부족할 경우를 대비하여 여유시간을 확보한다.
㉦ 반드시 해야 할 일을 끝내지 못했을 경우, 다음 계획에 영향이 없도록 가급적 빨리 잊는다.
㉧ 자기 외의 다른 사람(비서, 부하, 상사)의 시간 계획을 감안하여 계획을 수립한다.

① ㉠, ㉡, ㉦
② ㉢, ㉤, ㉥
③ ㉡, ㉤, ㉦
④ ㉡, ㉢, ㉤
⑤ ㉣, ㉥, ㉧

16 G회사에서 근무하는 S씨는 직원들의 출장비를 관리하고 있다. 이 회사의 규정이 다음과 같을 때 S씨가 甲 부장에게 지급해야 하는 총일비와 총 숙박비는 각각 얼마인가? (단, 국가 간 이동은 모두 항공편으로 한다고 가정한다.)

여행일수의 계산

여행일수는 여행에 실제로 소요되는 일수에 의한다. 국외여행의 경우에는 국내 출발일은 목적지를, 국내 도착일은 출발지를 여행하는 것으로 본다.

여비의 구분계산

• 여비 각 항목은 구분하여 계산한다.
• 같은 날에 여비액을 달리하여야 할 경우에는 많은 액을 기준으로 지급한다.

일비 · 숙박비의 지급

• 국외여행자의 경우는 〈국외여비정액표〉에 따라 지급한다.
• 일비는 여행일수에 따라 지급한다.
• 숙박비는 숙박하는 밤의 수에 따라 지급한다. 다만 항공편 이동 중에는 따로 숙박비를 지급하지 아니한다.

〈국외여비정액표〉

(단위 : 달러)

구분	여행국가	일비	숙박비
부장	A국	80	233
	B국	70	164

〈甲의 여행일정〉

1일째	(06:00) 출국
2일째	(07:00) A국 도착
	(18:00) 만찬
3일째	(09:00) 회의
	(15:00) A국 출국
	(17:00) B국 도착
4일째	(09:00) 회의
	(18:00) 만찬
5일째	(22:00) B국 출국
6일째	(20:00) 귀국

	총일비(달러)	총숙박비(달러)		총일비(달러)	총숙박비(달러)
①	450	561	②	450	610
③	460	610	④	460	561
⑤	470	610			

17 Z회사는 6대(A~F)의 자동차 생산을 주문받았다. 오늘을 포함하여 30일 이내에 자동차를 생산할 계획이며 Z회사의 하루 최대투입가능 근로자 수는 100명이다. 다음 〈공정표〉에 근거할 때 Z회사가 벌어들일 수 있는 최대 수익은 얼마인가? (단, 작업은 오늘부터 개시되며 각 근로자는 자신이 투입된 자동차의 생산이 끝나야만 다른 자동차의 생산에 투입될 수 있고 1일 필요 근로자 수 이상의 근로자가 투입되더라도 자동차당 생산 소요기간은 변하지 않는다.)

〈공정표〉

자동차	소요기간	1일 필요 근로자 수	수익
A	5일	20명	15억 원
B	10일	30명	20억 원
C	10일	50명	40억 원
D	15일	40명	35억 원
E	15일	60명	45억 원
F	20일	70일	85억 원

① 150억 원
② 155억 원
③ 160억 원
④ 165억 원
⑤ 170억 원

18 F회사에 입사한지 3개월이 된 사원 A 씨는 A 씨에게 주어진 일에 대해 우선순위 없이 닥치는 대로 행하고 있다. 그렇다 보니 중요하지 않은 일을 먼저 하기도 해서 상사로부터 꾸중을 들었다. 그런 A 씨에게 L대리는 시간관리 매트릭스를 4단계로 구분해보라고 조언을 하였다. 다음은 〈시간관리 매트릭스〉와 A 씨가 해야 할 일들이다. 연결이 잘못 짝지어진 것은?

〈시간관리 매트릭스〉

	긴급함	긴급하지 않음
중요함	제1사분면	제2사분면
중요하지 않음	제3사분면	제4사분면

〈A 씨가 해야 할 일〉

㉠ 어제 못 본 드라마보기
㉡ 마감이 정해진 프로젝트
㉢ 인간관계 구축하기
㉣ 업무 보고서 작성하기
㉤ 회의하기
㉥ 자기개발하기
㉦ 상사에게 급한 질문하기

① ㉠ − 제4사분면
② ㉡ − 제1사분면
③ ㉢ − 제2사분면
④ ㉤ − 제3사분면
⑤ ㉦ − 제1사분면

■ 19~20 ■ D회사에서는 1년에 1명을 선발하여 해외연수를 보내주는 제도가 있다. 김부장, 최과장, 오과장, 홍대리, 이사원 5명이 지원한 가운데 〈선발 기준〉과 〈지원자 현황〉은 다음과 같다. 다음을 보고 물음에 답하시오.

〈선발 기준〉

구분	점수	비고
외국어 성적	50점	
근무 경력	20점	15년 이상이 만점 대비 100%, 10년 이상 15년 미만이 70%, 10년 미만이 50%이다. 단, 근무경력이 최소 5년 이상인 자만 선발 자격이 있다.
근무 성적	10점	
포상	20점	3회 이상이 만점 대비 100%, 1~2회가 50%, 0회가 0%이다.
계	100점	

〈지원자 현황〉

구분	김 부장	최 과장	오 과장	홍 대리	이 사원
근무경력	30년	20년	10년	3년	1년
포상	2회	4회	0회	5회	1회

※ 1) 외국어 성적은 김부장과 최과장이 만점 대비 50%이고, 오과장이 80%, 홍대리가 100%이다.
2) 근무 성적은 최과장이 만점이고, 김부장, 오과장, 홍대리는 만점 대비 90%이다.

19 위의 선발기준과 지원자 현황에 따를 때 가장 높은 점수를 받은 사람이 선발된다면 선발되는 사람은?

① 김 부장
② 최 과장
③ 오 과장
④ 홍 대리
⑤ 이 사원

20 회사 규정의 변경으로 인해 선발기준이 다음과 같이 변경되었다면, 새로운 선발기준하에서 선발되는 사람은? (단, 가장 높은 점수를 받은 사람이 선발된다.)

구분	점수	비고
외국어 성적	40점	
근무 경력	40점	30년 이상이 만점 대비 100%, 20년 이상 30년 미만이 70%, 20년 미만이 50%이다. 단, 근무경력이 최소 5년 이상인 자만 선발 자격이 있다.
근무 성적	10점	
포상	10점	3회 이상이 만점 대비 100%, 1 ~ 2회가 50%, 0회가 0%이다.
계	100점	

① 김 부장   ② 최 과장
③ 오 과장   ④ 홍 대리
⑤ 이 사원

조직이해능력

1 T공사에서는 다음과 같은 안내문을 인터넷 홈페이지에 게재하였다. T공사의 조직도를 참고할 때, 다음 안내문의 빈칸 ㉠에 들어갈 조직명으로 가장 적절한 것은 어느 것인가?

「장애인콜택시」 DB서버 교체에 따른 서비스 일시중지 안내

　　T공사에서는 장애인콜택시 이용자 증가에 따라, 이용자의 보다 편리한 서비스 이용을 위해 다음과 같이 DB서버를 교체할 예정입니다. 다음의 작업시간 동안 장애인콜택시 접수 및 이용이 원활치 않을 수 있으니, 이용에 참고하시기 바랍니다.

– 다 음 –

1. 작업시간 : 2018. 12.20(수) 00:00 ～ 12.20(수) 04:00
2. 작업내용 : DB서버 교체작업

　　자세한 사항은 T공사[(　㉠　)팀(T.02-000-0000)]으로 문의 주시기 바랍니다.

〈조직도〉

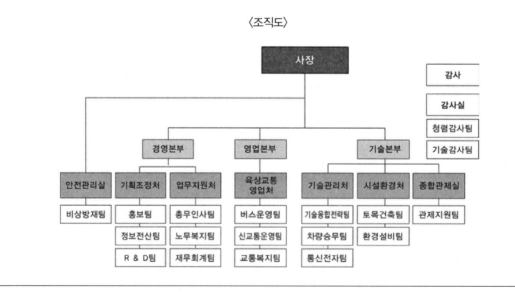

① 비상방재팀　　　　　　　　　② 노무복지팀
③ 버스운영팀　　　　　　　　　④ 교통복지팀
⑤ 환경설비팀

2 H공단의 다음과 같은 조직도를 참고할 때, 개선 사항을 반영한 업무 변경에 대한 올바른 지적은 어느 것인가?

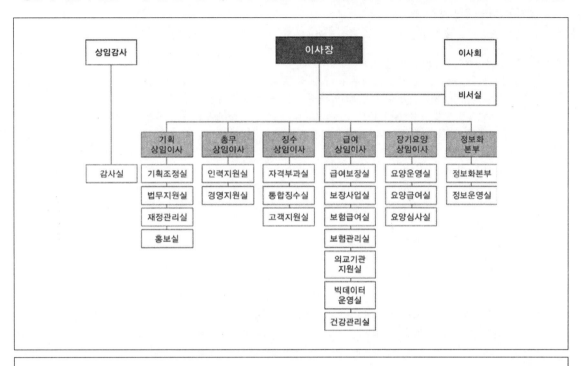

〈개선사항〉
- 4대 사회보험료 징수업무(고지·수납)에 대한 민원을 ONE – STOP으로 처리할 수 있어 여러 기관을 방문해야 하는 불편함이 해소되었으며, 고지방식, 납부방법, 창구일원화로 국민들이 보다 편리하게 사회보험을 처리할 수 있다.
- 국민건강보험공단, 국민연금공단, 근로복지공단은 중복업무의 효율화를 통하여 인건비, 고지서 발송 비용, 기타 행정 비용 등을 절감할 수 있다.
- 절감 인력을 신규서비스 및 기존 서비스 확대 업무에 재배치하여 비용증가 없이도 대국민서비스가 향상될 수 있다.

① 인력지원실은 신규 인원이 배치되어 보다 효율적인 업무 수행이 가능해진다.
② 재정관리실은 H공단의 징수업무 추가에 따라 비용 부담이 더 증가할 전망이다.
③ 비서실의 업무는 H공단 추가 조직 신설에 따라 세분화되어야 한다.
④ 정보화본부는 4대 사회보험료 평가액의 재산정에 따라 업무량이 더 증가할 전망이다.
⑤ 징수 상임이사는 4대 사회보험료 징수 총괄업무를 관장하여야 한다.

3 다음은 각 지역에 사무소를 운영하고 있는 A사의 임직원 행동강령의 일부이다. 다음 내용에 부합되지 않는 설명은 어느 것인가?

제5조【이해관계직무의 회피】

① 임직원은 자신이 수행하는 직무가 다음 각 호의 어느 하나에 해당하는 경우에는 그 직무의 회피 여부 등에 관하여 지역관할 행동강령책임관과 상담한 후 처리하여야 한다. 다만, 사무소장이 공정한 직무수행에 영향을 받지 아니한다고 판단하여 정하는 단순 민원업무의 경우에는 그러하지 아니한다.

  1. 자신, 자신의 직계 존속·비속, 배우자 및 배우자의 직계 존속·비속의 금전적 이해와 직접적인 관련이 있는 경우

  2. 4촌 이내의 친족이 직무관련자인 경우

  3. 자신이 2년 이내에 재직하였던 단체 또는 그 단체의 대리인이 직무관련자이거나 혈연, 학연, 지연, 종교 등으로 지속적인 친분관계에 있어 공정한 직무수행이 어렵다고 판단되는 자가 직무관련자인 경우

  4. 그 밖에 지역관할 행동강령책임관이 공정한 직무수행이 어려운 관계에 있다고 정한 자가 직무관련자인 경우

② 제1항에 따라 상담요청을 받은 지역관할 행동강령책임관은 해당 임직원이 그 직무를 계속 수행하는 것이 적절하지 아니하다고 판단되면 본사 행동강령책임관에게 보고하여야 한다. 다만, 지역관할 행동강령책임관이 그 권한의 범위에서 그 임직원의 직무를 일시적으로 재배정할 수 있는 경우에는 그 직무를 재배정하고 본사 행동강령책임관에게 보고하지 아니할 수 있다.

③ 제2항에 따라 보고를 받은 본사 행동강령책임관은 직무가 공정하게 처리될 수 있도록 인력을 재배치하는 등 필요한 조치를 하여야 한다.

제6조【특혜의 배제】 임직원은 직무를 수행함에 있어 지연·혈연·학연·종교 등을 이유로 특정인에게 특혜를 주거나 특정인을 차별하여서는 아니 된다.

제6조의2【직무관련자와의 사적인 접촉 제한】

① 임직원은 소관업무와 관련하여 우월적 지위에 있는 경우 그 상대방인 직무관련자(직무관련자인 퇴직자를 포함한다)와 당해 직무 개시시점부터 종결시점까지 사적인 접촉을 하여서는 아니 된다. 다만, 부득이한 사유로 접촉할 경우에는 사전에 소속 사무소장에게 보고(부재 시 등 사후보고) 하여야 하고, 이 경우에도 내부정보 누설 등의 행위를 하여서는 아니 된다.

② 제1항의 "사적인 접촉"이란 다음 각 호의 어느 하나에 해당하는 것을 말한다.

  1. 직무관련자와 사적으로 여행을 함께하는 경우

  2. 직무관련자와 함께 사행성 오락(마작, 화투, 카드 등)을 하는 경우

③ 제1항의 "부득이한 사유"는 다음 각 호의 어느 하나에 해당하는 경우를 말한다.(제2항 제2호 제외)

  1. 직무관련자인 친족과 가족 모임을 함께하는 경우

  2. 동창회 등 친목단체에 직무관련자가 있어 부득이하게 함께하는 경우

  3. 사업추진을 위한 협의 등을 사유로 계열사 임직원과 함께하는 경우

  4. 사전에 직무관련자가 참석한 사실을 알지 못한 상태에서 그가 참석한 행사 등에서 접촉한 경우

① 이전 직장의 퇴직이 2년이 경과하지 않은 시점에서 이전 직장의 이해관계와 연관 있는 업무는 회피하여야 한다.
② 이해관계 직무를 회피하기 위해 임직원의 업무가 재배정된 경우 이것이 반드시 본사 행동강령책임관에게 보고되는 것은 아니다.
③ 임직원이 직무 관련 우월적 지위에 있는 경우, 소속 사무소장에게 보고하지 않는(사후보고 제외) 직무 상대방과의 '사적인 접촉'은 어떠한 경우에도 허용되지 않는다.
④ 지역관할 행동강령책임관은 공정한 직무수행이 가능한 직무관련자인지의 여부를 본인의 판단으로 결정할 수 없다.
⑤ 직무관련성이 있는 대학 동창이 포함된 동창회에서 여행을 가게 될 경우 사무소장에게 보고 후 참여할 수 있다.

4 다음과 같은 팀장의 지시를 받은 오 대리가 업무를 처리하기 위해 들러야 하는 조직의 명칭이 순서대로 올바르게 나열된 것은 어느 것인가?

"오 대리, 갑자기 본부장님의 급한 지시 사항을 처리해야 하는데, 나 좀 도와줄 수 있겠나? 어제 사장님께 보고 드릴 자료를 완성했는데, 자네가 혹시 오류나 수정 사항이 있는지를 좀 확인해 주고 남 비서에게 전달을 좀 해 주게. 그리고 모레 있을 바이어 미팅은 대형 계약 성사를 위해 매우 중요한 일이 될 테니 계약서 초안 검토 작업이 어느 정도 되고 있는지도 한 번 알아봐 주게. 오는 길에 바이어 픽업 관련 배차 현황도 다시 한 번 확인해 주고, 다음 주 선적해야 할 물량 통관 작업에는 문제없는 지 확인해서 박 과장에게 알려줘야 하네. 실수 없도록 잘 좀 부탁하네."

① 총무팀, 회계팀, 인사팀, 법무팀
② 자금팀, 기획팀, 인사팀, 회계팀
③ 기획팀, 총무팀, 홍보팀, 물류팀
④ 기획팀, 비서실, 회계팀, 물류팀
⑤ 비서실, 법무팀, 총무팀, 물류팀

5 편집부 사원인 甲은 편집부 참고도서용 도서구매비로 20만 원을 지불하였다. 다음의 결재규정에 따라 甲이 작성한 결재 양식으로 옳은 것은?

- 결재를 받으려는 업무에 대해 최고결재권자(사장) 포함 이하 직책자의 결재를 받아야 한다.
- '전결'이라 함은 회사의 경영활동이나 관리활동을 수행함에 있어 의사결정이나 판단을 요하는 일에 대해 최고결재권자의 결재를 생략하고, 자신의 책임하에 최종적으로 의사결정이나 판단을 하는 행위를 말한다.
- 전결사항에 대해서도 위임받은 자를 포함한 이하 직책자의 결재를 받아야 한다.
- 표시내용 : 결재를 올리는 자는 최고결재권자로부터 전결사항을 위임받은 자가 있는 경우 결재란에 전결이라고 표시하고, 최종결재권자란에 위임받은 자를 표시한다.
- 최고결재권자의 결재사항 및 최고결재권자로부터 위임된 전결사항은 다음의 표에 따른다.

구분	내용	금액기준	결재서류	팀장	부장	사장
출장비	출장 유류비, 출장 식대비 등	40만 원 이하	출장계획서, 청구서	■●		
		40만 원 초과			■●	
도서신청	도서, 도서정기간행물	60만 원 이하	기안서, 법인카드신청서		■●	
		60만 원 초과				■●
접대비	영업처 식대비, 문화접대비	50만 원 이하	접대비지출품의서, 지출결의서	■	●	
		50만 원 초과			■	●
경조사비	직원 경조사비	30만 원 이하	기안서, 지출결의서		■●	
		30만 원 초과			■	●

● : 지출결의서, 법인카드신청서, 각종 신청서 및 청구서
■ : 기안서, 출장계획서, 접대비지출품의서, 경조사비지출품의서, 출장계획서

①
법인카드신청서			
결재	담당	팀장	부장	최종결재
	甲	전결		팀장

②
법인카드신청서			
결재	담당	팀장	부장	최종결재
	甲		전결	사장

③
법인카드신청서			
결재	담당	팀장	부장	최종결재
	甲	전결		부장

④
기안서			
결재	담당	팀장	부장	최종결재
	甲		전결	부장

⑤
기안서			
결재	담당	팀장	부장	최종결재
	甲		전결	사장

6 다음은 기업용 소프트웨어를 개발·판매하는 A기업의 조직도와 사내 업무협조전이다. 주어진 업무협조전의 발신부서와 수신부서로 가장 적절한 것은?

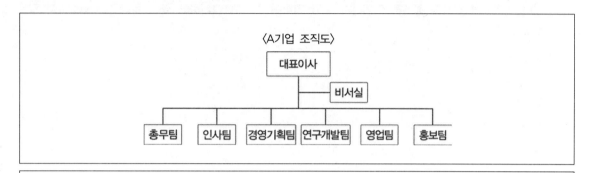

〈A기업 조직도〉

업무협조전

제목 : 콘텐츠 개발에 따른 적극적 영업 마케팅 협조

내용 : 지난해 경영기획팀의 요청으로 저희 팀에서 제작하기 시작한 업무매니저 "한방에" 소프트웨어가 모
두 제작 완료되었습니다. 하여 해당 소프트웨어 5종에 관한 적극적인 마케팅을 부탁드립니다.
"한방에"는 거래처관리 소프트웨어, 직원/급여관리 소프트웨어, 매입/매출관리 소프트웨어, 증명서
발급관리 소프트웨어, 거래/견적/세금관리 소프트웨어로 각 분야별 영업을 진행하시면 될 것 같습
니다. 특히나 직원/급여관리 소프트웨어는 회사 직원과 급여를 통합적으로 관리할 수 있는 프로그
램으로 중소기업에서도 보편적으로 이용할 수 있도록 설계되어 있기 때문에 적극적인 영업 마케팅
이 더해졌을 때 큰 이익을 낼 수 있을 거라 예상됩니다.
해당 5개의 프로그램의 이용 매뉴얼과 설명서를 첨부해드리오니 담당자분들께서는 이를 숙지하시고
영업에 효율성을 가지시기 바랍니다.

첨부 : 업무매니저 "한방에" 매뉴얼 및 설명서

	발신	수신
①	경영기획팀	홍보팀
②	연구개발팀	영업팀
③	총무팀	인사팀
④	영업팀	연구개발팀
⑤	홍보팀	경영기획팀

7 甲은 입사 후 1년이 가까워지면서 조직 내 사람들을 대부분 파악하게 되었다. 어느 날 팀장이 "이제 사람들은 대부분 알 텐데, 우리 회사에 대해서도 충분히 안다고 할 수 있을까?"라고 질문을 던진다. 다음 중 팀장이 귀하에게 회사를 충분히 이해하기 위해 알아야 한다고 얘기하고 있는 항목으로 적절하지 않은 것은 무엇인가?

① 목적   ② 위치
③ 구조   ④ 환경
⑤ 문화

8 다음 사례에서와 같은 조직 문화의 긍정적인 기능이라고 보기 어려운 것은 어느 것인가?

> 영업3팀은 팀원 모두가 야구마니아이다. 신 부장은 아들이 고교 야구선수라서 프로 선수를 꿈꾸는 아들을 위해 야구마니아가 되었다. 남 차장은 큰 딸이 프로야구 D팀의 한 선수를 너무 좋아하여 주말에 딸과 야구장을 가려면 자신부터 야구팬이 되지 않을 수 없다. 이 대리는 고등학교 때까지 야구 선수 생활을 했었고, 요즘 젊은 친구답지 않게 승현 씨는 야구를 게임보다 좋아한다. 영업3팀 직원들의 취향이 이렇다 보니 팀 여기저기엔 야구 관련 장식품들이 쉽게 눈에 띄고, 점심시간과 티타임에 나누는 대화는 온통 야구 이야기이다. 다른 부서에서는 우스갯소리로 야구를 좋아하지 않으면 아예 영업3팀 근처에 얼씬거릴 생각도 말라고 할 정도다. 부서 회식이나 단합대회를 야구장에서 하는 것은 물론이고 주말에도 식사 내기, 입장권 내기 등으로 직원들은 거의 매일 야구에 묻혀 산다. 영업3팀은 현재 인사처 자료에 의하면 사내에서 부서 이동률이 가장 낮은 조직이다.

① 구성원들에게 일체감과 정체성을 부여한다.
② 조직이 변해야 할 시기에 일치단결된 모습을 보여준다.
③ 조직의 몰입도를 높여준다.
④ 조직의 안정성을 가져온다.
⑤ 조직원들 간의 협동심을 높이고 갈등을 해소시킬 수 있다.

▌9~11 ▌ 다음은 어느 패밀리레스토랑 프랜차이즈의 회의록이다. 다음을 보고 물음에 답하시오.

회의일시	2021년 10월 4일	소속	식음료팀	작성자	乙
참석자	총괄매니저, 식음료 매니저, 식음료 주임, 식음료 담당사원				
회의안건	1. 가을/겨울 신상음료개발 2. 고객 응대 3. 식자재 정리와 재고파악 4. 직원 교육				
내용					
회의내용	1. 가을 신상음료 개발 • 고객 취향 수집 • 가을/겨울 제철과일 확보(금일부터) • 레시피 개발(10월 31일까지 완료) • 내부 시음회 및 투표(11월 1일) 2. 고객 응대 • 고객 동선 파악 • 직원 위치 조정 • 인사법 교육 3. 식자재 정리 및 재고파악 – 주1회 • 제조 시 동선이 가장 짧고 편하게 기물과 식자재 배치 • 재고 시트 작성 폼 만든 후, 보안점 수정 • 주임, 매니저, 총괄매니저 순으로 서류 결재 후, 식자재 주문 • 재고 시트 작성 방법 직원 교육 4. 직원 교육(11월 중 시행 예정) • 사원 책임 교육 : 매니저 • 리셉션 방법 : 주임 • 재고 시트 작성 : 총괄매니저				

9 회의록을 보고 알 수 있는 내용이 아닌 것은?

① 회의주제
② 회의날짜
③ 회의내용
④ 참석자
⑤ 영업시간

10 회의가 끝나고 가장 먼저 해야 할 업무는?

① 제철과일 확보   ② 레시피 개발
③ 내부 시음회   ④ 식자재 배치
⑤ 사원 책임 교육

11 회의록을 보고 이해한 내용으로 잘못된 것은?

① 작성자 乙은 식음료 주임이다.
② 재고 시트 작성 교육은 총괄매니저 담당이다.
③ 식음료팀의 회의내용이다.
④ 회의 참석자는 4명이다.
⑤ 식자재 주문은 주임, 매니저, 총괄매니저 순으로 이루어진다.

12 다음과 같은 업무를 수행하는 부서를 고르면?

- 기관운영 기본계획 수립·추진에 관한 사항
- 부서 간 업무 조정에 관한 사항
- 미래발전 기획에 관한 사항
- 업무혁신 및 업무 조정에 관한 사항
- 이사회 운영에 관한 사항
- 주간·월간 회의 운영에 관한 사항
- 국회 관련 업무(국정감사 포함)에 관한 사항

---

① 감사실   ② 기획조정실
③ 인재경영실   ④ 고객홍보실
⑤ 사후관리실

▌13~14 ▌ 다음은 영업1팀 사원 A 씨가 부서 주간 회의에 참석하여 작성한 회의록이다. 다음을 보고 물음에 답하시오.

\<회의록\>			
일시	2021. 12. 15.(화) 13 : 00 ~ 16 : 00	장소	10층 소회의실
참석자	영업부장 K, 영업1팀 팀장 J, 차장 L, 과장 H, 대리 P, 사원 A, X		
회의자료	올해 영업1팀 영업보고서, 영업점 리스트, 영업점 요청사항		
회의제목	영업1팀 2021년도 영업보고 및 2022년도 영업전략 수립		
회의내용	① 영업현황 보고서 제출 　㉠ J 팀장의 올해 영업보고 – 작년 대비 5% 이익 감소 　㉡ 온라인 판매부문에서 20%의 높은 성장률을 기록하였으나 기존 매출의 80%를 차지하던 지점매출이 10% 이상 감소 ② 부실 지점 정리 및 온라인 사업부 강화 　㉠ 올해 영업결과를 바탕으로 2022년도 영업방침 검토 　㉡ 적자 지점 철수 　㉢ 온라인 사업부 강화 방안 및 온라인 매출 목표액 설정 　㉣ 2차 회의를 통해 온라인 매출계획 및 전략의 세부사항 보고 ③ 신년 프로모션 건 　㉠ 1월 신년 프로모션 기간 지정(영업2팀) 　㉡ 주요 경쟁사 할인 일정 및 할인율 확인(영업2팀) 　㉢ 프로모션 기간 중 고객 참여 현장 이벤트 기획논의 필요(경영지원팀)		
요청사항 및 비고	• 회의 종료 후 지점별 상세 매출자료 제출 요망(영업부장 K, 금일 18시) • 2차 회의 일시 : 2021. 12. 22.(화) 13시 • 영업2팀과 경영지원팀에 고객 참여 현장 이벤트에 대한 보고 및 2차 회의 참석요청(사원 X)		

13 다음 중 본 회의의 안건으로 옳지 않은 것은?

① 2021 영업현황 보고
② 신년 주요 프로모션 기획
③ 부실 지점 정리
④ 경영지원팀과의 현장 이벤트 기획논의
⑤ 온라인 사업부 강화

14 다음 중 사원 A 씨가 회의 이후 가장 먼저 해야 하는 일은?

① 영업2팀 팀장에게 회의록 전달 및 협업요청
② 영업부장에게 지점별 상세 매출자료 제출
③ 팀내 게시판에 2차 회의 일시 및 안건 작성
④ 경영지원팀에 영업1팀 2차 회의 참석 요청
⑤ 1월 신년 프로모션 기간 지정

15 다음 그림과 같은 형태의 조직체계를 유지하고 있는 기업에 대한 설명으로 적절한 것은?

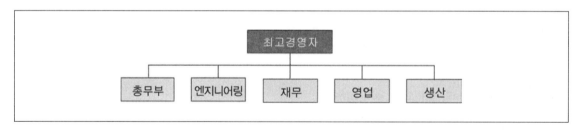

① 다양한 프로젝트를 수행해야 할 필요성이 커짐에 따라 조직 간의 유기적인 협조체제를 구축하였다.
② 의사결정 권한이 분산되어 더욱 전문적인 업무 처리가 가능하다.
③ 각 부서 간 내부 경쟁을 유발할 수 있다.
④ 조직 내 내부 효율성을 확보할 수 있는 조직 구조이다.
⑤ 의사결정까지 시간이 오래 걸리기 때문에 각 부서장의 역할이 매우 중요한 조직 구조이다.

16 다음은 SWOT분석에 대한 설명이다. 빈칸에 들어갈 용어를 순서대로 나열한 것은?

> SWOT분석이란 기업의 환경 분석을 통해 마케팅 전략을 수립하는 기법이다. 조직 내부 환경으로는 조직이 우위를 점할 수 있는 _(가)_, 조직의 효과적인 성과를 방해하는 자원·기술·능력 면에서의 _(나)_, 조직 외부 환경으로는 조직 활동에 이점을 주는 _(다)_, 조직 활동에 불이익을 미치는 _(라)_ (으)로 구분된다.

	(가)	(나)	(다)	(라)
①	기회	약점	강점	위협
②	강점	약점	기회	위협
③	기회	위협	강점	약점
④	강점	위협	기회	약점
⑤	약점	강점	위협	기회

17 다음 조직도를 잘못 이해한 사람은?

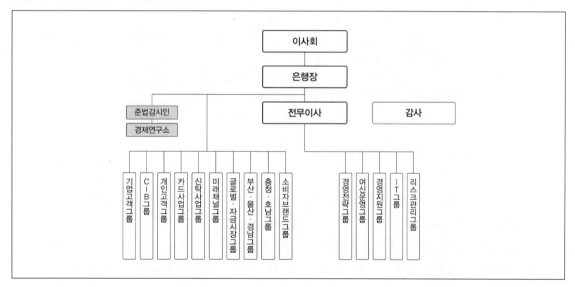

① 연지 : 그룹은 총 15개로 이루어져 있네.

② 동성 : 감사는 업무의 독립성을 위해 이사회 소속이 아니라 따로 독립되어 있어.

③ 진이 : 준법감시인과 경제연구소는 전무이사 소속으로 되어 있어.

④ 종아 : 경영전략그룹과 경영지원그룹은 업무의 연관성으로 인해 똑같이 전무이사 소속으로 되어 있어.

⑤ 수진 : 은행장 소속 그룹 수가 전무이사 소속 그룹 수보다 많군.

18 김 대리는 여성의류 인터넷쇼핑몰 서비스팀에 근무 중으로 최근 불만 및 반품 접수가 증가하고 있어 이와 관련하여 회의를 진행하였다. 아래의 회의록을 보고 알 수 있는 내용은?

회의록

- 회의일시 : 2021년 2월 13일
- 회의장소 : 웰니스빌딩 3층 303호 소회의장
- 부서 : 물류팀, 개발팀, 서비스팀
- 참석자 : 물류팀 팀장, 과장, 개발팀 팀장, 과장, 서비스팀 팀장, 과장

- 회의 안건
제품 의류에 염료 얼룩으로 인한 고객 불만반품에 따른 원인조사 및 대책방안

- 회의 내용
주문폭주로 인한 물량증가로 염료가 덜 마른 부직포 포장지를 사용하여 제품인 의류에 염색 얼룩이 묻은 것으로 추측

- 의결 사항
[물류팀]
컬러 부직포로 제품포장 하였던 기존방식에서 내부비닐포장 및 염료를 사용하지 않는 부직포로 2중 포장, 외부 종이상자 포장으로 교체
[서비스팀]
– 주문물량이 급격히 증가했던 일주일 동안 포장된 제품 전격 회수
– 제품을 구매한 고객에 사과문 발송 및 100% 환불 보상 공지
[개발팀]
포장 재질 및 부직포 염료 유해성분 조사

---

① 마케팅팀은 해당 브랜드의 전 제품을 회수 및 100% 환불 보상할 것을 공지한다.
② 주문량이 증가한 날짜는 2021년 02월 13일부터 일주일간이다.
③ 주문량이 많아 염료가 덜 마른 부직포 포장지를 사용한 것이 문제 발생의 원인으로 추측된다.
④ 개발팀에서 제품을 전격 회수해 포장재 및 인쇄된 잉크의 유해성분을 조사하기로 했다.
⑤ 개발팀에서 염료를 사용하지 않는 포장재 개발에 착수할 예정이다.

19 다음은 영업부 사원 H 씨가 T 대리와 함께 거래처에 방문하여 생긴 일이다. H 씨의 행동 중 T 대리가 지적할 사항으로 가장 적절한 것은?

> 거래처 실무 담당인 A 씨와 그 상사인 B 과장이 함께 나왔다. 일전에 영업차 본 적이 있는 A 씨에게 H 씨는 먼저 눈을 맞추며 반갑게 인사한 후 먼저 상의 안쪽 주머니의 명함 케이스에서 명함을 양손으로 내밀며 소속과 이름을 밝혔다. B 과장에게도 같은 방법으로 명함을 건넨 후 두 사람의 명함을 받아 테이블 위에 놓고 가볍게 이야기를 시작했다.

① 명함은 한 손으로 글씨가 잘 보이도록 여백을 잡고 건네야 합니다.
② 소속과 이름은 명함에 나와 있으므로 굳이 언급하지 않아도 됩니다.
③ 고객이 2인 이상인 경우 명함은 윗사람에게 먼저 건네야 합니다.
④ 명함은 받자마자 바로 명함케이스에 깨끗하게 넣어두세요.
⑤ 본인이 보는 앞에서 본인의 명함에 메모를 하는 것은 실례입니다.

20 민츠버그(H. Mintzberg)는 경영자의 역할을 대인적, 정보적, 의사결정적 역할으로 구분하였다. 다음에 주어진 경영자의 역할을 올바르게 묶은 것은?

> ㉠ 조직의 대표자   ㉡ 변화전달
> ㉢ 정보전달자   ㉣ 조직의 리더
> ㉤ 문제 조정   ㉥ 외부환경 모니터
> ㉦ 대외적 협상 주도   ㉧ 상징자, 지도자
> ㉨ 분쟁조정자, 자원배분자   ㉩ 협상가

	대인적 역할	정보적 역할	의사결정적 역할
①	㉠㉢㉥	㉡㉣㉦㉧	㉤㉨㉩
②	㉡㉤㉧	㉠㉢㉨	㉣㉥㉦㉩
③	㉠㉢㉣㉧	㉡㉥㉦	㉤㉨㉩
④	㉠㉣㉧	㉡㉢㉥	㉤㉦㉨㉩
⑤	㉠㉦㉧㉩	㉡㉢㉨	㉣㉤㉥

PART

03

인 · 적성 및 면접

인 · 적성의 개요

CHAPTER **01**

인 · 적성의 개념 및 대책을 확인할 수 있다.

1 인 · 적성의 개념

인성지속적이고 일관된 공적 성격(Public-personality)이며, 환경에 대응함으로써 선천적 · 후천적 요소의 상호작용으로 결정화된 심리적 · 사회적 특성 및 경향을 의미한다. 여러 연구 결과에 따르면 직무에서의 성공과 관련된 특성들은 개인의 능력보다 성격과 관련이 있다고 한다.

2 인 · 적성 대책

(1) 솔직하게 있는 그대로 표현한다.

인성검사는 평범한 일상생활 내용들을 다룬 짧은 문장과 어떤 대상이나 일에 대한 선호를 선택하는 문장으로 구성되었으므로 평소에 자신이 생각한 바를 너무 골똘히 생각하지 말고 문제를 보는 순간 떠오른 것을 표현한다.

(2) 모든 문제를 신속하게 대답한다.

인성검사는 개인의 성격과 자질을 알아보기 위한 검사이기 때문에 정답이 없다. 다만, 해당 공기업에서 바람직하게 생각하거나 기대되는 결과가 있을 뿐이다. 따라서 시간에 쫓겨서 대충 대답을 하는 것은 바람직하지 못하다.

(3) 일관성 있게 대답한다.

간혹 반복되는 문제들이 출제되기 때문에 일관성 있게 답하지 않으면 감점될 수 있으므로 유의한다. 실제로 공기업 인사부 직원의 인터뷰에 따르면 일관성이 없게 대답한 응시자들이 감점을 받아 탈락했다고 한다. 거짓된 응답을 하다보면 일관성 없는 결과가 나타날 수 있으므로 신속하고 솔직하게 체크하다 보면 일관성 있는 응답이 될 것이다.

인 · 적성 유형

인성검사 이해와 함께 실제 인성검사 유형을 수록하였다.

▌1~25▐ 다음 ( ) 안에 가깝다면 M(most), 멀다면 L(least)를 선택하고, 1~5번까지 가깝거나 먼만큼을 고르시오.

※ 응시자의 인성을 파악하기 위한 검사이므로 정답이 존재하지 않습니다.

NO	질문	M	L	1	2	3	4	5
1	신경이 예민한 편이다.							
2	나는 반드시 성공할 것이라고 생각한다.							
3	멍하니 공상에 잠긴 적이 가끔 있다.							
4	나는 지금까지 올바른 삶을 살아왔다고 자부한다.							
5	남들처럼 행복하고 싶다라고 생각한 적이 있다.							
6	불치병에 걸릴까봐 걱정을 한 적이 있다.							
7	타인으로부터 동정이나 도움을 받는 사람을 보면 불쌍하다.							
8	나에게 무슨 일이 일어나건 부모님은 신경을 잘 쓰지 않는다.							
9	들키는 것이 무서워 거짓말을 하지 않는다.							
10	피를 토한 적이 있다.							
11	목표는 크게 잡아야 한다고 생각한다.							
12	비판이나 꾸지람을 들으면 속이 몹시 상한다.							
13	남들과 경쟁하는 것을 즐긴다.							
14	내 이익을 위해 다른 사람을 이용할 수 있다.							
15	정수리를 건드리면 가끔 아프다.							
16	사람을 괴롭히는 것이 즐거울 때가 있다.							
17	수줍음 탄다는 것을 나타내지 않으려고 애써야 한다.							
18	비난을 받으면 수동적으로 변한다.							
19	부모나 가족들은 나의 결점을 잘 찾아내는 것 같다.							
20	나를 진심으로 좋아하는 사람은 없는 것 같다.							
21	내가 한 말을 30분도 안 되서 까먹는 편이다.							
22	배가 자주 아프다.							
23	농사를 지으며 자연과 함께 살고 싶다.							
24	나를 종종 실망시키는 사람들이 있다.							
25	가족이나 친구의 생일을 잊지 않고 챙겨준다.							

면접 답변 포인트

자주 출제되는 면접 포인트 답변을 확인할 수 있다.

(1) 가족 및 대인관계에 관한 질문

① 당신의 가정은 어떤 가정입니까?

TIP 면접관들은 지원자의 가정환경과 성장과정을 통해 지원자의 성향을 알고 싶어 이와 같은 질문을 한다. 비록 가정 일과 사회의 일이 완전히 일치하는 것은 아니지만 '가화만사성'이라는 말이 있듯이 가정이 화목해야 사회에서도 화목하게 지낼 수 있기 때문이다. 그러므로 답변 시에는 가족사항을 정확하게 설명하고 집안의 분위기와 특징에 대해 이야기하는 것이 좋다.

② 아버지의 직업은 무엇입니까?

TIP 아주 기본적인 질문이지만 지원자는 아버지의 직업과 내가 무슨 관련성이 있을까 생각하기 쉬워 포괄적인 답변을 하는 경우가 많다. 그러나 이는 바람직하지 않은 것으로 단답형으로 답변하면 세부적인 직종 및 근무연한 등을 물을 수 있으므로 모든 걸 한 번에 대답하는 것이 좋다.

③ 친구 관계에 대해 말해 보십시오.

TIP 지원자의 인간성을 판단하는 질문으로 교우관계를 통해 답변자의 성격과 대인관계능력을 파악할 수 있다. 새로운 환경에 적응을 잘하여 새로운 친구들이 많은 것도 좋지만, 깊고 오래 지속되어온 인간관계를 말하는 것이 더욱 바람직하다.

(2) 성격 및 가치관에 관한 질문

① 당신의 PR포인트를 말해 주십시오.

TIP PR포인트를 말할 때에는 지나치게 겸손한 태도는 좋지 않으며 적극적으로 자기를 주장하는 것이 좋다. 앞으로 입사 후 하게 될 업무와 관련된 자기의 특성을 구체적인 일화를 더하여 이야기하도록 한다.

② 당신의 장·단점을 말해 보십시오.

TIP 지원자의 구체적인 장·단점을 알고자 하기 보다는 지원자가 자기 자신에 대해 얼마나 알고 있으며 어느 정도의 객관적인 분석을 하고 있나, 그리고 개선의 노력 등을 시도하는지를 파악하고자 하는 것이다. 따라서 장점을 말할 때는 업무와 관련된 장점을 뒷받침할 수 있는 근거와 함께 제시하며, 단점을 이야기할 때에는 극복을 위한 노력을 반드시 포함해야 한다.

③ 가장 존경하는 사람은 누구입니까?

TIP 존경하는 사람을 말하기 위해서는 우선 그 인물에 대해 알아야 한다. 잘 모르는 인물에 대해 존경한다고 말하는 것은 면접관에게 바로 지적당할 수 있으므로, 추상적이라도 좋으니 평소에 존경스럽다고 생각했던 사람에 대해 그 사람의 어떤 점이 좋고 존경스러운지 대답하도록 한다. 또한 자신에게 어떤 영향을 미쳤는지도 언급하면 좋다.

(3) 학교생활에 관한 질문

① 지금까지의 학교생활 중 가장 기억에 남는 일은 무엇입니까?

TIP 가급적 직장생활에 도움이 되는 경험을 이야기하는 것이 좋다. 또한 경험만을 간단하게 말하지 말고 그 경험을 통해서 얻을 수 있었던 교훈 등을 예시와 함께 이야기하는 것이 좋으나 너무 상투적인 답변이 되지 않도록 주의해야 한다.

② 성적은 좋은 편이었습니까?

TIP 면접관은 이미 서류심사를 통해 지원자의 성적을 알고 있다. 그럼에도 불구하고 이 질문을 하는 것은 지원자가 성적에 대해서 어떻게 인식하느냐를 알고자 하는 것이다. 성적이 나빴던 이유에 대해서 변명하려 하지 말고 담백하게 받아드리고 그것에 대한 개선노력을 했음을 밝히는 것이 적절하다.

③ 학창시절에 시위나 집회 등에 참여한 경험이 있습니까?

TIP 기업에서는 노사분규를 기업의 사활이 걸린 중대한 문제로 인식하고 거시적인 차원에서 접근한다. 이러한 기업문화를 제대로 인식하지 못하여 학창시절의 시위나 집회 참여 경험을 자랑스럽게 답변할 경우 감점요인이 되거나 심지어는 탈락할 수 있다는 사실에 주의한다. 시위나 집회에 참가한 경험을 말할 때에는 타당성과 정도에 유의하여 답변해야 한다.

(4) 지원동기 및 직업의식에 관한 질문

① 왜 우리 회사를 지원했습니까?

TIP 이 질문은 어느 회사나 가장 먼저 물어보고 싶은 것으로 지원자들은 기업의 이념, 대표의 경영능력, 재무구조, 복리후생 등 외적인 부분을 설명하는 경우가 많다. 이러한 답변도 적절하지만 지원 회사의 주력 상품에 관한 소비자의 인지도, 경쟁사 제품과의 시장점유율을 비교하면서 입사동기를 설명한다면 상당히 주목 받을 수 있을 것이다.

② 만약 이번 채용에 불합격하면 어떻게 하겠습니까?

TIP 불합격할 것을 가정하고 회사에 응시하는 지원자는 거의 없을 것이다. 이는 지원자를 궁지로 몰아넣고 어떻게 대응하는지를 살펴보며 입사 의지를 알아보려고 하는 것이다. 이 질문은 너무 깊이 들어가지 말고 침착하게 답변하는 것이 좋다.

③ 당신이 생각하는 바람직한 사원상은 무엇입니까?

TIP 직장인으로서 또는 조직의 일원으로서의 자세를 묻는 질문으로 지원하는 회사에서 어떤 인재상을 요구하는가를 알아두는 것이 좋으며, 평소에 자신의 생각을 미리 정리해 두어 당황하지 않도록 한다.

④ 직무상의 적성과 보수의 많음 중 어느 것을 택하겠습니까?

TIP 이런 질문에서 회사 측에서 원하는 답변은 당연히 직무상의 적성에 비중을 둔다는 것이다. 그러나 적성만을 너무 강조하다 보면 오히려 솔직하지 못하다는 인상을 줄 수 있으므로 어느 한 쪽을 너무 강조하거나 경시하는 태도는 바람직하지 못하다.

⑤ 상사와 의견이 다를 때 어떻게 하겠습니까?

TIP 과거와 다르게 최근에는 상사의 명령에 무조건 따르겠다는 수동적인 자세는 바람직하지 않다. 회사에서는 때에 따라 자신이 판단하고 행동할 수 있는 직원을 원하기 때문이다. 그러나 지나치게 자신의 의견만을 고집한다면 이는 팀원 간의 불화를 야기할 수 있으며 팀 체제에 악영향을 미칠 수 있으므로 선호하지 않는다는 것에 유념하여 답해야 한다.

⑥ 근무지가 지방인데 근무가 가능합니까?

TIP 근무지가 지방 중에서도 특정 지역은 되고 다른 지역은 안 된다는 답변은 바람직하지 않다. 직장에서는 순환 근무라는 것이 있으므로 처음에 지방에서 근무를 시작했다고 해서 계속 지방에만 있는 것은 아님을 유의하고 답변하도록 한다.

(5) 여가 활용에 관한 질문

① 취미가 무엇입니까?

TIP 기초적인 질문이지만 특별한 취미가 없는 지원자의 경우 대답이 애매할 수밖에 없다. 그래서 가장 많이 대답하게 되는 것이 독서, 영화감상, 혹은 음악감상 등과 같은 흔한 취미를 말하게 되는데 이런 취미는 면접관의 주의를 끌기 어려우며 설사 정말 위와 같은 취미를 가지고 있다하더라도 제대로 답변하기는 힘든 것이 사실이다. 가능하면 독특한 취미를 말하는 것이 좋으며 이제 막 시작한 것이라도 열의를 가지고 있음을 설명할 수 있으면 그것을 취미로 답변하는 것도 좋다.

② 술자리를 좋아합니까?

TIP 이 질문은 정말로 술자리를 좋아하는 정도를 묻는 것이 아니다. 우리나라에서는 대부분 술자리가 친교의 자리로 인식되기 때문에 그것에 얼마나 적극적으로 참여할 수 있는 가를 우회적으로 묻는 것이다. 술자리를 싫어한다고 대답하게 되면 원만한 대인관계에 문제가 있을 수 있다고 평가될 수 있으므로 술을 잘 마시지 못하더라도 술자리의 분위기는 즐긴다고 답변하는 것이 좋으며 주량에 대해서는 정확하게 말하는 것이 좋다.

(6) 지원자를 당황하게 하는 질문

① 성적이 좋지 않은데 이 정도의 성적으로 우리 회사에 입사할 수 있다고 생각합니까?

TIP 비록 자신의 성적이 좋지 않더라도 이미 서류심사에 통과하여 면접에 참여하였다면 기업에서는 지원자의 성적보다 성적 이외의 요소, 즉 성격·열정 등을 높이 평가했다는 것이라고 할 수 있다. 그러나 이런 질문을 받게 되면 지원자는 당황할 수 있으나 주눅 들지 말고 침착하게 대처하는 면모를 보인다면 더 좋은 인상을 남길 수 있다.

② 우리 회사 회장님 함자를 알고 있습니까?

TIP 회장이나 사장의 이름을 조사하는 것은 면접일을 통고받았을 때 이미 사전 조사되었어야 하는 사항이다. 단답형으로 이름만 말하기보다는 그 기업에 입사를 희망하는 지원자의 입장에서 답변하는 것이 좋다.

③ 당신은 이 회사에 적합하지 않은 것 같군요.

TIP 이 질문은 지원자의 입장에서 상당히 곤혹스러울 수밖에 없다. 질문을 듣는 순간 그렇다면 면접은 왜 참가시킨 것인가 하는 생각이 들 수도 있다. 하지만 당황하거나 흥분하지 말고 침착하게 자신의 어떤 면이 회사에 적당하지 않은지 겸손하게 물어보고 지적당한 부분에 대해서 고치겠다는 의지를 보인다면 오히려 자신의 능력을 어필할 수 있는 기회로 사용할 수도 있다.

④ 다시 공부할 계획이 있습니까?

> **TIP** 이 질문은 지원자가 합격하여 직장을 다니다가 공부를 더 하기 위해 회사를 그만 두거나 학습에 더 관심을 두어 일에 대한 능률이 저하될 것을 우려하여 묻는 것이다. 이때에는 당연히 학습보다는 일을 강조해야 하며, 업무 수행에 필요한 학습이라면 업무에 지장이 없는 범위에서 야간학교를 다니거나 회사에서 제공하는 연수 프로그램 등을 활용하겠다고 답변하는 것이 적당하다.

⑤ 지원한 분야가 전공한 분야와 다른데 여기 일을 할 수 있겠습니까?

> **TIP** 수험생의 입장에서 본다면 지원한 분야와 전공이 다르지만 서류전형과 필기전형에 합격하여 면접을 보게 된 경우라고 할 수 있다. 이는 결국 해당 회사의 채용 방침상 전공에 크게 영향을 받지 않는다는 것이므로 무엇보다 자신이 전공하지는 않았지만 어떤 업무도 적극적으로 임할 수 있다는 자신감과 능동적인 자세를 보여주도록 노력하는 것이 좋다.

농협 면접 기출질문

CHAPTER 04

2012 ~ 2022년도 농협 면접 기출질문을 확인할 수 있다.

1 2012년 시행

2012년 시행 농협은행 광주/전남 6급

01. 자신의 단점과 그것을 극복하기 위해서 어떤 노력을 했는지 자기소개를 하시오.
02. 20년 후에 자녀가 같은 날짜의 삼성과 농협의 면접전형 중 어떤 곳으로 가라고 조언하고 싶습니까?
03. 20년 후에 자녀의 진로선택 시 좋아하는 것과 잘하는 것 중 어떤 것을 선택하라고 조언하고 싶습니까?
04. 자기가 타인에게 자신 있게 가르쳐줄 수 있는 것은 무엇입니까?
05. 길을 가다가 싫어하는 사람을 만났을 때 어떻게 할 것입니까?
06. 요즘 자신이 관심을 두는 시사이슈에 대해 설명해 보시오.
07. 한국 경제가 세계에서 어떤 위치에 있다고 생각합니까?
08. PF, LTV, 데킬라 효과, 재산세, 변액보험에 대해 설명해 보시오.
09. 농협에서 어떤 일을 하고 싶습니까?

2012년 시행 농협은행 인천 6급

01. 자신의 단점을 가지고 1분간 자기소개를 하시오.
02. 꼴등지점으로 배치되면 단합자리에서 어떻게 분위기를 띄울 것입니까?
03. 본인이 상사가 됐을 때 팀을 어떻게 이끌어 나갈 것입니까?
04. 채용이 된다면 어떤 부하직원이 될 것입니까?
05. 지점장 A와 B가 각각 3억씩 투자했는데 A는 한 곳에서만 1억, B는 10군데로 나눠서 1억의 수익을 냈다면, 누가 옳은 투자를 한 것입니까?
06. 한국 경제의 문제점에 대해서 설명해 보시오.
07. 신용위험, 시장위험, 유동성위험 세 가지를 추론해서 이야기해 보시오.
08. 농협의 BIS 비율은 얼마입니까?

01. 자기소개를 간략하게 해 보시오.

02. 자신의 생활신조는 무엇입니까?

03. 자신의 열정은 무엇입니까?

04. 전환사채에 대해서 설명해 보시오.

05. 경제공황에 대해서 설명해 보시오.

06. 현 정부의 경제정책에 대해서 어떻게 생각합니까?

07. 본인이 옆 사람보다 더 강점이라고 생각하는 것은 무엇입니까?

08. 단체 활동을 해 본적이 있습니까?

09. 가장 성취감이 컸던 경험은 무엇입니까?

10. 성희롱을 당했을 경우 어떻게 대처할 것입니까?

11. 다른 회사의 면접을 본 적이 있습니까?

12. 은행원으로서 갖춰야 할 자질이 무엇이라고 생각합니까?

13. 농협은행이 앞으로 나아가야 할 방향에 대해 설명해 보시오.

2 | 2013년 시행

01. 농협의 비전을 만들어 보시오.

02. 빅데이터에 대해 설명해 보시오.

03. SNS를 활용한 농협의 발전 방향에 대해 논해 보시오.

04. 빅뱅방식과 단계적 업무변화 방식에 대해 비교하시오.

05. 스마트 워킹에 대해 설명하시오.

01. 자신의 가치관에 대해 말해보시오.
02. 농협의 이미지에 대해 말해보시오.
03. MOT 마케팅에 대해 설명하시오.
04. 근로장려세제에 대한 자신의 의견을 말해보시오.
05. 허니문 랠리에 대해 설명하시오.
06. 아베노믹스에 대해 평가해 보시오.

3 2014년 시행

2014년 농협중앙회 상반기 5급

01. 본인의 장점과 단점에 대하여 이야기해 보시오.
02. 친구가 많은 편인가, 아니면 한 친구를 깊게 사귀는 편인가? 본인의 친구에 대하여 이야기해 보시오.
03. 최근 감명 깊게 읽은 책에 대해 소개해 보시오.
04. 최근 감명 깊게 본 영화에 대해 이야기해 보시오.
05. 존경하는 인물이 있다면 누구이고 이유는 무엇인가?
06. 농업은 어떤 산업이라고 생각하는지 본인의 생각을 이야기해 보시오.
07. 농협 직원들의 높은 월급에 대해서 어떻게 생각하는가?
08. 지방으로 발령을 받게 되면 어떻게 할 것인가?
09. 새 농촌 새 농협 운동에 대해서 말해보시오.
10. 본인의 취미활동이 무엇인지 말해보시오.
11. 해외에 나가 본 경험이 있는가? 한국과 비교했을 때 안 좋은 점을 말해보시오.
12. 농협이 나아가야 할 방향에 대해서 이야기해 보시오.

01. 대기업과 중소기업의 상생방법을 이야기해 보시오.

02. 한국경제의 세계적 위치에 대하여 이야기해 보시오.

03. 재산세에 대해 아는 대로 이야기해 보시오.

04. 변액보험이란 무엇인가?

05. 임대형 주택가격에 대해 아는 대로 말해보시오.

06. 현 정부의 경제 정책에 대한 본인의 의견을 솔직하게 말해보시오.

07. 농협은행의 발전방향에 대해서 이야기해 보시오.

08. 단체생활을 한 경험이 있는지 거기서 본인은 리더였는가?

(1) 토론면접

공소시효 폐지에 대한 찬반토론을 하시오.

(2) 개인면접

01. 농협의 구조에 대한 개인의 의견을 말해보시오.

02. 까다로운 클라이언트를 만났을 때 어떻게 계약을 성사시킬 것인지 말해보시오.

03. 적립식 펀드에 대하여 아는 대로 말해보시오.

2015년 시행 충청남도 농협 6급

(1) 주장면접 주제

01. 광고총량제

02. 대체휴일제

03. 제4이동통신사 허가

(2) 개별질문

01. 자신의 장점은 무엇입니까?

02. 직장의 의미는 무엇이라고 생각합니까?

03. 파레토 법칙에 대해 설명해 보시오.

04. 이중곡가제에 대해 설명해 보시오.

05. 임금피크제에 대해 설명해 보시오.

06. 하우스 푸어에 대해 설명해 보시오.

07. TPP에 대해 설명해 보시오.

2015 시행 경상남도 농협 6급

(1) 주장면접 주제

01. 기부금 소득공제 확대

02. 주민등록번호 제도 폐지

03. 비만세 도입

04. 지하철 여성전용좌석

(2) 개별질문

01. 취득한 자격증은 무엇이 있습니까?

02. 학창시절 가장 공을 들여 준비한 것은 무엇입니까?

03. 구제역에 대해 설명해 보시오.

04. 축사 악취발생에 대한 해결방법을 제시해 보시오.

05. AI에 대해 설명해 보시오.

2015 시행 강원도 농협 6급

(1) 주장면접 주제

01. 베이비박스

02. 기부금세제혜택

03. 지하철 여성전용칸

04. 지상파 중간광고 허용

(2) 개별질문

01. 학창시절에 학업 외에 몰두했던 일이 있다면 무엇입니까?

02. 입사 후 동기가 업무에 대한 의지가 없어 보인다면 어떻게 할 것인가?

03. 농협 입사를 위해 준비한 것은 무엇입니까?

04. 피치마켓에 대해 설명해 보시오.

05. 좀비기업에 대해 설명해 보시오.

06. 자본잠식에 대해 설명해 보시오.

2015 시행 경기도 농협 6급

(1) 주장면접 주제

01. 지상파 광고총량제

(2) 개별질문

01. 거짓말을 한 경험이 있다면 그 이유와 다시 그 상황이 된다면 어떻게 할지에 대해 이야기해 보시오.

02. 살면서 자신이 했던 가장 올바른 의사결정은 무엇이었는가?

03. 농협 입사를 위해 준비한 것은 무엇입니까?

04. 저관여제품에 대해 설명해 보시오.

5 2016년 시행

(1) 인성면접

01. 본인이 친구에게 영향력을 미친 경험이 있다면 구체적으로 설명해 보시오.

02. 유명인사 중 본인과 성격이 유사한 사람을 소개해 보시오.

03. 본인이 입사하여 어떤 업무를 하고 싶은지, 본인의 역량 중에 어떤 역량이 입사 후에 고객들에게 어필할 수 있는 지 말해 보시오.

04. 본인이 입사하게 된다면 입사 후의 계획에 대해 말해 보시오.

05. 지금까지 살아오면서 본인이 가장 힘들고 어려웠던 경험을 말해 보시오.

06. 본인이 농협을 이용하면서 겪었던 사실 중 본인이 농협직원이었다면 그 때 나는 다르게 대처했을 것이라고 생각되는 이야기를 해 보시오.

07. 지역농협과 타 시중은행과의 다른 점에 대해서 이야기 해 보시오.

08. 본인이 지금까지 살면서 가장 힘들었던 시기와 그 때 그것을 극복하게 된 이유를 말해보시오.

09. 집단이나 조직에서 갈등이 발생하였을 경우 어떻게 해결해야 하는지 본인의 경험에 비추어 말해 보시오.

10. 본인의 장점을 말하고 그 장점이 농협 입사 후 업무에 어떻게 접목되는지 설명해 보시오.

11. 본인이 가장 존경하는 사람과 존경하는 이유에 대해 말해 보시오.

12. 업무 시 잘못된 업무처리방식으로 상사가 지시한다면 어떻게 대처할 것인지 말해 보시오.

13. 왜 전공과 다른 금융업에 지원하게 되었는지 말해 보시오.

14. 본인이 지원한 분야가 아닌 신용사업부에서 근무를 하게 되어도 괜찮은지 아니면 안된다면 그 이유를 말해 보시오.

15. 조합원이 본인이 근무하는 농협에 와서 하루종일 불평, 불만을 늘어놓고 있다면 어떻게 대처할 것인지 말해 보시오.

16. 농협이 무엇을 하는 곳인지 말해 보시오.

17. 농협의 뿌리가 무엇이지 말해 보시오.

18. 본인이 만약 합격하여 근무를 하게 된다면 무슨 사업군에서 근무를 하고 싶은지 말해보시오.

19. 본인의 성장과정에 대해 간략하게 말해 보시오.

20. 친구와 선약이 있는데 퇴근시간이 다 되어 상사가 회식을 요구한다면 어떻게 할 것인지 말해 보시오.

21. 지역농협과 농협중앙회와의 차이가 무엇인지 설명해 보시오.

22. 협동조합이 무엇인지 자세히 설명해 보시오.

23. 본인이 지원한 이 지역에서 특산물로 생산되는 농산물에 대해 말해 보시오.

24. 대인관계에서 가장 중요하게 생각하는 무엇이며, 그것을 위해 어떻게 해야 하는지 말해 보시오.

25. 다른 사람을 위해 본인을 희생해 본 경험이 있다면 그 내용을 상세하게 말해 보시오.

(2) 상식면접

01. 자유학기제에 대해 설명해 보시오.

02. 지급준비율이란 무엇이며, 어떻게 이용되고 있는지 설명해 보시오.

03. ODM이 무엇인지 설명해 보시오.

04. 풍선효과에 대해 설명해 보시오.

05. 저관여제품, 고관여제품에 대해 설명해 보시오.

06. 디마케팅에 대해 설명해 보시오.

07. 8 : 2 법칙이 무엇인지 설명해 보시오.

08. 사물인터넷에 대해 설명해 보시오.

09. 치킨게임에 대해 설명해 보시오.

10. 추심이란 무엇인지 설명해 보시오.

11. 해지펀드에 대해 설명해 보시오.

12. 체리피커에 대해 설명해 보시오.

13. 브렉시트의 영향에 따른 스태그플레이션 현상에 대해 설명해 보시오.

14. 변동직불금이 무엇인지 설명해 보시오.

15. 수요탄력성에 대해 설명해 보시오.

16. OEM에 대해 설명해 보시오.

17. 매몰비용에 대해 설명해 보시오.

18. 크라우드 펀딩에 대해 설명해 보시오.

(3) 주장면접

01. 농협은 청소년 금융교실을 현재 운영하고 있습니다. 본인이 이 청소년 금융교실을 운영하는 책임자라면 어떠한 전략으로 청소년 금융교실을 추진할 것인지 말해 보시오.

02. 요즈음에는 다양한 채널을 통해 홍보가 이루어지고 있습니다. 본인이라면 어떠한 채널을 이용하여 농업을 널리 알리고 홍보할 것인지 말해 보시오.

03. 현재 본인이 알고 있는 농식품의 트렌드를 제시하고, 그 트렌드에 맞는 본인이 생각하는 농산물의 홍보방법에 대해 설명해 보시오.

04. 크라우드 펀딩의 개념과 장점, 그리고 어떻게 농업에 활용할 수 있는가, 또는 어떻게 투자를 이끌어낼 수 있는지에 대해 말해 보시오.

05. 농촌의 고령화 심화 현상으로 정부에서는 매년 막대한 예산을 쏟고 있는 실정입니다. 그런데 왜 귀농하는 인구는 감소하는 현상을 보이는 걸까요? 귀농인구가 감소하는 이유와 어떻게 하면 귀농인구를 높일 수 있는 지 그 방안에 대해 말해 보시오.

06. 최근 들어, 쌀 소비량이 크게 감소하고 있습니다. 쌀 소비량이 감소한 이유와 그 해결방안에 대해서 말해 보시오.

07. 농업인 월급제가 현제 시행되고 있는 지역이 있습니다. 농업인 월급제에 대하여 찬성하는지 아니면 반대하는지 그 이유에 대해서 말해 보시오.

08. 명절 이후 다시 농산물의 판매 실적이 감소하다 못해 나빠지고 있습니다. 이 점을 감안하여 홈쇼핑을 이용하여 농산물을 판매하려고 할 때 어떤 상품을 개발하여야 소비자를 끌어들일 수 있는지 말해 보시오.

09. 도농교류의 일환으로 특성화 도시 조성을 포함한 여러 가지의 사업을 펼치고 있습니다. 그러나 정작 관광객들의 발길은 외국으로만 향해 가고 있는 실정입니다. 그렇다면 우리 지역으로 관광객을 유치할 수 있는 방안에 대해 말해 보시오.

10. 농업에 대해서 많은 사람들이 힘들고 어렵고 열악하다고만 생각합니다. 그러나 농업은 반드시 누군가는 해야 할 일입니다. 그렇다면 농업인을 육성하기 위한 마케팅 수단으로 무엇을 해야 하는지 말해 보시오.

11. 많은 국가들과의 FTA 체결로 인하여 외국산 농산물의 수입은 증가하고 있으나 국내 과일 시장은 많이 침체되어 있습니다. 이러한 국내 과일시장을 활성화 시킬 수 있는 방안에 대해 말해 보시오.

12. 중국은 없는 것이 없는 나라로 유명합니다. 하물며 농산물까지도 그 종류가 매우 다양한데, 이러한 중국시장에 우리나라 배추를 성공적으로 유통시키기 위한 방법에 대해 말해 보시오.

13. 농협은 농업인 뿐 아니라 일반인들도 많이 이용하고 있는 곳입니다. 그러나 많은 외국자본과 외국계 회사, 저렴하고 품질 좋은 외국계 농산물 등의 등장으로 인하여 농협의 입지가 점차적으로 줄어들고 있습니다. 이러한 상황에서 농협을 어떻게 변화시켜야 발전할 수 있는지 그 방안에 대해 말해 보시오.

(1) 인성면접

01. 우리 농협에 지원한 동기를 말해 보시오.

02. 농협하면 떠오르는 이미지에 대해 말해 보시오.

03. 대인관계에 있어 나의 경쟁력에 대해 말해 보시오.

04. 자신의 꿈에 대해 말해 보시오.

05. 농협에 입사 후 자신의 포부에 대해 말해 보시오.

06. 나와 다른 주장을 가지고 있는 사람을 설득할 방법에 대해 말해 보시오.

07. 내가 맡은 일을 끝내기 위해 해본 경험에 대해 말해 보시오.

08. 다른 사람을 위해 내가 희생한 경험을 말해 보시오.

09. 학교다닐 때, 대외활동 등 특이한 경험을 한적이 있고 그것이 실무에 어떤 영향을 미치는지 말해 보시오.

10. 자신이 생각하는 농협의 정의를 말해 보시오.

11. 착한 거짓말에 대한 생각을 말해 보시오.

12. 누군가 선뜻 나서지 않는 상황에서, 자신이 선뜻 나서서 일을 했던 경험을 말해 보시오.

13. 친구들이나 지인들 사이에서 자신이 어떻게 불리는지 말해 보시오.

14. 농협을 5글자로 표현해 보시오.

15. 혼자보다는 팀과 함께 일을 했던 경험과 그것을 통해 얻은 것을 말해 보시오.

16. 자신의 직업관에 대해 말해 보시오.

17. 상사의 잘못을 본인의 잘못으로 한 경험과 그 후의 대처 방법에 대해 말해 보시오.

18. 본인의 삶에서 가장 힘들었던 일을 말해 보시오.

19. 본인의 삶에서 가장 큰 성과를 낸 일을 말해 보시오.

20. 조직의 리더로써 비전 제시 및 중재를 한 경험에 대해 말해 보시오.

21. 자신에게 이득이 되지 않음에도 불구하고 누군가를 도왔던 경험을 말해 보시오.

22. 바람직하지 않은 부탁이나 청탁이 들어왔을 때 거절했던 경험을 말해 보시오.

23. 농협에서 일하면서 필요하다고 생각하는 자질을 말해 보시오.

(2) 상식면접

01. 농협과 주식회사의 차이를 말해 보시오.

02. 농지은행에 대해 말해 보시오.

03. 절대농지에 대해 말해 보시오.

04. 구제역에 대해 말해 보시오.

05. FTA에 대해 말해 보시오.

06. 인구절벽에 대해 말해 보시오.

07. 레몬마켓에 대해 말해 보시오.

08. 기준금리에 대해 말해 보시오.

09. 공동체농장에 대해 말해 보시오.

10. 반농반X에 대해 말해 보시오.

(3) 주장면접

01. 청탁금지법으로 소비가 위축된 상황에서 화훼농가 판매활성방안에 대해 말해 보시오.

02. 가뭄방지에 대해 말해 보시오.

03. 펀마케팅에 대해 말해 보시오.

04. GMO에 대한 찬성과 반대 의견을 말해 보시오.

05. 보이스피싱의 근절방안에 대해 말해 보시오.

06. 주변지역의 특산품을 선정하여 6차산업과 접목해서 말해 보시오.

07. 인터넷은행(카카오뱅크, K뱅크 등) 출범에 따라 농협이 나아가야 할 방향을 말해 보시오.

08. 해외수출 품목 지정과 그 이유를 말해 보시오.

09. 국제결혼이민자에 대해 농협이 지원할 수 있는 방법을 말해 보시오.

10. 지단 단걀 파동이 있었는데, 양계장에 힘을 실을 수 있는 방법을 말해 보시오.

11. 농산물 수출 방안을 말해보시오.

12. 농협이 추진 중인 1천만 명 서명 운동을 성공하기 위해서 어떤 방향으로 하는 것이 좋을지 말해 보시오.

13. 농업의 중요성을 알리기 위한 방법에 대해 말해 보시오.

14. 4차 산업혁명에 따른 농촌의 변화 양상과 고려할 점을 말해 보시오.

15. FTA에 대처할 방법에 대해 말해 보시오.

16. 농업의 공익적 기능에 대해 말해 보시오.

17. 농업 관련 헌법 개정안 반영에 관한 생각을 말해 보시오.

18. 농협직원으로써 가져야할 자세와 마음가짐을 말해 보시오.

10. 갈수록 심해지는 고령농 비중 증가에 대처할 수 있는 방법을 말해 보시오.

7 | 2019년 지역농협 6급 면접 문제

[면접 Tip – 지역농협·축협]
• 인성면접 : 7인 1조 / 면접관 7명 / 30분 소요 / 자기소개서 질문+인성질문+기술질문 / 인성면접 후 주장면접으로 이어짐
• 주장면접 : 7인 1조 / 면접관 7명 / 20분 소요 / 제비뽑기로 주제를 받고 30초 간 생각 후 지원자 자신의 의견을 1분 간 피력

(1) 인성면접

01. 당사에 대해 아는 대로 말해보시오.

02. 입사하게 되면 어떠한 일을 하고 싶은지 말해보시오.

03. 지원자의 취미를 소개해 보시오.

04. 해당 직무를 선택한 이유를 말해보시오.

05. 이 곳 말고 다른 회사는 어디 지원했으며 그 결과는 어땠는지 말해보시오.

06. 지방 근무(비연고지 근무)는 가능한가요?

07. 입사 후 포부를 말해보시오.

08. 지원자의 장점(강점)을 말해보시오.

09. 지원한 직무에서 어떠한 일을 하는지 설명해 보시오.

10. 우리 회사에서 지원자를 채용해야 하는 이유를 설명해 보시오.

11. 지원자의 특기가 있다면 무엇인지 설명해 보시오.

12. 지원자의 인턴 또는 아르바이트 경험이 있다면 간단히 소개해 보시오.

13. 최근에 읽은 책이 있다면 어떤 것인지 소개해 보시오.

14. 당사의 제품·상품·서비스에 대해 아는 대로 말해보시오.

15. 지원자에게 비춰진 당사의 이미지는 어떠한지 말해보시오.

16. 지원자가 평소에 존경하는 인물이나 롤 모델이 되었던 사람이 있으면 말해보시오.

17. 입사하게 되면 어떠한 방식으로 자사에 기여할지 말해보시오.

18. 지원자의 교외활동(대외활동)을 말해보시오.

19. 우리 회사와 경쟁사를 비교 및 설명해 보시오.

20. 지원자는 회사 노조에 대해 어떻게 생각하는지 말해보시오.

21. 최근에 관심 있게 본 신문, 뉴스 기사는 무엇이었는지 말해보시오.

22. 우리 회사가 개선해야 할 점이 있다면 무엇인지 말해보시오.

23. 지원자는 담배를 피웁니까?

24. 우리 회사는 야근이 많은데 가능한가요?

25. 지원자의 직업관은 무엇인지 말해보시오.

26. 자신 있는 외국어로 지원자를 소개해 보시오.

27. 당사 인재상 중 지원자와 잘 맞는 사례가 있다면 무엇인지 말해보시오.

28. 우리 회사 면접을 위해 지원자가 준비한 것은 무엇인지 말해보시오.

29. 오늘 면접을 위해 집에서 당사까지 오는데 얼마나 걸렸는가?

30. 지원자가 생각하는 리더십이란 무엇인지 설명해 보시오.

31. 지원자가 면접관이라면 무엇을 물어보겠는가?

32. 혹시 준비해 온 말이 있으면 해 보시오

33. 지원자가 생각할 때 조직생활에서 중요한 것은 무엇인가?

34. 입사 후 첫 월급을 타면 어디에 쓰고 싶은가?

35. 입사 후에 자기개발 계획을 말해보시오.

36. 만약 상사 또는 동료의 비리를 알게 되었다면 어떻게 할지 말해보시오.

37. 촛불시위에 대한 지원자의 생각은 어떤지 말해보시오.

38. 학생과 직장인의 차이는 무엇인지 말해보시오.

39. 지원자가 CEO 라면 회사를 어떻게 운영할지에 대해 말해보시오.

40. 취업하는 이유 또는 직장을 구하려는 이유가 무엇인지 말해보시오.

41. 지원자가 즐겨보는 TV 프로그램은 무엇인가?

42. 지원자가 원하는 상사의 모습은 무엇인지 말해보시오.

43. 천안함 사건에 대한 지원자의 견해를 말해보시오.

44. 지원자는 당사의 연봉체계를 알고 있는가?

45. 입사 후에 잔심부름을 하게 된다면 어떻게 하겠는가?

46. 삼성특검에 대한 지원자의 생각은 어떤지 말해보시오.

47. 지원자에게 1억이 생겼다면 어디에 쓰겠는가?

48. 성형수술에 대한 지원자의 생각을 말해보시오.

49. 지원자가 상사가 되었을 때 부하사원이 말을 듣지 않는다면 어떻게 하겠는가?

50. 내부고발에 대한 지원자의 생각을 말해보시오.

51. CRM을 설명하고 지원자만의 CRM 아이디어가 있다면 설명해 보시오.

52. 바로 옆 지원자의 답변에 대해 반박해 보시오.

53. 지금 부모님 성함을 한자로 써 보시오.

54. 지원자의 파워포인트 활용능력은 어떠한가?

55. 군 가산점제에 대한 지원자의 생각은 어떠한가?

56. 유럽경제위기 원인과 영향을 말해보시오.

57. 대인관계 유지를 위한 지원자만의 방법이 있다면 말해보시오.

58. 환율하락의 이유와 그 득실은 어떨지 말해보시오.

59. 하우스 푸어의 문제점 및 대책을 말해보시오.

60. 대북지원에 대한 지원자의 견해를 피력해 보시오.

61. 지금 바로 우리 회사 이름으로 삼행시를 지어보시오.

62. 만약 부모님께서 지원자의 결혼 상대를 반대한다면 어떻게 하겠는가?

63. 원자력 발전을 계속되어야 한다고 생각하는가? 그렇다면 그 이유는 무엇인가?

64. 돈이란 무엇이라고 생각하는지 말해보시오.

65. 상생경영이 무엇인지 간단히 설명해 보시오.

66. ODM과 OEM을 비교 설명해 보시오.

67. 지원자는 도덕적인 사람인가? 그렇다면 그 근거는 무엇인가?

68. 쌀 개방에 대한 지원자의 견해는 어떠한가?

69. 제주해군기지에 대한 지원자의 견해는 어떠한가?

70. 15년 후 지원자의 모습은 어떨지 말해보시오.

71. 쌀 직불금에 대한 지원자의 견해를 말해보시오.

72. 배추 값 파동의 원인 및 대책을 말해보시오.

73. 경의선 공사에 대한 지원자의 생각은 어떠한가?

74. 밀양송전탑 건설에 대한 지원자의 견해를 피력해 보시오.

75. 세대 차이가 생기는 이유는 무엇인가?

76. 맞벌이 부부에 대한 지원자의 견해를 개진해 보시오.

77. 우리나라 쌀 소비를 늘리려면 어떻게 해야 하겠는가?

78. 삼강오륜을 설명해 보시오.

79. 티저광고를 설명해 보시오.

80. 747공약에 대해 말해보시오.

81. SOFA에 대한 지원자의 견해를 말해보시오.

82. 갑자기 돈이 필요할 때 지원자는 어떻게 마련할 수 있겠는가?

83. FTA와 WTO의 차이점은 무엇인가?

84. 6차 산업에 대해서 설명해 보시오.

85. 절대농지에 대해서 설명해 보시오.

86. 미국의 셧 다운이 우리나라에 미치는 영향은 어떠할지 말해보시오.

87. 정당공천 폐지에 대한 지원자의 견해를 제시해 보시오.

88. 순환출자에 대해 설명해 보시오.

89. 유리천정이란 무엇인가?

90. 커플링 효과란 무엇인지 말해보시오.

91. 희망근로상품권에 대한 지원자의 견해를 말해보시오.

92. 포이즌 필을 설명해 보시오.

93. 아이 핀에 대해서 설명해 보시오.

94. 지원자가 농촌에 도움을 줄 수 있는 것은 무엇인지 말해보시오.

95. 협동조합법에 대해서 설명해 보시오.

96. 히딩크 경영논리란 무엇인지 말해보시오.

97. 이비즈니스를 성공하려면 어떻게 해야 하겠는가?

98. 지원자가 추후 자녀에게 권하고 싶은 직업이 있다면 무엇인지 말해보시오.

99. 노블리스 오블리제가 무엇인지 말해보시오.

100. 지원자는 전문가가 좋은지 또는 멀티플레이어가 좋은지 말해보시오.

(2) 상식면접

01. IFRS에 대해 말해보시오.

02. 지구온난화 현상에 대해 말해보시오.

03. 구매자란 무엇인지 말해보시오.

04. 방카슈랑스가 무엇인지 말해보시오.

05. 유전자 재조합식품에 대해 설명해 보시오.

06. 네트워크에 대해 아는 대로 말해보시오.

07. 농협의 신경분리에 대해 말해보시오.

08. 전환사채란 무엇인지 말해보시오.

09. 농지은행에 대해 설명해 보시오.

10. 개인파산제도 및 개인회생제도에 대해서 설명해 보시오.

(3) 주장면접

01. 아동성범죄자 약물치료요법에 대해 말해보시오.

02. 새만금 간척사업에 대해 말해보시오.

03. 고교등급제에 대해 말해보시오.

04. 원격진료에 대해 말해보시오.

05. 사형제도에 대해 말해보시오.

06. 조기유학에 대해 말해보시오.

07. 아파트 분양원가 공개에 대해 말해보시오.

08. 이공계 기피현상에 대해 말해보시오.

8 2020 지역농협 6급 면접 문제

[면접 Tip - 지역농협·축협]
- 인성면접 : 7인 1조 / 면접관 7명 / 30분 소요 / 자기소개서 질문+인성질문+기술질문 / 인성면접 후 주장면접으로 이어짐
- 주장면접 : 7인 1조 / 면접관 7명 / 20분 소요 / 제비뽑기로 주제를 받고 30초 간 생각 후 지원자 자신의 의견을 1분 간 피력

(1) 인성면접

01. 인생의 가치관과 가치관대로 행동한 경험을 말해보시오.

02. 편견을 가지고 대했는데 아니었던 경험을 말해보시오.

03. 가장 좋아하는 과목과 싫어하는 과목은?

04. 가장 힘들었던 경험은 무엇인가?

05. 농협사료에 지원한 이유와 가고 싶은 지역은 어디인가?

06. 1분 동안 자기소개를 해보시오.

07. 실적에 대해 어떻게 생각하며, 받게 될 스트레스는 어떻게 해소할 것인가?

08. 돌발상황이 발생했을 때 어떻게 대처할 것인가?

09. 원칙과 융통성 중 중요하다고 생각하는 것은 무엇인가?

10. 행원으로써 중요한 세 가지 역량은 무엇이라고 생각하는가?

11. 생각하는 농협은행의 이미지는 무엇인가?

(2) 상식면접

01. 기준금리와 가계부채의 상관관계에 대해서 말해보시오.

02. 고령화 인구 대상 기능식품의 활성화가 갖는 의미를 말해보시오.

03. 무점포 비대면 거래에 대해 지농의 대처를 말해보시오.

04. 협동조합의 의의와 농협의 발전에 대해 말해보시오.

(3) 주장면접

01. 코로나로 인해 경제가 침체되는데 주식 시장이 호황인 이유에 대해 말해보시오.

02. 사회적 이슈를 수용할 시에 객관성을 지키는 방법에 대해 말해보시오.

9 2021 지역농협 6급 면접 문제

[면접 Tip – 지역농협·축협]
- 인성면접 : 7인 1조 / 면접관 7명 / 30분 소요 / 자기소개서 질문+인성질문+기술질문 / 인성면접 후 주장면접으로 이어짐
- 주장면접 : 7인 1조 / 면접관 7명 / 20분 소요 / 제비뽑기로 주제를 받고 30초 간 생각 후 지원자 자신의 의견을 1분 간 피력

(1) 인성면접

01. 본인 성격의 장단점을 말해보시오.

02. 리더십을 발휘한 경험이 있습니까?

03. 평소 닮고 싶다고 생각한 사람이 있습니까?

04. 자신의 가장 큰 도전은 무엇인지, 그리고 어떤 과정을 거쳤는지 말해보시오.

05. 농협은행을 수치로 표현해보겠습니까?

06. 조직에서 다른 동료가 실수할 수도 있는데, 이때 기분 나쁘지 않게 지적하는 노하우를 말해보시오.

(2) 상식면접

01. 농협은행과 인터넷뱅킹과의 차이점은 무엇입니까?

02. 기준금리가 하락할 때 은행에서 할 수 있는 일은 무엇입니까?

03. 개인 금융에 비해 기업 금융에 필요한 역량은 무엇이라고 생각합니까?

04. 암호화폐의 정의와 견해를 말해보시오. 또한 자신이 기여할 수 있는 부분에 대해 말해보시오.

05. 팬데믹이 농협은행에 미친 영향은 무엇인지 말해보시오.

(3) 주장면접

01. 메타버스가 화제인데 가상공간에 농협은행 지점을 만들면 주 고객층은 누구겠는지 말해보시오. 또한 판매하게 될 금융상품을 제시해보시오.

02. 숏케팅을 활용한 2030 고객유치방안을 말해보시오.

03. 고객에게 농협은행의 상품을 추천한다면 어떤 상품을 어떻게 추천할 것인가?

[면접 Tip - 지역농협 · 축협]
- 면접 형식 : 다대다형식
- 소요 시간 : 1시간
- 면접 종류 : 인성면접 + 주장면접
- 인성면접 : 1조당 면접자 6~8명 면접관 8명 / 자기소개서 질문+인성질문+상식질문 / 인성면접 후 주장면접 진행
- 주장면접 : 1조당 면접자 6~8명 면접관 8명 / 제비뽑기로 주제를 받고 자신의 의견을 정리하는 시간을 포함하여 3분간 부여

(1) 인성면접

01. 지원동기에 대하여 설명해보시오.
02. 농협 입사를 위해 어떤 노력을 해왔는지 설명해보시오.
03. 타인을 도운 경험이 있다면 설명해보시오.
04. 농협을 통해 시작해보고 싶은 사업이 있다면 설명해보시오.
05. 다른사람들이 말하는 본인에 대하여 설명해보시오.
06. 만약 상사가 부당하지 않은 지시를 하였다면 어떻게 하겠는가?
07. 농협의 문제점이 무엇이라 생각하는지 말해보시오.
08. 직장생활을 함에 있어 중요하다 생각하는 부분이 무엇인지 말해보시오.
09. 입사 후 본인이 가장 잘할거 같다고 싶은것은 무엇인가?

(2) 상식면접

01. 예금자보호제도에 대해 아는대로 말해보시오.
02. RPC가 무엇인지 아는대로 설명해보시오.
03. 금리가 인상될 경우 물가에 미치는 영향에 대해 설명해보시오.
04. 푸드플랜이 무엇인지 아는대로 설명해보시오.
05. 신토불이의 뜻이 무엇인지 아는대로 설명해보시오.
06. 스마트팜에 대하여 본인의 의견을 설명해보시오.

(3) 주장면접

01. ESG 경영과 관련하여 농협이 실천할 수 있는 방안은 무엇인가?
02. 지역 농산물 활성화 방안에 있다면 설명해보시오.
03. 환율의 상승함에 따라 농업은 어떤 영향을 받는지 설명해보시오.
04. 사회적 책임을 실현할 수 있는 방안에 대하여 설명해보시오.
05. 농촌지역 인력이 감소됨에 따른 해결방안이 있다면 설명해보시오.

PART

04

정답 및 해설

[실전 모의고사 l 유형] **정답 및 해설**

1	2	3	4	5	6	7	8	9	10	11	12	13	14	15	16	17	18	19	20
②	⑤	①	③	④	②	②	②	④	①	②	③	⑤	④	⑤	②	②	②	②	④
21	22	23	24	25	26	27	28	29	30	31	32	33	34	35	36	37	38	39	40
②	④	④	⑤	②	②	③	④	④	②	③	③	③	②	④	①	①	②	①	④
41	42	43	44	45	46	47	48	49	50	51	52	53	54	55	56	57	58	59	60
⑤	④	②	①	②	③	③	②	③	④	③	①	③	④	④	③	④	④	④	④
61	62	63	64	65	66	67	68	69	70
③	③	②	②	⑤	②	③	①	④	③

1 　개인정보 수집 및 이용 동의서, 개인정보 제공 동의서 등은 동의 여부를 개인정보 제공자의 자유의사로 선택할 수 있으므로 필요한 경우 작성을 요청할 수 있으나, 모집요강에 반드시 포함되어야 할 사항은 아니다.
　① 202x. 4. 1 ~ 7. 15 → 202x. 4. 1. ~ 7. 15. 로 표기해야 한다.
　③ 18시 30분 ~ 21시 → 18:30 ~ 21:00 으로 표기해야 한다.
　④ 대외적으로 배포하는 안내문에서는 문의 및 연락처, 기타 사항 등을 통하여 담당부서, 연락처 등을 함께 기재하는 것이 일반적이다.

2 　수료기준으로 60% 이상 출석을 요구하고 있다. 따라서 총 14주차 수업이므로 5주차 정도의 수업까지 참석하지 못해도 수료증이 수여된다.

3 　① 甲사업은 국가 재정지원 규모가 275억 원으로 예비타당성조사 대상에 해당하지 않는다.

4 　미란이는 중위소득이 40%라고 했으므로 보수비용의 80%를 지원 받을 수 있다. 미란이의 집은 지붕보수가 필요하며 보수 비용은 950만 원이며 여기에 80%인 760만 원을 지원받을 수 있다.

5 轉換(전환) : 다른 방향이나 상태로 바뀌거나 바꿈
　　變換(변환) : 달라져서 바뀜. 또는 다르게 하여 바꿈

6 설립위치 : 20~30대 비율이 50%인 乙을 제외하고 {(유동인구)×(20~30대 비율)/(교통혼잡성)} 값이 큰 곳은
　　2,250인 丙위치를 선택한다.
　　설립방식 : {(고객만족도 효과의 현재가치) − (비용의 현재 가치)}의 값은 ㈎ 방식이 2억 원으로 1억 원이 되는
　　㈏ 방식보다 크기 때문에 ㈎ 방식을 선택한다.

7 A제품 생산시 사용된 A제품 금속

구리	철	주석	아연	망간
180	15	0	75	30

이미 제품 A를 300kg 생산했다고 했으므로 남아있는 금속은 다음과 같다.

구리	철	주석	아연	망간
320	0	20	60	0

철과 망간이 남지 않았으므로 A는 더 이상 생산할 수 없으며 남은 재료로 B는 400kg을 생산 할 수 있다. 제품
A의 1kg당 가격은 300원이고, 제품 B의 1kg당 가격은 200원이므로 $300 \times 300 + 400 \times 200 = 170,000$원이다.

8 시민 만족도가 가장 높게 신축을 하기 위해서 우선 예산을 최대한 사용하면 두 가지 경우를 계획할 수 있다.
　　㉠ : 가장 만족도가 높은 기관을 신축할 경우 B구의 복지회관을 2개, A구에 어린이 집 1개를 지을 수 있다. 이
　　　　경우의 만족도는 $50 + 50 - 50 \times 0.2 + 35 = 125$이다.
　　㉡ : 건축비가 낮은 기관을 각 구에 2개씩 지을 경우, A구에는 복지회관 2개, B구에는 어린이집을 2개 지을 수
　　　　있는데 만족도를 계산하면 $30 + 30 - 30 \times 0.2 + 40 + 40 - 40 \times 0.2 = 126$이다. 따라서 ㉡의 경우를 선택한다.

9 전 직원의 수를 x라 하면, 과민성대장증상을 보이는 직원의 수는 $2/3x$가 되며, 이 중 아침을 먹지 않는 직원의
수는 $2/3x \times 1/4$가 된다. 또한 과민성대장증상을 보이지만 아침 식사를 하는 직원의 수는 $2/3x$에서 $2/3x \times 1/4$
를 빼면 되므로 다음과 같은 식이 성립한다.
$2/3x - 2/3x \times 1/4 = 144$, 따라서 이를 풀면 $x = 288$명이 된다.

10 늘어난 비율을 x라 하면, 다음 공식이 성립한다.
　　$20x \times 15x = 432 \rightarrow 300x^2 = 432$
따라서 $x^2 = 1.44$가 되어 $x = 1.2$가 된다. 이것은 원래의 가로, 세로의 길이에서 20%씩 길이가 늘어났다는 것이
되므로 결국 $20 \times 1.2 = 24$m와 $15 \times 1.2 = 18$m가 된다.
따라서 새로운 잔디밭의 가로, 세로의 길이는 24m, 18m가 되는 것을 알 수 있다.

11 30만 원 이상의 출장계획서는 최고결재권자 또는 전결을 위임받은 부장에게 결재를 받아야 하고, 30만 원 이상의 청구서는 사장의 결재를 받아야 한다.

12 40만 원 이하 영업처 식대비는 부장님 전결 사항이므로 부장님께 최종 결재 받아야 한다.

13 흉부외과 수술실에 반드시 마취과 선생님 한 명이 함께 들어가야 하며 제시된 마취과 수술시간표는 첫째 주이므로 이번 토요일에는 C과장이 휴무이고 A과장은 수술스케줄이 잡혀 있다. 이에 따라 마취과 선생님이 필요한 수술실에 丙이 들어간다고 하면 다음과 같다.

	丙	
	오전	오후
월요일		A과장 수술실
화요일	A과장 수술실	D과장 수술실
수요일		C과장 수술실
목요일	C과장 수술실	
금요일		D과장 수술실
토요일	A과장 수술실	

14 축구경기와 달리기가 총 3시간, 농구와 배드민턴 역시 3시간을 사용한다 하였으므로 운동장과 체육관 각각 2시간 초과 4시간 이하 대여한다. 시상식은 강당에서 2시간 이내에 끝날 것이므로 2시간 이하로 대여한다. 여기에 강당과 체육관 냉방시설을 가동하였으므로 20%를 가산하여 계산해야한다.
따라서, 60,000(잔디 운동장)+48,000(체육관)+24,000(강당)＝132,000(원)이다.

15 1개월 이상이란 주 1회 이상 월 4주 이상을 사용하는 경우를 말한다. 이 사원이 넷째 주에는 사용하지 않는다고 했으므로 1개월 이상 사용에 해당하지 않아 시간당 10,000원에 사용할 수 없다.

16 통상임금이 200만 원이면 육아휴직 급여는 100분의 40인 80만 원이 되며, 이 금액의 100분의 25인 20만 원이 직장복귀 6개월 후 지급받는 금액이 된다.

17 고객이 그의 책임 있는 사유로 계약을 해제한 경우에는 다음 각 호의 규정에 의한 손해배상액을 사업자에게 지급하여야 한다. 다만, 고객이 이미 지급한 계약금이 있는 경우에는 그 금액을 공제할 수 있다.
1. 고객이 약정된 이사화물의 인수일 1일전까지 해제를 통지한 경우 : 계약금의 4배액
2. 고객이 약정된 이사화물의 인수일 당일에 해제를 통지한 경우 : 계약금의 6배액
① 제7조에 규정이 명시되어 있다.   ③ 제10조에 규정이 명시되어 있다.
④ 제6조에 규정이 명시되어 있다.   ⑤ 제9조에 규정이 명시되어 있다.

18 운임 등의 청구〈제8조〉

　ⓐ 사업자는 고객이 이사화물의 전부의 인도를 확인한 때(일반이사의 경우) 또는 이사화물의 전부의 정리를 확인한 때(포장이사의 경우), 운임 등에서 이미 지급한 계약금을 제외한 잔액을 청구할 수 있다. 보관이사의 경우 보관료의 청구도 다른 약정이 없는 한 이에 따른다.

　ⓑ 사업자는 운임 중에 대해 계약서에 기재된 금액을 초과하여 청구하지 아니한다. 다만, 고객의 책임 있는 사유로 이사화물의 내역, 보관기관 또는 포장과 정리 등 운임 등의 산정에 관련된 사항이 변경됨에 인해 계약서에 기재된 금액을 초과하게 되는 경우에는, 그 변경 시에 초과금액을 미리 고객에게 고지한 경우에 한해 초과된 금액을 청구할 수 있다.

　ⓒ 사업자는 규정에 의한 금액 이외에 수고비 등 어떠한 명목의 금액도 추가로 청구하지 아니 한다.

19 규칙을 잘 살펴보면

임을 알 수 있다.

그러므로 $5 \times 4 = 20 = A$, $20 + 4 = 24 = B$

$A + B = 20 + 24 = 44$

20

```
25    26    13    14    7     8     4    ( )
  \/    \/    \/    \/    \/    \/    \/
  +1    ÷2    +1    ÷2    +1    ÷2    +1
```

21 홀수항과 짝수항을 따로 생각해 보면

　• 홀수항

```
68    ( )    73    82
  \/     \/     \/
  +1²    +2²    +3²
```

　• 짝수항

```
71    70    68    65
  \/    \/    \/
  -1    -2    -3
```

그러므로 괄호 안의 수는 69가 된다.

22

```
36    35    35    33    33    30    ( )
  \/    \/    \/    \/    \/    \/
  -1    0     -2    0     -3    0
```

그러므로 괄호 안의 수는 30이다.

23 ①②③⑤ 회사의 제도 또는 정책에 대한 불만이다.
④ 팀장의 친분에 의한 평가를 한 것인지를 파악해야 하는 것이므로 가장 시급하다고 볼 수 있다.

24 객실의 층과 라인의 배열을 그림으로 표현하면 다음과 같다.

301호	302호	303호	304호
201호	202호	203호	204호
101호	102호	103호	104호

두 번째 조건에서 4호 라인에는 3개의 객실에 투숙하였다고 했으므로 104호, 204호, 304호에는 출장자가 있게 된다. 또한 3호 라인에는 1개의 객실에만 출장자가 투숙하였다고 했는데, 만일 203호나 303호에 투숙하였을 경우, 2층과 3층의 나머지 객실이 정해질 수 없다. 그러나 103호에 투숙하였을 경우, 1층의 2개 객실이 정해지게 되며 2층과 3층은 3호 라인을 제외한 1호와 2호 라인 모두에 출장자가 투숙하여야 한다. 따라서 보기 ⑤의 사실이 확인된다면 8명의 출장자가 투숙한 8개의 객실과 투숙하지 않는 4개의 객실 모두를 다음과 같이 알아낼 수 있다.

301호	302호	303호	304호
201호	202호	203호	204호
101호	102호	103호	104호

25 자원관리능력의 유형
  ⊙ 시간관리능력
  ⓛ 예산관리능력
  ⓒ 물적자원관리능력
  ⓔ 인적자원관리능력

26 과제 달성을 위해 소요되는 자원으로는 인적, 예산, 물적, 시간적 자원이 있다.

27 물적자원의 구분
  ⊙ 자연자원 : 석탄, 석유, 나무 등의 자연 그대로의 자원을 말함
  ⓛ 인공자원 : 시설, 장비 등 인위적으로 가공한 자원을 말함

28 인적 자원의 특성으로는 능동성, 잠재성 및 개발가능성, 전략적 자원으로 분류할 수 있다.

29 농협의 인재상

ㄱ 시너지 창출가 : 항상 열린 마음으로 계통 간, 구성원 간에 존경과 협력을 다하여 조직 전체의 성과가 극대화될 수 있도록 시너지 제고를 위해 노력하는 인재

ㄴ 행복의 파트너 : 프로다운 서비스 정신을 바탕으로 농업인과 고객을 가족처럼 여기고 최상의 행복가치를 위해 최선을 다하는 인재

ㄷ 최고의 전문가 : 꾸준한 자기계발을 통해 자아를 성장시키고, 유통·금융 등 맡은 분야에서 최고의 전문가가 되기 위해 지속적으로 노력하는 인재

ㄹ 정직과 도덕성을 갖춘 인재 : 매사에 혁신적인 자세로 모든 업무를 투명하고 정직하게 처리하여 농업인과 고객, 임직원 등 모든 이해관계자로부터 믿음과 신뢰를 받는 인재

ㅁ 진취적 도전가 : 미래지향적 도전의식과 창의성을 바탕으로 새로운 사업과 성장 동력을 찾기 위해 끊임없이 변화와 혁신을 추구하는 역동적이고 열정적인 인재

30 NH농협의 캐릭터 아리(ARI)…농업의 근원인 씨앗을 모티브로 하여 쌀알, 밀알, 콩알에서의 알을 따와서 이름을 붙였다. 통합 농협으로 새출발하는 농협의 미래지향적인 기업 이미지를 캐릭터를 통해 발현시키고자 하였으며, 우리의 전통 음율 '아리랑'을 연상하게 하여, '흥, 어깨춤'등 동적인 이미지를 지님과 동시에 곡식을 담을 '항아리'도 연상케 하여 '풍요'와 '결실'의 의미도 함께 지닌다.

31 ① 주주총회 및 이사회 개최 관련 업무, 의전 및 비서업무, 소모품의 구입과 관리, 사무실 임차 및 관리, 차량 및 통신시설의 운영, 출장 업무 협조, 복리후생 업무, 법률자문과 소송관리, 사내 홍보 광고 등

② 경영계획 및 전략 수립, 전사기획업무 조정, 중장기 사업계획의 종합 및 조정, 경영정보 조사, 경영진단업무, 종합예산수립 및 실적관리, 사업계획, 손익추정, 실적관리 및 분석 등

④ 판매계획, 판매예산 편성, 시장조사, 광고 선전, 견적 및 계약, 제품의 재고 조절, 거래처 관리, 제품의 A/S, 판매원가 및 판매가격의 조사 등

⑤ 회계제도의 유지 및 관리, 재무상태 및 경영실적 보고, 결산 관련 업무, 재무제표분석 및 보고, 법인세, 부가가치세, 국세·지방세 업무자문 및 지원, 보험가입 및 보상업무, 고정자산 관련 업무

32 아프리카의 2040년 에너지 소비는 2013년 대비 $(1,302-744) \div 744 \times 100 = 75\%$에 이를 것으로 전망할 수 있다.

33 문서이해의 절차

1. 문서의 목적 이해하기

↓

2. 이러한 문서가 작성된 배경과 주제를 파악하기

↓

3. 문서에 쓰여진 정보를 밝혀내고, 문서가 제시하고 있는 현안문제를 파악하기

↓

4. 문서를 통해 상대방의 욕구와 의도 및 내게 요구되는 행동에 관한 내용을 분석하기

↓

5. 문서에서 이해한 목적 달성을 위해 취해야 할 행동을 생각하고 결정하기

↓

6. 상대방의 의도를 도표나 그림 등으로 메모하여 요약, 정리해보기

34 ⓐ의 이전 문장을 보면 알 수 있는데, "언론의 자유와 공정한 형사절차를 조화시키면서 범죄 보도를 제한할 수 있는 방법을 모색하였다. 그리하여 셰퍼드 사건에서 제시된 수단과 함께 형사 재판의 비공개, 형사소송 관계인의 언론에 대한 정보제공지 등이 시행되었다."에서 볼 수 있듯이 ②의 경우에는 예단 방지를 위한 것이다. 하지만, 예단 방지 수단들에 대한 실효성이 떨어진다는 것은 알 수가 없다.

35 분명하게 드러내 보임이라는 뜻의 '명시'와 상반된 의미의 단어는 뜻하는 바를 간접적으로 나타내 보인다는 '암시'이다.

36 3문단에서 보면 "최근의 정당들이 구체적인 계급, 계층 집단을 조직하고 동원하지는 않지만~"에서 알 수 있듯이 조직으로서의 정당 기능이 약화되었음을 알 수 있다.

37 만약 A가 범인이라고 가정한다면

	A	B	C
첫 번째 진술	×	×	○
두 번째 진술			×
세 번째 진술			×

C의 두 번째와 세 번째 진술은 거짓이므로 A와 C는 만난 적이 있다.
그러면 A의 세 번째 진술은 참이 되고 A의 두 번째 진술과 B의 세 번째 진술은 거짓이 된다.
이 경우 B의 첫 번째 진술과 세 번째 진술이 거짓이므로 두 번째 진술은 참이 되어야 하는데 C의 두 번째 진술과 상충되므로 가정을 한 A는 범인이 아니다.
C가 범인이라고 가정을 하면 A-ⓒ, B-ⓛ, C-ⓛ이 진실일 때 모순이 없다.

38 〈보기〉의 내용을 문제에 더해서 생각하면 된다. 'C는 변호사이다.'를 참으로 가정하면

	교사	변호사	의사	경찰
A	×	×	×	○
B	○	×	×	×
C	×	○	×	×
D	×	×	○	×

이렇게 되나, '① A는 교사와 만났지만, D와는 만나지 않았다.'와 '④ D는 경찰과 만났다.'는 모순이 된다. 그러므로 ㉠ C는 변호사이다→거짓

㉡ 명제를 참이라고 가정하면 의사와 경찰은 만났으므로 B, C는 둘 다 의사와 경찰이 아니다. D는 경찰이 아니므로 A가 경찰, D가 의사가 된다. 그러나 ①에서 A와 D는 만나지 않았다고 했으므로 ④에서 만났다고 해도 모순이 된다.

그러므로 ㉠과 ㉡은 모두 거짓이다.

39 수정을 먼저 살펴보면 수정은 종로, 명동에 거주하지 않으므로 강남에 거주한다.

미연은 명동에 거주하지 않고 수정이 강남에 거주하므로 종로에 거주한다.

수진은 당연하게 명동에 거주하며, 직장은 종로이다.

또한 수정의 직장이 위치한 곳이 수진이 거주하는 곳이므로 수정의 직장은 명동이다.

그러면 당연하게 미연의 직장이 위치한 곳은 강남이 된다.

40 • 소년가장의 경우 세대주가 본인인 주민등록등본, 학교장이 확인한 서류가 필요하다.
  • 주민등록증 미발급자의 경우 주민등록등본, 법정대리인의 실명확인증표가 필요하다.
  • 고등학생의 경우 학생증은 사용이 가능하나 사진과 주민등록번호가 있어야 한다.
  • 주민등록번호가 기재되지 않은 학생증의 경우에는 주민등록등(초)본 또는 가족관계증명서를 제출하여야 한다.
  • 외국인은 여권만 소지하여도 통장과 카드의 발급이 가능하며, 군인의 경우 군운전면허증으로 통장의 발급이 가능하다.

41 ① 이 경우에는 고객이 집에 없는 경우에 사용해야 하는 부분으로 상담원 본인의 소개 및 전화를 한 이유가 언급되어 있다. 하지만, C의 경우에 상담원과 고객이 대화를 하고 있으므로 이 또한 해당 상황에 대한 답으로는 부적절하다.

② 고객은 마음속으로 다른 이유 때문에 상담에 호응할 수 없는 단계에서 나타난 대답이다. 하지만 정황 상 고객은 상담원과의 대화가 지속되는 것에 대해서는 무리가 없으므로 역시 부적절한 내용이다.

③ 상담의 도입단계로서 인사 표현을 명확히 하고, 상담원의 신원을 밝힌 후 전화를 건 이유와 전화통화 가능 여부를 확인하는 부분으로 이는 부적절하다.

④ C의 상황에서는 타사 제품을 구입하고자 하는 고객에 대해 반론극복을 하고 있는 상황인데 자사 제품 구매 시의 조건 등을 이야기하는 것을 옳지 않다.

⑤ 고객이 다른 제품을 구입하겠다는 계획에 적극적인 대응을 해야 한다. 고객 답변에 호응하는 언어를 구사하고, 다른 회사제품에 종류나 왜 그 제품을 구매하는 이유에 대해서도 반드시 물어보아야 하므로 문맥 상 적절한 내용이다.

42 ④ 자음의 순서를 나타낸 것이다.
①②③⑤ 시간의 흐름과 관련된 것이다.

43 아이들은 쓴 것을 싫어하고, 모든 약은 쓰기 때문에 아이들은 약을 싫어하게 된다.

44 정부는 저소득층의 금융채무자들이 원금을 갚지 못해 늘어나는 이자로 시간이 갈수록 채무액이 증가하는 악순환을 막기 위하여 이자와 원금의 일부를 지원해주는 정책을 시행한 것이 서민금융지원제도이다. 정부가 이렇게 특정 개인의 채무를 변제해주거나 지원해주면 정상적으로 채무를 갚는 사람들에 비해 혜택을 주는 셈이 되며 형평성의 문제가 제기될 수 있다.
위 내용을 보면 정부가 사기대출 뿐만 아니라 제도권 대출인 신용카드로 인한 부채까지 지원하였음을 알 수 있다.

45 문자를 잘 살펴보아야 한다. 잘 살펴보면 총 10개의 문자가 나열되어 있다.
1~10까지의 숫자를 영문으로 표현한 것이다.
ONE-TWO-THREE-FOUR-FIVE-SIX-SEVEN-EIGHT-NINE-TEN
그러므로 정답은 EIGHT의 E이다.

46 시와 분을 따로 생각하여 보면
시는 11시 → 9시 → 7시 → ( )
분은 45분 → 35분 → 25분 → ( )
시는 −2, 분은 −10씩 줄어듦을 알 수 있다.
그러므로 5시 15분이 된다.

47 요일을 나타내는 순서를 찾아야 한다. 월요일을 1이라고 하면
화 수 금 월 ( ) → 2 3 5 8 ( )
숫자를 살펴보면 +1, +2, +3 이런 식으로 증가하므로 마지막 +4를 더하면 12임을 알 수 있다.
12를 다시 문자로 표면하면 월요일이 8이었으므로 금요일이 된다.

48 문자를 숫자로 변환하여 생각을 해보면

J	G	D	A
F	I	Z	( )
A	L	U	F
U	P	O	J

→

10	7	4	1
6	9	26	( )
1	12	21	6
21	16	15	10

첫 행의 맨 오른쪽 A에서 시작하여 내려갔다 왼쪽 방향으로 이동 후 올라가서 왼쪽 방향으로 이동 후 다시 내려가고, 올라가서 첫 행 맨 왼쪽 J에서 끝이 난다.

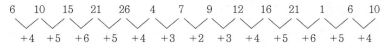

3번째 항인 6부터 보면 (+4, +5, +6), (+5, +4, +3, +2), (+3, +4, +5, +6), (+5, +4)가 됨을 알 수 있다.

그러므로 괄호 안에는 +2인 3즉 C가 와야 한다.

49 61+18=100을 잘 살펴보면 100이 나오려면 61+18을 180°회전시키면 81+19로 100이 됨을 알 수 있다. 그러므로 99+98을 180°회전시키면 86+66=152가 된다.

50 C거래처 사원(9시~10시)−A거래처 과장(10시~12시)−B거래처 대리(12시~14시)−F은행(14시~15시)−G미술관(15시~16시)−E서점(16시~18시)−D거래처 부장(18시~)

① E서점까지 들리면 16시가 되는데, 그 이후에 G미술관을 관람할 수 없다.
②⑤ F은행까지 들리면 13시가 되는데, B거래처 대리 약속은 18시에 가능하다.
③ G미술관 관람을 마치고 나면 11시가 되는데 F은행은 12시에 가야 한다. 1시간 기다려서 F은행 일이 끝나면 13시가 되는데, B거래처 대리 약속은 18시에 가능하다.

51 1번째 기준에 의해 X사는 200억의 10%인 20억을 분배 받고, Y사는 600억의 10%인 60억을 분배받는다. Y가 분배 받은 금액이 총 150억이라고 했으므로 X사가 분배 받은 금액은 50억이다. X사가 두 번째 기준에 의해 분배 받은 금액은 30억이고, Y사가 두 번째 기준에 의해 분배 받은 금액은 90억이다. 두 번째 기준은 연구개발비용에 비례하여 분배 받은 것이므로 X사의 연구개발비의 3배로 계산하면 300억이다.

52 ㉠ 나무펜션 : 70,000+(70,000×0.9)=133,000원에서 팀장은 나무펜션 이용 기록이 있으므로 총 합산 금액의 10%를 또 할인 받는다. 따라서 133,000×0.9=119,700원이다.

㉡ 그늘펜션 : 4인 기준이므로 2명을 추가하면 80,000원이 되고 2박이므로 160,000원이 된다. 그러나 팀장은 나무펜션 이용 기록이 있으므로 총 합산 금액의 20%를 할인 받는다. 따라서 160,000×0.8=128,000원이다.

㉢ 푸른펜션 : 80,000+(80,000×0.85)=148,000원이다.

㉣ 구름펜션 : 4인 기준이므로 2명을 추가하면 75,000원이 되고 2박이므로 75,000×2=150,000원이 된다.

㉤ 하늘펜션 : 5인 기준이므로 1명을 추가하면 65,000원이 되고 2박이므로 130,000원이다.

53 사원별로 성과상여금을 계산해보면 다음과 같다.

사원	평점 합	순위	산정금액
수현	20	5	200만 원×100%=200만 원
이현	25	3	200만 원×130%=260만 원
서현	22	4	500만 원×80%=400만 원
진현	18	6	500만 원×80%=400만 원
준현	28	1	400만 원×150%=600만 원
지현	27	2	400만 원×150%=600만 원

가장 많이 받은 금액은 600만 원이고 가장 적게 받은 금액은 200만 원이므로 이 둘의 차는 400만 원이다.

54 ④ PPT작성이 도표작성보다 더 먼저 끝나므로 PPT를 작성한 사람이 발표원고를 작성하는 것이 일을 더 빨리 끝낼 수 있다.

55 ④ ○○그룹에게 있어 A자원의 실익은 100만 원이고 B자원의 실익은 150만 원이므로 더 큰 실제의 이익을 주는 자원은 B자원이다.

56 위 글은 직장 내에서의 의사소통의 부재로 인하여 팀까지 해체된 사례이다. 이는 김 팀장과 직원들 사이의 적절한 의사소통이 있었다면 부하직원들의 사표라는 극단적 처세를 방지할 수 있었을 것이다. 의사소통은 직장생활에서 자신의 업무뿐 아니라 팀의 업무에도 치명적인 영향을 미친다는 것을 보여주는 사례이다.

57 명백과 자명은 유의어 관계이므로 표명의 유의관계인 표층이 알맞다.

58 김실장은 중국의 소비가 급등한 원인을 1인 가구의 급속한 증가로 인한 것으로 보았으나 인도는 10가구 중 9가구가 자녀가 있으며, 부양가족의 수가 많으면 소비가 낮다는 것을 고려한 것이다.

59

> 제22조(회의 등)
> ① 심의위원회의 회의는 정기회의와 <u>임시회이</u>로 구분한다.
> ② 심의위원회의 회의는 공개한다. 다만, 다음 각 호의 어느 하나에 해당하는 경우에는 심의위원회의 의결로 공개하지 아니할 수 있다.
>   1. 공개하면 국가안전보장을 해칠 우려가 있는 경우
>   2. 다른 법령에 따라 비밀로 분류되거나 공개가 제한된 내용이 포함되어 있는 경우
>   3. 공개하면 개인·법인 및 단체의 명예를 훼손하거나 정당한 이익을 해칠 우려가 있다고 인정되는 경우
>   4. 감사·인사관리 등에 관한 사항으로 공개하면 공정한 업무수행에 현저한 지장을 초래할 우려가 있는 경우
> ③ 심의위원회의 회의는 <u>재직위원</u> 과반수의 출석과 출석위원 과반수의 찬성으로 의결한다.
> ④ 심의위원회는 그 소관직무 중 일부를 분담하여 효율적으로 수행하기 위하여 소위원회를 두거나 특정한 분야에 대한 <u>자분</u> 등을 수행하기 위하여 특별위원회를 둘 수 있다.
> ⑤ 심의위원회의 공개되는 회의를 회의장에서 방청하려는 사람은 신분을 증명할 수 있는 신분증을 제시하고, 회의 개최 전까지 <u>방청건</u>을 발급받아 방청할 수 있다. 이 경우 심의위원장은 회의의 적절한 운영과 질서유지를 위하여 필요한 때에는 방청인 수를 제한하거나 방청인의 퇴장을 명할 수 있다.
> ⑥ 심의위원회의 회의 운영, 소위원회 또는 특별위원회의 구성 및 운영에 관하여 그 밖에 필요한 사항은 <u>대통령영</u>으로 정한다.

- 임시회이→임시회의
- 재직위원→재적위원
- 자분→자문
- 방청건→방청권
- 대통령영→대통령령

60 주어진 설명에 의하면 AB형의 유전자형은 AB이므로 생식세포는 A와 B 두 가지가 되며, O형의 유전자형은 OO이므로 O 한 가지가 된다. 따라서 자녀 세대에는 다음과 같은 생식세포에 의한 혈액형 분배가 가능하게 되므로 절반인 50%가 A형이 나올 확률이 된다.

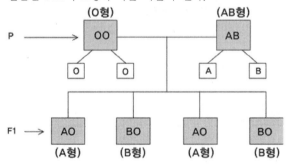

61 ⓒ 팀장님이 월요일에 월차를 쓴다고 하였다. → 월요일은 안 된다.

　ⓔ 실장님이 김 대리에게 우선권을 주어 월차를 쓸 수 있는 요일이 수, 목, 금이 되었다.

　　→ 월차를 쓸 수 있는 날이 수, 목, 금이라는 말은 화요일이 공휴일임을 알 수 있다.

　ⓜ 김 대리는 5일에 붙여서 월차를 쓰기로 하였다.

　그럼 여기서 공휴일에 붙여서 월차를 쓰기로 했으므로 화요일이 공휴일이므로 수요일에 월차를 쓰게 된다.

62 A는 1호선을 이용하지 않았으므로 4호선을 탔다. 그러면 D는 1호선을 이용하였고, B도 1호선을 이용하였다. F와 G 둘 중에 한 명은 1호선을 이용하였다. 그러므로 1호선을 이용한 사람은 3명이 되므로 E는 1호선을 탈 수 없다.

	A	B	C	D	E	F	G
1호선	×	○		○			
4호선	○	×		×			

63 로봇의 행동을 순서대로 정리해 보면

고개를 끄덕이면 → 눈을 깜박이고 → 발을 구르고 → 손뼉을 치고 → 우~ 소리를 내고 → 글씨를 쓴다.

여기에 숫자를 부여하면 쉽게 풀이할 수 있다.

고개를 끄덕이면 ① → 눈을 깜박이면 ② → 발을 구르면 ③ → 손뼉을 치면 ④ → 우~ 소리를 내면 ⑤ → 글씨를 쓰면 ⑥

6개의 동작을 하는 로봇이므로 모드를 계산하는 모듈러 연산으로 구하면

※ 모듈러 연산 $a = b \bmod n$ → a와 b는 n으로 나누었을 때 그 나머지가 같다.

$40 \div 6 = 6 \cdots 4$

$40 \equiv 6 \bmod 4$

4번째 동작을 하게 되므로 손뼉을 친다.

64 • 정의 핸드폰이 황금색이면 모두 틀린 것이다.

　• 정의 핸드폰이 검은색이라면 갑, 을, 병 모두가 맞춘 것이다.

　• 정의 핸드폰이 흰색이라면 갑, 을은 맞추었고 병은 틀린 것이다.

　• 정의 핸드폰이 은색이라면 갑은 맞추었고 을, 병은 틀린 것이다.

　문제에서 "두 사람은 맞았고, 한 사람은 틀렸다."고 했으므로 정의 핸드폰은 흰색이 된다.

65 A는 명제의 역이므로 반드시 참이라고 할 수 없다.

명제의 대우 : 적어도 한 사람이라도 사랑하지 않는 사람이 있으면 명랑한 사람이 아니다.

B는 명제의 대우도 아니고 참이 아니므로 A, B 모두 알 수 없다.

66 (나)는 업무 수행의 효율성, 목표 달성, 생산성 향상을 위해 전 조직원이 노력한다고 했으므로 과업지향 문화에 해당한다고 볼 수 있다.

67 제시글에서는 단락 순으로 고용제도, 보상제도, 모성보호제도, 퇴직연금제도 등에 대한 설명을 하고 있다. 기업의 복리후생제도는 임직원의 일과 삶의 조화를 통한 의욕적인 직장생활을 지원하고자 하는 프로그램으로 경조사 지원, 장애인 자녀 양육비 지원, 의료비 지원, 정기 종합건강검진 실시, 근무복 지원, 체력단련실, 보건관리실 및 수유실 운영 등과 같은 것들이 있다.

68 조직구성원들의 고유 가치에도 동기부여를 함으로써 종업원들의 조직에 대한 근로의욕 및 조직에 대한 몰입도를 높일 수 있는 역할을 수행한다.

69 ① 하루 1,000만 원 이상의 현금을 같은 금융기관에서 영수하거나 지급할 경우 자동으로 거래 내용이 금융정보분석원에 보고되는 제도이다.
② 금융기관 등을 이용한 범죄자금의 세탁행위를 예방함으로써 건전한 금융거래질서를 확립하고 반사회적인 중대 범죄를 방지하기 위한 금융제도이다.
③ 금융정보분석기구(FIU)에 금융거래에 있어 의심이 드는 혐의거래를 보고할 수 있도록 의무화한 제도를 말한다.
⑤ 금융회사와 금융시스템을 보호하고 금융에 대한 전문성이 부족한 고객을 보호하기 위하여 금융거래를 하기 전에 고객에 대한 정보를 파악하도록 하는 제도를 만한다.

70 올바른 경청을 방해하는 대표적 요인 중 하나가 상대방 의견을 듣고 섣부른 판단을 하는 일이다. 직원은 고객의 의견을 듣고 다른 일까지 넘겨짚어 판단하고 있으므로 바람직한 경청의 자세에 부합되지 않는다고 볼 수 있다.
① 상대방 말의 내용을 요약하는 자세
② 나의 상황과 관련지어 생각하는 자세
④ 상대방의 주장에 일단 긍정하는 반응을 보이는 자세
⑤ 상대방의 주장을 듣고 질문하는 자세

[실전 모의고사 II 유형] **정답 및 해설**

의사소통능력

1	2	3	4	5	6	7	8	9	10
④	②	②	⑤	②	①	③	⑤	③	①
11	12	13	14	15	16	17	18	19	20
③	③	①	②	③	⑤	①	②	③	②

1 주어진 두 단어는 유의어 관계로 몰골은 볼품없는 모양새를 뜻하며, 모양새는 겉으로 보이는 모양의 상태를 뜻한다. ④ 이단은 '전통이나 권위에 반항하는 주장이나 이론'을 뜻하며 정통은 '바른 계통'을 뜻하여 두 단어는 반의 관계이다.

2 ② 차다 : 몸에 닿은 물체나 대기의 온도가 낮다.
①③④⑤ 차다 : 일정한 공간에 사람, 사물, 냄새 따위가 더 들어갈 수 없이 가득하게 되다.

3 제시된 글은 오른손 선호와 왼손 천대에 관한 주제를 이어가고 있고 배변처리를 담당하는 손과 그렇지 않은 손을 구분하여 위험 가능성을 낮췄을 것이라 말하고 있으므로 왼손이 배변 뒤처리에, 오른손이 먹고 인사하는 일에 사용되었을 것이다.

4 빈칸의 의미는 '지역 공동체가 점점 희석되어 주민들 사이의 관계가 엷어지고, 또한 가족 내에서도 가족 구성원들 간의 관계가 약화, 단절되는 것을 말한다'고 했으므로 어떤 대상이 하나하나 따로 나뉘어짐을 의미하는 ⑤가 적절하다.

5 주관기관, 참여기관 모두 대기업은 참여할 수 없다.

6 ② '만약'은 가정의 의미를 갖는 부사어이기 때문에 '~다면'과 호응을 이룬다.
③ '바뀌게' 하려는 대상이 무엇인지를 밝히지 않아 어법에 맞지 않는다.
④ '풍년 농사를 위하여 만들었던 저수지에 대한 무관심으로 관리를 소홀히 하여 올 농사를 망쳐 버렸습니다.'가 어법에 맞는 문장이다.
⑤ '내가 말하고 싶은 것은 ~ 올릴 수 있다는 것이다'가 되어야 한다.

7 종교에서 인간의 신념 체계가 어떻게 구현되는지에 대해 논하고 있으므로 ③번이 정답이다.

8 ㈎ 임의계속가입자 : 국민연금 가입자 또는 가입자였던 자가 기간연장 또는 추가 신청을 통하여 65세까지 가입을 희망하는 가입자를 말한다.
㈏ 임의가입자 : 사업장가입자 및 지역가입자 외의 자로서 국민연금에 가입된 자를 말한다.
㈐ 지역가입자 : 사업장가입자가 아닌 자로서 국민연금에 가입된 자를 말한다.
㈑ 사업장가입자 : 사업장에 고용된 근로자 및 사용자로서 국민연금에 가입된 자를 말한다.

9 '성과에 대한 포상제도 마련'은 그린 IT 운동의 실천 방향과 관련이 없는 항목이므로 삭제하는 것이 바람직하다.

10 ① 첫 번째 문단에서 '도시 빈민가와 농촌에 잔존하고 있는 빈곤은 최소한의 인간적 삶조차 원천적으로 박탈하고 있으며'라고 언급하고 있다. 즉, 사회적 취약계층의 객관적인 생활수준이 향상되었다고 보는 것은 적절하지 않다.
② 첫 번째 문단
③ 두, 세 번째 문단
④ 네 번째 문단
⑤ 두 번째 문단

11 ③ 중증장애인은 연령제한을 받지 않고, 국회통과안의 경우 부양자녀가 1인 이상이면 근로장려금을 신청할 수 있으므로, 다른 요건들을 모두 충족하고 있다면 B는 근로장려금을 신청할 수 있다.
① 정부제출안보다 국회통과안에 의할 때 근로장려금 신청자격을 갖춘 대상자의 수가 더 늘어날 것이다.
② 정부제출안과 국회통과안 모두 세대원 전원이 소유하고 있는 재산 합계액이 1억 원 미만이어야 한다. A는 소유 재산이 1억 원으로 두 안에 따라 근로장려금을 신청할 수 없다.
④ 정부제출안과 국회통과안 모두 내국인과 혼인한 외국인은 근로장려금 신청이 가능하다.
⑤ 3개월 이상 국민기초생활보장급여 수급자는 근로장려금 신청이 제외된다.

12 ⓑ 원할한 → 원활한
ⓒ 공고이 → 공고히

13

> 1월 10일 월요일 (서울에서 뉴욕)
>
> 오전 9:00 JFK 공항행 OZ902편으로 인천 공항에서 출발
> 오전 9:25 JFK 공항 도착
> 오후 1:00 Garden Grill에서 ACF Corporation 사장 Roger Harpers와 미팅
> 오후 7:00 Stewart's Restaurant에서 American Business System 고문 Joyce Pitt와 저녁식사 미팅
> <u>1월 11일 화요일 (뉴욕)</u>
> 오전 9:30 City Conference Center에서 열리는 National Office Systems Conference에서 프레젠테이션
>   "사무환경-네트워킹"
> 오후 12:00 Oakdale City Club에서 Wilson Automation, Inc. 부사장 Raymond Bernard와 오찬

14 ② 미성년인 자녀가 3명 이상이므로 신청자격이 있다.
　　① 가장 높은 점수를 받을 수 있는 배점요소는 '미성년 자녀수'이다.
　　③ 보금자리주택 특별공급 사전예약에는 청약저축통장이 필요 없다.
　　④ 배점기준에 따른 총점이 동일하고 미성년 자녀수가 같다면, 가구주의 연령이 많은 자 순으로 선정한다.
　　⑤ 만 6세 미만 영유아가 2명 이상이므로 추가로 10점을 받을 수 있다.

15 실질 GDP는 기준연도의 가격을 근거로 한 불변가격 GDP이므로 실질 GDP가 변하는 요인은 가격이 아닌 물량의 변동에 따른 것이다.

16 인터넷을 활용하여 다양한 자료 검색 방법을 알려 주는 것은 발표문에 나타나지 않았다.

17 ① 도안(圖案), 도면(圖面)
　　② 제출(提出)
　　③ 분할(分割)
　　④ 체결(締結)
　　⑤ 변경(變更)

18 (가), (다), (라), (마)는 통계 조사 등의 결과를 과대 해석하여 보도하였다는 공통적인 문제가 있다. 반면 (나)의 경우는 같은 기간 훨씬 더 많이 발생한 산업재해 사망사건에 대해서는 거의 보도하지 않으면서, 상대적으로 적은 항공 사고에 대해서는 많은 보도를 발표하였다는 점에서 문제를 제기할 수 있다.

19 ① 외부 전시장 사전 답사에는 戊 팀장과 丁 대리가 참석한다.

② 丙 사원은 개인 주간 스케줄인 '홈페이지 전시 일정 업데이트' 외에 7월 2일부터 7월 3일까지 '브로슈어 표지 이미지 샘플조사'를 하기로 결정되었다.

④ 2021년 하반기 전시는 관내 전시장과 외부 전시장에서 열릴 예정이다.

⑤ 乙 사원은 7월 2일부터 7월 5일까지 상반기 전시 만족도 설문조사를 진행할 예정이다.

20 도농교류사업 추진 건수에 따라 예산을 배정할 경우, 소규모의 일회성 사업이 난립하게 된다. 또한 지속적이고 안정적인 예산 확보도 어렵다.

① 본론Ⅰ-2-1) 도시민들의 농촌에 대한 부정적 인식을 개선하기 위한 과제로 적절하다.

③ 본론Ⅰ-1-1) 소규모의 일회성 사업 난립에 대한 개선책으로 적절하다.

④ 본론Ⅰ-1-3) ㅁㅁ기관 내 일원화된 추진체계 미흡을 해결하기 위한 과제로 적절하다.

⑤ 본론Ⅰ-1-2) 지속적이고 안정적인 예산 확보 미비에 대한 해결책으로 적절하다.

1	2	3	4	5	6	7	8	9	10
③	③	①	②	③	③	③	③	②	①
11	12	13	14	15	16	17	18	19	20
③	④	④	②	④	⑤	①	③	①	②

1 주어진 조건이 모두 참이라고 했으므로 교실은 조용하지 않고, 두 번째 조건에 의해 '복도가 깨끗하다'. 따라서 ③은 거짓이다.

2 乙의 진술이 거짓이라면 乙이 지원한 동아리는 한 곳이라는 것을 알 수 있지만 그 곳이 어느 동아리인지는 알 수 없다.

3 1, 2, 3층에는 각각 2가구, 3가구, 3가구가 거주하고 있으며, E, G, F가구는 2층 또는 3층에 거주해야 하는데, A와 D가구의 위치를 감안하면 E, G, F는 2층에 거주할 수밖에 없으며, A가구의 아래층에 F가구가 거주한다고 하였으므로 결국 확정적으로 알 수 있는 거주지는 다음 그림과 같다.

301호	302호	303호	304호 A가구
201호	202호 E가구	203호 G가구	204호 F가구
101호 D가구	102호	103호	104호

또한 1층에는 2가구, 2층에는 3가구, 3층에는 3가구가 거주하고 있으며, B, H, C의 조건을 감안하면 B, H, C가구는 103호와 301호, 302호 세 군데에 나눠 거주해야 한다.

따라서 'C가구의 아래층은 항상 E가구가 거주한다.'는 302호가 반드시 C가구일 필요가 없다.

② 301호가 빈집이라면 302, 303호가 빈집이 아니어야 하며, 이것은 좌우 한쪽에만 옆집이 거주하는 가구가 두 가구라는 마지막 조건에 위배된다.

③ 202호는 E가구가 거주한다.

④ 201호는 빈집이 된다.

⑤ 3층에는 3가구가 사는 데 남은 두 가구는 한쪽에만 옆집이 거주한다고 했으므로 301호와 302호에 거주해야 한다. 따라서 303호는 빈 집이다.

4 정 대리와 서 대리 상호 간의 성적이 네 시기 모두 8승 8패라는 의미가 되므로 나머지 승수는 각각 홍 대리에게 거둔 것이 된다. 따라서 홍 대리에 대한 이들의 성적을 시기별로 정리해 보면 다음과 같다.

봄	여름	가을	겨울
정 대리 11승 5패	정 대리 2승 14패	정 대리 9승 7패	정 대리 9승 7패
서 대리 6승 10패	서 대리 12승 4패	서 대리 6승 10패	서 대리 13승 3패

따라서 8승보다 많은 승수를 나타낸 시기가 우세를 보인 시기가 되므로, 정 대리는 봄, 가을, 겨울로 3회, 서 대리는 여름, 겨울로 2회가 되는 것을 알 수 있다.

① 정 대리가 거둔 19승 중 서 대리에게 8승을 거둔 것이므로 나머지 11승은 홍 대리에게 거둔 승수가 된다.

③ 홍 대리가 서 대리에게 네 시기에 거둔 승수는 시기별로 각각 10승, 4승, 10승, 3승이 되어 총 27승으로 30승을 넘지 않는다.

④ 홍 대리는 봄에 정 대리에게 11패, 서 대리에게 6패를 당한 것이 된다. 그러나 겨울에는 정 대리에게 9패, 서 대리에게 13패를 당하였으므로 한 사람에게 가장 많은 패를 당한 시기는 겨울이 된다.

⑤ 서 대리는 홍 대리에게 여름엔 12승을 겨울에 13승을 거두었으므로 가장 많은 승수를 거둔 시기는 겨울이다.

5 안내문에서 주의사항으로 시설물 설치는 대관일 하루 전날부터 가능하다고 되어있고 행사는 금요일이므로 화환은 목요일에 보내야 한다.

6 지원 구분에 따르면 모친상과 같은 경조사는 경조사 지원에 포함되어야 한다. 따라서 F의 구분이 잘못되었다.

7 ③ 2021년 변경된 사내 복지 제도에 따르면 1인 가구 사원에게는 가~사 총 7동 중 가~다동이 지원된다.

8 ③ 丙이 2번 자리에 앉을 경우, 丁은 햇빛 알레르기가 있어 1번 자리에 앉을 수 없으므로 3, 4, 5번 중 한 자리에 앉아야 하며, 丙과 성격이 서로 잘 맞지 않는 戊는 4, 5번 중 한 자리에 앉아야 한다. 이 경우 성격이 서로 잘 맞은 甲과 乙이 떨어지게 되므로 최상의 업무 효과를 낼 수 있는 배치가 되기 위해서는 丙은 2번 자리에 앉을 수 없다.

① 창문 – 戊 – 乙 – 甲 – 丙 – 丁 순으로 배치할 경우 甲은 3번 자리에 앉을 수 있다.

② 창문 – 戊 – 丁 – 丙 – 甲 – 乙 순으로 배치할 경우 乙은 5번 자리에 앉을 수 있다.

④ 丁이 3번 자리에 앉을 경우, 甲과 성격이 서로 잘 맞는 乙, 丙 중 한 명은 甲과 떨어지게 되므로 최상의 업무 효과를 낼 수 있는 배치가 되기 위해서는 丁은 3번 자리에 앉을 수 없다.

⑤ 戊가 2번 자리에 앉을 경우, 丁은 햇빛 알레르기가 있어 1번 자리에 앉을 수 없으므로 3, 4, 5번 중 한 자리에 앉아야 하는데, 그러면 甲과 성격이 서로 잘 맞는 乙, 丙 중 한 명은 甲과 떨어지게 되므로 최상의 업무 효과를 낼 수 있는 배치가 되기 위해서는 戊는 2번 자리에 앉을 수 없다.

9 〈보기〉의 각 내용을 살펴보면 다음과 같다.

㈎ 생산 전력량은 순서대로 각각 450, 320, 380천 Mwh로 H발전소가, 전송받은 전력량은 순서대로 각각 400, 380, 370천 Mwh로 지역A가 가장 많다.

㈏ W발전소에서 지역A로 공급한 전력의 30%가 지역C로 전송된다는 것은 지역A로 전송된 전력량이 140→98천 Mwh, 지역C로 전송된 전력량이 70→112천 Mwh가 된다는 것이므로 이 경우, 전송받은 전력량 순위는 지역A와 지역C가 서로 바뀌게 된다.

㈐ H발전소에서 전송한 전력량을 세 지역 모두 10%씩 줄이면 450→405천 Mwh가 되어 발전소별 생산 전력량 순위는 바뀌지 않고 동일하게 된다.

㈑ 발전소별 평균 전송한 전력량은 순서대로 각각 450÷3=150, 320÷3=약 107, 380÷3=약 127천 Mwh이며, 지역별 평균 전송받은 전력량은 순서대로 각각 400÷3=약 133, 380÷3=약 127, 370÷3=약 123천 Mwh이므로 모든 평균값이 100~150천 Mwh의 범위 내에 있음을 알 수 있다.

10 서랍장의 세로 길이가 500mm이고 서랍을 열려면 400mm의 공간이 필요하므로 서랍장의 세로 길이는 총 900mm라고 할 수 있다. 또한 붙박이 장롱 역시 깊이가 650mm이고 문을 여는 데 550mm의 간격이 필요하므로 붙박이 장롱의 세로 길이는 총 1,200mm라고 할 수 있다.

②④ 붙박이 장롱 문을 열 수 없다.

③ 서랍장과 화장대를 가로로 배치할 경우 방문을 여닫을 수 없으며, 서랍장과 장롱 중 어느 하나는 여닫을 수 없다.

⑤ 방문을 여닫을 수 없으며, 붙박이 장롱 문도 여닫을 수 없다.

11 조건에 따라 그림으로 나타내면 다음과 같다. 네 번째 술래는 C가 된다.

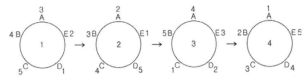

12 MBO는 기업 조직의 경우 단기적인 목표와 그에 따른 성과에만 급급하여 기업 조직의 사기 및 분위기나 문화 등이 경영환경에 대응해야만 하는 조직의 장기적인 안목에 대한 전략이 약화될 수 있으므로 주의해야 하며 동시에 목표설정의 곤란, 목표 이외 사항의 경시 가능성, 장기 목표의 경시 가능성 등의 문제점이 발생할 수 있다.

13 개방형 질문은 주관식 형태의 질문형식을 취하고 있으며 응답자들이 정해진 답이 없이 자유롭게 스스로의 생각을 표현할 수 있다는 이점이 있는 질문방식이다. 개방형 질문형태로 수집한 자료는 정해지지 않은 다양한 응답을 얻을 수 있으므로 폐쇄형 질문(객관식 형태)에 비해서 일반화시켜 코딩하기가 상당히 어렵다는 문제점이 있다.

14 제11조 제2항에 따르면 사용자가 제1항 단서의 사유가 없거나 소멸되었음에도 불구하고 2년을 초과하여 기간제 근로자로 사용하는 경우에는 그 기간제 근로자는 기간의 정함이 없는 근로계약을 체결한 근로자로 본다. 따라서 ②의 경우 기간제 근로자로 볼 수 없다.

① 2년을 초과하지 않는 범위이므로 기간제 근로자로 볼 수 있다.

③ 제11조 제1항 제3호에 따른 기간제 근로자로 볼 수 있다.

④ 제11조 제1항 제1호에 따른 기간제 근로자로 볼 수 있다.

⑤ 제11조 제1항 제2호에 따른 기간제 근로자로 볼 수 있다.

15 ④ 수소를 제조하는 시술에는 화석연료를 열분해 · 가스화 하는 방법과 원자력에너지를 이용하여 물을 열화학분해하는 방법, 재생에너지를 이용하여 물을 전기분해하는 방법, 그리고 유기성 폐기물에서 얻는 방법 등 네 가지 방법이 있다.

16 조건에 따라 신규 매장 위치를 표시하면 다음과 같다. 따라서 신규 매장이 위치할 수 없는 곳은 ⓔ이다.

17 • 甲 : 사망자가 공무원의 부모이고, 해당 공무원이 2인 이상(직계비속인 C와 D)인 경우이므로 사망한 자를 부양하던 직계비속인 공무원인 D가 사망조위금 최우선 순위 수급권자이다.
 • 乙 : 사망자 C는 공무원의 배우자이자 자녀이다. 해당 공무원이 2인 이상(직계존속인 A와 B, 배우자인 D)인 경우이므로 사망한 자의 배우자인 공무원인 D가 사망조위금 최우선 순위 수급자이다.
 • 丙 : 사망자 A 본인이 공무원인 경우로, 사망조위금 최우선 순위 수급자는 사망한 공무원의 배우자인 B가 된다.

18 ③ 회의록에 따르면 1/4분기 매출 보고 회의는 5월 1일 예정이다. 1/4분기 매출 보고 지시에 대한 내용은 회의 안건으로 상정되지 않았다.

19 10주년 이벤트 경품 선호도 조사 건의 협력부서는 경영지원팀이다. 따라서 수신은 경영지원팀이 되어야 한다.

20 회의록에 따르면 2월 20일은 화요일이고 협력메일을 발송한 21일은 수요일이다. 주말에는 출근을 하지 않으므로 이번 주는 23일 금요일이 마지막으로, 기획팀이 23일까지 완료해야 하는 업무는 마케팅팀과 '△△아웃렛' 오픈 관련 광고 전략 수립과 영업팀과 봄맞이 프로모션 건 관련 주요 할인 브랜드 및 할인율 체크이다.

수리능력

1	2	3	4	5	6	7	8	9	10
②	①	③	②	②	③	④	⑤	②	④

11	12	13	14	15	16	17	18	19	20
①	④	②	③	①	④	②	③	⑤	①

1 ② 1995년 고등학교 졸업 범죄자 수=74,992
① 1990년 고등학교 졸업 범죄자 수=45,905
③ 2000년 대학 이상 범죄자 수=29,993
④ 2005년 대학 이상 범죄자 수=43,908
⑤ 2020년 무학 범죄자 수=17,616

2 $\dfrac{거리}{속력}=$ 시간이고, 처음 집에서 공원을 간 거리를 x라고 할 때,

$\dfrac{x}{2}+\dfrac{x+3}{4}=6 \Rightarrow 3x=21$
$\therefore x=7$

3 5%의 설탕물의 양을 xg이라고 하면 10%의 설탕물의 양은 $(300-x)$g이다. 두 설탕물을 섞기 전과 섞은 후에 들어 있는 설탕의 양은 같으므로 이를 계산하면 다음과 같다.

$\dfrac{5}{100} \times x + \dfrac{10}{100} \times (300-x) = \dfrac{8}{100} \times 300$
$5x+3000-10x=2400, \ -5x=-600$
$\therefore x=120(g)$

4 $\dfrac{x}{1404} \times 100 = 43.1$
$100x = 60512.4$
$\therefore x = 605(명)$

5 ② 영업수익이 가장 낮은 해는 2017년이고 영업비용이 가장 높은 해는 2021년이다.
① 총수익이 가장 높은 해와 당기순수익이 가장 높은 해는 모두 2019년이다.
③ 총수익 대비 영업수익이 가장 높은 해는 96.5%로 2020년이다. 2020년 기타 수익은 1,936억 원으로 2,000억 원을 넘지 않는다.
④ 기타수익이 가장 낮은 해는 2020년이고 총수익이 가장 낮은 해는 2017년이다.
⑤ 총비용 대비 영업비용의 비중은 2019년-91.7%, 2020년-90.4%, 2021년-90.9%로 모두 90%를 넘는다.

6 3/4 분기 성과평가 점수는 $(10 \times 0.4) + (8 \times 0.4) + (10 \times 0.2) = 9.2$로, 성과평가 등급은 A이다. 성과평가 등급이 A이면 직전 분기 차감액의 50%를 가산하여 지급하므로, 2/4 분기 차감액인 20만 원(∵ 2/4 분기 성과평가 등급 C)의 50%를 가산한 110만 원이 성과급으로 지급된다.

7 ④ 2014년 여성 실업률은 전년대비 감소하였으나, 남성 실업률은 전년대비 증가하였다.

8 각 노선의 건설비용과 사회적 손실비용을 구하면 다음과 같다.

노선	구분	비용
A	건설비용	$(1.2 \times 1,000) + (0.5 \times 200) + (8.3 \times 100) = 2,130$억 원
	사회적 손실비용	$20,000 \times 1,000 = 20,000,000$원
B	건설비용	$20 \times 100 = 2,000$억 원
	사회적 손실비용	$20,000 \times 1,000 \times 2 = 40,000,000$원
C	건설비용	$(0.8 \times 1,000) + (1.5 \times 200) + (12.7 \times 100) = 2,370$억 원
	사회적 손실비용	$20,000 \times 1,000 \times 1.5 = 30,000,000$원

9 ② 2030년 신생아의 기대여명은 여자가 남자보다 높다.

10 • A의 세금 : $1,000,000,000 \times 0.01 = 10,000,000$원
   • B의 세금 : $10,000,000 + (8,000,000,000 \times 0.05) = 410,000,000$원
   • C의 세금 : $460,000,000 + (10,000,000,000 \times 0.1) = 1,460,000,000$원
   • C의 가산금 : $1,460,000,000 \times 0.03 = 43,800,000$원
   따라서 甲이 낸 총 금액은 19억 2,380만 원이다.

11 ㉠ '거리 = 속도 × 시간'이므로,
   • 정문에서 후문까지 가는 속도 : 20m/초 = 1,200m/분
   • 정문에서 후문까지 가는 데 걸리는 시간 : 5분
   • 정문에서 후문까지의 거리 : $1200 \times 5 = 6,000$m
   ㉡ 5회 왕복 시간이 70분이므로,
   • 정문에서 후문으로 가는 데 소요한 시간 : 5회 × 5분 = 25분
   • 후문에서 정문으로 가는 데 소요한 시간 : 5회 × x분
   • 쉬는 시간 : 10분
   • 5회 왕복 시간 : $25 + 5x + 10$분 = 70분
   ∴ 후문에서 정문으로 가는데 걸린 시간 $x = 7$분

12 ④ 주요국의 Healthcare IT 시장규모는 2013년~2020년 동안 연평균 10.6% 성장하였다.

13 ㉠ 4,400 − 2,100 = 2,300명
　　㉡ 남성 : 4,400 − 4,281 = 119, 여성 : 2,100 − 1,987
　　　　= 113 → 감소
　　㉢ 2,274 − 1987 = 287 → 증가
　　㉣ 2,400 − 2100 = 300

14 ㉠ 융합서비스의 생산규모 2019년에 전년대비 1.2배가 증가하였으므로,
　　・㉮는 3.5 × 1.2 = 4.2가 되고
　　・㉯는 38.7 + 9.0 + 4.2 = 51.9가 된다.
　　㉡ 2020년 정보기기의 생산규모는 전년대비 3천억 원이 감소하였으므로,
　　・㉺는 71.1 − (47.4 + 13.6) = 10.1이고
　　・㉰는 10.1 + 3 = 13.1이고,
　　・㉳는 43.3 + 13.1 + 15.3 = 71.7이다.
　　따라서 ㉲는 ㉯ + ㉳ = 51.9 + 71.7 = 123.6이다.

15 ㉠ B사 주가의 최댓값은 57(백 원)
　　㉡ 월별 주가지수는

　　・1월 주가지수 $= \dfrac{5000+6000}{5000+6000} \times 100 = 100.0$

　　・2월 주가지수 $= \dfrac{4000+6000}{5000+6000} \times 100 ≒ 90.9$

　　・3월 주가지수 $= \dfrac{5700+6300}{5000+6000} \times 100 ≒ 109.1$

　　・4월 주가지수 $= \dfrac{4500+5900}{5000+6000} \times 100 ≒ 94.5$

　　・5월 주가지수 $= \dfrac{3900+6200}{5000+6000} \times 100 ≒ 91.8$

　　・6월 주가지수 $= \dfrac{5600+5400}{5000+6000} \times 100 = 100.0$

　　∴ 주가지수의 최솟값은 90.9(2월)이다.

16 ⊙ 영상 분야의 예산은 40.85(억 원), 비율은 19(%)이므로, $40.85 : 19 = ⑦ : ⑭$

- $⑭ = 100 - (19 + 24 + 31 + 11) = 15\%$
- $40.85 \times 15 = 19 \times ⑦$

∴ 출판 분야의 예산 ⑦ $= 32.25$(억 원)

ⓒ 위와 동일하게 광고 분야의 예산을 구하면, $40.85 : 19 = ⑭ : 31$

- $40.85 \times 31 = 19 \times ⑭$,

∴ 광고 분야의 예산 ⑭ $= 66.65$(억 원)

ⓒ 예산의 총합 ㉑는 $32.25 + 40.85 + 51.6 + 66.65 + 23.65 = 215$(억 원)

17 ⊙ 11~20세 인구의 10년간 흐름은 5년마다 감소하고 있지만 전체 인구의 흐름은 증가하고 있다.

ⓒ $\dfrac{17508418}{90156842} \times 100 ≒ 19.42\%$

ⓒ 20세 이하의 인구는 n년(18,403,373명), n+5년(17,178,526명), n+10년(15,748,774명)이다.

㉣ n년 대비 n+10년의 30세 이하 인구는 모두 감소하였다.

- 0~10세 인구 : 972,287명 감소
- 11~20세 인구 : 1,682,312명 감소
- 21~30세 인구 : 628,123명 감소

18 왼쪽 네모 칸의 숫자를 십의 자리 수와 일의 자리 수로 분리하여 두 수를 더한 값과 뺀 값 각각 십의 자리와 일의 자리 수로 한 값을 오른쪽 네모 칸에 써 넣은 것이다. 즉, (A, B) → (A+B, A−B)가 되는 것이다. 따라서 41 → 4+1=5와 4−1=3이 되어 53이 된다.

19 피자 1판의 가격을 x, 치킨 1마리의 가격을 y라고 할 때, 피자 1판의 가격이 치킨 1마리의 가격의 2배이므로 $x = 2y$가 성립한다.

피자 3판과 치킨 2마리의 가격의 합이 80,000원이므로, $3x + 2y = 80,000$이고

여기에 $x = 2y$를 대입하면 $8y = 80,000$이므로 $y = 10,000$, $x = 20,000$이다.

20 □ADEB의 넓이는 9이고 □BFGC의 넓이가 4이므로, $\overline{AB}$의 길이는 3이고 $\overline{BC}$의 길이는 2이다. 피타고라스의 정리에 의하면 직각삼각형에서 직각을 끼고 있는 두 변의 제곱의 합은 빗변의 길이의 제곱과 같으므로, $\overline{AC}$의 길이를 x라고 할 때, $x^2 = 9 + 4 = 13$이다.

자원관리능력

1	2	3	4	5	6	7	8	9	10
④	②	②	④	④	②	③	④	③	③

11	12	13	14	15	16	17	18	19	20
②	③	②	③	③	①	③	⑤	②	①

1 고려무역까지 35분이 소요되며 이것이 홍익협회까지 가는 시간의 30%가 덜 걸리는 것이므로 홍익협회까지 가는 시간은 35÷0.7＝50분이 된다. 또한 대한상사까지 가는 시간은 한국은행보다는 더 걸리고 고려무역보다는 덜 걸린다고 했으므로 김 과장의 사무실로부터 가까운 순서는 '한국은행-대한상사-고려무역-홍익협회'가 된다.
따라서 한국은행까지 가는 시간은 적어도 25분보다 적어야 하며, 이 거리에 소요되는 시간과 '사무실~대한상사'의 시간의 합이 50분이어야 하므로 대한상사까지 가는 시간은 25분보다 크면서 고려무역까지 가는 시간인 35분보다는 적어야 한다.
그러므로 대한상사까지는 26분~34분, 한국은행까지는 24분~16분 사이가 되어야 한다. 따라서 '35분과 15분'이 정답이 된다.

2 총 인원이 25명이므로 28인승 버스를 대절해야 한다. 출발지부터 도착지까지 총 4시간이 걸리고 식사시간 1시간, 워크숍 진행 시간이 4시간 걸린다고 했으므로 총 9시간 대절하는 것이다. 따라서 총 비용을 계산하면 다음과 같다.
㈎ 버스 : 140,000(기본료) + 72,000(추가운임) ＝ 212,000(원)
㈏ 버스 : 140,000(기본료) + 60,000(추가운임) ＝ 200,000(원)
㈐ 버스 : 150,000(기본료) + 102,000(추가운임) ＝ 252,000(원)
㈑ 버스 : 130,000(기본료) + 120,000(추가운임) ＝ 250,000(원)
㈒ 버스 : 160,000(기본료) + 90,000(추가운임) ＝ 250,000(원)

3 각 직원의 최종 평가 점수는 다음과 같다.
A직원 : 7.5 + 3.75(가점) + 8 + 1.6(가점) + 7.5 + 2.25(가점) ＝ 30.6
B직원 : 9 + 4.5(가점) + 8.5 + 1.7(가점) + 7 + 2.1(가점) ＝ 32.8
C직원 : 8.5 + 4.25(가점) + 8 + 1.6(가점) + 7.5 + 2.25(가점) ＝ 32.1
D직원 : 7 + 3.5(가점) + 6.5 + 1.3(가점) + 7.5 + 2.25(가점) ＝ 28.05
E직원 : 7.5 + 3.75(가점) + 8 + 1.6(가점) + 6.5 + 1.95 ＝ 29.3
따라서 최종 승진자는 B직원이 된다.

4 甲 수업을 들을 수 있는 시간은 총 60시간이며 전과목을 이수하기 위해 필요한 시간은 72시간이다. 수업을 최대로 들으면서 감점을 줄이기 위해서는 필수 Ⅰ은 과목당 감점이 3점이므로 필수 Ⅱ에서 〈헌법정신에 기반한 공직윤리〉, 〈쉽게 배우는 공무원 인사 실무〉 이 두 과목을 수강하지 않을 것이다.

5 '바나나톡', '구한은행'을 포함하여 실행 중인 어플이 22글자가 넘지 않기 위해 나인은 반드시 포함되어야 하며 메신저 어플은 동시에 3개 이상 실행될 수 없으므로 모노그램은 실행할 수 없다.

6 먼저 아래 표를 항목별로 가중치를 부여하여 계산하면,

구분	1/4 분기	2/4 분기	3/4 분기	4/4 분기
유용성	$8 \times \dfrac{4}{10} = 3.2$	$8 \times \dfrac{4}{10} = 3.2$	$10 \times \dfrac{4}{10} = 4.0$	$8 \times \dfrac{4}{10} = 3.2$
안전성	$8 \times \dfrac{4}{10} = 3.2$	$6 \times \dfrac{4}{10} = 2.4$	$8 \times \dfrac{4}{10} = 3.2$	$8 \times \dfrac{4}{10} = 3.2$
서비스 만족도	$6 \times \dfrac{2}{10} = 1.2$	$8 \times \dfrac{2}{10} = 1.6$	$10 \times \dfrac{2}{10} = 2.0$	$8 \times \dfrac{2}{10} = 1.6$
합계	7.6	7.2	9.2	8
성과평가 등급	C	C	A	B
성과급 지급액	80만 원	80만 원	110만 원	90만 원

성과평가 등급이 A이면 직전분기 차감액의 50%를 가산하여 지급한다고 하였으므로, 3/4분기의 성과급은 직전분기 차감액 20만 원의 50%인 10만 원을 가산하여 지급한다.

∴ 80 + 80 + 110 + 90 = 360(만 원)

7 직장에서의 시간낭비에 점심시간은 해당되지 않는다. 점심시간은 당연히 할당되어야 되는 시간이며, 시간계획에 반드시 포함되는 시간이다.

8 C 지점으로 공장을 이전할 경우 제품 1단위당 운송비가 4,000원 증가하지만, 세금 감면을 통해 5,000원의 이익을 얻을 수 있으므로 1,000원의 초과 이익을 얻을 수 있다.

9 운송비, 노동비, 집적 이익을 고려하여 B ~ D 지점의 비용 절감액을 구하면
B = 10,000 − 7,500 − 1,000 = 1,500
C = 10,000 − 5,000 − 2,000 = 3,000
D = 10,000 − 14,500 − 3,000 + 10,000 = 2,500
따라서 가장 유리한 지점은 C 지점이며 비용 절감액은 3,000원이다.

10 급여, 전기요금(수도광열비), 전화요금(통신비), 집세(임차료)계정으로 판매비와 관리비이다. 따라서 판매비와 관리비 합계 금액은 600,000 + 50,000 + 30,000 + 100,000 = 780,000원

11 ② △△그룹에서 자판기의 최적 설치량은 5개이며 이때 전 직원이 누리는 총 만족감은 330만 원이다.

12 ① 순편익은 6시간 일할 때 최대(14,000원)가 되므로 갑순이는 하루에 6시간 일하는 것이 가장 합리적이다.

② 1시간 더 일할 때마다 추가로 발생하는 비용은 일정하지 않다.

④ 1시간 더 일할 때마다 추가로 발생하는 편익은 일정하다.

⑤ 3시간 일할 때의 순편익은 8,000원이고 5시간 일할 때의 순편익은 11,000원이다.

13 ㈐ – 자원개발형, ㈑ – 시장확보형, ㈎ – 비용절감형, ㈏ – 습득형

14 만일 개인이 지불해야 하는 금액이 4만 원을 초과하게 되면 250명만 마을회관 건설을 찬성할 것이므로 과반수를 충족하지 못해 마을회관 건립이 불가능하다. 반면, 개인이 지불해야 하는 금액이 4만 원 이하라면 언제나 과반수의 주민이 찬성하게 되므로 마을회관 건립이 가능해진다. 따라서 마을회관 건립이 가능한 최대 건설비용은 4만 원 × 750명 = 3,000만 원이 된다.

15 ㉡ 시간 배정을 계획하는 일이므로 무리한 계획을 세우지 말고, 실현가능한 것만을 계획하여야 한다.

㉣ 유연하게 하여야 함. 시간계획이란 자체가 중요한 것이 아니고, 목표달성을 위해 필요한 것이다.

㉾ 꼭 해야만 할 일을 끝내지 못했을 경우에는 차기 계획에 반영하여 끝내도록 하는 계획을 세우는 것이 바람직하다.

16 ㉠ 1일째와 2일째는 일비가 각각 80달러이고, 3일째는 여비액이 다를 경우 많은 액을 기준으로 삼는다 했으므로 80달러, 4~6일째는 각각 70달러이다. 따라서 총일비는 450달러이다.

㉡ 1일째에서 2일째로 넘어가는 밤에는 항공편에서 숙박했고, 2일째에서 3일째 넘어가는 밤에는 숙박비가 233달러이다. 3일째에서 4일째로 넘어가는 밤과 4일째에서 5일째로 넘어가는 밤에는 각각 숙박비가 164달러이다. 5일째에서 6일째로 넘어가는 밤에는 항공편에서 숙박했다. 따라서 총숙박비는 561달러이다.

17 최대 수익을 올리는 있는 진행공정은 다음과 같다.

F(20일, 70명)			C(10일, 50명)
B(10일, 30명)	A(5일, 20명)		

F(85억) + B(20억) + A(15억) + C(40억) = 160억

18 ㉾은 제3사분면에 들어가야 할 일이다.

19

	김부장	최과장	오과장	비고
외국어 성적	25점	25점	40점	홍 대리, 이 사원은 근무경력이 5년 미만이므로 선발 자격이 없다.
근무 경력	20점	20점	14점	
근무 성적	9점	10점	9점	
포상	10점	20점	0점	
계	64점	75점	63점	

20

	김부장	최과장	오과장	비고
외국어 성적	20점	20점	32점	홍 대리, 이 사원은 근무경력이 5년 미만이므로 선발 자격이 없다.
근무 경력	40점	28점	20점	
근무 성적	9점	10점	9점	
포상	5점	10점	0점	
계	74점	68점	61점	

1	2	3	4	5	6	7	8	9	10
④	⑤	④	⑤	④	②	②	②	⑤	①

11	12	13	14	15	16	17	18	19	20
①	②	④	②	④	②	③	③	③	④

1 안내문의 내용은 DB서버 교체작업이다. 실제 DB서버 작업을 수행하는 부서는 전산 기술이 필요한 정보전산팀이 될 수 있으나, 정보전산팀은 보기에 제시되어 있지 않을 뿐 아니라, 교체작업은 장애인콜택시 이용자 증가에 따른 행위이므로 안내문에 따른 대외 연락은 교통복지 관련 업무로 보는 것이 더 타당하다.

2 4대 사회보험료 징수업무 통합 수행에 관한 내용으로 이를 담당하는 '통합징수실'에서는 4대 사회보험 통합징수 기획 및 지원, 수납 및 수납정산에 관한 업무를 담당하게 된다. 따라서 통합징수실의 상위 조직에 위치한 징수 상임이사는 4대 사회보험료 징수 총괄업무를 관장하여야 한다.

4대 사회보험료 통합징수는 국민건강보험공단, 국민연금공단, 근로복지공단에서 각각 수행하였던 건강보험, 국민 연금, 고용보험, 산재보험의 업무 중 유사·중복성이 높은 보험료 징수업무(고지, 수납, 체납)를 국민건강보험공 단이 통합하여 운영하는 제도이다.

④ 징수업무 일원화는 사회보험료의 고지와 수납의 업무만을 H공단으로 일원화시킨 것이므로 평가액 재산정 등 의 업무가 추가되는 것은 아니라고 보아야 한다.

3 임직원행동강령에서는 '그 밖에 지역관할 행동강령책임관이 공정한 직무수행이 어려운 관계에 있다고 정한 자가 직무관련자인 경우'라고 규정하고 있으므로 지역관할 행동강령책임관의 판단으로 결정할 수 있다.

① 이전 직장 퇴직 후 2년이 경과하지 않으면 직무관련성이 남아 있는 것으로 간주한다.

② '지역관할 행동강령책임관이 그 권한의 범위에서 그 임직원의 직무를 일시적으로 재배정할 수 있는 경우에는 그 직무를 재배정하고 본사 행동강령책임관에게 보고하지 아니할 수 있다'고 규정하고 있다.

③ 규정되어 있는 '사적인 접촉'은 어떠한 경우에도 사전에 보고되어야 하며, 보고받는 자가 부재 시에는 사후에 반드시 보고하도록 규정하고 있다.

⑤ 여행을 가는 경우는 사적인 접촉에 해당되며, 직무관련자가 대학 동창인 것은 부득이한 사유에 해당한다. 따 라서 이 경우 사무소장에게 보고를 한 후 여행에 참여할 수 있으며 정보 누설 등의 금지 원칙을 준수하여야 한다.

4 오 대리가 들러야 하는 조직과 업무 내용은 다음과 같이 정리할 수 있다.

보고 서류 전달 - 비서실
계약서 검토 확인 - 법무팀
배차 현황 확인 - 총무팀
통관 작업 확인 - 물류팀

5 ④ 도서구매 비용 20만 원 이하의 기안서는 최고결재권자 또는 전결을 위임받은 부장의 결재를 받아야 한다.

6 발신부서는 소프트웨어를 제작하는 팀이므로 연구개발팀이고, 발신부서는 수신부서에게 신제품 개발에 대한 대략적인 내용과 함께 영업 마케팅에 대한 당부를 하고 있으므로 수신부서는 영업팀이 가장 적절하다.

7 팀장이 한 질문의 의도는 회사의 위치 같은 단순한 것이 아니라 조직의 목적이나 구조 또는 회사가 처해 있는 환경, 조직문화 등을 묻는 것이다.

8 조직문화는 조직의 방향을 결정하고 존속하게 하는데 중요한 요인이지만, 개성 있고 강한 조직 문화는 다양한 조직구성원들의 의견을 받아들일 수 없거나, 조직이 변화해야 할 시기에 장애요인으로 작용하기도 한다.

9 영업시간은 회의록을 보고 알 수 없다.

10 금일부터 가을/겨울 제철과일 확보에 들어가야 한다.

11 회의록에는 작성자 乙의 직급을 추론할 수 있는 단서가 제시되지 않았다.

12 주어진 업무는 기획과 전략, 조정에 관한 업무로서 기획조정실에서 수행하는 업무이다.

13 요청사항 및 비고란을 참고해 볼 때 경영지원팀과의 고객 참여 현장 이벤트에 대한 기획논의는 2차 회의에 있을 안건으로 볼 수 있다.

14 회의 종료 후 18시까지 지점별 상세 매출자료를 제출하라는 영업부장 K의 지시가 있었으므로 이를 가장 먼저 처리해야 한다.

15 그림과 같은 조직 구조는 하나의 의사결정권자의 지시와 부서별 업무 분화가 명확해, 전문성은 높아지고 유연성 및 유기성은 떨어지는 조직 구조라고 볼 수 있다. 또한 의사결정권자가 한 명으로 집중되면서 내부 효율성이 확보된다.
① 조직의 유기적인 협조체제가 구축된 구조는 아니다.
② 의사결정 권한이 집중된 조직 구조이다.
③ 유사한 업무를 통한 내부 경쟁을 유발할 수 있는 구조는 사업별 조직구조이다.
⑤ 의사결정권자가 한 명이기 때문에 시간이 오래 걸리지 않는 구조에 해당한다.

16 SWOT분석 … 기업의 환경 분석을 통해 마케팅 전략을 수립하는 기법이다. 조직 내부 환경으로는 조직이 우위를 점할 수 있는 강점(Strength), 조직의 효과적인 성과를 방해하는 자원·기술·능력 면에서의 약점(Weakness), 조직 외부 환경으로는 조직 활동에 이점을 주는 기회(Opportunity), 조직 활동에 불이익을 미치는 위협(Threat)으로 구분된다.

※ SWOT분석에 의한 마케팅 전략

　　㉠ SO전략(강점-기회전략) : 시장의 기회를 활용하기 위해 강점을 사용하는 전략

　　㉡ ST전략(강점-위협전략) : 시장의 위협을 회피하기 위해 강점을 사용하는 전략

　　㉢ WO전략(약점-기회전략) : 약점을 극복함으로 시장의 기회를 활용하려는 전략

　　㉣ WT전략(약점-위협전략) : 시장의 위협을 회피하고 약점을 최소화하는 전략

17 ③ 준법감시인과 경제연구소는 은행장 소속으로 되어 있다.

18 ③은 회의에서 알 수 있는 내용이다.

① 서비스팀은 주문폭주 일주일 동안 포장된 제품을 전격 회수와 제품을 구매한 고객에 사과문 발송 및 100% 환불 보상을 공지한다.

② 주문량이 증가한 날짜는 회의록만으로 알 수 없다.

④ 서비스팀에서 제품을 전격 회수하고, 개발팀에서 유해성분을 조사하기로 했다.

⑤ 염료를 사용하지 않는 포장재 개발은 회의에서 알 수 없는 내용이다.

19 직장생활을 하며 필요한 일반적인 매너(명함수수법)를 이해하고 업무상황에서 올바르게 활용할 수 있는지 묻는 문항이다.

① 명함을 건넬 때는 양손으로 명함의 여백을 잡고 고객이 바로 볼 수 있도록 건넨다.

② 소속과 이름을 정확하게 밝히며 명함을 건넨다.

④ 명함을 받자마자 바로 넣는 것은 예의에 어긋나는 행동이다. 명함을 보고 가벼운 대화를 시작하거나 테이블 위에 바르게 올려두는 것이 좋다.

⑤ 본인이 보는 앞에서 상대방의 명함에 메모를 하는 것은 예의에 어긋난다.

※ 명함 수수법

　　㉠ 명함을 동시에 주고받을 때는 오른손으로 주고 왼손으로 받는다.

　　㉡ 혹시 모르는 한자가 있는 경우 "실례하지만, 어떻게 읽습니까?"라고 질문한다.

　　㉢ 면담예정자 한 사람에 대하여 최소 3장 정도 준비한다.

　　㉣ 명함지갑은 꺼내기 쉬운 곳(상의 안주머니 등)에 넣어둔다.

　　㉤ 받은 명함과 자신의 명함은 항시 구분하여 넣는다.

20 경영자는 조직의 전략, 관리 및 운영활동을 주관하고, 조직구성원들과 의사결정을 통해 조직이 나아갈 바를 제시하고 조직의 유지와 발전에 대해 책임지는 사람이다. 조직의 규모가 커지게 되면 경영자의 역할을 구분하여 수행하게 되는데 이러한 경영자의 역할을 올바르게 구분할 수 있는지를 측정하는 문항이다.

※ 민츠버그의 경영자 역할
    ㉠ **대인적 역할** : 상징자 혹은 지도자로서 대외적으로 조직을 대표하고 대내적으로 조직을 이끄는 리더로서의 역할
    ㉡ **정보적 역할** : 조직을 둘러싼 외부 환경의 변화를 모니터링하고, 이를 조직에 전달하는 정보전달자로서의 역할
    ㉢ **의사결정적 역할** : 조직 내 문제를 해결하고 대외적 협상을 주도하는 협상가, 분쟁조정자, 자원배분자로서의 역할

PART

05

알아두고 가면
좋은 이론

부록 | 알아두고 가면 좋은 이론

1 어휘의 의미파악

- **개선** : 잘못된 것이나 부족한 것, 나쁜 것 따위를 고쳐 더 좋게 만듦
- **관조** : 고요한 마음으로 사물이나 현상을 관찰하거나 비추어 봄
- **권태** : 어떤 일이나 상태에 시들해져서 생기는 게으름이나 싫증
- **기호** : 어떤 뜻을 나타내기 위하여 쓰이는 부호, 문자, 표지 따위를 통틀어 이르는 말
- **날조하다** : 사실이 아닌 것을 사실인 것처럼 거짓으로 꾸밈
- **다다르다** : 목적한 곳에 이르다, 어떤 수준이나 한계에 미침
- **도모하다** : 어떤 일을 이루기 위하여 대책과 방법을 세움
- **매진하다** : 어떤 일을 전심전력을 다하여 해 나감
- **문외한** : 어떤 일에 직접 관계가 없는 사람. 어떤 일에 전문적인 지식이 없는 사람
- **문란하다** : 도덕, 질서, 규범 따위가 어지러움
- **반포하다** : 세상에 널리 퍼뜨려 모두 알게 함
- **방황하다** : 이리저리 헤매어 돌아다님
- **배격하다** : 어떤 사상 · 의견 · 물건 따위를 물리침
- **봉착하다** : 어떤 처지나 상태에 부닥침
- **비견** : 낮고 못함이 없이 서로 비슷함
- **비호하다** : 감싸 보호함
- **빙자하다** : 남의 힘을 빌려서 의지함 또는 말막음으로 핑계를 댐
- **상충** : 맞지 않고 서로 어긋남
- **시사하다** : 어떤 것을 미리 간접적으로 표현해 줌
- **알력** : 수레바퀴가 삐걱거린다는 뜻으로 서로 의견이 맞지 아니하여 사이가 안 좋거나 충돌하는 것을 이르는 말
- **애로** : 어떤 일을 하는 데 장애가 되는 것
- **오만** : 태도나 행동이 건방지거나 거만함 또는 그 태도나 행동
- **은둔** : 세상일을 피하여 숨음
- **인식** : 사물을 분별하고 판단하여 앎
- **조짐** : 좋거나 나쁜 일이 생길 기미가 보이는 현상
- **조치** : 제기된 문제나 사태를 잘 살펴서 필요한 대책을 세움 또는 그 대책

- **추세** : 일이나 형편의 전반적인 형세
- **취지** : 근본이 되는 종요로운 뜻
- **타락하다** : 올바른 길에서 벗어나 잘못된 길로 빠지는 일
- **토로하다** : 마음에 있는 것을 죄다 드러내어서 말함
- **파급** : 어떤 일의 여파나 영향이 차차 다른 데로 미침
- **해학** : 익살스럽고도 품위가 있는 말이나 행동
- **혼잡하다** : 여럿이 한데 뒤섞이어 어수선함
- **효시** : 어떤 사물이나 현상이 시작되어 나온 맨 처음을 비유적으로 이르는 말
- **함양하다** : 능력이나 품성을 기르고 닦음

2 한자성어

- **家給人足**(가급인족) : 집집마다 살림이 넉넉하고, 사람마다 의식에 부족함이 없음
- **街談巷說**(가담항설) : 길거리나 항간에 떠도는 소문
- **苛斂誅求**(가렴주구) : 조세 따위를 가혹하게 거두어들여, 백성을 못살게 들볶음
- **家無擔石**(가무담석) : 담(擔)은 두 항아리, 석(石)은 한 항아리라는 뜻으로 집에 저축이 조금도 없음을 이르는 말
- **可東可西**(가동가서) : 동쪽이라도 좋고 서쪽이라도 좋다. 이러나 저러나 상관없다.
- **佳人薄命**(가인박명) : 여자의 용모가 아름다우면 운명이 기박하다는 말
- **刻骨難忘**(각골난망) : 입은 은혜에 대한 고마움을 뼛속 깊이 새기어 잊지 않음
- **刻舟求劍**(각주구검) : 판단력이 둔하여 세상일에 어둡고 어리석다는 말
- **竿頭之勢**(간두지세) : 댓가지 꼭대기에 서게 된 현상으로 어려움이 극도에 달하여 아주 위태로운 형세를 이르는 말
- **敢不生心**(감불생심) : 힘이 부치어 감히 마음을 먹지 못함
- **感之德之**(감지덕지) : 몹시 고맙게 여김
- **甘呑苦吐**(감탄고토) : 달면 삼키고 쓰면 뱉는다는 뜻으로 신의(信義)를 돌보지 않고 사리(私利)를 꾀한다는 말
- **甲男乙女**(갑남을녀) : 보통의 평범한 사람들
- **康衢煙月**(강구연월) : 태평한 시대의 평화스러운 길거리의 모습
- **強近之親**(강근지친) : 도와줄 만한 가까운 친척
- **江湖煙波**(강호연파) : 강이나 호수 위에 안개처럼 보얗게 이는 잔물결
- **改過遷善**(개과천선) : 지나간 허물을 고치고 착하게 됨
- **去頭截尾**(거두절미) : 앞뒤의 잔 사설을 빼놓고 요점만을 말함
- **車載斗量**(거재두량) : 차에 싣고 말에 실을 만큼 많다는 뜻으로 물건이나 인재 따위가 아주 흔하여 귀하지 않음을 이르는 말
- **乾坤一擲**(건곤일척) : 흥망, 승패를 걸고 단판 승부를 겨룸

- **隔靴搔癢**(격화소양) : 신을 신은 채 가려운 발바닥을 긁음과 같이 일의 효과를 나타내지 못함을 이르는 말
- **牽強附會**(견강부회) : 이치에 맞지 않는 말을 억지로 끌어 붙여 자기의 주장하는 조건에 맞도록 함
- **犬馬之勞**(견마지로) : 임금이나 나라를 위하여 바치는 자기의 노력을 낮추어 이르는 말
- **見物生心**(견물생심) : 물건을 보면 욕심이 생긴다는 말
- **見危致命**(견위치명) : 나라의 위태로움을 보고는 목숨을 아끼지 않고 나라를 위하여 싸움
- **堅忍不拔**(견인불발) : 굳게 참고 견디어 마음이 흔들리지 않음
- **結草報恩**(결초보은) : 죽어 혼령이 되어도 은혜를 잊지 않고 갚음
- **經國濟世**(경국제세) : 나라 일을 경륜하고 세상을 구함
- **傾國之色**(경국지색) : 임금이 혹하여 국정을 게을리함으로써 나라를 위태롭게 할 정도의 미인(美人)을 일컫는 말
- **輕佻浮薄**(경조부박) : 마음이 침착하지 못하고 행동이 신중하지 못함
- **驚天動地**(경천동지) : 하늘이 놀라고 땅이 흔들린다는 뜻으로 세상을 몹시 놀라게 함
- **鏡花水月**(경화수월) : 거울에 비친 꽃과 물에 비친 달처럼 볼 수만 있고 가질 수 없는 것
- **鷄卵有骨**(계란유골) : 달걀 속에도 뼈가 있다는 뜻으로 뜻밖에 장애물이 생김을 이르는 말
- **鷄鳴狗盜**(계명구도) : 점잖은 사람이 배울 것이 못 되는 천한 기능 또는 그런 기능을 가진 사람을 이르는 말
- **股肱之臣**(고굉지신) : 자신의 팔, 다리와 같이 믿고 중하게 여기는 신하
- **孤掌難鳴**(고장난명) : 손바닥 하나로는 소리가 나지 않는다는 뜻으로 상대가 없이 혼자 힘으로 일하기 어렵다는 말
- **苦盡甘來**(고진감래) : 고생 끝에 낙이 온다는 말
- **曲學阿世**(곡학아세) : 그릇된 학문을 하여 세속에 아부함
- **骨肉相殘**(골육상잔) : 같은 혈족끼리 서로 다투고 해하는 것[骨肉相爭(골육상쟁)]
- **空手來空手去**(공수래공수거) : 세상에 빈 손으로 왔다가 빈 손으로 간다는 뜻으로 재물에 대한 욕심을 부릴 필요가 없음을 이르는 말
- **誇大妄想**(과대망상) : 자기의 능력, 용모, 지위 등을 과대하게 평가하여 사실인 것처럼 믿는 일 또는 그런 생각
- **過猶不及**(과유불급) : 지나친 것은 미치지 못한 것과 같다는 말
- **管鮑之交**(관포지교) : 제(薺)나라 관중(管仲)과 포숙(鮑叔)의 사귐이 매우 친밀했다는 고사에서 유래한 말로, 친구끼리의 매우 두터운 사귐을 이르는 말
- **刮目相對**(괄목상대) : 눈을 비비고 다시 본다는 말로, 다른 사람의 학문이나 덕행이 크게 진보한 것을 말함
- **矯角殺牛**(교각살우) : 뿔을 고치려다 소를 죽인다는 뜻으로, 작은 일에 힘쓰다가 큰 일을 망친다는 말
- **巧言令色**(교언영색) : 교묘한 말과 보기 좋게 꾸민 얼굴 빛
- **膠柱鼓瑟**(교주고슬) : 고지식하여 융통성이 없는 사람을 이르는 말
- **教學相長**(교학상장) : 가르쳐 주거나 배우거나 다 나의 학업을 증진시킨다는 뜻
- **九十春光**(구십춘광) : 노인의 마음이 청년같이 젊음을 이르는 말. 봄의 석달 구십일 동안
- **九折羊腸**(구절양장) : 아홉 번 꼬부라진 양의 창자라는 뜻으로 산길 따위가 몹시 험하게 꼬불꼬불한 것을 이르는 말
- **群鷄一鶴**(군계일학) : 닭의 무리 속에 끼어 있는 한 마리의 학이란 뜻으로 평범한 사람 가운데서 뛰어난 사람을 일컫는 말

- **權謀術數**(권모술수) : 목적 달성을 위해서는 인정이나 도덕을 가리지 않고 권세와 모략, 중상 등 갖은 방법과 수단을 쓰는 술책
- **勸善懲惡**(권선징악) : 착한 행실을 권장하고 악한 행실을 징계함
- **捲土重來**(권토중래) : 한번 실패에 굴하지 않고 몇 번이고 다시 일어남. 한 번 패하였다가 세력을 회복하여 다시 쳐들어옴
- **近墨者黑**(근묵자흑) : 먹을 가까이 하면 검어진다는 뜻으로 나쁜 사람과 사귀면 그 버릇에 물들기 쉽다는 말
- **金科玉條**(금과옥조) : 금이나 옥같이 귀중한 법칙이나 규정
- **錦上添花**(금상첨화) : 좋고 아름다운 것 위에 더 좋은 것을 더함
- **金石盟約**(금석맹약) : 쇠와 돌같이 굳게 맹세하여 맺은 약속
- **錦衣還鄕**(금의환향) : 비단 옷을 입고 고향으로 돌아온다는 뜻으로 타향에서 크게 성공하여 자기 집으로 돌아감을 이르는 말
- **金枝玉葉**(금지옥엽) : 임금의 자손이나 집안을 높여 이르거나 귀여운 자손을 일컫는 말
- **氣高萬丈**(기고만장) : 씩씩한 기운이 크게 떨침. 일이 뜻대로 잘 되어 기세가 대단함
- **落井下石**(낙정하석) : 우물 아래에 돌을 떨어뜨린다는 뜻으로, 다른 사람이 재앙을 당하면 도와주기는커녕 오히려 더 큰 재앙이 닥치도록 한다는 말
- **爛商公論**(난상공론) : 여러 사람들이 잘 의논함
- **難兄難弟**(난형난제) : 누구를 형이라 하고 누구를 동생이라 해야 할지 분간하기 어렵다는 뜻으로 사물의 우열이 없다는 말
- **南柯一夢**(남가일몽) : 꿈과 같이 헛된 한때의 부귀영화
- **男負女戴**(남부여대) : 남자는 짐을 등에 지고 여자는 짐을 머리에 인다는 뜻으로 가난에 시달린 사람들이 살 곳을 찾아 떠돌아 다님
- **南船北馬**(남선북마) : 바쁘게 여기저기를 돌아다님
- **囊中之錐**(낭중지추) : 주머니 속에 든 송곳이라는 뜻으로 재주가 뛰어난 사람은 숨어 있어도 저절로 사람들이 알게 됨을 이르는 말
- **囊中取物**(낭중취물) : 주머니 속의 물건을 꺼내는 것과 같이 매우 용이한 일
- **勞心焦思**(노심초사) : 몹시 마음을 졸이는 것
- **綠衣紅裳**(녹의홍상) : 연두 저고리에 다홍 치마라는 뜻으로 곱게 차려 입은 젊은 아가씨의 복색을 이르는 말
- **論功行賞**(논공행상) : 공로를 논하여 그에 맞는 상을 줌
- **弄璋之慶**(농장지경) : 아들을 낳은 기쁨
- **累卵之危**(누란지위) : 달걀을 쌓아 놓은 것과 같이 매우 위태함
- **多岐亡羊**(다기망양) : 길이 여러 갈래여서 양을 잃다는 뜻으로 학문의 길이 다방면이어서 진리를 깨치기 어려움을 이르는 말
- **多多益善**(다다익선) : 많으면 많을수록 좋음
- **斷機之戒**(단기지계) : 학문을 중도에 그만둔다는 것은 짜던 베의 끊음과 같다는 맹자 어머니의 교훈
- **簞食瓢飮**(단사표음) : 도시락 밥과 표주박 물, 즉 변변치 못한 살림을 가리키는 말로 청빈한 생활을 이름

- 丹脣皓齒(단순호치) : 붉은 입술과 흰 이, 즉 미인의 얼굴
- 螳螂拒轍(당랑거철) : 제 분수도 모르고 강적에게 대항함
- 大器晚成(대기만성) : 큰 그릇은 이루어짐이 더디다는 뜻으로 크게 될 사람은 성공이 늦다는 말
- 道聽塗說(도청도설) : 거리에서 들은 것을 곧 남에게 아는 체하며 말함. 깊이 생각하지 않고 예사로 듣고 예사로 말함. 떠돌아다니는 뜬소문
- 塗炭之苦(도탄지고) : 진흙탕이나 숯불에 빠졌다는 뜻으로 몹시 고생스러움을 일컬음
- 東家食西家宿(동가식서가숙) : 먹을 곳, 잘 곳이 없이 떠도는 사람 또는 그런 짓
- 棟樑之材(동량지재) : 기둥이나 들보가 될 만한 훌륭한 인재, 즉 한 집이나 한 나라의 요한 일을 맡을 만한 사람
- 同病相憐(동병상련) : 처지가 서로 비슷한 사람끼리 서로 동정하고 도움
- 東奔西走(동분서주) : 사방으로 이리저리 부산하게 돌아다님
- 同床異夢(동상이몽) : 같은 처지와 입장에서 저마다 딴 생각을 함
- 杜門不出(두문불출) : 세상과 인연을 끊고 출입을 하지 않음
- 得隴望蜀(득롱망촉) : 인간의 욕심은 한이 없음
- 登高自卑(등고자비) : 높은 곳에 오르려면 낮은 곳에서부터 오른다는 뜻으로, 일을 순서대로 하여야 함을 이르는 말
- 燈下不明(등하불명) : 등잔 밑이 어둡다는 뜻으로 가까이 있는 것이 오히려 알아내기 어려움을 이르는 말
- 磨斧爲針(마부위침) : 아무리 이루기 힘든 일이라도 끊임없는 노력과 끈기 있는 인내가 있으면 성공하고야 만다는 뜻
- 馬耳東風(마이동풍) : 남의 말을 귀담아 듣지 않고 흘려 버림
- 萬頃蒼波(만경창파) : 한없이 넓고 푸른 바다
- 面從腹背(면종복배) : 겉으로는 순종하는 척하고 속으로 딴 마음을 먹음
- 明若觀火(명약관화) : 불을 보는 듯이 환하게 분명히 알 수 있음
- 命在頃刻(명재경각) : 곧 숨이 끊어질 지경에 이름
- 矛盾撞着(모순당착) : 같은 사람의 문장이나 언행이 앞뒤가 서로 어그러져서 모순됨
- 目不忍見(목불인견) : 차마 눈 뜨고 볼 수 없는 참상이나 꼴불견
- 無不通知(무불통지) : 무슨 일이든 모르는 것이 없음
- 門前成市(문전성시) : 권세를 드날리거나 부자가 되어 집문 앞이 찾아오는 손님들로 가득 차서 시장을 이룬 것 같음
- 門前沃畓(문전옥답) : 집 앞 가까이에 있는 좋은 논, 즉 많은 재산을 일컫는 말
- 拍掌大笑(박장대소) : 손바닥을 치면서 크게 웃음
- 拔本塞源(발본색원) : 폐단의 근원을 아주 뽑아서 없애 버림
- 傍若無人(방약무인) : 언행이 방자하고 제멋대로 행동하는 사람
- 背恩忘德(배은망덕) : 은혜를 잊고 도리어 배반함
- 白骨難忘(백골난망) : 죽어서도 잊지 못할 큰 은혜를 입음
- 百年河淸(백년하청) : 아무리 세월이 가도 일을 해결할 희망이 없음
- 伯樂一顧(백락일고) : 남이 자기 재능을 알고 잘 대우함
- 白面書生(백면서생) : 한갓 글만 읽고 세상 일에 어두운 사람

- **百折不屈**(백절불굴) : 아무리 꺾으려 해도 굽히지 않음
- **辟邪進慶**(벽사진경) : 간사한 귀신을 물리치고 경사스러운 일로 나아감
- **夫唱婦隨**(부창부수) : 남편이 창을 하면 아내도 따라 하는 것이 부부 화합의 도리라는 것
- **附和雷同**(부화뇌동) : 제 주견이 없이 남이 하는 대로 그저 무턱대고 따라함
- **粉骨碎身**(분골쇄신) : 뼈가 가루가 되고 몸이 부서지도록 힘을 다하고 고생하며 일함
- **不共戴天之讐**(불공대천지수) : 세상을 같이 살 수 없는 원수, 즉 어버이의 원수
- **不問可知**(불문가지) : 묻지 않아도 가히 알 수 있음
- **不問曲直**(불문곡직) : 옳고 그름을 가리지 않고 함부로 일을 처리함
- **非夢似夢**(비몽사몽) : 꿈인지 생시인지 알 수 없는 어렴풋함
- **氷炭之間**(빙탄지간) : 얼음과 숯불처럼 서로 화합될 수 없음
- **四顧無親**(사고무친) : 친척이 없어 의지할 곳 없이 외로움[四顧無人(사고무인)]
- **四面楚歌**(사면초가) : 한 사람도 도우려는 자가 없이 고립되어 곤경에 처해 있음
- **四面春風**(사면춘풍) : 항상 좋은 얼굴로 남을 대하여 누구에게나 호감을 삼
- **事必歸正**(사필귀정) : 무슨 일이든지 결국은 옳은 대로 돌아간다는 뜻
- **死後藥方文**(사후약방문) : 이미 때가 늦음
- **山海珍味**(산해진미) : 산과 바다의 산물(産物)을 다 갖추어 썩 잘 차린 귀한 음식
- **殺身成人**(살신성인) : 절개를 지켜 목숨을 버림
- **三顧草廬**(삼고초려) : 유비가 제갈량을 세 번이나 찾아가 군사로 초빙한 데에서 유래한 말로 인재를 얻기 위해 끈기 있게 노력한다는 말
- **三遷之教**(삼천지교) : 맹자의 어머니가 아들의 교육을 위하여 세 번 거처를 옮겼다는 고사에서 유래하는 말로 생활 환경이 교육에 있어 큰 구실을 한다는 말
- **桑田碧海**(상전벽해) : 뽕나무밭이 변하여 바다가 된다는 뜻으로 세상일의 변천이 심하여 사물이 바뀜을 비유하는 말
- **塞翁之馬**(새옹지마) : 세상일은 복이 될지 화가 될지 예측할 수 없다는 말
- **黍離之歎**(서리지탄) : 세상의 영고성쇠가 무상함
- **仙姿玉質**(선자옥질) : 용모가 아름답고 재질도 뛰어남
- **雪膚花容**(설부화용) : 눈처럼 흰 살결과 꽃같이 예쁜 얼굴이라는 뜻으로 아름다운 여인의 모습을 이르는 말
- **雪上加霜**(설상가상) : 눈 위에 또 서리가 덮인다는 뜻으로 불행이 엎친 데 덮친 격으로 거듭 생김을 이르는 말
- **說往說來**(설왕설래) : 서로 변론(辯論)을 주고 받으며 옥신각신함
- **小隙沈舟**(소극침주) : 작은 일을 게을리하면 큰 재앙이 닥치게 됨을 비유하는 말
- **首丘初心**(수구초심) : 고향을 그리워하는 마음을 일컫는 말
- **壽福康寧**(수복강녕) : 오래 살고 복되며 건강하고 편안함
- **袖手傍觀**(수수방관) : 팔짱을 끼고 보고만 있다는 뜻으로 마땅히 해야 할 일에 그저 옆에서 보고만 있는 것을 이르는 말
- **水深可知 人心難知**(수심가지 인심난지) : 물의 깊이는 알 수 있으나 사람의 속마음은 헤아리기가 어렵다는 뜻
- **水魚之交**(수어지교) : 교분이 매우 깊은 것을 말함[君臣水魚(군신수어)]

- 誰怨誰咎(수원수구) : 남을 원망하거나 책망할 것이 없음
- 脣亡齒寒(순망치한) : 입술이 없으면 이가 시린 것처럼 서로 돕던 이가 망하면 다른 한쪽 사람도 함께 위험하다는 말
- 是是非非(시시비비) : 옳고 그름을 가림
- 識字憂患(식자우환) : 아는 것이 탈이라는 말로 학식이 있는 것이 도리어 근심을 사게 됨을 이름
- 身言書判(신언서판) : 사람됨을 판단하는 네 가지 기준, 즉 신수(身手)와 말씨와 문필과 판단력을 일컬음
- 心心相人(심심상인) : 마음에서 마음을 전한다는 뜻으로, 묵묵한 가운데 서로 마음이 통함.
- 十匙一飯(십시일반) : 열 사람이 한 술씩 보태면 한 사람 먹을 분량이 된다는 뜻으로 여러 사람이 힘을 합하면 한 사람을 쉽게 도울 수 있다는 말
- 阿叫喚(아비규환) : 지옥 같은 고통에 못 견디어 구원을 부르짖는 소리라는 뜻으로 참혹한 고통 가운데에서 살려 달라고 울부짖는 상태를 이르는 말
- 我田引水(아전인수) : 제 논에 물대기. 자기에게 유리하도록 행동하는 것
- 安貧樂道(안빈낙도) : 빈궁한 가운데 편안하게 생활하여 도(道)를 즐김
- 眼下無人(안하무인) : 태도가 몹시 거만하여 모든 사람을 업신여김
- 暗中摸索(암중모색) : 물건을 어둠 속에서 더듬어 찾는다는 뜻으로, 확실한 방법을 모르는 채 이리저리 시도해 본다는 말
- 羊頭狗肉(양두구육) : 양의 머리를 내걸고 개고기를 판다는 뜻으로 겉모양은 훌륭하나 속은 변변치 않음을 이르는 말
- 梁上君子(양상군자) : 들보 위에 있는 군자라는 뜻으로 도둑을 미화(美化)한 말
- 漁父之利(어부지리) : 도요새가 조개를 쪼아 먹으려다가 둘 다 물리어 서로 다투고 있을 때 어부가 와서 둘을 잡아갔다는 고사에서 나온 말로 둘이 다투는 사이에 제3자가 이득을 보는 것
- 言中有骨(언중유골) : 예사로운 말 속에 깊은 뜻이 있음
- 如履薄氷(여리박빙) : 살얼음을 밟는 듯 아슬아슬하고 불안한 지경을 비유하여 이르는 말
- 如反掌(여반장) : 손바닥을 뒤집는 것과 같이 매우 쉬움
- 緣木求魚(연목구어) : 나무에 올라가 물고기를 구하듯 불가능한 일을 하고자 할 때를 비유하는 말
- 寤寐不忘(오매불망) : 자나깨나 잊지 못함
- 烏飛梨落(오비이락) : 까마귀 날자 배 떨어진다는 뜻으로 공교롭게도 어떤 일이 같은 때에 일어나 남의 의심을 받게 됨을 이르는 말
- 傲霜孤節(오상고절) : 서릿발 속에서도 굴하지 않고 외로이 지키는 절개라는 뜻으로 국화를 두고 하는 말
- 五十步百步(오십보백보) : 양자 간에 차이는 있으나 본질적으로는 같다는 뜻
- 吳越同舟(오월동주) : 사이가 좋지 못한 사람끼리도 자기의 이익을 위해서는 행동을 같이 한다는 말
- 溫故知新(온고지신) : 옛 것을 익히고 나아가 새 것을 앎
- 臥薪嘗膽(와신상담) : 섶에 누워 자고 쓴 쓸개를 씹는다는 뜻으로 원수를 갚고자 고생을 참고 견딤을 이르는 말
- 樂山樂水(요산요수) : '智者樂水 仁者樂山(지자요수 인자요산)'의 준말로 지혜 있는 자는 사리에 통달하여 물과 같이 막힘이 없으므로 물을 좋아하고, 어진 자는 의리에 밝고 산과 같이 중후하여 변하지 않으므로 산을 좋아한다는 말
- 窈窕淑女(요조숙녀) : 마음씨가 얌전하고 자태가 아름다운 여자
- 欲速不達(욕속부달) : 일을 속히 하려고 하면 도리어 이루지 못한다는 말

- **龍頭蛇尾**(용두사미) : 처음엔 그럴 듯하다가 끝이 흐지부지되는 것
- **雲泥之差**(운니지차) : 구름과 진흙의 차이란 뜻으로 주로 사정이 크게 다를 경우나 서로의 차이가 클 때 사용한다.
- **有備無患**(유비무환) : 어떤 일에 미리 준비가 있으면 걱정이 없다는 말
- **唯我獨尊**(유아독존) : 이 세상에는 나보다 더 잘난 사람이 없다고 뽐냄
- **流言蜚語**(유언비어) : 근거 없는 좋지 못한 말
- **泣斬馬謖**(읍참마속) : 큰 목적을 위해 아끼는 사람을 버림
- **以心傳心**(이심전심) : 마음과 마음이 서로 통함
- **二律背反**(이율배반) : 서로 모순되는 명제(命題), 즉 정립(定立)과 반립(反立)이 동등한 권리를 가지고 주장되는 일
- **李下不整冠**(이하부정관) : 자두나무 아래에서는 갓을 고쳐 쓰지 말라는 뜻으로 남에게 의심받을 일을 하지 않도록 주의하라는 말
- **耳懸令 鼻懸令**(이현령 비현령) : 귀에 걸면 귀걸이, 코에 걸면 코걸이라는 뜻으로 이렇게도 저렇게도 될 수 있음을 비유하는 말
- **益者三友**(익자삼우) : 사귀어 이롭고 보탬이 되는 세 벗으로 정직한 사람, 신의 있는 사람, 학식 있는 사람을 가리킴
- **因果應報**(인과응보) : 좋은 일에는 좋은 결과가, 나쁜 일에는 나쁜 결과가 따름
- **一擧兩得**(일거양득) : 하나의 행동으로 두 가지의 성과를 거두는 것
- **一網打盡**(일망타진) : 한꺼번에 모조리 다 잡음
- **一魚濁水**(일어탁수) : 물고기 한 마리가 큰 물을 흐리게 하듯 한 사람의 악행으로 인하여 여러 사람이 그 해를 입게 되는 것을 뜻함
- **一場春夢**(일장춘몽) : 인생의 영화(榮華)는 한바탕의 봄꿈과 같이 헛됨
- **日就月將**(일취월장) : 나날이 다달이 진보함
- **一筆揮之**(일필휘지) : 단숨에 글씨나 그림을 줄기차게 쓰거나 그림
- **自家撞着**(자가당착) : 자기의 언행이 전후 모순되어 들어맞지 않음
- **自繩自縛**(자승자박) : 자기의 줄로 자기를 묶는다는 뜻으로 자신이 한 말이나 행동 때문에 자기가 얽매이게 된다는 말
- **張三李四**(장삼이사) : 장씨(張氏)의 삼남(三男)과 이씨(李氏)의 사남(四男)이라는 뜻으로 평범한 사람을 가리키는 말
- **賊反荷杖**(적반하장) : 도둑이 도리어 매를 든다는 뜻으로 잘못한 사람이 도리어 잘한 사람을 나무라는 경우에 쓰는 말
- **戰戰兢兢**(전전긍긍) : 몹시 두려워 벌벌 떨면서 조심한다는 말
- **輾轉不寐**(전전불매) : 누워서 이리저리 뒤척이며 잠을 이루지 못한다는 말
- **轉禍爲福**(전화위복) : 화를 바꾸어 복이 되게 한다는 뜻으로 궂은 일을 당하였을 때 그것을 잘 처리하여 좋은 일이 되게 하는 것
- **切磋琢磨**(절차탁마) : 학문과 덕행을 갈고 닦음을 가리키는 말
- **漸入佳境**(점입가경) : 점점 더 재미있는 경지로 들어감
- **頂門一鍼**(정문일침) : 정수리에 침을 놓는다는 뜻으로 따끔한 비판이나 충고를 뜻함
- **井底之蛙**(정저지와) : 우물 안 개구리. 견문이 좁고 세상 형편을 모름
- **糟糠之妻**(조강지처) : 가난을 참고 고생을 같이 하며 남편을 섬긴 아내
- **朝令暮改**(조령모개) : 법령을 자꾸 바꾸어서 종잡을 수 없음을 비유하는 말

- **朝三暮四**(조삼모사) : 간사한 꾀로 사람을 속여 희롱함. 눈앞에 당장 나타나는 차별만 알고 그 결과가 같음을 모름
- **鳥足之血**(조족지혈) : 새 발의 피. 양이 아주 적음
- **左顧右眄**(좌고우면) : 좌우를 자주 둘러본다는 뜻으로 무슨 일에 얼른 결정을 짓지 못함을 이르는 말[左右顧眄(좌우고면)]
- **坐不安席**(좌불안석) : 마음에 불안이나 근심 등이 있어 한 자리에 오래 앉아 있지 못함
- **晝耕夜讀**(주경야독) : 낮에 일하고 밤에 공부함. 바쁜 틈을 타서 어렵게 공부를 함
- **主客顚倒**(주객전도) : 주인과 손님이 뒤바뀌다라는 뜻으로 주되는 것과 종속되는 것의 위치가 뒤바뀜을 말함
- **走馬加鞭**(주마가편) : 달리는 말에 채찍을 더한다는 뜻으로 잘하는 사람에게 더 잘하도록 하는 것을 일컬음
- **走馬看山**(주마간산) : 말을 달리면서 산을 본다는 말로 바빠서 자세히 보지 못하고 지나침을 뜻함
- **竹馬故友**(죽마고우) : 죽마를 타고 놀던 벗, 즉 어릴 때 같이 놀던 친한 친구
- **竹杖芒鞋**(죽장망혜) : 대지팡이와 짚신. 먼 길을 떠날 때의 간편한 차림
- **衆寡不敵**(중과부적) : 적은 수효로는 많은 수효를 대적하지 못한다는 뜻
- **衆口難防**(중구난방) : 뭇사람의 말을 실로 막기는 어렵다는 뜻
- **重言復言**(중언부언) : 한 말을 자꾸 되풀이 함
- **指鹿爲馬**(지록위마) : 중국 진나라의 조고(趙高)가 이세 황제(二世皇帝)의 권력을 농락하려고 일부러 사슴을 말이라고 속여 바쳤다는 고사에서 유래한 것으로 윗사람을 농락하여 권세를 마음대로 함을 가리킴
- **支離滅裂**(지리멸렬) : 갈갈이 흩어지고 찢기어 갈피를 잡을 수 없음
- **知足不辱**(지족불욕) : 모든 일에 분수를 알고 만족하게 생각하면 모욕을 받지 않는다는 말
- **盡人事待天命**(진인사대천명) : 노력을 다한 후에 천명을 기다림
- **進退維谷**(진퇴유곡) : 앞으로 나아갈 수도 뒤로 물러설 수도 없이 꼼짝할 수 없는 궁지에 빠짐[進退兩難(진퇴양난)]
- **嫉逐排斥**(질축배척) : 시기하고 미워하여 물리침
- **創業易守成難**(창업이수성난) : 어떤 일을 시작하기는 쉬우나, 이룬 것을 지키기는 어렵다는 말
- **滄海桑田**(창해상전) : 푸른 바다가 변하여 뽕밭으로 된다는 뜻으로 세상일이 덧없이 바뀜을 이르는 말[桑田碧海(상전벽해)]
- **滄海一粟**(창해일속) : 넓은 바다에 떠 있는 한 알의 좁쌀이라는 뜻으로 아주 큰 물건 속에 있는 아주 작은 물건을 이르는 말
- **天高馬肥**(천고마비) : 하늘이 높고 말이 살찐다는 뜻으로 가을철을 일컫는 말
- **千慮一得**(천려일득) : 아무리 바보같은 사람일지라도 한 가지쯤은 좋은 생각이 있다는 말
- **千慮一失**(천려일실) : 여러 번 생각하여 신중하고 조심스럽게 한 일에도 때로는 한 가지 실수가 있음을 이르는 말
- **天方地軸**(천방지축) : 너무 바빠서 두서를 잡지 못하고 허둥대는 모습. 어리석은 사람이 갈 바를 몰라 두리번거리는 모습
- **泉石膏肓**(천석고황) : 고질병이 되다시피 산수 풍경을 좋아함
- **千衣無縫**(천의무봉) : 천사의 옷은 기울 데가 없다는 뜻으로 문장이 훌륭하여 손댈 곳이 없을 만큼 잘 되었음을 일컫는 말
- **千仞斷崖**(천인단애) : 천 길이나 되는 깎아지른 듯한 벼랑
- **千紫萬紅**(천자만홍) : 여러 가지 빛깔의 꽃이 만발함

- **千載一遇**(천재일우) : 천 년에나 한번 만날 수 있는 기회, 즉 좀처럼 얻기 어려운 기회
- **徹頭徹尾**(철두철미) : 머리에서 꼬리까지 투철함, 즉 처음부터 끝까지 투철함
- **靑天霹靂**(청천벽력) : 맑게 갠 하늘에서 치는 벼락, 즉 뜻밖에 생긴 변을 일컫는 말
- **靑出於藍**(청출어람) : 쪽에서 우러난 푸른 빛이 쪽보다 낫다는 뜻으로 제자가 스승보다 더 뛰어남을 이르는 말
- **草綠同色**(초록동색) : 풀과 녹색은 같은 빛임. 같은 처지나 같은 유의 사람들은 그들끼리 함께 행동함
- **寸鐵殺人**(촌철살인) : 조그만 쇠붙이로 사람을 죽인다는 뜻으로 간단한 말이나 문장으로 사물의 가장 요긴한 데를 찔러 듣는 사람을 감동하게 하는 것
- **春秋筆法**(춘추필법) : 5경의 하나인 춘추와 같이 비판의 태도가 썩 엄정함을 이르는 말. 대의명분을 밝히어 세우는 사실의 논법
- **醉生夢死**(취생몽사) : 아무 뜻과 이룬 일도 없이 한평생을 흐리멍텅하게 살아감
- **七顚八起**(칠전팔기) : 여러 번 실패해도 굽히지 않고 분투함을 일컫는 말
- **七縱七擒**(칠종칠금) : 제갈량의 전술로 일곱 번 놓아 주고 일곱 번 잡는다는 뜻으로 자유자재로운 전술을 일컬음
- **針小棒大**(침소봉대) : 바늘을 몽둥이라고 말하듯 과장해서 말하는 것
- **他山之石**(타산지석) : 다른 산에서 나는 하찮은 돌도 자기의 옥(玉)을 가는 데에 도움이 된다는 뜻으로 다른 사람의 하찮은 언행일지라도 자기의 지덕을 연마하는 데에 도움이 된다는 말
- **卓上空論**(탁상공론) : 실현성이 없는 허황된 이론
- **太剛則折**(태강즉절) : 너무 강하면 부러지기 쉽다는 말
- **泰山北斗**(태산북두) : 태산과 북두칠성을 여러 사람이 우러러 보는 것처럼 남에게 존경받는 뛰어난 존재
- **兎營三窟**(토영삼굴) : 자신의 안전을 위하여 미리 몇 가지 술책을 마련함
- **吐盡肝膽**(토진간담) : 솔직한 심정을 숨김없이 모두 말함
- **波瀾萬丈**(파란만장) : 물결이 만 길 높이로 인다는 뜻으로 인생을 살아가는 데 있어 기복과 변화가 심함을 이르는 말
- **波瀾重疊**(파란중첩) : 일의 진행에 있어서 온갖 변화나 난관이 많음
- **破竹之勢**(파죽지세) : 대를 쪼개는 것처럼 거침없이 나아가는 세력
- **弊袍破笠**(폐포파립) : 해진 옷과 부서진 갓, 즉 너절하고 구차한 차림새를 말함
- **抱腹絶倒**(포복절도) : 배를 안고 몸을 가누지 못할 정도로 몹시 웃음
- **風樹之嘆**(풍수지탄) : 부모가 이미 세상을 떠나 효도할 수 없음을 한탄함
- **風前燈火**(풍전등화) : 바람 앞의 등불처럼 매우 위급한 경우에 놓여 있음을 일컫는 말
- **風餐露宿**(풍찬노숙) : 바람과 이슬을 무릅쓰고 한 데에서 먹고 잠, 즉 큰 일을 이루려는 사람이 고초를 겪는 모양
- **匹夫匹婦**(필부필부) : 평범한 남자와 평범한 여자
- **必有曲折**(필유곡절) : 반드시 어떠한 까닭이 있음
- **夏爐冬扇**(하로동선) : 여름의 화로와 겨울의 부채라는 뜻으로 쓸모없는 재능을 말함
- **下石上臺**(하석상대) : 아랫돌을 빼서 윗돌을 괴고 윗돌을 빼서 아랫돌을 괸다는 뜻으로 임시변통으로 이리저리 둘러 맞춤을 말함
- **鶴首苦待**(학수고대) : 학의 목처럼 목을 길게 늘여 몹시 기다린다는 뜻
- **漢江投石**(한강투석) : 한강에 돌 던지기라는 뜻으로 지나치게 미미하여 전혀 효과가 없음을 이르는 말

- 緘口無言(함구무언) : 입을 다물고 아무런 말이 없음
- 含哺鼓腹(함포고복) : 배불리 먹고 즐겁게 지냄
- 咸興差使(함흥차사) : 심부름을 시킨 뒤 아무 소식이 없거나 회답이 더디 올 때 쓰는 말
- 孑孑單身(혈혈단신) : 의지할 곳 없는 외로운 홀몸
- 螢雪之功(형설지공) : 중국 진나라의 차윤(車胤)이 반딧불로 글을 읽고 손강(孫康)은 눈(雪)의 빛으로 글을 읽었다는 고사에서 유래된 말로 고생하면서도 꾸준히 학문을 닦은 보람을 이르는 말
- 糊口之策(호구지책) : 살아갈 방법. 그저 먹고 살아가는 방책
- 好事多魔(호사다마) : 좋은 일에는 방해가 되는 일이 많다는 뜻
- 虎死留皮(호사유피) : 범이 죽으면 가죽을 남김과 같이 사람도 죽은 뒤 이름을 남겨야 한다는 말[豹死留皮(표사유피)]
- 浩然之氣(호연지기) : 잡다한 일에서 해방된 자유로운 마음. 하늘과 땅 사이에 넘치게 가득찬 넓고도 큰 원기. 공명정대하여 조금도 부끄러울 바 없는 도덕적 용기
- 魂飛魄散(혼비백산) : 몹시 놀라 넋을 잃음
- 和而不同(화이부동) : 남과 화목하게 지내지만 자신의 중심과 원칙을 잃지 않음
- 畫龍點睛(화룡점정) : 용을 그려 놓고 마지막으로 눈을 그려 넣음, 즉 가장 긴요한 부분을 완성시킴
- 換骨奪胎(환골탈태) : 얼굴이 이전보다 더 아름다워짐. 선인의 시나 문장을 살리되, 자기 나름의 새로움을 보태어 자기 작품으로 삼는 일
- 會者定離(회자정리) : 만나면 반드시 헤어짐
- 後生可畏(후생가외) : 후진들이 젊고 기력이 있어 두렵게 여겨짐
- 橫說竪說(횡설수설) : 조리가 없는 말을 함부로 지껄임 또는 그 말
- 興盡悲來(흥진비래) : 즐거운 일이 다하면 슬픔이 옴, 즉 흥망과 성쇠가 엇바뀜을 일컫는 말

3 속담

- 가까운 제 눈썹 못 본다 : 멀리 보이는 것은 용케 잘 보면서도 자기 눈앞에 가깝게 보이는 것은 잘 못 본다는 뜻
- 가꿀 나무는 밑동을 높이 자른다 : 어떠한 일이나 장래의 안목을 생각해서 미리부터 준비를 철저하게 해 두어야 한다는 뜻
- 가난한 집 제사 돌아오듯 한다 : 힘들고 괴로운 일이 자주 닥쳐옴을 일컫는 말
- 가난할수록 기와집 짓는다 : 가난할수록 업신여김을 당하기 싫어서 허세를 부린다는 뜻
- 가을에는 부지깽이도 덤빈다 : 바쁠 때는 모양이 비슷만 해도 사용된다는 뜻
- 가을 바람에 새털 날 듯 한다 : 가을 바람에 새털이 잘 날듯이 사람의 처신머리가 몹시 가볍다는 뜻
- 가지 따먹고 외수 한다 : 남의 눈을 피하여 나쁜 짓을 하고 시치미를 뗀다는 뜻
- 간다간다 하면서 아이 셋 낳고 간다 : 하던 일을 말로만 그만둔다고 하고서 실제로는 그만두지 못하고 질질 끈다는 말
- 갈치가 갈치 꼬리 문다 : 친근한 사이에 서로 모함한다는 말
- 감투가 크면 어깨를 누른다 : 실력이나 능력도 없이 과분한 지위에서 일을 하게 되면 감당할 수 없게 된다는 뜻
- 강아지 메주 먹듯 한다 : 강아지가 좋아하는 메주를 먹듯이 음식을 매우 맛있게 먹는다는 말
- 같은 값이면 다홍치마 : 같은 조건이라면 좀 더 좋고 편리한 것을 택함
- 개도 얻어맞은 골목에는 가지 않는다 : 한 번 실패한 경험이 있는 사람은 다시는 그 때의 전철을 밟지 않도록 경계한다는 뜻
- 개 못 된 것은 들에 나가 짖는다 : 자기의 할 일은 하지 않고 쓸데없는 짓을 하는 사람을 가리키는 말
- 개미가 절구통을 물어 간다 : 개미들도 서로 힘을 합치면 절구통을 운반할 수 있듯이 사람들도 협동하여 일을 하면 불가능한 일이 없다는 뜻
- 개미 나는 곳에 범 난다 : 처음에는 개미만큼 작고 대수롭지 않던 것이 점점 커져서 나중에는 범같이 크고 무서운 것이 된다는 말
- 개살구가 먼저 익는다 : 개살구가 참살구보다 먼저 익듯이 악이 선보다 더 가속도로 발전하게 된다는 뜻(개살구가 지레 터진다)
- 거미줄로 방귀동이 듯 한다 : 일을 함에 있어 건성으로 형용만 하는 체 하는 말
- 게으른 놈 짐 많이 진다 : 게으른 사람이 일을 조금이라도 덜 할까 하고 짐을 한꺼번에 많이 지면 힘에 겨워 움직이지 못하므로 도리어 더 더디다는 말
- 경치고 포도청 간다 : 죽을 고비를 넘겨가면서도 또 제 스스로 고문을 당하려고 포도청을 가듯이 혹독한 형벌을 거듭 당한다는 뜻
- 군자는 입을 아끼고 범은 발톱을 아낀다 : 학식과 덕망이 높은 사람일수록 항상 말을 조심해서 한다는 뜻
- 굴러 온 돌이 박힌 돌 뺀다 : 외부에서 들어온 지 얼마 안 된 사람이나 물건이 원래의 것을 내쫓고 대치함
- 굽은 나무가 선산을 지킨다 : 쓸모없는 것이 도리어 소용이 된다는 뜻
- 굿하고 싶지만 맏며느리 춤추는 것 보기 싫다 : 무엇을 하려고 할 때 자기 마음에 들지 않는 미운 사람이 참여하여 기뻐함이 보기 싫어서 꺼려한다는 말
- 그물이 열 자라도 벼리가 으뜸이나 : 아무리 수가 많더라도 주장되는 것이 없으면 소용이 없다는 뜻

- 급하면 임금 망건 값도 쓴다 : 경제적으로 곤란에 빠지면 아무 돈이라도 있기만 하면 쓰게 된다는 뜻

- 기름 엎지르고 깨 줍는다 : 많은 손해를 보고 조그만 이익을 추구한다는 말

- 나무는 큰 나무 덕을 못 보아도 사람은 큰 사람의 덕을 본다 : 뛰어난 인물에게서는 알게 모르게 가르침이나 영향을 받게 된다는 말

- 내 발등의 불을 꺼야 아비 발등의 불을 끈다 : 급할 때는 남의 일보다 자기 일을 먼저 하기 마련이라는 뜻

- 노름에 미치면 신주도 팔아먹는다 : 노름에 깊이 빠져든 사람은 노름 돈을 마련하기 위해 수단과 방법을 가리지 않고 나쁜 짓까지 해 가면서 노름하게 된다는 뜻

- 놀부 제사지내듯 한다 : 놀부가 제사를 지낼 때 제물 대신 돈을 놓고 제사를 지냈듯이 몹시 인색하고 고약한 짓을 한다는 뜻

- 다리가 위에 붙었다 : 몸체의 아래에 붙어야 할 다리가 위에 가 붙어서 쓸모 없듯이 일이 반대로 되어 아무짝에도 소용이 없다는 뜻

- 다리 아래서 원을 꾸짖는다 : 직접 말을 못하고 안 들리는 곳에서 불평이나 욕을 한다는 말

- 대가리 삶으면 귀까지 익는다 : 제일 중요한 것만 처리하면 다른 것은 자연히 해결된다는 뜻

- 도깨비도 수풀이 있어야 모인다 : 의지할 곳이 있어야 무슨 일이나 이루어진다는 뜻

- 도둑놈 개 꾸짖듯 한다 : 남에게 들리지 않게 입 속으로 중얼거림

- 도둑은 뒤로 잡으랬다 : 도둑을 섣불리 앞에서 잡으려 하다가는 직접적으로 해를 당할 수 있기 때문에 뒤로 잡아야 한다는 뜻

- 도둑의 때는 벗어도 자식의 때는 못 벗는다 : 도둑의 누명은 범인이 잡히면 벗을 수 있으나 자식의 잘못을 그 부모가 지지 않을 수 없다는 뜻

- 독을 보아 쥐를 못 잡는다 : 독 사이에 숨은 쥐를 독 깰까봐 못 잡듯이 감정나는 일이 있어도 곁에 있는 사람 체면을 생각해서 자신이 참는다는 뜻

- 들은 풍월 얻은 문자다 : 자기가 직접 공부해서 배운 것이 아니라 보고 들어서 알게 된 글이라는 뜻

- 등잔불에 콩 볶아 먹는 놈 : 어리석고 옹졸하며 하는 짓마다 보기에 답답한 일만 하는 사람을 두고 이름

- 디딜방아질 삼 년에 엉덩이춤만 배웠다 : 디딜방아질을 오랫동안 하다보면 엉덩이춤도 절로 추게 된다는 뜻

- 떠들기는 천안(天安) 삼거리 같다 : 늘 끊이지 않고 떠들썩한 것

- 똥 싼 주제에 애화타령 한다 : 잘못하고도 뉘우치지 못하고 비위 좋게 행동하는 사람을 비웃는 말

- 마디가 있어야 새순이 난다 : 어떤 일이든 특정한 계기가 있어야 참신한 일이 생긴다

- 망건 쓰자 파장된다 : 일이 늦어져 소기의 목적을 이루지 못함

- 망신살이 무지갯 살 뻗치듯 한다 : 많은 사람으로부터 심한 원망과 욕을 먹게 되었을 때 쓰는 말

- 망치로 얻어맞고 홍두깨로 친다 : 복수란 언제나 제가 받은 피해보다 더 무섭게 한다는 뜻

- 명태 한 마리 놓고 딴전 본다 : 곁에 벌여 놓고 있는 일보다는 딴 벌이하는 일이 있다는 뜻

- 문전 낙래 흔연 대접 : 어떤 신분의 사람이라도 자기를 찾아온 사람은 친절히 대하라는 말

- 물방아 물도 서면 언다 : 물방아가 정지하고 있으면 그 물도 얼듯이 사람도 운동을 하지 않고 있으면 건강이 나빠진다는 뜻

- 백일 장마에도 하루만 더 왔으면 한다 : 자기 이익 때문에 자기 본위로 이야기하는 것을 말함

- 뱁새는 작아도 알만 잘 낳는다 : 작아도 제 구실 못하는 법이 없다는 뜻
- 버들가지가 바람에 꺾일까 : 부드러워서 곧 바람에 꺾일 것 같은 버들가지가 끝까지 꺾이지 않듯이 부드러운 것이 단단한 것보다 더 강하다는 뜻
- 벌거벗고 환도 찬다 : 그것이 그 격에 어울리지 않음을 두고 이르는 말
- 벙어리 재판 : 아주 곤란한 일을 두고 하는 말
- 벼룩의 간에 육간 대청을 짓겠다 : 도량이 좁고 하는 일이 이치에 어긋남
- 변죽을 치면 복판이 울린다 : 슬며시 귀띔만 해 주어도 눈치가 빠른 사람은 곧 알아듣는다는 뜻
- 보리 주면 오이 안 주랴 : 제 것은 아끼면서 남만 인색하다고 여기는 사람에게 하는 말
- 분다 분다 하니 하루 아침에 왕겨 석 섬 분다 : 잘한다고 추어주니까 무작정 자꾸 한다는 뜻
- 빛 좋은 개살구 : 겉만 그럴듯하고 실속이 없음
- 뺨을 맞아도 은가락지 낀 손에 맞는 것이 좋다 : 이왕 욕을 당하거나 복종할 바에야 지위가 높고 덕망이 있는 사람에게 당하는 것이 낫다는 말
- 사람과 쪽박은 있는 대로 쓴다 : 살림살이를 하는 데 있어 쪽박이 있는 대로 다 쓰이고 사람도 다 제각기 쓸모가 있다는 말
- 사람 살 곳은 골골이 있다 : 이 세상은 어디에 가나 서로 도와주는 풍습이 있어 살아갈 수 있다는 말
- 사자 어금니 같다 : 사자의 어금니는 가장 요긴한 것이니 반드시 있어야만 하는 것을 말함
- 사주 팔자에 없는 관을 쓰면 이마가 벗어진다 : 제 분수에 넘치는 일을 하게 되면 도리어 괴롭다는 뜻
- 산 개가 죽은 정승보다 낫다 : 아무리 구차하고 천한 신세라도 죽는 것보다는 사는 것이 낫다는 말
- 산 밑 집에 방앗공이가 논다 : 그 고장 산물이 오히려 그 곳에서 희귀하다는 말
- 산에 들어가 호랑이를 피하랴 : 이미 앞에 닥친 위험은 도저히 못 피한다는 말
- 산이 높아야 골이 깊다 : 원인이나 조건이 갖추어져야 일이 이루어진다는 뜻
- 산 호랑이 눈썹 : 도저히 얻을 수 없는 것을 얻으려 하는 것
- 삼수 갑산을 가도 님 따라 가랬다 : 부부 간에는 아무리 큰 고생이 닥치더라도 같이 해야 한다는 뜻
- 삼촌 못난 것이 조카 짐만 지고 다닌다 : 체구는 크면서 못난 짓만 하는 사람을 비웃는 말
- 새도 날려면 움츠린다 : 어떤 일이든지 사전에 만반의 준비가 있어야 한다는 뜻
- 새 옷도 두드리면 먼지 난다 : 아무리 청백한 사람이라도 속속들이 파헤쳐 보면 부정이 드러난다는 뜻
- 생나무에 좀이 날까 : 생나무에는 좀이 나지 않듯이 건실하고 튼튼하면 내부가 부패되지 않는다는 뜻
- 생 감도 떨어지고 익은 감도 떨어진다 : 늙은 사람만 죽는 것이 아니라 젊은 사람도 죽는다는 뜻
- 섣달 그믐날 개밥 퍼주듯 한다 : 섣달 그믐날은 먹을 것이 너무 많아서 개밥도 후하게 주듯이 남에게 음식을 후하게 준다는 뜻
- 섶을 지고 불로 들어가려 한다 : 짐짓 그릇된 짓을 하여 화를 더 당하려 한다는 뜻
- 소매 긴 김에 춤춘다 : 별로 생각이 없던 일이라도 그 일을 할 조건이 갖추어졌기 때문에 하게 될 때 쓰는 말
- 쇠가 쇠를 먹고 살이 살을 먹는다 : 동족끼리 서로 싸우는 것
- 쇠가죽을 무릅쓰다 : 체면을 생각하지 아니한다는 말
- 숙수가 많으면 국수가 수제비 된다 : 일을 하는 데 참견하는 사람이 많으면 오히려 일을 그르치게 된다는 뜻

- 시루에 물 퍼붓기 : 아무리 비용을 들이고 애를 써도 효과가 나타나지 않음

- 신 신고 발바닥 긁기다 : 일하기는 해도 시원치 않다는 말

- 씻어놓은 흰 죽사발 같다 : 생김새가 허여 멀건 한 사람을 가리키는 말

- 안방에 가면 시어머니 말이 옳고 부엌에 가면 며느리 말이 옳다 : 각각 일리가 있어 그 시비를 가리기 어렵다는 말

- 언 발에 오줌 누기 : 눈앞에 급한 일을 피하기 위해서 하는 임시변통이 결과적으로 더 나쁘게 되었을 때 하는 말

- 얻은 떡이 두레 반이다 : 여기 저기서 조금씩 얻은 것이 남이 애써 만든 것보다 많다는 말

- 염불 못하는 중이 아궁이에 불 땐다 : 무능한 사람은 같은 계열이라도 가장 천한 일을 하게 된다는 뜻

- 오소리 감투가 둘이다 : 한 가지 일에 책임질 사람은 두 명이 있어서 서로 다툰다는 뜻

- 오동나무 보고 춤춘다 : 성미가 급하여 빨리 서둔다는 뜻

- 우박 맞은 호박잎이다 : 우박 맞아 잎이 다 찢어져 보기가 흉한 호박잎처럼 모양이 매우 흉측하다는 뜻

- 윷짝 가르듯 한다 : 윷짝의 앞뒤가 분명하듯이 무슨 일에 대한 판단을 분명히 한다는 말

- 이사가는 놈이 계집 버리고 간다 : 자신이 하는 일 중에서 가장 중요한 것을 잊어버렸거나 잃었다는 말

- 일단 먹기는 곶감이 달다 : 당장은 실속있고 이득이 되는 것 같지만 뒤에는 손해를 본다는 말

- 자는 범 침 주기 : 그대로 가만 두었으면 아무 일도 없었을 것을 공연히 건드려서 일을 저질러 위태롭게 된다는 말

- 자라 알 지켜보듯 한다 : 어떻게 일을 처리하려고 노력하지는 않고 그저 묵묵히 들여다 보고만 있다는 뜻

- 자루 속 송곳은 빠져나오게 마련이다 : 남들이 알지 못하도록 아무리 은폐하려 해도 탄로날 것은 저절로 탄로가 난다는 뜻

- 잔고기가 가시는 세다 : 몸집이 자그마한 사람이 속은 꽉 차고 야무지며 단단할 때 이르는 말

- 장구치는 놈 따로 있고 고개 까딱이는 놈 따로 있나? : 저 혼자서 할 수 있는 일을 남에게 나누어 하자고 할 때 핀잔주는 말

- 적게 먹으면 명주요 많이 먹으면 망주라 : 모든 일은 정도에 맞게 하여야 한다는 말

- 접시 밥도 담을 탓이다 : 수단이나 성의를 다하면 어려운 일이라도 좋게 된다는 뜻

- 정성이 있으면 한식에도 세배 간다 : 마음에만 있으면 언제라도 제 성의는 표시할 수 있다는 말

- 주린 개 뒷간 넘겨다보듯 한다 : 누구나 배가 몹시 고플 때는 무엇이고 먹을 것을 찾기 위해 여기저기를 기웃거린다는 말

- 주인 많은 나그네 밥 굶는다 : 해 준다는 사람이 너무 많으면 서로 미루다가 결국 안 된다는 뜻

- 주인 모르는 공사 없다 : 무슨 일이든지 주장하는 사람이 모르면 안 된다는 뜻

- 죽 푸다 흘려도 솥 안에 떨어진다 : 일이 제대로 안 되어 막상 손해를 본 것 같지만 따지고 보면 결코 손해는 없다는 뜻

- 쥐 잡으려다가 장독 깬다 : 조그만 일을 하려다가 큰일을 그르친다는 말

- 지붕 호박도 못 따는 주제에 하늘의 천도 따겠단다 : 아주 쉬운 일도 못하면서 당치도 않은 어려운 일을 하겠다고 덤빈다는 뜻

- 참새가 허수아비 무서워 나락 못 먹을까 : 반드시 큰 일을 하려면 다소의 위험 정도는 감수해야 한다는 뜻

- 참외 장수는 사촌이 지나가도 못 본 척 한다 : 장사하는 사람은 인색하다는 뜻

- 책망은 몰래하고 칭찬은 알게 하랬다 : 남을 책망할 때에는 다른 사람이 없는 데에서 하고 칭찬할 때에는 다른 사람 보는 앞에서 하여 자신감을 심어주라는 뜻

- **처갓집에 송곳 차고 간다** : 처갓집 밥은 눌러 담았기 때문에 송곳으로 파야 먹을 수 있다는 말로, 처갓집에서는 사위 대접을 극진히 한다는 뜻
- **천둥에 개 놀라듯 한다** : 몹시도 놀라서 허둥대며 정신을 못 차리고 날뛴다는 뜻
- **천만 재산이 서투른 기술만 못하다** : 자기가 지닌 돈은 있다가도 없어질 수 있지만 한 번 배운 기술은 죽을 때까지 지니고 있기 때문에 생활의 안정을 기할 수 있다는 뜻
- **초사흘 달은 부지런한 며느리만 본다** : 부지런한 사람이 아니고서는 사소한 일까지 모두 헤아려서 살필 수 없다는 뜻
- **초상 술에 권주가 부른다** : 때와 장소를 분별하지 못하고 행동한다는 말
- **촌놈은 밥그릇 큰 것만 찾는다** : 무식한 사람은 어떠한 물건의 질은 무시하고 그저 양이 많은 것만 요구한다는 뜻
- **칠 년 가뭄에 하루 쓸 날 없다** : 오랫동안 날씨가 개고 좋다가도 모처럼 무슨 일을 하려고 하면 비가 온다는 말
- **콩 볶아 먹다가 가마솥 터뜨린다** : 작은 이익을 탐내다가 도리어 큰 해를 입는다는 말
- **콩 심은 데 콩 나고 팥 심은 데 팥 난다** : 원인에 따라서 결과가 생긴다는 말
- **콩으로 메주를 쑨다 하여도 곧이 듣지 않는다** : 거짓말을 잘하여 신용할 수 없다는 말
- **태산 명동에 서일필(泰山 鳴動에 鼠一匹)** : 무엇을 크게 떠벌였는데 실제의 결과는 작다는 뜻
- **태산을 넘으면 평지를 본다** : 고생을 하게 되면 그 다음에는 즐거움이 온다는 말
- **털을 뽑아 신을 삼는다** : 자신의 온 정성을 다하여 은혜를 꼭 갚겠다는 말
- **토끼를 다 잡으면 사냥개를 삶는다** : 필요할 때에는 소중히 여기다가도 필요없게 되면 천대하고 없애 버림을 비유하는 말
- **평생 신수가 편하려면 두 집을 거느리지 말랬다** : 두 집 살림을 차리게 되면 대부분 집안이 항상 편하지 못하다는 뜻
- **포도청 문고리도 빼겠다** : 겁이 없고 대담한 사람을 두고 하는 말
- **풍년 거지 더 섧다** : 다른 사람들은 모두 잘 살아가는데, 자신만 고달프고 서러운 신세를 이르는 말
- **핑계 없는 무덤 없다** : 무슨 일이라도 반드시 핑계거리는 있다는 말
- **함박 시키면 바가지 시키고, 바가지 시키면 쪽박 시킨다** : 어떤 일을 윗사람이 아랫사람에게 시키면 그는 또 제 아랫사람에게 다시 시킨다는 말
- **항우도 댕댕이 덩굴에 넘어진다** : 항우와 같은 장사라도 보잘 것 없는 덩굴에 걸려 낙상할 때가 있다는 말로 아무리 작은 일도 무시하면 실패하기 쉽다는 뜻
- **허허해도 빚이 열닷냥이다** : 겉으로는 호기 있게 보이나 속으로는 근심이 가득하다는 뜻
- **호랑이에게 개 꾸어 주기** : 빌려주면 다시 받을 가망이 없다는 말
- **황금 천냥이 자식 교육만 못 하다** : 막대한 유산을 남겨 주는 것보다는 자녀 교육이 더 중요한 것이라는 뜻

4 생활영어

- This is Mary speaking. I'd like to speak to Mr. Jones.
  (Mary입니다. Jones씨 좀 부탁드립니다.)
- Is that Mr. Jones? (Jones씨 입니까?)
- Who's speaking(calling), please? (누구십니까?)
- Whom do you wish to talk to? (누구를 바꿔드릴까요?)
- Hold the line a moment, please. I'll connect you with Mr. Smith.
  (잠시 기다리세요. Smith씨에게 연결해 드리겠습니다.)
- The party is on the line. Please go ahead. (연결됐습니다. 말씀하세요.)
- What number are you calling? (몇 번에 거셨습니까?)
- Speaking. This is he(she). (접니다.)
- The line is busy. (통화중입니다.)
- He's talking on another phone. He's on another phone. (그는 통화중입니다.)
- The lines are crossed. (혼선입니다.)
- A phone for you, Tom. Tom, (전화왔어요.)
- Please speak a little louder. (좀 더 크게 말씀해 주세요.)
- Who shall I say is calling, please? (누구라고 전해 드릴까요?)
- May I take your message? (전할 말씀이 있나요?)
- Excuse me, but could you tell me the way to the station?
  (실례지만, 역으로 가는 길을 가르쳐 주시겠습니까?)
- Pardon me, but is this the (right) way to the station?
  (실례지만, 이 길이 역으로 가는 길입니까?)
- Where am I(we)? (여기가 어디입니까?)
- I'm sorry, but I can't help you(I don't know this area).
  (죄송합니다만, 저도 길을 모릅니다.)
- I'm a stranger here myself. (저도 초행길입니다.)
- Turn to the left. (왼쪽으로 가세요.)
- Go straight on. (곧장 가세요.)
- Walk until you come to the crossing. (교차로가 나올 때까지 계속 걸어가십시오.)
- Take the left road. (왼쪽 도로로 가세요.)
- Are there any landmarks?
  (길을 찾는 데 도움이 되는 어떤 두드러진 건물 같은 것은 없습니까?)
- How far is it from here to the station? (이곳에서 역까지 얼마나 멉니까?)

- I'll take you there. (제가 당신을 그 곳에 데려다 드리겠습니다.)
- You can't miss it. You'll never miss it. (틀림없이 찾을 것입니다.)
- What time is it? (몇 시입니까?)
  - = What is the time?
  - = Do you have the time?
  - = What time do you have?
  - = Could you tell me the time?
  - = What time does your watch say?
- Do you have time? (시간 있습니까?)
- What is the date? (몇 일입니까?)
- What day is it today? (오늘이 무슨 요일입니까?)
- Mr. Brown, let me introduce Mr. Smith. (Brown씨, Smith씨를 소개합니다.)
- May I introduce my friend Mary to you? (내 친구 Mary를 소개해 드릴까요?)
- Let me introduce myself. May I introduce myself to you? (제 소개를 하겠습니다.)
- Miss. Lee, this is Mr. Brown. (Lee양, 이 분은 Brown씨입니다.)
- I've been wanting to see you for a long time. (오래 전부터 뵙고 싶었습니다.)
- How do you do? (처음 뵙겠습니다.)
- I'm glad to meet you. (만나서 반가워요.)
  - = I'm very pleased(delighted) to meet you.
  - = It's a pleasure to know you.
- Same to you. (저도 반갑습니다.)
- How are you getting along? (안녕, 잘 있었니? 어떻게 지내니?)
  - = How are you (doing)?
  - = How are things with you?
  - = How is it going?
  - = What happened?
  - = What's up?
- Fine, thanks. And you? (그럼, 고마워, 너는?)
- So far, So good. Not so bad. (잘 지냈어.)
- How have you been? (그간 잘 있었니?)
- I haven't seen you for ages(a long time). (정말 오랜만이야.)
- Pretty good. It's been a long time, hasn't it? (그래, 오랜만이다, 그렇지 않니?)
- I've been fine. It's ages since we met. (잘 지냈어. 우리가 만난 지 꽤 오래됐지.)
- I'd better be going. (이제 가봐야 되겠습니다.)
  - = I really must be going now.
  - = I'm afraid I must go now.

= I really should be on my way.

= It's time to say good-bye.

= I must be off now.

- So soon? Why don't you stay a little longer?
(이렇게 빨리요? 좀 더 있다가 가시지요?)

- I hope to see you again soon. (곧 또 뵙게 되길 바랍니다.)

- It's really a shame that you have to leave. (떠나셔야 한다니 정말 유감입니다.)

- It's too bad that you have to go. (가셔야 한다니 정말 유감입니다.)

- Oh! I'm sorry. I wish you could stay. (이거 유감입니다. 좀 더 계신다면 좋을텐데.)

- What do you do for a living? (무슨 일을 하십니까?)
= What's your job(occupation, profession)?

= What kind of job do you have?

- I'm with IBM. (IBM에서 근무합니다.)
= I'm employed at IBM.

= I work for(at) IBM.

- I'm on duty(off duty) this week. (나는 이번 주에 당번입니다.)

상식 용어사전 시리즈

합격GO!

1 금융상식 2주 만에 완성하기

금융은행권, 단기간 공략으로 끝장낸다! 필기 걱정은 이제 NO! <금융상식 2주 만에 완성하기> 한 권으로 시간은 아끼고 학습효율은 높이자!

2 중요한 용어만 한눈에 보는 시사용어사전 1130

매일 접하는 각종 기사와 정보 속에서 현대인이 놓치기 쉬운, 그러나 꼭 알아야 할 최신 시사상식을 쏙쏙 뽑아 이해하기 쉽도록 정리했다!

3 중요한 용어만 한눈에 보는 경제용어사전 961

주요 경제용어는 거의 다 실었다! 경제가 쉬워지는 책, 경제용어사전!

4 중요한 용어만 한눈에 보는 부동산용어사전 1273

부동산에 대한 이해를 높이고 부동산의 개발과 활용, 투자 및 부동산 용어 학습에도 적극적으로 이용할 수 있는 부동산용어사전!

기출문제 총집합!

자격증 별로 정리된
기출문제로 깔끔하게 합격하자!

건강운동관리사, 스포츠지도사, 손해사정사, 손해평가사,
농산물품질관리사, 수산물품질관리사, 관광통역안내사, 국내여행안내사, 보세사, 사회조사분석사